GLOBALOPOLY

WOLFGANG KORN

GLOBALOPOLY

KEINER WIRD GEWINNEN

Roman

Verlagshaus Jacoby & Stuart

Tipping Point*

06. März 14:10 h – Mexico City, Zócalo

Sie sehen sich an. Dann blickt jeder der vier auf sein Smartphone.
„Wenn wir wirklich abtauchen wollen, müssen die Dinger komplett aus sein. Komplett!"
„Gut, ich mach meins aus."
„Das reicht aber nicht. Die können dich auch mit ausgeschaltetem Handy verfolgen. Ganz viele Apps lassen doch dieses Cross-Device-Tracking zu, das solltet ihr eigentlich wissen."
„Also!?"
„Also: Akku raus. Kein Strom, kein Signal. So einfach ist das!"
„Bei mir geht der Akku nicht raus."
„Dann ist das sowieso ein Scheißteil. Ein Einweggerät – sobald der Akku hin ist, ist auch der Rest nicht mehr zu gebrauchen."
„Hab ich geschenkt bekommen."
„Reicht es denn nicht, einfach die SIM-Karte herauszunehmen?"
„Nein! Wir müssen absolut sicher gehen."
„Ich kann ja 'n Freund anrufen, der ist Spezialist für sowas."
„Sag mal, bist du jetzt völlig bescheuert?!"
„War nur 'n Witz."
„Voll der Zeitpunkt für Witze!"
„Also?"
„Nimm die SIM-Karte raus und verschenk das Kackding!"
„Aber ich brauch doch ein Handy!"

---

* Kipppunkt: der alles entscheidende Moment eines neuen Trends, einer aufziehenden Katastrophe oder auch einer spannenden Geschichte

„Wollen wir nun abtauchen oder wollen wir eine WhatsApp-Gruppe eröffnen, um darüber zu diskutieren, ob wir abtauchen sollten?"
„WhatsApp? Sag mal, spinnst du?"
„Wir müssen richtig was riskieren. Die nehmen uns doch gar nicht ernst!"
„Shit! Die sollen ruhig mal mitkriegen, wie sich 'ne Katastrophe anfühlt. Wenn zum Beispiel vier junge Konferenzteilnehmer spurlos verschwinden ..."
„Vier Konferenzteilnehmer, die man nicht ernst genommen hat."
„Weil sie Jugendliche sind!"
„Mann! Haben wir uns das auch gut überlegt?"
„Was?"
„Na, das hier! Abtauchen in Mexico City, der – wie hat es der Leiter dieser deutschen Schule noch gesagt – wahrscheinlich gefährlichsten Hauptstadt der Welt."
„Ich darf gar nicht daran denken, wie meine Eltern reagieren werden ..."
„Wenn wir jetzt erst groß nachdenken, dann können wir auch gleich wieder zurückgehen."
„Also los! Wollen wir nun die Welt retten oder nur unseren eigenen Hintern?"
„Für GLOBALOPOLY!", schwört Mark, öffnet sein Fairphone, fingert den Akku aus seinem Gerät und wirft ihn in die Luft. Irgendwo hinter ihnen knallt er auf die Steine des riesigen Platzes.
„Okji!", ruft Nihar und schleudert sein Handy hinter sich in die Luft. „War ja nur ein Kackding!"
„Yalla yalla!", trällert Fatima und sagt dann: „Ich verschenke mein Handy an jemanden, der es gebrauchen kann."
Gleichzeitig denkt sie: Nicht zu fassen! Vor nicht einmal drei Tagen sind wir so optimistisch gestartet, haben uns gefühlt wie – ja, wie Auserwählte.

In den Gesichtern der anderen liest sie, dass sie ganz genauso empfinden.

„Für GLOBALOPOLY – und das Ziel, das wir damit erreichen wollen!", sagt Mark.

Tipping Point

06. März 14:10 h – Mexico City, Zócalo

I. Teil der Lösung oder Teil des Problems: Der große Kongressfrust 14

03. März – Mexico City
03. März – Ort und Zeitzone unbekannt
03. März – Mexico City
04. März – Mexico City, Kongresszentrum
05. März morgens – Mexico City, deutsche Schule
05. März nachmittags – Mexico City, Kongresszentrum
06. März vormittags – Mexico City, Kongresszentrum
06. März 14:10 h – Mexico City, Zócalo
06. März früher Nachmittag – Mexico City, Kongresszentrum
06. März nachmittags – Mexico City, Zentrum

II. Ihr könnt uns alle mal: Untertauchen im Reich des hungrigen Kojoten 51

06. März später Nachmittag – Mexico City, Kongresszentrum
06. März abends – Mexiko, irgendwo in Nezahualcóyotl
06. März – Ort und Zeitzone unbekannt
07. März vormittags – irgendwo in Nezahualcóyotl
07. März – Ort und Zeitzone unbekannt
07. März mittags – irgendwo in Nezahualcóyotl
07. März früher Nachmittag – Mexico City, Kongresszentrum
07. März später Nachmittag – irgendwo in Nezahualcóyotl
07. März – Ort und Zeitzone unbekannt
07. März abends – irgendwo in Nezahualcóyotl
08. März 06:00 h – morgens irgendwo in Nezahualcóyotl

III. Die Entscheidung: On the Mexican road 79

08. März 06:02 h – irgendwo in Nezahualcóyotl
10. März – unterwegs in Mexiko
10. März – Ort und Zeitzone unbekannt
11. März – Mexiko, San Cristóbal de las Casas
12. März – San Cristóbal de las Casas und Umgebung
13. März – Mexiko, Yucatán-Halbinsel, Palenque
13. März abends – Palenque
14. März – irgendwo auf der Yucatán-Halbinsel
15. März – Yucatán-Halbinsel, am Strand in Cancún
16. März morgens – am Strand in Cancún
16. März nachmittags – Streit in Cancún
17. März – Ort und Zeitzone unbekannt
17. März – 1. Findungsrunde in Cancún
18. März – 2. Findungsrunde in Cancún

Sphärisches Intermezzo 113

18./19. März – über dem Atlantik
18./19. März – zeitgleich in Cancún
18./19. März – über dem Atlantik
18./19. März – zeitgleich in Cancún
18./19. März – über dem Atlantik

IV. Zurück in der Gegenwart: Weltverbesserer und Alltagstücken 122

26. März – Deutschland, Hamburg-Barmbek
30. März – Ort und Zeitzone unbekannt
02. April – USA, San Francisco Bay, Los Gatos
05. April – Ägypten, Hurghada, im nördlichen alten Stadtkern
08. April – Ort und Zeitzone unbekannt

11. April – Indien, Bangalore, Sunny Brooks Community
13. April – USA, San José, in Steves Firma
16. April – Hamburg, Hafencity
18. April – San Francisco Bay, Los Gatos
20. April – Hamburg
21.–22. April – aus den Globochats
22. April – Ägypten, Kairo
24. April – aus dem Globochat
26. April – Ort und Zeitzone unbekannt
28. April – Bangalore, Sunny Brooks Community

V. Nach der Krise ist vor der Krise: Im Labyrinth des Zweifels 158

04. Mai – Hurghada
06. Mai – Bangalore
12. Mai – Hamburg
13. Mai – USA, Berkeley, Universitätsgelände
14. Mai – Ort und Zeitzone unbekannt
14. Mai – Bangalore
15. Mai – Hamburg
15. Mai – Ort und Zeitzone unbekannt
16.–18. Mai – aus den Globochats
18. Mai – Hurghada
19. Mai – Bangalore
22. Mai – San Francisco Bay, Los Gatos
23. Mai – Hurghada
24.–27. Mai – aus den Globochats
28. Mai – Ort und Zeitzone unbekannt
29. Mai – Bangalore
30. Mai – Hurghada
01. Juni – Telefonat zwischen Mexico City und Bangalore
02.– 03. Juni – aus den Globochats

Romantisches Intermezzo 204

VI. Die Falle wird gestellt: Der große Streit 206

02.–04. Juni – aus den Globochats
04. Juni – Hurghada
05. Juni morgens – San Francisco Bay, Los Gatos
05. Juni vormittags – San Francisco Bay, Los Gatos
05. Juni – Hamburg–Barmbek
08. Juni – San Francisco Bay, Los Gatos
10. Juni – Katar, TV-Sender Al Jazeera
11. Juni – Bangalore, Sunny Brooks Community
11. Juni – zeitgleich in Bangalore, Hurghada, Hamburg und San Francisco
11. Juni – Ort und Zeitzone unbekannt
12. Juni – Hurghada, im nördlichen alten Stadtkern
13. Juni – Ort und Zeitzone unbekannt
15. Juni – zeitgleich in Bangalore, Hurghada, Hamburg und San Francisco
15.–17. Juni – aus den Globochats
18. Juni – Katar, TV-Sender Al Jazeera
18.–20. Juni – aus den Globochats
23. Juni – Ort und Zeitzone unbekannt
24. Juni – San Francisco Bay, Los Gatos
24. Juni – zeitgleich in Bangalore, Hurghada, Hamburg und San Francisco
25. Juni – Telefonat, Ort und Zeitzone teilweise unbekannt
28. Juni – San Francisco International Airport
28. Juni – Katar, TV-Sender Al Jazeera
29. Juni – Ort und Zeitzone unbekannt
29. Juni – Kairo

VII. Zeichen in der Wüste: Was Ruinen über die Zukunft verraten 238

29. Juni — Kairo
29. Juni — Telefonat Kairo–Silicon Valley
30. Juni — Katar, TV-Sender Al Jazeera
30. Juni — an Bord einer Feluke auf dem Nil
01. Juli — Telefonat innerhalb San Franciscos
01. Juli — Nilufer, Edfu
01.–02. Juli nachts — an Bord einer Feluke zwischen Edfu und Luxor
02. Juli — an Bord einer Feluke zwischen Edfu und Luxor
02. Juli — Telefonat von einer Feluke nach San Francisco
02. Juli abends — San Francisco, im 21. Stock eines Wohntowers
03. Juli — an Bord einer Feluke am Nilufer bei Luxor
03./04. Juli — Flug von Luxor nach Dubai
04. Juli — Dubai
04. Juli — zeitgleich in Dubai und Sibirien

VIII. Einmal Indien ohne Rückfahrkarte: Versöhnung in Auroville? 286

05. Juli — Flug von Dubai nach Bombay
06. Juli — Bombay, Slum Dharavi
07. Juli — Zugfahrt von Bombay nach Mysore
08. Juli — Ort und Zeitzone unbekannt
08. Juli — Zugfahrt von Bombay nach Mysore
09. Juli vormittags — Südindien, Masinagudi
09. Juli abends — Masinagudi
10. Juli morgens — Dörfer in der Umgebung von Masinagudi
10./11. Juli — unterwegs in Südindien
11. Juli abends — Südindien, Madurai
12. Juli — Madurai

12. Juli abends – San Francisco, Bourbon & Branch Bar
13. Juli nachts – Südindien
13./14. Juli – Ort und Zeitzone unbekannt
14. Juli – Südindien, Tamil Nadu, Auroville
14. Juli mittags – ein Telefonat innerhalb Indiens
14. Juli mittags – Tamil Nadu, Auroville
14. Juli – Ort und Zeitzone unbekannt
14. Juli früher Abend – Tamil Nadu, Auroville
15. Juli frühmorgens – Südindien, Tuticorin
15. Juli vormittags – Tamil Nadu, Auroville
15. Juli mittags – Tamil Nadu, Auroville
15. Juli nachmittags – Tamil Nadu, Auroville
15. Juli früher Abend – Tamil Nadu, Auroville
15. Juli – zwischen zwei Zeitzonen
16. Juli sehr früher Morgen – Tamil Nadu, Auroville
16. Juli – Ort und Zeitzone unbekannt
16. Juli mittags – Tamil Nadu, Auroville
16. Juli nachmittags – Südindien

Tipping Point 2.0   370

16. Juli abends – Tamil Nadu, Auroville
16./17. Juli nachts – Tamil Nadu, Auroville
16./17. Juli nachts – Telefonat zwischen zwei Orten in Kalifornien
18. Juli kurz vor Morgengrauen – Tamil Nadu, Auroville
18. Juli kurz vor Morgengrauen – Telefonat zwischen zwei Orten in Kalifornien
18. Juli kurz vor Morgengrauen – irgendwo in Tamil Nadu

Nachwort des Autors   382

I. Teil der Lösung oder Teil des Problems: Der große Kongressfrust

Der schlimmste von allen menschlichen Schmerzen ist der, große Einsicht zu haben und keine Macht. Herodot

03. März – Mexico City

War das cool – im Fünfminutenrhythmus durchzuckte Mark dieses Gefühl –, das Ankommen in dieser Multimillionen-Metropole und die erste Stadtrundfahrt.

Schon der Hinflug. Das erste Mal, dass er eine so lange Strecke allein geflogen war. Noch dazu nach dieser endlos dauernden Pandemie.

Mark war vom Hamburger Flughafen mit einer Propellermaschine nach Amsterdam-Schiphol geflogen. Sie hatten Seitenwind, und die kleine Maschine schaukelte ordentlich. Während sein Nachbar bei jedem plötzlichen Absacken der Maschine mit einem Würgereiz kämpfte, genoss Mark jedes Absacken – es war wie auf der Achterbahn. Einfach geil!

In Schiphol konnte er sich noch zwei Stunden umschauen, dann wurden sie in einen alten Jumbojet der KLM eingecheckt, der sie direkt nach Mexico City brachte – in elf Stunden. Sie hatten eigentlich eineinhalb Stunden Verspätung, doch der aufziehende Sturm schob sie ungeduldig Richtung Südwesten. Schlafen konnte Mark vor lauter Aufregung sowieso nicht, also verfolgte er auf den Monitoren, wie sie über dem Atlantik fast Schallgeschwindigkeit erreichten, Minute für Minute aufholten und schließlich sogar fast pünktlich landeten.

Nachdem er mühsam seinen Rucksack vom Kofferband erkämpft hatte, nahmen ihn zwei Mitarbeiter der Konferenz in Empfang. Wie angekündigt hielten sie ein Schild mit dem Logo der UNESCO und seinem Nachnamen hoch: Er war jetzt wer! Der Typ – ein Hüne mit schwarzem Pferdeschwanz – deutete ein schwaches Lächeln an, bevor er seinen Blick wieder über die Menge schweifen ließ. Botschaft: alles unter Kontrolle. Den freundlichen Part übernahm die kleine dunkelhaarige Frau an seiner Seite. „My name is Mathilda and that is Jo. Did you have a nice journey?" Sie strahlte in einem fort und wiederholte unablässig: „Nice to meet you! Really nice to meet you."

Gleich darauf erschien Fatima, sie war auch gerade gelandet: Sie war klein und zierlich und trug einen Wickelrock – über einer Jeans – sowie ein Kopftuch. Doch außer einem „Hallo! Schön, dich endlich zu treffen!" hatten die beiden sich erst einmal nichts zu sagen. Sie waren viel zu erschöpft von der langen Reise und damit beschäftigt, sich zu orientieren, ihren beiden Scouts zu folgen und deren ständige Warnungen in sich aufzunehmen: „Also, wenn alles nach Plan geht, dann werdet ihr immer von unserem Team abgeholt und begleitet. Falls ihr euch jedoch irgendwann einmal allein durch die Stadt bewegen solltet, dann gelten folgende Regeln: Vertraut niemandem! Fahrt möglichst nicht mit der U-Bahn! Dort werdet ihr in Nullkommanix bestohlen. Fahrt nur mit den öffentlichen Bussen! Besser ihr nehmt ein Taxi – aber nicht irgendeins. Auf gar keinen Fall dürft ihr in die grünen Taxis einsteigen, in diese schönen alten VW-Käfer! Letzte Woche wurde in solch einem Taxi ein Kollege von uns überfallen – immerhin ein Security-Mann. Auch nicht die gelben Taxis nehmen, nur die weißen. Und das nur, wenn ihr sie per Telefon von einer Zentrale anfordert. Niemals ein Taxi einfach herbeiwinken..."

Als sie das Flughafengebäude verließen, schlug ihnen die Hitze entgegen wie ein heißes Handtuch. Wumm! Nach wenigen Metern ging ihnen die Luft aus. "Ja, wir sind hier auf über 2300 Metern Höhe, da spürt man die dünne Luft. Dazu noch der Smog und der wahnsinnige Lärm …" Die kleine Frau sah sie mitfühlend an. „Im Carro könnt ihr entspannen."
Das Carro entpuppte sich als grauer Van mit verdunkelten Scheiben. Wie durch einen Dunstschleier nahmen die beiden wahr, dass ihr Van vom Aeropuerto auf eine Autobahn fuhr und nach wenigen Kilometern auf die nächste Schnellstraße abbog – und schon waren sie umringt von einem endlosen Häusermeer.
Kurz darauf befanden sie sich auf einer der Geschäftsstraßen des Zentrums.
„Das ist die Paseo de la Reforma – die Hauptachse der Innenstadt. Euer Hotel liegt am Rande des historischen Zentrums, von hier aus ist alles Sehenswerte zu Fuß erreichbar."
Und da bogen sie auch schon in die Auffahrt zu einem kleinen Wolkenkratzer. FONTÁN REFORMA prangte dort in großen Lettern.
„Wir holen euch morgen Früh um 8:30 Uhr ab", wurden sie von der jungen Frau verabschiedet. „Und guten Appetit für das Abendessen – das Buffet ist noch bis 21 Uhr geöffnet. Einen erholsamen Abend! Und lauft auf keinen Fall allein hier draußen herum."
„It looks harmless and nice – but it's very very dangerous. This is Ciudad de México!", rief der Hüne aus dem Van heraus und gab Gas.
Die beiden bekamen Einzelzimmer im sechsten Stock – mit Blick auf den endlos dahinfließenden Verkehr auf der Paseo de la Reforma.

03. März – Ort und Zeitzone unbekannt

„Wer sagt's denn! Endlich haben wir alle vier zusammen auf dem Schirm."

„Ja, jetzt beginnt Phase zwei."

„Nur schade, dass wir keine Mikros haben. Solange sie nicht online kommunizieren, wissen wir nicht, was sie vorhaben. Ich war ja dafür, die App mit den Mikros ihrer Smartphones zu koppeln."

„Das ist aber zu riskant. Und es soll auch nicht Teil der Messdaten sein."

„Warum nicht?"

„Zu viele Daten. Überleg doch mal, wie viel ein Mensch so am Tag redet. Und erst recht so ein Teenie!"

03. März – Mexico City

Um 19 Uhr trafen sie zum gemeinsamen Abendessen im hoteleigenen Restaurant auch auf Ellen und Nihar. Die beiden waren schon im Laufe des Tages eingetroffen: Ellen, die nur ein paar Flugstunden entfernt in San Francisco lebte. Und Nihar, der von Indien aus um die halbe Welt geflogen war und dabei mehrmals umsteigen musste.

Sie begrüßten sich, indem sie – wie es alle besonnenen Leute noch immer taten – ihre Ellbogen aneinanderstießen, und begannen sogleich Details über ihr Projekt auszutauschen – selbstverständlich auf Englisch, das sie alle fast wie ihre Muttersprache beherrschte, Ellen sowieso. Was waren sie doch für eine merkwürdige Truppe, fand Mark: Da war Ellen, die sofort die Aufmerksamkeit auf sich zog, weil sie wie ein Model aussah, sich aber so gezielt nachlässig kleidete, dass es sogar ihm auffiel. Kein Zufall, schließlich schlug ihr Herz für Gestaltung und Design.

Fatima, die Ägypterin, dagegen trug eine Art Kleid mit Kapuze und darunter eine Hose. Das wirkte nicht wirklich traditionell, sondern warf irgendwie die Frage auf: Wollte sie gegen den traditionellen Zwang, den Kopf zu bedecken, aufbegehren oder genau das Gegenteil betonen? Von ihr wussten sie am wenigsten, weil sie kaum etwas von sich in den Sozialen Medien preisgab. Immerhin hatte sie in ihrem Beitrag für das Internationale Schulprojekt *Together* erzählt, dass sie eine kleine Fridays-for-Future-Gruppe in ihrem Heimatort anführt und sich für ihre Lehrerin einsetzt, die aus politischen Gründen suspendiert werden soll. Der schmächtige Nihar dagegen tat alles, um nicht übersehen zu werden: gegeltes verstrubbeltes Haar, riesige Brille und ein T-Shirt mit dem Bild des Raumschiffs Enterprise sowie der Aufschrift *Keep on Trekkin*. Mark wiederum würde sich als unauffälligen Rollkragenpulloverträger bezeichnen – typischer Politnachwuchs eben.

Ihre Rollen schienen von Anfang an festgelegt: Fatima war fürs Erzählen und moralische Fragen zuständig, Ellen für die äußere Gestaltung. Mark selbst verstand als junger Grüner etwas von Politik, Verhandlungen und Programmen, deshalb übernahm er ein wenig die Führung. Und das bedeutete: keine Egospielchen, keine Kompetenzstreitigkeiten – dieses ganze nervige Trara eben ...

Nur beim schmächtigen Hipster Nihar, dem – wie er gleich in ihrem ersten Chat betont hatte – geborenen Gamer, war noch nicht ganz klar, wie und ob er in die Gruppe passte, denn das Spiel, das sie gemeinsam entwickeln wollten, sollte ja kein Game zur bloßen Unterhaltung sein.

„Wir sind jetzt in Mexiko, ich meine natürlich Mé-chi-co! Ist doch ziemlich cool!", sagt Ellen, die Amerikanerin, um die Verlegenheit bei der ersten Live-Begegnung ein wenig zu brechen.

Sie schweigen einen Moment, mustern sich gegenseitig: vier Jugendliche, die aus den verschiedensten Ländern und Kontinenten hierher eingeladen worden waren. Und wozu der ganze Aufwand? Weil sie ausgesucht worden waren, auf dieser UNESCO-Konferenz ihr Projekt vorzustellen. Aber was wird wirklich von ihnen erwartet?

Hungrig gehen sie zum Buffet.

„Esst nicht so viele Tacos – die grummeln sonst die ganze Nacht im Bauch", erklärt Ellen mit Blick auf die Teller ihrer Mitstreiter.

„Du sprichst aus Erfahrung?"

„Ja, ich bin mit meinen Eltern im Urlaub hier gewesen. Nicht in Mexico City, sondern in Puerto Vallarta an der Pazifikküste. Da gibt es in den Hotels auch ständig Tacos. Die Leute stürzen sich drauf – sind ja auch superlecker. Aber nur die ersten zwei Tage – bis sie es vor Blähungen nicht mehr bis zum Strand schaffen."

„Macht mir nichts aus!", wehrt Nihar ab.

Doch die anderen nehmen daraufhin nur noch Salate und Kleinigkeiten.

Kennengelernt haben sie sich über das Internationale Schulprojekt *Together – solidarische Auswege aus der Klimakrise*. Gemeinsam haben sie geplant, ein Spiel zu entwickeln, das GLOBALOPOLY heißen soll. Damit soll auch den Noch-nicht-Überzeugten klar gemacht werden, dass es die globale Risikowirtschaft ist, die immer wieder neue und größere Krisen erzeugt. Genau das wollen sie nun auf der Konferenz deutlich machen.

„Mann, bin ich gespannt auf morgen!", spricht Fatima allen aus der Seele. „Ich glaube, ich werde heute Nacht kein Auge zumachen können."

04. März – Mexico City, Kongresszentrum

Am anderen Morgen, gleich bei der Ankunft am Kongresszentrum, dem World Trade Center Mexico City, beschleicht Mark ein merkwürdiges Gefühl. Es soll um nicht weniger als die Zukunft der Menschheit gehen – aber das kann man dem volltönenden Nichts des Konferenztitels nicht entnehmen, der da in mindestens zwei Meter großen Lettern über dem Eingang prangt:

Gobal Education for a Sustainable Development

Und all diese Leute, die sich laut redend im Foyer und in den Gängen drängen – ein Heer von verbeamteten Schlips- und Anzugträgern sowie auffallend vielen Frauen in Hosenanzügen.

„Lauter Busybodies hier", entfährt es Nihar. Der trägt an diesem Morgen ein rotes T-Shirt mit einem großen Smiley drauf, auf dem entspannter Snoopy liegt.

„Es ist eben eine große internationale Tagung", beschwichtigt Mark ihn und sich selbst.

Im größten Vortragssaal bekommen sie Plätze in der zweiten Reihe zugewiesen. Die erste ist komplett für VIPs und Journalisten reserviert – und bleibt fast frei.

Sie haben sich gerade hingesetzt, da drängt ein Pulk von Menschen in den Saal. Wie im Film: Eine Traube von Bodyguards mit Sonnenbrille und Knopf im Ohr umringt ein paar sehr wichtige Leute, an denen etliche Journalisten und Kameramänner zu kleben scheinen. Die UNESCO-Generalsekretärin erkennen die vier von der UNESCO-Website, die sie alle öfter angeklickt haben.

„Die anderen sind bestimmt der Bürgermeister von Mexico City oder seine Vertreter, ein paar mexikanische Regierungsmitglieder und vielleicht sogar der mexikanische Präsident", erklärt Mark. Das Gesicht des Präsidenten hat sich selbst er, der Politfreak unter ihnen, nicht merken können. Es hatte etwas von einem mittelmäßigen Filmschauspieler, der einen Politiker mimt.

Ellen blickt ins Programm.

„Ja, der Präsident gibt uns die Ehre. All denen können wir jetzt also unser Spiel vorstellen."

Am Ende dieses Promitrosses folgt eine Person, die ganz und gar nicht zu den anderen passt. Mit seinem grünen T-Shirt, der Cargohose und den roten Sneakers sticht dieser Typ zwischen all den Amtsträgern hervor wie ein Papagei auf einer Bestattermesse.

„Hey, da ist Bene!", entfährt es Nihar.

Der Moderator der ganzen Veranstaltung, der unvergleichliche, der obercoole Benedikt von Luckhausen, genannt Bene. Ein Snowboarder der ersten Stunde, Jungunternehmer und bekannter Umweltaktivist.

„Habt ihr gesehen?", hakt Nihar nach. „Der trägt diese supercoolen Air Jordans 4."

„Haben doch viele."

„Aber nicht die limitierte, die ganz rote Sonderausgabe von 2015. Die sind einzeln nummeriert und inzwischen bestimmt Tausende wert. Keiner trägt sowas auf der Straße!"

Nachdem endlich alle Platz genommen haben, beginnt Bene in seiner ganz eigenen Art die Moderation: *Sehr geehrte Damen und Herren! Liebe Generalsekretärin, lieber Präsident! Liebe Ministerinnen und Minister, lieber Herr Bürgermeister, HEY, BESORGTE ERDBEWOHNER!*

Ist es nicht ein bisschen verrückt, dass wir aus aller Welt hierher geflogen sind, um gemeinsam über einer sehr wichtigen Sache zu brüten? Nämlich wie wir junge Menschen dazu bringen, künftig noch behutsamer mit diesem so verletzlichen Planeten umzugehen. Besorgt, betroffen sind sie ja eh schon, das haben sie uns mit ihren Fridays-for-Future-Aktionen gezeigt.

Aber welches Wissen müssen wir ihnen in die Hand geben, damit sie besser mit den Ressourcen unserer endlichen Welt hantieren, als wir es bisher getan haben? Welche Werte müssen wir ihnen vermitteln,

damit aus besorgten Demonstranten nachhaltig Produzierende und Konsumierende werden?
Halt – ich will nicht vorgreifen.
Ich gebe euch aber ein Beispiel: Ich habe letzten Sommer dazu aufgerufen, dass Snowboarder und andere Wintersportler die von uns verursachten Schäden in den Alpen reparieren sollen. Soweit das eben geht. Leider folgten nur wenige meinem Appell. Warum? Fehlt es ihnen an Einsicht oder habe ich sie falsch angesprochen? Vielleicht habe ich sie auch gar nicht erst erreicht.
Ich glaube, die Antworten auf diese und andere Schlüsselfragen schlummern vielleicht schon in uns.
Doch um dieses Wissen zutage zu fördern – das weiß ich aus den Team-Sessions in meiner Firma –, sind manchmal solche Zusammenkünfte notwendig. Keine Videokonferenz, keine Virtual Reality kann diesen direkten Kontakt, die echte Begegnung von Mensch zu Mensch ersetzen.
Lasst uns sehen, welche Antworten wir festhalten können. Nach den Grußadressen gehen wir gleich in die Vollen.
Dann gibt er einen kurzen Abriss des Programms: viele Vorträge mit anschließenden Arbeitsgruppen sowie einer gemeinsamen Schlusserklärung. Dabei erwähnt er auch die vier: „… unter den vielen praktischen Beispielen für nachhaltige Bildung zeigt uns eine internationale Gruppe von Jugendlichen ihr Programmspiel GLOBALOPOLY …"
Er schließt seine Keynote mit den Worten: „Ich glaube, das hier kann eine ganz coole Sache werden!"
Doch auch Bene hat das starre Protokoll nicht ändern können. Und so beginnt die endlose Begrüßungszeremonie: Zunächst spricht die Generalsekretärin, dann der mexikanische Präsident, dann der mexikanische Bildungsminister, dann die mexikanische Umweltministerin. So, wie Katzen um den heißen Brei schleichen,

nähern sich auch die anschließenden ersten Vorträge nur langsam dem Kongressthema. Dabei werden sie mit stakkatohaften Simultanübersetzungen und fast identischen PowerPoint-Vorlagen untermalt. Dann beginn endlich die Vormittagspause. Im zweiten Block sollen sie drankommen – vor großem Publikum.
Was ist denn das?, fragt sich nicht nur Ellen. Die Politiker und Journalisten laufen in die falsche Richtung, sie traben vom Foyer zum Ausgang.
„Die gehen wieder!"
„Waren wohl nur für zwei Stunden gebucht – haben noch Wichtigeres vor."
„Wichtigeres als die Rettung des Planeten!?"

Nach der Pause rutschen alle vier nervös auf ihren Stühlen herum, denn nur noch ein Vortrag trennt sie von ihrem Auftritt. Endlich stellt Bene sie vor: „Wir freuen uns besonders, dass auch die junge Generation anwesend ist. Und zwar in Form einer internationalen Gruppe, die sehr innovativ ist. Sie haben sich über das Internet gefunden. Und gemeinsam ein Spiel entwickelt, das Chancen und Gefahren unserer globalen Wirtschaft auf einfache Weise erklären soll. Mehr soll ich nicht verraten. Wir sind gespannt!"
Großer Applaus, während sie auf die Bühne steigen.
Mark war entschieden dagegen gewesen, mit PowerPoint zu arbeiten: „Wir wollen überzeugen, nicht einschläfern!" Er hatte sich aber nicht durchsetzen können, weil die anderen befürchteten, dass sie sonst nicht ernstgenommen würden.
Also starten auch sie eine PowerPoint-Präsentation.

GLOBALOPOLY
Das Spiel mit Chancen für wenige
und großen Risiken für alle!

„Unser Spiel soll die globale Wirtschaft der heutigen Welt zeigen. Was soll es dabei besonders verdeutlichen? Das Ungleichgewicht in der Welt! Auf der einen Seite die Chancen:"

Der Wohlstand auf unserem Globus wächst
Immer weniger Menschen hungern
Immer mehr Menschen genießen Luxusprodukte wie SUVs, Fernreisen und Kreuzfahrten
Die Zahl der Millionäre und Milliardäre steigt Jahr um Jahr

„Auf der anderen Seite stehen die extremen Risiken:"

Klimawandel
Flüchtlingskatastrophen
Umweltkatastrophen
Finanzkrisen
Epidemien
Kriege
Armut und Hungersnöte

„Die Mehrheit der Menschen nimmt nur an den Risiken teil, nicht an den Chancen. Das wollen wir deutlich machen."

Für wen ist dieses Spiel gedacht?
Wer ist die Zielgruppe?

„Alle Menschen, die die verzweigten, ineinander verflochtenen Mechanismen der globalen Wirtschaft nicht verstehen können, weil sie nicht so gebildet sind. Oder Menschen, die glauben, keine Zeit für eine Beschäftigung mit diesem komplizierten Thema zu haben – zum Beispiel Jugendliche!"

Dann zeigen sie das umgearbeitete Monopoly-Spielfeld, eines der Bilder, auf das sie besonders stolz sind. Statt Los, Gefängnis, Frei parken und Ereigniskarten sieht man ein kleines Chancenfeld mit einer Yacht, einer Traumvilla, mit Fabriken, Aktien und anderen

Investitionsmöglichkeiten sowie ein sehr großes Risikofeld mit lauter Warnschildern.

„In einem wichtigen Punkt unterscheidet sich GLOBALOPOLY von jenem anderen, weltweit bekannten Spiel – eigentlich von allen anderen Spielen: Die Spieler beginnen nicht mit den gleichen Chancen."

„Mensch ist nicht gleich Mensch!"

„Ja, im realen Globalopoly gibt es heutzutage vier Klassen von Menschen. Mindestens. Für unser Spiel haben wir die Menschheit jedenfalls in vier Klassen unterteilt:"

Die 1. Klasse: Millionäre, Multimillionäre und Milliardäre 1,1 Prozent der Weltbevölkerung besaßen zu Beginn des Jahres 2021 45,8 Prozent des weltweiten Vermögens

„Das sind die reichen Menschen, die Globalplayer! Egal aus welchem Land sie stammen, sie können überallhin reisen. Sie können auch einfach auswandern. Sie können sich eine Staatsbürgerschaft notfalls erkaufen – nicht nur in irgendwelchen sogenannten Entwicklungsländern. Man kann sich beispielsweise in der EU in folgende Länder einkaufen: in die baltischen Staaten, nach Zypern oder Malta. Dort kann man sich einen EU-Pass kaufen: Wer mindestens 650 000 € – wie auch immer – im Land investiert, erhält den Pass als Zugabe. In den letzten Jahren haben das ungefähr 1000 Personen jährlich gemacht – reiche Osteuropäer oder Asiaten."

Die 2. Klasse: Menschen mit einem Vermögen zwischen 100 000 bis 1 Mio. Dollar und Bewohner der wohlhabenden Länder, die über Bildung und regelmäßiges Einkommen verfügen und sozial abgesichert sind.

„Kommen wir zur 2. Klasse – Menschen aus den wohlhabenden Ländern und Menschen in gesicherten Positionen in den weniger

wohlhabenden Ländern. Das sind wohl die meisten von uns hier. Wir können, zumindest als Touristen, reisen, wohin wir wollen. In unseren Ländern gibt es ein Sozialsystem, wir müssen nicht hungern, wir werden im Allgemeinen nicht obdachlos, und wir können uns medizinisch behandeln lassen. Wir alle …" – Ellen deutet direkt auf die Konferenzteilnehmer – „… also Menschen der 1. und 2. Klasse, können als vollwertige Spieler bei GLOBALOPOLY teilnehmen."
Wieder erscheint das GLOBALOPOLY-Spielfeld auf der Leinwand, dann wechselt die Präsentation erneut zu der Liste.

Die 3. Klasse: Menschen aus weniger entwickelten Ländern – die jedoch einen Vorteil besitzen: Gesundheit, Bildung oder etwas Besitz

„Kommen wir zur 3. Klasse – Menschen aus armen Ländern, die zumindest über ein wenig Geld und über eine gute Gesundheit verfügen. Sie können versuchen, sich in ihrer eigenen Gesellschaft nach oben zu arbeiten, um zur wohlhabenden Elite zu gehören, oder in wohlhabende Länder auswandern. Diese Menschen setzen auf ein gewagtes Spiel, um in die 2. Klasse aufsteigen zu können: illegales Einwandern in die USA, nach Europa oder in andere entwickelte Länder oder Stadtstaaten. Doch jährlich sterben Tausende auf diesem Weg – in den Wüsten der Grenzregion USA/Mexiko oder auf dem Mittelmeer oder Atlantik."

Die 4. Klasse: Die Mehrheit der Weltbevölkerung mit 55 Prozent. Sie besitzen weniger als 10 000 Dollar, die meisten sind arme Bauern, Tagelöhner und Arbeitslose

„Mehr als die Hälfte der Menschheit jedoch gehört zur 4. Klasse – arme, kranke und oder alte Menschen aus armen Ländern. Sie sind dazu verdammt, ihr Schicksal zu erdulden. Die Menschen der 3.

und 4. Klassen machen über drei Viertel der Weltbevölkerung aus. Ihnen fehlt das Geld, um an Globalopoly teilzunehmen. Trotzdem sind die meisten von ihnen nicht überflüssig in diesem Spiel. Sie werden gebraucht – jedenfalls ihre Arbeitskraft. Um für die reichen Länder Dinge wie Turnschuhe oder Kleidung herzustellen."
Obwohl sie sich so großartig die Bälle zuspielen, sieht Mark, mehr noch, spürt er mit jeder Hautpore, wie sich nach anfänglichem Interesse etliche Konferenzteilnehmer abwenden, ihre Smartphones checken, sich in die Kurz-Nickerchen-Position zurücklehnen oder sogar hinausschleichen. Mark schreit deshalb ins Mikrofon, um alle wieder aufzurütteln: „Unser Programm muss deshalb heißen

Schluss mit GLOBALOPOLY!

Schluss damit, wie dieses Spiel heute läuft. Nicht nur wir vier sind unzufrieden damit. Auch die große Mehrheit unserer Generation ist damit unzufrieden. Wir sind bereit, für ein Ziel zu kämpfen: nämlich dafür, dass es nicht so weitergeht!"
„Von Krise zu Krise", fällt Fatima ein, „stehen die Verlierer immer schon fest: die Armen und Ausgegrenzten der Globalisierung."
„Immer wieder kommt es zu schweren Hungerkrisen in der Welt", ergänzt Nihar, „ausgelöst durch Missernten, aber häufig auch durch Spekulation mit Lebensmitteln."
„Wir haben gerade erst eine große Epidemie mehr oder minder hinter uns", ergreift Ellen das Wort. „Die reichen Länder haben Corona relativ glimpflich überstanden, aber ärmere Regionen hat die Epidemie schwer getroffen: viele Infizierte und Tote, Zusammenbruch der Wirtschaft, Millionen Tagelöhner mussten hungern und verloren die Existenzgrundlage für sich und ihre Familien. Und das, obwohl die Coronakrise ihren Anfang in den reichen In-

dustrieländern nahm. Auch diese Krise zeigt, wie ungerecht die Globalisierung Chancen und Risiken verteilt!"

„Gleichzeitig", ruft jetzt wieder Mark, „tickt im Hintergrund der Klimawandel weiter: Es wird wärmer, wärmer, wärmer! Wenn man sich das alles vor Augen hält, dann kann man doch nicht einfach so weitermachen!? Es muss sich etwas ändern – schnellstmöglich!"

Nach diesem furiosen Abschluss applaudieren die noch übrig gebliebenen Zuhörer höflich.

Die vier sehen sich an: *Das war ja wohl das Letzte!*

„Ja, meine lieben Freunde, dazu will sicher noch jemand etwas sagen", ergreift nun wieder Bene das Wort. Mühsam versucht er, eine Diskussion in Gang zu bringen. Einzelne Experten loben das Projekt als „pädagogisch durchaus sinnvoll", um dann einzuwenden, dass es jedoch nicht weiterführe, ausschließlich dem Kapitalismus die Schuld zu geben – wo der doch erst einmal für das Wachstum von Wohlstand weltweit sorge.

Da springt Fatima auf: „Wir haben gerade erst eine globale Pandemie überstanden. Das Coronavirus konnte sich ja nur deshalb so schnell ausbreiten, weil wir eine so globale Vernetzung der Wirtschaft und des Verkehrs haben."

Ein Teilnehmer in grauem Anzug unterbricht sie: „Gerade diese Krise zeigt doch, wie eine freie Wirtschaft Wissen und Gesundheitsvorsorge verbreitet. Konsequent müsste man bei diesem Beispiel eher mehr Kapitalismus fordern. Was ich aus anderen Gründen natürlich nicht tue."

„Dessen Nachteile überwiegen ja wohl auch", kontert Fatima. „Der wohlhabende Teil der Erdbevölkerung hat sich besser schützen können als die arme Mehrheit. Ich komme aus Ägypten, ich weiß, wovon ich rede: Die Menschen in den engen Wohnghettos am Rande von Kairo hatten keine Möglichkeit, Abstand zu halten. Sie können auch nicht wochenlang daheimbleiben – weil sie dann nichts zu essen haben. Und warum ist die Mehrheit der Menschheit so arm? Weil diese Menschen nur als billigste Arbeitskräfte am Globalopoly teilnehmen können."

Ob sie denn wüssten, kommt von einer anderen Seite, dass die Entwicklungs- und Schwellenländer da hinwollten, wo die Industrieländer jetzt sind? Das Vorbild für alle aufstrebenden Menschen in den aufstrebenden Ländern in Asien, Afrika und Osteuropa sei die Kleinfamilie der Industrieländer mit Eigenheim und zwei Pkws!

Der vermutlich ehrlichste Beitrag kommt von einer Frau in mittlerem Alter mit kurzen blondierten Haaren: „Das ist, glaube ich, unser Problem: Wir erreichen immer nur die, die schon aufgeklärt sind. Wer kommt zu einer Informationsveranstaltung? Besorgte, die eigentlich schon Bescheid wissen. Wer liest Bücher zum Klimawandel? Umweltschützer, die eigentlich schon rücksichtsvoll leben. Ich bin gespannt, ob das bei eurem Spiel anders sein wird!" Letzteres sagt sie in einem Ton, der erahnen lässt, dass sie eigentlich meint: Ich fürchte, so wird es nicht sein, auch wenn es schön wäre.

Dann geht es endlich in die Mittagspause. Ellen und Fatima sitzen schon in einem der vielen Bistros des Kongresszentrums vor einem Salat, als Nihar sich zögernd nähert.

„Schau dir das an." Ellen zeigt auf ihn. „Selbst hier im Kongresszentrum hat er seine schwarze Hipstersonnenbrille auf."

„Sieht aus wie ein Blinder", ergänzt Fatima.

Nach der Mittagspause geht es weiter. Vorträge, nichts als Vorträge – wie in der Schule, denkt Fatima. Nein, schlimmer als in der Schule! Denn in der Schule geht es sowieso nur um trockenes Wissen, Schwimmübungen an Land sozusagen. Aber hier geht es um unseren Planeten – den einzigen, den wir haben! Und wie soll der Planet nach Auffassung der Konferenzplaner gerettet werden? Mit einem Programm von Grundwerten, die nach der kurzen Mittagspause einzeln vorgestellt werden. Vortrag für Vortrag, Grundwert für Grundwert:

Gewaltfreiheit
Gesundheit für alle
Keine Armut
Zugang zu sauberem Trinkwasser und sanitären Anlagen
Saubere Energie
Faire Produktion

Dann ist es geschafft – zumindest für diesen Tag.
„Was haben wir heute gehört?", fragt Nihar beim Hinausgehen.
„Altbekannte Weltneuheiten!", antwortet Mark.
„Das ist doch nur eine Wunschliste", klagt Ellen. „Als ob man die Reichen, Mächtigen und Bequemen dieser Welt damit bekehren könnte!"
Darauf antwortet Fatima für alle: „Solange die globale Wirtschaft – der Kapitalismus, um es klar und deutlich zu sagen – ständig neue Risiken erzeugt, wird sich daran wenig ändern. Die Tatorte werden nur immer wieder verlagert."
Bevor sie an diesem Abend wieder in ihr Hotel gebracht werden, unternehmen ihre Begleiter noch eine kleine Sightseeingtour mit ihnen. Dazu werden sogar die getönten Scheiben des Vans heruntergelassen. Sie fahren zunächst den Paseo de la Reforma entlang – vorbei am Monument der Unabhängigkeit. Die von einem Engel bekrönte Säule erinnert Mark stark an die Siegessäule in Berlin. Sie passieren das Monument für den letzten Aztekenherrscher, Cuauhtémoc, dann können sie einen Blick auf das Monument der Revolution, das Hochhaus der Staatlichen Lotterie und die Barockkirche San Hipólito werfen.
„Da müssen wir einmal reingehen", meint ihre Begleiterin, „wenn wir Zeit haben!"

Also nie, schlussfolgert Fatima, jedenfalls nicht bei diesem Aufenthalt. Danach biegen sie ab und gelangen zu dem alten Aztekentempel – dem Templo Mayor. „Eigentlich war dies wie eine Stufenpyramide, die von den Spaniern abgerissen und deren Fundamente später von uns Mexikanern teilweise wieder ausgegraben wurden." Und weiter geht es vorbei an dem riesigen Dom – der Catedral Metropolitana – zum Zócalo, dem zentralen Platz mit dem Palacio Nacional.

„Diego Rivera hat dort die Geschichte Mexikos in einem Wandgemälde verewigt", erklärt ihre Begleiterin. „Das müssen wir uns anschauen, wenn wir Zeit haben!" Das Gleiche sagt sie beim Palacio de Bellas Artes, einem der vielen Kunstmuseen der Stadt. Nur beim gleich darauffolgenden Alameda Central, dem zentralen Park, ist die Botschaft eine andere: „Geht ja nicht im Dunkeln dort hinein!"

Schließlich halten sie an einer kleinen Taco-Bar und werden zum Abendessen am Straßenrand eingeladen. Hier pulsiert das Leben. Danach heißt es, zurück ins Hotel, denn ab 21 Uhr müssen sie auf ihren Zimmern sein. Darauf achten sowohl ihre Begleiter als auch ihre Eltern. Trotz erheblicher Zeitunterschiede kommen kurz nach 21 Uhr die abendlichen Festnetz-Kontrollanrufe, damit die Lieben daheim beruhigt sein können, dass sie sicher weggesperrt sind. Dafür ist Marks Mutter sogar bereit, um fünf Uhr morgens aufzustehen. Über die altersschwache Telefonanlage, die knistert und knackt, erklingen die Stimmen ihrer Eltern:

„Geht es euch gut?"

„Hat der Vortrag geklappt?"

„Was ist mit Montezumas Rache?"

„Ist es sehr heiß?"

„Konntest du schlafen?"

Die anschließende Chatrunde beginnt mit einer Nachricht von Ellen: Shit, ich fasse es immer noch nicht. Wie die uns haben abblitzen lassen!!!
Fatima: Inschallah, wenn ich das schon immer höre: Ihr habt zu wenig Erfahrung … alles Erreichbare ist nun mal ein Kompromiss!
Mark: Mit Kompromissen können dann alle zufrieden nach Hause fahren! Wir haben's ja versucht! F**k.
Nihar: Für einen Fighter zählt nur der Sieg! Das hier ist doch nur hallā-gullā.
Ellen: Hallā-gullā?
Nihar: Affentheater, Gequatsche, Lärm um nichts!!!
Mark: Es geht aber nicht ums Siegen, sondern um den Umgang mit den globalen Krisen!!!
So geht es stundenlang weiter – was können sie auf ihren Zimmern auch schon machen außer TV gucken – fast nur mexikanische Sender – oder die Minibar plündern oder miteinander chatten. Oder alles zusammen. Später, im TV dröhnt gerade ein endloses ohrenbetäubendes Gemetzel, schreibt Nihar:
Okji – Tagesresümee für mein Team:
1. Das war alles ein großer beschissener Reinfall!
2. Es muss etwas passieren.
3. Etwas, das sie alle aus ihrem Tran reißt!
Lediglich Fatima antwortet: Na, morgen gibt es einen der wenigen Lichtblicke: die deutschsprachige Schule. Da haben wir einmal richtig Kontakt zur Wirklichkeit. Salām and sweet dreams!
Ausgerechnet in einer Schule!, denkt Mark beim Ausschalten des TV-Geräts.

05. März morgens – Mexico City, deutsche Schule

Gegen 8 Uhr werden die vier abgeholt: der Besuch des Colegio Alemán Alexander von Humboldt steht auf dem Programm. Als sie dort ankommen, staunen sie nicht schlecht: Die Schule sieht aus wie eine Festung. Überall Mauern mit NATO-Draht oder hohen Zäunen, gespickt mit scharfen Spitzen. Und an jeder Ecke eine Kamera. Das Wachpersonal ist bewaffnet und will sie nicht passieren lassen.

„Wir sind angemeldet", sagt ihr Verbindungslehrer immer wieder. Er unterrichtet dort, die Wachen kennen ihn. Und trotzdem wollen sie die Jugendlichen nicht durchlassen. Erst als der Direktor der Schule kommt und sie begrüßt, ist alles okay.

„Ihr dürft das nicht persönlich nehmen, denn hier in Mexico City ist man sehr misstrauisch gegenüber allen Fremden. Alle haben große Angst vor Verbrechen. Ihr müsst euch das einmal vorstellen: Wir leben hier in einer Stadt mit den großartigsten archäologischen Ausgrabungsstätten: die Aztekenstadt Tenochtitlán lag hier, keine 50 km entfernt liegt Teotihuacán mit den größten Pyramiden Südamerikas. Wir haben großartige Parks und andere Naturwunder wie die nahen Vulkane. Wir haben hier in der City über 100 Museen. Mit unseren Schülern können wir aber nicht eines davon besuchen."

„Warum das denn nicht?"

„Ganz einfach: Es ist zu gefährlich da draußen! Unsere Schüler sind Kinder von Diplomaten, von Geschäftsleuten, von bekannten Künstlern oder TV-Stars. Solche Kinder sind das Hauptziel von Kidnappern."

Und nachdem die vier nichts darauf antworten, fügt er hinzu: „Glaubt ja nicht, was ihr in den ganzen Fernsehkrimis seht, dass die Polizei den Leuten hilft und so weiter ... Vielleicht gilt das in Europa, manchmal auch in den USA. Aber nicht hier in Mittel- und Südamerika. Hier kann man kaum Hilfe von der Polizei erwarten … Und weil wir nicht raus in die Welt gehen können, versuchen wir, soviel wie möglich von der Welt in unsere Schule zu holen. Und deshalb freuen wir uns ganz besonders über euren Besuch."

Die Schüler:innen haben sich in der Aula versammelt und applaudieren anfangs lautstark. Doch als die vier ihren PowerPoint-Vortrag vom Vortag wiederholen, verlieren die Schüler:innen schnell ihr Interesse. Obwohl sich besonders Ellen und Mark Mühe geben, verständlich und leidenschaftlich zu sprechen. Selbst mit dem Spielbrett von GLOBALOPOLY können die Schüler wenig anfangen. Offenbar ist ihnen die entscheidende Bedeutung des Geldes – ob jemand es hat oder nicht – einfach nicht klar. Aufmerksam werden sie erst wieder, als sie die vier Gäste nach ihrem Alltag ausfragen dürfen.

„Gibt es bei euch wirklich Winter mit Schnee?"
„Ja, jedenfalls war das bisher so. Aber auch bei uns in Nordeuropa wird es immer wärmer. In den letzten Jahren hat sich kaum noch eine Schneedecke gebildet. Das liegt am Klimawandel."
Das Wort kennen sie anscheinend nicht. Am meisten staunen die Schüler jedoch darüber, wie frei sich Jugendliche in Deutschland bewegen können.
„Ihr fahrt alleine mit der U-Bahn oder Straßenbahn zur Schule?"
„Ihr werdet nicht am Eingang kontrolliert?"
„Ihr geht in der großen Pause raus auf die Straße und holt euch euer Mittagessen in einem Laden? Ohne Aufsicht?"
So geht es fast eine halbe Stunde, bis der Schulleiter die letzte Frage ankündigt.
„Eure Eltern wissen aber doch sicherlich, was ihr euch auf eurem

Handy anseht? Und mit wem ihr dort Kontakt habt?"
„Wissen sie nicht!", antwortet Ellen. „Geht sie auch nichts an."
„Und wenn Verbrecher versuchen, euch in eine Falle zu locken?"
„Das kommt bei uns so gut wie nie vor."
„Bei uns ist es normal, dass wir unser eigenes Ding machen."
„Que chido!", entfährt es einem Jungen in der ersten Reihe. Alle blicken die vier an, als kämen sie von einem anderen Stern.
„Die wachsen in einer wohlbehüteten Welt auf", erklärt Nihar später, als sie zum Kongresszentrum gefahren werden. „Geld ist bei denen unsichtbar vorhanden. Ich kenne das: Bei uns zuhause ist es genauso. Wir wohnen in einer Gated Community, in dem nur Wohlhabende leben: Sunny Brooks Community. Ich bin anfangs sogar dort auf die Schule gegangen."

05. März nachmittags – Mexico City, Kongresszentrum

Einige Stunden später hat sie der langweilige Kongressalltag wieder – mit weiteren Vorträgen über die Grundwerte für eine faire Zukunft:

Kein Hunger in der Welt
Gleicher Zugang zur Bildung
Nachhaltige Städte
Gesunde Meere

Die Zuhörer gähnen oder sind schon eingenickt oder starren auf ihre Smartphones – jede Nachricht ist mit Sicherheit tausendmal spannender als das, was da gerade von den Referenten vorgetragen und von den Simultandolmetschern monoton wiedergegeben wird. Reden und Vorträge über das, was man unbedingt ändern müsste. Wenn man könnte. Aber dazu müssten die mächtigen Politiker und ihre Wähler und die Unternehmensführer der Welt zustimmen. Wenn man nur wüsste, wie man sie dazu bringen könnte. Stattdessen hören sie von allen Seiten auf Englisch, Französisch, Spanisch, Deutsch und in vermutlich zwanzig anderen Sprachen immer wieder Floskeln wie: „Es kann ja nicht sein, dass …" oder „Natürlich müsste man …"

In der Nachmittagspause holt sich Mark einen Tee und ein paar Plätzchen und geht zu einem der Stehtische in Reichweite. Wie aus dem Nichts gesellt sich ein älterer Mann mit Vollbart und Brille zu ihm. Der Typ muss echt wichtig sein, schlussfolgert Mark nach einem kurzen Blick auf sein Gegenüber, wenn der es sich erlauben kann, in so einem unmodischen und schlechtsitzenden Anzug hier herumzulaufen. Auf seinem Namensschild steht: Prof. Dr. Dr. hc. mult. Walter Lewis.
„Das war sehr überzeugend – eure Präsentation gestern!"
„So? Ich hatte eher das Gefühl, wir langweilen die Teilnehmer nur."
„Nein! Diese Zurückhaltung gehört zum … wie soll ich sagen … zum Ritual. Wäre ja noch schöner, wenn all diese Experten sich von ein paar Jugendlichen überzeugen lassen würden! Niemand zeigt hier seine Gefühle. Oder seine wahren Interessen. Politik ist ein großes Schauspiel – wie eine Oper. Jeder hat seinen Auftritt. Der eine hat die Aufgabe, dem Publikum Angst und Schrecken einzujagen, der andere kommt als Retter und beruhigt alle. Zugleich gibt es verbindliche Verhaltensregeln – immerhin hauen wir uns hier nicht die Köpfe ein. Nur so ist es möglich, dass sich Todfeinde im gleichen Konferenzraum aufhalten können. Gemeinsam in die Kamera lächeln können."
Sein Gegenüber redet noch ein paar Minuten weiter, verstummt kurz, sieht Mark intensiv an und fragt: „Soll ich ehrlich zu dir sein?"
„Ja, natürlich."
„Es ist nicht fünf *vor* zwölf – jedenfalls was eine mögliche Prävention weltweiter Krisen angeht. Du kannst mir folgen?"

„Klar!"

„Was das mögliche Eingreifen der führenden Staaten und die Spielräume für internationale Vereinbarungen angeht, haben wir es fünf *nach* zwölf – mindestens."

„Wie meinen Sie das?"

„Alles vorbei! Es ist längst entschieden, weil niemand etwas entscheiden wollte. Wir haben es ja in der Coronakrise erlebt. Bevor etwas international vereinbart worden war, wurden überall die Grenzen geschlossen. Bei der nächsten großen Krise werden die Staaten wieder nur auf ihre eigenen Interessen schauen ... jeder ist sich selbst der nächste. Das ist natürlich nur meine private Meinung! Offiziell, als Leiter eines Instituts, das auf Beratungsaufträge der Politik angewiesen ist, urteile ich selbstverständlich ein klein wenig optimistischer."

Es folgt eine unangenehme Pause, denn Mark weiß nicht, was er darauf erwidern soll.

„Ah, ich glaube, es geht weiter."

Den Rest des Nachmittags betrachtet Mark die Versammlung mit ganz anderen Augen. Wer von diesen Anzugträgern und Kostümträgerinnen ist insgeheim der gleichen Meinung wie sein unbekannter Gesprächspartner? Wer von den ganzen Leuten hat auch eigentlich längst kapituliert, läuft aber dennoch hier herum? Macht gute – oder besser: besorgte, aber hoffnungsvolle – Miene zum bereits verlorenen Spiel? Und was heißt verloren? Wie sehr verloren? Sind diese Leute Teil der Lösung oder Teil des Problems? Soll er den anderen von seinem Gespräch mit dem Prof. Dr. Dr. erzählen? Solche Überlegungen gehen Mark noch während der Rückfahrt zum Hotel durch den Kopf. Wie im Traum zieht die Megacity an ihm vorbei, bis die Seitentür ihres Vans mit einem Rums aufgezogen wird. Entlassen werden sie mit dem üblichen „Guten Appetit

für das Abendessen!" und der üblichen Warnung: „Auf keinen Fall verlasst ihr das Hotel, es wird ja schon dunkel."
Die Gespräche während des gemeinsamen Abendessens rauschen an Mark vorbei, und später auf seinem Zimmer beginnen wieder die Gedanken in seinem Kopf zu kreisen. Nach dem Kontrollanruf der Eltern versucht er, sich mit Fernsehen abzulenken. Gar nicht so einfach mit dem mexikanischen Programm: Überall laufen irgendwelche Telenovelas, bei denen sich die schrillen Stimmen der Darsteller zu überschlagen scheinen. Es wird ununterbrochen geschrien, geküsst, geheult, geschlagen und wieder Süßholz geraspelt. Dagegen muten deutsche Serien an wie Liveschaltungen von Gottesdiensten. Jede Sendung wird zudem alle paar Minuten von noch lauterer Werbung unterbrochen – als würden die Darsteller Megafone benutzen.

Mark nimmt sein Handy und beginnt zu tippen: Wisst ihr, was mir einer der hochdekorierten Experten in einer Pause gebeichtet hat?

Als einzige Reaktion leuchtet eine Antwort von Ellen auf: Wir sollten morgen mit Bene reden! Shitti-bang!

06. März vormittags – Mexico City, Kongresszentrum

Doch als sie sich am nächsten Vormittag im Konferenzzentrum nach Bene durchfragen, wird ihnen mitgeteilt, dass der bereits zu seinem nächsten Termin in den USA abgereist ist.
Sie sind total baff.
„Wir können ihn anrufen", schlägt Nihar vor. „Er hat mir seine Handynummer gegeben." Er zieht sein Smartphone aus der Hosentasche und sucht seine Kontaktliste ab. Nach längerem Klingeln steht die Verbindung.
„Hey Leute! Ich bin hier auf dem Internationalen Flughafen. Mein

Check-in nach San Francisco ist in knapp einer Stunde. Was kann ich für euch tun?" Seine Stimme klingt wie gestern: fröhlich und enthusiastisch.

„Warum bist du jetzt schon abgehauen?"

„Das war so geplant. Ich habe durchs Hauptprogramm moderiert, Arbeitsgruppen und Schlusserklärung sind nicht meine Baustelle. Außerdem hab ich den Termin San Francisco drangehängt, damit sich der Sprung über den Teich auch lohnt."

„Bist du nicht gespannt auf die weitere Debatte und ob deine Frage beantwortet wird?"

„Ehrlich gesagt: nicht wirklich."

„Wieso nicht? Wir dachten, dass wir hier ein starkes Zeichen setzen können. Dass unsere Erklärungen in die Schlusserklärung aufgenommen werden. Dass unser Spiel weiterentwickelt und überall verbreitet wird. Und dann ..."

„Und dann gibt es eine Art Revolution, die das globale Wirtschaftssystem umstürzt? Leute! Das ist eine BILDUNGSkonferenz, was soll dabei herauskommen? Ein paar Stellungnahmen, heftige Appelle ... Meine Aufgabe ist die Keynote: Ich stimme die Leute auf das Thema ein. Ich mache sie ein bisschen heiß."

„Du hast doch gesagt, es können neue Erkenntnisse gewonnen werden."

„Dass es wirklich einen Durchbruch gibt, das geschieht sehr selten. Dazu muss vorher etwas Außergewöhnliches passiert sein. Es muss einen richtigen Wumms gegeben haben. Aber ich muss jetzt auflegen, Leute, seid mir nicht böse und haltet mich auf dem Laufenden! So long, Freunde!"

Ellen schnaubt vor Wut, Fatima hat Tränen in den Augen. Nur die beiden Jungs tun cool. Aber allen erscheint die Veranstaltung jetzt noch trostloser.

Nun werden AGs zu den einzelnen Grundwerten gebildet:
Gewaltfreiheit
Kein Hunger in der Welt
Gesundheit für alle

Mark und Fatima beteiligten sich an der AG zur Fairen Produktion. Auch dort wird schnell wieder vom gerecht ausgerichteten Markt geredet: „Wir sollten nicht so sehr auf Angst und Verzicht setzen, gerade in der Bildungsarbeit. Wir sollten nicht jammern, sondern Freude verbreiten: Mit Klimaschutz wird das Leben reicher. Nachhaltiger Konsum macht Spaß – mit Produkten aus der Region. Und er bringt gerechte Löhne für alle. Aber vor allem auch Innovation, neue intelligente Energieerzeugung, umweltfreundliche Mobilität, umweltfreundliche Industrien und umweltfreundliche Produkte. All das kann nur der Markt schaffen, mit Diktatur und Sozialismus ist das nicht möglich."

Der Redner sieht zu Mark und Fatima hinüber: „Natürlich benötigt die freie Entfaltung der Ideen und der Wettbewerb innovativer Unternehmen Regeln, die möglichst weltweit gelten sollten …"

„Wären wir doch bloß nicht hierhergekommen!", ruft Fatima in der Vormittagspause. „Wenn dort geredet wird, sehe ich nur ein einziges großes Grau vor mir – furchtbar!"

„Wie viel Kerosin wohl dafür verbraucht wurde, uns nach Mexico City zu fliegen?", fragt Ellen an Nihar gewandt. „Wenn du mir sagst, wie viel Kerosin ein Jumbojet pro Stunde verbraucht und wie viele Passagiere er hat – dann braucht man nur den Verbrauch mit elf Stunden Flugzeit zu multiplizieren, geteilt durch die Personenzahl – das Ganze natürlich hin und zurück."

„Hier sind mindestens fünf Jumbojet-Ladungen versammelt!"

„Was hätten die stattdessen in diesen fünf Tagen Konferenzausflug alles Nützliches tun können!"

„Zum Beispiel allen Müll im Stadtwald oder das Plastik entlang der Elbstrände in Hamburg einsammeln."
„Ihr habt Strände in Hamburg?"
„Ja, die Elbe ist inzwischen wieder so sauber, dass man darin sogar schwimmen kann!"
„Und die vielen Container- und Kreuzfahrtschiffe?"
„Die verdrecken nicht den Fluss, nur die Luft von Hamburg. Die Fische haben's bei uns inzwischen besser als die Menschen!"
Dann geht es wieder weiter. Da sich die Konferenz ihrem morgigen Ende nähert, sollen Ergebnisse, also Erfolge, präsentiert werden.
Und deshalb beginnen die Teilnehmer:innen, nach Bündnispartnern Ausschau zu halten.
Statt Maximalforderungen heißt es nun:
„Die Menschheit könnte noch …"
„Die einzelnen Staaten sollten …"
„Die Unternehmen müssten …"
„Wenn doch nur schon jeder Einzelne …"

Nihar geht seit dem Frühstück nur noch ein Gedanke wie in einer Endlosschleife durch den Kopf: Mussten sie sich diesen ganzen bakavaas, diesen ganzen Shit, bieten lassen? Mussten sie …? Mussten sie …? Das war ein ganz mieses Game, und er fand einfach nicht das versteckte Tor zum nächsten Level. War das die Realität? Dann scheiß drauf!
Um 12:45 Uhr schickt er den anderen eine Nachricht: `Fuck! Ich halt das nicht mehr aus! Wischiwaschi hoch 10!`
Ellen antwortet sofort: `Wir waren nur so eine Art moralische Vorspeise. Ja, bloß weg hier!`
Fatima sieht es genauso: `Wer kommt mit? Treffen in 15 Min. am Haupteingang!`

Mark versucht, die Sache zu lenken: Langsam! Sonst fallen wir auf! Besser, wir schleichen uns vor der Mittagspause raus. Treffen 50 m rechts vom Eingang! Zweimal Okay und einmal Okji!

06. März 14:10 h – Mexico City, Zócalo

Da stehen sie nun – mitten auf dem Zócalo. Ein riesiger Platz, mindestens so groß wie vier Fußballfelder. Mit nichts drauf bis auf eine riesige Fahnenstange in der Mitte, an der eine gewaltige Mexiko-Fahne hängt: grün-weiß-rot. Und wenn der Wind sie einmal richtig hoch weht, erkennt man in der Mitte einen Adler, der auf einem Kaktus sitzt und eine Schlange in seinen Krallen hält. Um den Platz herum donnert sechsspuriger Kreisverkehr, seine östliche Seite nimmt der Nationalpalast und die westliche die Catedral Metropolitana ein.

„Die nehmen uns nicht ernst!"

„Bene hat recht: Die brauchen einen richtigen Wumms!"

„Und wovor haben alle hier Angst? Vor Kidnapping!"

Sie sehen sich an. Dann blickt jeder der vier auf sein Smartphone.

„Wenn wir wirklich abtauchen wollen, müssen die Dinger komplett aus sein. Komplett!"

„Gut, ich mach meins aus."

„Das reicht aber nicht. Die können dich auch mit ausgeschaltetem Handy verfolgen. Ganz viele Apps lassen doch dieses Cross-Device-Tracking zu, das solltet ihr eigentlich wissen."

„Also!?"

„Also: Akku raus. Kein Strom, kein Signal. So einfach ist das!"

„Bei mir geht der Akku nicht raus."

„Dann ist das sowieso ein Scheißteil. Ein Einweggerät – sobald der Akku hin ist, ist auch der Rest nicht mehr zu gebrauchen!"

„Hab ich geschenkt bekommen."
„Reicht es denn nicht, einfach die SIM-Karte herauszunehmen?"
„Nein! Wir müssen absolut sicher gehen."
„Ich kann ja 'n Freund anrufen, der ist Spezialist für sowas!"
„Ja, bist du jetzt völlig bescheuert?!"
„War nur 'n Witz."
„Voll der Zeitpunkt für Witze!"
„Also?"
„Nimm die SIM-Karte raus und verschenk das Kackding!"
„Aber ich brauch doch ein Handy!"
„Wollen wir nun abtauchen oder wollen wir eine WhatsApp-Gruppe eröffnen, um darüber zu diskutieren, ob wir abtauchen sollten?"
„WhatsApp? Sag mal, spinnst du?"
„Wir müssen richtig was riskieren. Die nehmen uns doch gar nicht ernst!"
„Shit! Die sollen ruhig mal mitkriegen, wie sich 'ne Katastrophe anfühlt. Wenn zum Beispiel vier junge Konferenzteilnehmer spurlos verschwinden ..."
„Vier Konferenzteilnehmer, die man nicht ernst genommen hat."
„Weil sie Jugendliche sind!"
„Mann! Haben wir uns das auch gut überlegt?"
„Was?"
„Na, das hier! Abtauchen in Mexico City, der – wie hat es der Leiter dieser deutschen Schule noch gesagt – wahrscheinlich gefährlichsten Hauptstadt der Welt."
„Ich darf gar nicht daran denken, wie meine Eltern reagieren werden ..."
„Wenn wir jetzt erst groß nachdenken, dann können wir auch gleich wieder zurückgehen."
„Also los! Wollen wir nun die Welt retten oder nur unseren eigenen Hintern?"

„Für GLOBALOPOLY!", schwört Mark, öffnet sein Fairphone fingert den Akku aus seinem Gerät und wirft ihn in die Luft. Irgendwo hinter ihnen knallt er auf die Steine des riesigen Platzes.

„Okji!", ruft Nihar und schleudert sein Handy hinter sich in die Luft. „War ja nur ein Kackding!"

„Yalla yalla!", trällert Fatima und sagt dann: „Ich verschenke mein Handy an jemanden, der es gebrauchen kann." Gleichzeitig denkt sie: Nicht zu fassen! Vor nicht einmal drei Tagen sind wir so optimistisch gestartet, haben uns gefühlt wie – ja, wie Auserwählte. In den Gesichtern der anderen liest sie, dass sie ganz genauso empfinden.

„Für GLOBALOPOLY – und das Ziel, das wir damit erreichen wollen!", sagt Mark.

Nun öffnet auch Fatima ihr Handy mit dem fest verbauten Akku. Sie nimmt die SIM-Karte heraus und versucht, es gleich der nächsten Frau, die vorbeiläuft, in die Hand zu drücken: „It's for you. A gift. It works. I don't want money."

Nicht nur die erschrocken blickende junge Mexikanerin, auch die folgenden Passanten machen misstrauisch einen kleinen Bogen um die Jugendlichen.

„Die nehmen nichts von Fremden. Nicht wie bei uns in Deutschland, wo man in der Fußgängerzone alle Nase lang irgendwelche Gratisartikel oder -proben angedreht bekommt."

„Die ahnen, dass sie nichts im Leben geschenkt bekommen!"

„Und schon gar kein kostbares Smartphone!"

Schließlich, nachdem sie die sechsspurige Straße wieder überquert haben, legt Fatima das Gerät auf den Rand eines Blumenkübels und sie setzen sich in ein Café daneben.

„Und jetzt? Wie viel Geld haben wir?"

Sie werfen zusammen: 300 Pesos, 40 Dollar und 28 Euro.

„Warum haben wir die Sache nicht ordentlich geplant?"

Sie schweigen einen Moment, dann gibt Mark die Antwort: „Weil wir sie nach ordentlicher Planung gar nicht ausgeführt hätten!"
„Und was machen wir ohne Plan? Wie können wir hier, ohne jemanden zu kennen und fast ohne Geld, abtauchen?"
Sie überlegen. Ihre bestellte Cola-Runde kommt. Sie trinken und überlegen weiter.
„Es ist weg!", ruft Nihar.
„Was?"
„Fatimas Handy!"
Sie sehen alle hin.
„Wer hat es genommen?"
Alle vier zucken mit den Schultern. Sie schauen die Vorbeigehenden an – lauter unschuldige Gesichter.
„Gute Diebe erwischt man eben nicht."
„Das wäre erledigt." Fatima seufzt erleichtert auf.
„Vielleicht geschieht das Weitere ja auch so", wirft Ellen in die Runde und ergänzt, „ohne großen Plan."
„Ja! Ich hab mal einen Film gesehen, in dem der Hauptdarsteller den Rat bekommen hat, immer nur an den nächsten Schritt zu denken."
„Ha, das war Bob – also Bill Murray in *Was ist mit Bob?*, stimmts?! Sein Psychiater hat ihm die Babystep-Therapie empfohlen!"
„Dr. Marvins Babystep-Therapie!"
„Nur hat die Sache einen Haken: Bob kommt nicht von seinem Psychiater los!"
„Trotzdem eine gute Überlebensstrategie", urteilt Nihar. „Bei *League of Legends*, meinem Lieblingsgame, ist es genauso: Du weißt nie, in welche Situation du gerätst – improvisieren ist alles."
„Lasst uns also immer nur fragen: Was tun wir als Nächstes?"
„Und – was tun wir als Nächstes?"
„Spuren verwischen!"

„Und wie geht das?"

„Habt ihr doch bestimmt schon hundertmal in Filmen gesehen."

„Durch Verwirren."

„Einfach einige Zeit hin und her laufen und fahren."

Zunächst laufen sie zum Templo Mayor. Aus der Nähe sehen sie, dass sein freigelegtes Fundament regelrecht eingequetscht zwischen Kirchen und Reihenhäusern liegt.

„Pyramide minus Steine gleich Kirche!", spricht sie ein junger Schuhputzer an.

Und als sie nicht sofort verstehen, versucht er es noch einmal.

„Viele Gebäude, auch Zócalo aus Steinen von Templo Mayor gemacht. Entienden?"

Sie sehen ihn verständnislos aus.

„You understand?"

Sie nicken.

„Hey, Amigos! Shoeshine, my ladies and gentlemen?" Als sie nicht reagieren, legt er nach: „Or sightseeing – I know the best places? Or you want Tequila?"

Sie zögern.

„I am Pedro – you can trust me!" Und als sie immer noch zögern, zieht er ein Buch aus seinem Shoeshine-Kasten: *The Seawolf* von Jack London. „I'm reading – I have much time."

Pedro erklärt ihnen, dass er – wie viele Mexikaner in Mexico City – sehr gut English spricht, dass aber in den ländlicheren Gegenden kaum Englisch gesprochen oder verstanden wird. Sie lassen sich von Pedro im historischen Zentrum herumführen und gewinnen so langsam ein wenig Zutrauen zu ihm. Dann laden sie ihn in ein Café ein, um ihn genauer unter die Lupe zu nehmen. Statt Cola oder Fanta schlägt er vor: „Bestellt Agua fresca – eiskaltes Wasser mit Fruchtpüree gemixt. Das löscht wirklich den Durst."

Also stoßen sie mit Agua fresca an.

„Gar nicht schlecht", sagt Mark.

Pedro erzählt eine ganze Menge von sich aus: „Ich lerne auch deutsch: Hallo Freunde, willkommen auf Mechico!"

„Nein, *in* Mexiko!", korrigiert Mark.

„Nein, in Mechico!", korrigiert Pedro. Er erzählt, dass er in Nezahualcóyotl wohnt: „Hört sich toll an, ne!? Ist aber nur ein riesiger hässlicher Vorort von Eldefe!"

„Eldefe?"

„Sí, el Distrito Federal – so hieß unsere Hauptstadt bis vor kurzem: México D.F. Nur weil der Rest der Welt sie Mexico City nennt, heißt sie nun auch bei uns so: Ciudad de México! Und Nezahualcóyotl ist der größte Vorort. Wir haben über eine Million Einwohner. Wisst ihr, was der Name bedeutet?"

„Nein!"

„Hungriger Kojote! Damit ist ein Aztekenkönig gemeint, ich erzähle euch seine Geschichte später einmal..."

Die vier sehen sich an und nicken alle kaum merklich.

„Pedro, wir haben ein Problem!" Und sie erzählen ihm, wozu sie sich entschlossen haben.

„Madre!", entfährt es ihrem neuen Freund. „Das ist ein Ding! Mal überlegen..." Er umfasst sein Kinn und zeigt theatralisch, dass er grübelt. „Naja, für zwei, drei Tage kann ich euch verstecken. Gut verstecken – ich bin schließlich Pedro aus Nezahualcóyotl. Wisst ihr, was der Name bedeutet?"

„Ja, hast du uns doch schon erklärt: Hungriger Kojote."

„Ey chido, ihr lernt ja schnell!"

06. März früher Nachmittag – Mexico City, Kongresszentrum

Nachricht von Mathilda an Jo: `Wo sind die Jugendlichen?`
Antwort: `Keine Ahnung! Dachte, sie wär'n bei dir.`

Wann hast du sie das letzte Mal gesehen?
Das war so um 11 Uhr, da sind sie zu Veranstaltungen gegangen. Jeder zu einer anderen – da konnte ich sie nicht alle beobachten.
Also?
Also bin ich in die Cafeteria und wollte sie nach Ende der Sitzungen am Haupteingang einsammeln.
Inzwischen ist Mathilda auch am Haupteingang gelandet, atemlos ruft sie: „Wir wollten mit ihnen doch raus nach Xochimilco und eine Bootsfahrt durch die Kanäle machen. So etwas lässt man sich doch nicht freiwillig entgehen! Und einen Tisch fürs Abendessen dort habe ich auch bestellt."
„O Gott, hoffentlich sind sie nicht entführt worden!?"
„Heilige Jungfrau Maria!" Mathilda faltet ihre Hände. „Bitte lass nicht zu, dass man sie gekidnappt hat."
„Wir haben ihnen x-mal eingebläut: Seid vorsichtig. Das hier ist Mexico City! Das ist einer der gefährlichsten Flecken der Welt!"
„Ja. Nicht in die grünen Taxis steigen! Nicht in die gelben Taxis steigen! Und in die weißen nur, wenn sie über die Zentrale angefordert sind und wenn ein Bekannter von euch Zeuge ist und sich das Nummernschild oder den Namen des Fahrers aufschreibt."
„Meinst du, die haben das einfach ignoriert?"

06. März nachmittags – Mexico City, Zentrum

Schließlich steigen sie mit Pedro in die Metrostation Zócalo hinab und schieben sich in den Zug, der vermutlich in südliche Richtung fährt. Es ist so eng hier, dass sie sich an die Hände fassen oder einhaken müssen, um nicht auseinandergerissen zu werden. Die vier werden von den Mexikanern angestarrt: Offensichtlich fahren nicht allzu viele Fremde mit der U-Bahn.

„Bei uns ist die U-Bahn ein Arme-Leute-Transportmittel. Nicht so wie bei euch oder in den Filmen, die in New York spielen."
„Ja, da fahren die Leute in Ballkleid und Frack mit der U-Bahn zur Metropolitan Opera."
„Wer es sich in Eldefe leisten kann, fährt nicht einmal mit dem Taxi. Der nimmt einen privaten Chauffeur. Alles andere ist zu gefährlich. Und wir machen uns jetzt besser auch aus dem Staub!"
Nach nur vier Stationen steigen sie aus, laufen wenige Meter und nehmen einen der vielen privaten Kleinbusse, die dort am Straßenrand hinter- und nebeneinander halten. Ein wildes Geschreie und Gehupe. Noch bevor sie sich gesetzt haben, gibt der Fahrer Gas. Sie werden hin und her geschleudert, während Pedro ihnen das Kleinbussystem erklärt: „Mit diesen Kleinbussen kommt ihr fast überallhin, denn es gibt Zehntausende davon in Eldefe. Wir nennen sie Peseros – weil sie früher einmal nur einen Peso kosteten. Heute sind sie etwas teurer, die Fahrer müssen ja von den Einnahmen leben. Es sind nämlich alles private Busse – die Fahrer und ihre Beifahrer arbeiten auf eigene Kosten. Und wo ihr nicht mit einem Pesero hinkommt, da könnt ihr ein Colectivo nehmen."
„Häh?"
„Ein Sammeltaxi – viel billiger als richtige Taxis."
Nur wenige Minuten später steigen sie in einen anderen Pesero um. Sie hätten auch im Kreis fahren können – draußen sieht alles immer gleich aus: zwei bis dreigeschossige karge Häuser, in deren Erdgeschoss sich irgendwelche Geschäfte oder Schnellrestaurants befinden. Diesen Kleinbus verlassen sie nach rund zwanzig Minuten.
„Von hier aus nehmen wir ein Taxi", erklärt Pedro und steuert eine Warteschlange grüner VW-Käfer an.
„Nicht in die grünen Taxis steigen!", zitiert Fatima ihren Aufpasser.
„Sí! Aber diesen Fahrer kenne ich. Er wird uns sicher zu Hause abliefern und es für eine kleine Mordida niemandem verraten!"

„Für was?"

„Na, eine Mordida – äh", Pedro reibt Daumen und Zeigefinger der rechten Hand aneinander, „Bakschisch sagt ihr in Ägypten wohl dazu. Er wird uns nicht verraten und schon gar nicht der Polizei. Hier mag niemand die Polizei. Die sind oft genauso schlimm wie die Gangster, manchmal sogar schlimmer."

Sie biegen von der Schnellstraße ab in ein Meer von kleinen Häusern.

„Da, schaut mal", er zeigt nach vorn. „Das Denkmal für Nezahualcóyotl!"

„Sieht aus wie der Kopf von einem Hund!"

„Kein Hund, ein Kojote. Erzähl ich euch heute Abend!"

Kurzes Schweigen, während sie einer langen geraden Straße folgen. An beiden Seiten ziehen in einer endlosen Reihe völlig identische zwei- und dreigeschossige schmucklose Betonhäuser vorbei. Hier waren sie völlig verloren, fand Ellen. Was da gerade passierte, geschah alles wie in einem Traum. Das war irgendwie nicht wirklich.

„Madre!", rief ihr neuer Freund plötzlich. „Habt ihr ein Glück, dass ihr an Pedro geraten seid! Wisst ihr eigentlich, wie viele Leute hier herumlaufen, die euch mit einem Grinsen geradewegs in die Hände einer Kidnapperbande geführt hätten? Mann, habt ihr auch nur den Hauch einer Ahnung!?"

Ellen beobachtete Pedro von der Seite und fragte sich, ob er wirklich vertrauenswürdig oder ein Schauspieler war? Na, bis morgen würden sie's wissen!

II. Ihr könnt uns alle mal: Untertauchen im Reich des hungrigen Kojoten

Wahnsinn ist, wenn man immer wieder das Gleiche tut, aber andere Resultate erwartet. Rita Mae Brown

06. März später Nachmittag – Mexico City, Kongresszentrum

Der Krisenstab der UNESCO-Konferenz war kurzfristig einberufen worden. Vier Teilnehmer, die einzigen Jugendlichen bei der Konferenz, sind seit mehreren Stunden verschwunden. Und es fehlt jede Spur von ihnen.

„Was sollen wir tun?", fragt die UNESCO-Generalsekretärin den eigens für diese Konferenz angestellten Sicherheitsberater. „Gibt es Anzeichen dafür, dass es sich um eine Entführung handelt? Was sollen wir tun? Dürfen wir die Konferenz fortführen?"

„Das Wichtigste ist jetzt: Ruhe bewahren und nicht in Panik verfallen. Gehen wir zunächst Ihre Fragen durch. Erstens: Ist das eine Entführung? Das wissen wir noch nicht. Einerseits: Das hier ist Mexiko, jeden Tag werden hier Menschen entführt – vor allem Geschäftsleute, aber auch Kinder. Andererseits gilt jedoch auch: Es handelt sich um Jugendliche, die verhalten sich nicht immer rational. Einen Nachmittag blaumachen, wer hat das in seiner Jugend nicht getan? Wir müssen also ein wenig abwarten. Wenn es sich um Entführer handelt, werden die sich bei uns melden. Es geht ihnen ja ums Geld. Und sie wollen möglichst wenig Schereien. Je schneller sie die Sache über die Bühne bringen, desto besser für sie. Desto weniger Spuren hinterlassen sie."

Er sieht sich in der Runde um, und da die anderen schweigen, fährt er fort: „Wenn das eine Entführung ist, sind wir gut gerüstet, da Sie ja auf meine Empfehlung eine Sicherheitspolice abgeschlossen haben. So können wir kurzfristig viel Geld locker machen und auf einen Deal einsteigen. Natürlich erst nachdem unser Verhandlungsbevollmächtigter – ein echter Profi – die Lösegeldsumme heruntergehandelt hat."

Als die anderen ihn erstaunt ansehen, fügt er hinzu: „Das ist Teil des Rituals. Die Entführer werden einige Zehntausend Dollar verlangen, wir werden sie also herunterhandeln. Es sind ja nur Jugendliche aus einfachen Verhältnissen – oder?"

„Naja, Ellens Vater hat ein großes Softwareunternehmen", antwortet die Generalsekretärin.

„Dann hoffen wir, dass die möglichen Erpresser davon nichts wissen. Aber wie gesagt: Noch bin ich mir nicht sicher, dass wir es überhaupt mit Erpressern zu tun haben. Hoffen wir das Beste."

Er macht eine kurze Pause und sagt dann: „Also zur zweiten Frage: Was müssen wir tun? Wenn wir in ein paar Stunden nichts von ihnen oder von möglichen Erpressern hören, dann sollten wir auf jeden Fall die Konsulate der Heimatländer der Jugendlichen einschalten. Die wissen am besten, mit welchen örtlichen Behörden man effektiv und vertrauensvoll zusammenarbeiten kann. Wie gesagt: Wir sind in Mexiko. Einige Medien schreiben, dass hier im Schnitt jeden Tag 200 bis 300 Menschen entführt werden oder ihre Entführung vorgetäuscht wird. Genau weiß das keiner, da vermutlich nur etwa 10 Prozent der Fälle überhaupt an die Öffentlichkeit gelangen. Und die mexikanische Polizei – das muss ich leider zugeben – ist sehr korrupt. Es gibt Fälle, da verhaften Polizisten ausländische Geschäftsleute unbeobachtet irgendwo auf einer Landstraße wegen erfundener Vergehen. Und verkaufen dann ihre Opfer an Erpresserbanden. Für 1500 bis 2500 Pesos – umgerechnet rund 75 bis 150 Dollar pro Person."

Die Versammelten schauen nun doch wie begossene Pudel aus.

„Also sollten wir uns jetzt lieber mit der dritten Frage beschäftigen", versucht der Sicherheitsberater die Stimmung wieder ein wenig zu heben. „Ich würde Ihnen raten, das Programm weiterlaufen zu lassen. Wenn es nur ein Jugendstreich ist, dann wird sich alles in Wohlgefallen auflösen."

„Wir sollen einfach weitermachen? Das geht doch nicht!"

Aufgeregtes Diskussionsgemurmel: „Das ist doch zynisch!"

„Furchtbar!"

„Keine Alternative!"

„Bedenken Sie doch", versucht der Krisenberater zu beschwichtigten, „wenn wir das jetzt öffentlich machen, spielen wir möglichen Erpressern in die Hände! Also, ich fasse noch einmal zusammen: Wenn wir nichts hören, ist das einerseits schlecht – die Jugendlichen sind noch immer irgendwo da draußen. Und wir haben nicht die geringste Ahnung, wo. Andererseits ist es aber auch gut: Dann scheinen sie zumindest nicht in die Hände von Erpressern gefallen zu sein."

Draußen vor der Tür stehen Jo und Mathilda. „Falls mich jemand fragen würde", sagt Jo zu Mathilda, „würde ich ihm antworten: Die sind abgehauen! Hatten die Schnauze voll von dem Gequatsche hier! Die wollen doch wirklich was bewegen. Hoffentlich sind sie da draußen nicht an die Falschen geraten. Sie hätten mich fragen sollen."

„Vielleicht solltest du das der Security erzählen."

„Wozu? Damit sie dann untätig bleiben können. Nein!"

„Vielleicht solltest du es dann den Eltern erzählen."

„Sollte ich? Und wie? Wir haben doch überhaupt gar keine Kontaktdaten."

„Ellens Vater ist wohl ein bekannter Unternehmer, habe ich gerade gehört."

06. März abends – Mexico City, irgendwo in Nezahualcóyotl

Sie halten vor einem zweigeschossigen Haus, dessen Wände blau und gelb getüncht sind. Nachdem Pedro die schwere Metallhaustür geöffnet hat, schaut er sich prüfend um und winkt. Die vier schleichen vorsichtig hinter ihm her und sind überrascht: Das Haus ist geräumiger und komfortabler, als sie gedacht hätten. Sämtliche Zimmerwände sind verputzt, es gibt Steinfußböden und einige wenige Möbel aus stabilem Holz: Stühle, Tische, Betten und ein Sofa. Durch die dünnen Vorhänge zeichnen sich die schweren Gitter ab, die alle Fenster sichern. In der Küche brummen ein Kühlschrank und eine alte Klimaanlage um die Wette. Ansonsten befinden sich dort lediglich eine Spüle, ein Herd und ein großer Tisch.

Von dort führt Pedro sie durch eine weitere Tür: „Ihr habt Glück, dass wir einen Innenhof haben, in den kein Nachbar reinglotzen kann. Hier könnt ihr euch aufhalten, aber ihr dürft nicht zu laut sein."

Unter einer Art Vordach steht ein langer Tisch vor Sitzbänken. Es gibt eine Feuerstelle und ein paar Stauden und Kakteen in Blumentöpfen. Das ist der vordere Teil des Hofes, der hintere gleicht einer Gerümpelhalde aus ausrangierten Möbeln, Kartons und Schrott. Nachdem Pedro ihnen alles gezeigt hat, geht er schnell noch etwas fürs Abendessen besorgen.

Ellen beschreibt mit den Händen einen Halbkreis: „Wer hätte das gedacht? Ganz nett hier."

„Ja, hätte schlimmer kommen können."

„Sehr viel schlimmer."

„Und ich hab befürchtet, dass wir von einer Großfamilie in Empfang genommen werden."

Darauf spielt Mark noch einmal an, als Pedro ihnen das einfache

Abendessen auf dem langen Holztisch serviert: Maisfladen mit Bohnen, Tomaten und Zwiebeln.

„Wo sind eigentlich deine Eltern?", fragt Mark betont beiläufig.

„Mein Vater ist in Kalifornien – als illegaler Wanderarbeiter. Meine Mutter ist bei ihrer Schwester, die ihr fünftes Kind erwartet. Und meine kleinen Geschwister sind bei meiner Mutter und den ganzen Verwandten. Sonst hätte ich euch ja wohl nicht hierhergebracht. Oder!?"

„Klaro!"

Dann sind die vier dran, Pedro reihum zu erklären, wo sie herkommen und was sie so treiben.

Für das WLAN interessiert sich Pedro besonders: „Haben wir hier natürlich nicht. Wenn man ins Internet will, muss man in eines der Telefon- und Internetcafés. Und die schauen einem die ganze Zeit über die Schulter. Kontrollieren jeden Klick ..."

Dann nimmt er Ellens Smartphone genau unter die Lupe.

„Schade, dass es sich nicht mehr anmachen lässt!"

„Später, wenn wir unser Ziel erreicht haben, kannst du auf meinem Handy so viel herumdaddeln, wie du willst", versichert ihm Ellen.

„Caramba! Da lohnt sich die Sache ja. Aber was ist denn euer Ziel?"

„Wir wollen die Menschen, vor allem die jungen Leute in unserem Alter aufrütteln! Deshalb haben wir ein Spiel entwickelt, das der Welt einen Spiegel vorhalten soll. Die Risiken dieser globalen Wirtschaft nehmen für alle zu, zum Teil in extremer Weise. Wie der Klimawandel, der ganze Inselgruppen verschwinden lässt. Die Chancen, vor allem also der Gewinn, wachsen jedoch nur für einige Wenige."

„Ja, die Reichen werden immer reicher, während Umweltzerstörungen und Klimawandel vor allem die Ärmsten treffen!"

„Und wir wollen die Macher dieser Welt mit den Folgen dessen konfrontieren, was sie zu verantworten haben."

Sie erzählen Pedro, wie sie voller Erwartungen das GLOBALOPOLY-Spiel entworfen haben und damit hierher zur Konferenz gekommen sind. Und wie sie bitter enttäuscht wurden.

„Caramba!", ruft Pedro schließlich wieder. „Und das ist alles in eurem Spiel drin?"

„Naja, es ist ... zumindest angedacht."

„Ha!", entgegnet Pedro. „Ich bin nämlich sozusagen Spieleexperte! Ich kann alle hier im Viertel in Lotería schlagen – das ist nämlich unser Lieblingsspiel. Und wenn mein Onkel, der Losverkäufer, nicht kann – weil er mal wieder mit seinen Compañeros zu viel Mescal getrunken hat –, verkaufe ich auch Lose der staatlichen Lotterie! Ich kenn auch die Orte, wo Hahnenkämpfe stattfinden. Oder Hundekämpfe – aber das ist nichts für zartbesaitete Gringos."

„Wieso?"

„Na, weil die Hunde danach nicht mehr so aussehen wie vorher! Aber euer Spiel würde ich gern lernen. Wie funktioniert euer GLOBALOPOLY? Wie sind die Regeln?"

„Es ist noch nicht ganz fertig. Wir haben es erst grob als Spiel entworfen. Es ist mehr eine Art Kampagne, eine Art Slogan!"

„Wie!? Man kann es nicht spielen?!"

„Nein. Wir haben für das eigentliche Spiel noch keine Regeln festgelegt."

„Warum nicht?"

„Wir hatten keine Zeit."

„Außerdem sind Spiele nicht so unser Ding – abgesehen von Nihar natürlich. Der macht aber nur Onlinespiele."

„Ihr wollt die Menschen ändern, mögt aber keine Spiele? Madre! Wir Mechicanos sind spielesüchtig. Wenn es im Himmel keine Spiele gibt, dann werden die meisten von uns wohl lieber abwärts fahren ..."

„Ist das geil!", entfährt es Nihar. „Vielleicht sollte ich hierhin auswandern. Ein Land voller Gamer, geil!"

„Sí, aber sag nicht geil – das heißt hier mamado! Oder chido! Chido sagt einfach jeder."

Und so reden sie und reden, bis die vier vor lauter Gähnen nicht mehr gerade sitzen können.

„Okay, bevor ich euch jetzt gleich eure Betten zeige, also nicht, dass es hier vier schöne Einzelbetten gibt … aber nur der Ordnung wegen. Ich bin hier ja schließlich sozusagen der Hausherr und für alles verantwortlich. Also, wie ist das? Weibchen hier, Männlein dort? Oder gibt es da irgendwie … naja, ihr wisst schon."

Die vier sehen sich an.

Dann blicken sie schnell weg. „Nein!", antwortet schließlich Ellen bestimmt. „Da gibt es nichts. Gar nichts!"

„Gar nichts? Moment mal? Wie alt seid ihr denn? Siebzehn oder achtzehn, stimmt's?"

„Ich bin fast achtzehn", antwortet Nihar. „Mark ist der Älteste von uns, er ist schon vor einem halben Jahr achtzehn geworden."

„Ay, caramba! Da solltet ihr mal unsere Fünfzehn- oder Sechzehnjährigen sehen. Wenn die nicht ständig beaufsichtigt würden, wenn es hier nicht so eng wäre und man überall beobachtet würde … wenn wir wenigstens eigene Autos hätten. Dann … Carambolito!"

„Oh, wir haben schon verstanden, Pedro! Aber wir wollten jetzt eigentlich schlafen gehen!"

„Außerdem sind wir erst zwei Tage zusammen. Und wollen noch kurz nebenbei die Welt retten."

„Gut, also bin ich jetzt euer Herbergsvater." Er richtet sich auf. „Die Mädels kommen ins Schlafzimmer meiner Eltern. Die Jungs ins Zimmer meiner Geschwister. Ich schlaf auf der Couch und bewache euch alle."

„Wenn ich doch wenigstens eine Zahnbürste hätte", klagt Ellen.
„Wenn ich mich doch wenigstens eine Stunde bei *LoL* einloggen könnte", antwortet darauf Nihar.
Pedro führt sie in ihre Zimmer, lässt die Türen auf und spricht so laut, dass ihn alle hören können: „Hier kommt meine Gutenachtgeschichte: Wisst ihr wer Nezahualcóyotl war?"
„Sí!", lautet die vierstimmige Antwort.
„Sí? Ihr wisst was der Name bedeutet. Aber nicht wer Nezahualcóyotl wirklich war. Er war nicht nur ein Aztekenkönig, sondern auch ein Dichter, Philosoph und Baumeister. Wie das kam, hängt mit der Bedeutung seines Namens zusammen: Hungriger Kojote. Als sein Vater starb, durfte er nicht als dessen Nachfolger König werden, sondern wurde aus dem Reich vertrieben. Ein benachbarter Aztekenkönig nahm ihn auf. Und er sah sein eigenes Reich nur aus der Ferne. Als Zuschauer und Beobachter. So wurde er zum Dichter und Philosophen, voller Sehnsucht nach seiner eigentlichen Aufgabe – wie ein hungriger Kojote eben."
„Aber so endet die Geschichte doch nicht?", fragt Fatima.
„Woher weißt du das? Nein. Jahre später bekam er die Gelegenheit, sein Reich zurückzuerobern. Aber davon erzähle ich euch morgen Abend. Buenas noches!"
Einige Zeit ist es ruhig, nur hin und wieder bellt ein Hund, was ein allerdings Echo aus Bellen sämtlicher Hunde in der Nachbarschaft zur Folge hat.

06. März – Ort und Zeitzone unbekannt

„Wenn ich es Ihnen doch sage: Sie sind weg! Wie vom Erdboden verschluckt! Die letzten Botschaften waren, dass sie sich vor dem Kongresszentrum treffen wollten. Für einen kleinen Trip oder so."
Der Sprecher empfängt über Kopfhörer eine Antwort.

„Ja! Keine Anrufe, keine Mails, keine WhatsApp-Nachrichten sind von ihren Geräten mehr angenommen worden!"
„So ist es", bestätigt sein Nachbar an dem breiten Steuerungsdesk.
„Kein GPS-Tracking mehr. Niente!"
„Ich würde sagen", klinkt sich wieder der erste Mann ein, „die haben an allen Geräten gleichzeitig den Stecker gezogen!"
„Aber warum sollten smartphonesüchtige Jugendliche so etwas tun? Und das versteckte autonome Notsignal in dem einen?"
„Springt erst nach 24 Stunden Sendepause an."

07. März vormittags – irgendwo in Nezahualcóyotl

Natürlich müssen die vier in ihre Klamotten vom Vortrag steigen und können sich kaum frischmachen. Nihar sieht in seinem knittrigen T-Shirt und ohne Gel im Haar ein bisschen wie ein gerupftes bebrilltes Huhn aus, Ellen dagegen könnte mit ihrem hochgestecktem Haar direkt in einer US-Soap auftreten.

Und was gibt es bei armen Mexikanern wohl zum Frühstück? Richtig, Maisfladen – ohne Marmelade, dafür mit Tomaten und etwas Käse.

„Ich muss jetzt für einige Stunden weg", erklärt Pedro nach dem Frühstück. „Ihr dürft unser Haus nicht verlassen. Unter keinen Umständen! Also kann ich euch nur anbieten: Im Hinterhof Holz hacken, die Zimmer aufräumen, Fußböden und Fenster putzen, das Dach reparieren. Nein, geht nicht, da könnte euch jemand sehen. Oder wollt ihr lieber den ganzen Tag mexikanische Telenovas gucken?"

„Oh, no!", entfährt es den vieren wie aus einem Mund.

„Das wäre auch wirklich die Hölle. Ich habe aber noch eine Idee: Ihr macht endlich euer Spiel fertig, damit wir es heute Abend testen können. Sí! Die vier klügsten Gringos, die ich kenne, werden das doch wohl schaffen?!"

Gleich nachdem Pedro gegangen ist, setzen sich die vier mit Papier, Stiften, Kleber und jeder Menge Zeitungen und Werbebroschüren an den Tisch.

„Okay, hier kommt die große Quizfrage!", beginnt Ellen. „Was unterscheidet unser Spiel vom Original?"

„Schon der ganz andere Einstieg", urteilt Mark. „Bei *Mono*-poly erhält jeder das gleiche Startkapital – so wäre es in einer gerechten Welt. Aber im Real Life sind Bildung, materielles Erbe, Infrastruktur etc. sehr ungleich verteilt. Das ist unsere erste Regel."

„Die einen haben alles – die anderen nichts."

„Dann ist das Spiel ja schon zu Ende, bevor es eigentlich anfängt!"

„Der Zufall entscheidet, wo ich geboren werde."

„Oder", wirft Fatima ein, „es ist Schicksal."

„Dann lasst uns das Schicksal mit in die Spielregeln aufnehmen. Regel Nr. 1: Der Zufall, das Los entscheidet – wo ich starte / wo ich geboren werde."

„Das kann man mit Würfeln machen. Wir lassen die Würfel darüber entscheiden, welche Art von Spieler man ist: Bürger 1., 2., 3. oder 4. Klasse. Auch das soll möglichst realistisch sein."

Kein Problem für ihr Mathegenie Ellen.

„Okay – nehmen wir doch einfach die beiden Würfel. Wie viele Kombinationen gibt es beim Wurf mit zwei Würfeln?"

Die anderen überlegen.

„Ganz einfach, sechs mal sechs – 36 Kombinationen. Und wie viele Menschen leben zurzeit auf der Erde? So um die sieben Milliarden?"

„Nein, es sind bestimmt schon mehr – über acht!"

Sie sehen Mark an. „Wir steuern auf die acht Milliarden zu. Es gibt dazu ein Modell der UN. Aber das ist natürlich eine Hochrechnung – niemand kann bisher weltweit erfassen, wo wann wie viele Kinder geboren werden."

„Wenn wir von 7,2 Milliarden ausgehen, ist es einfach", übernimmt Ellen wieder. „Dann repräsentiert eine Würfelkombination 200 Millionen Menschen. Ein 1er-Pasch, wären dann die reichsten 200 Millionen."

„Wieviel Prozent sind das?", will Nihar wissen.

„Äh, ganz einfach: 7,2 Milliarden sind 100 Prozent, dann sind 720 Millionen zehn und 72 Millionen ein Prozent. 200 durch 72 sind?"

„Äh, fast drei?"

„Ungefähr, genauer gesagt: 2,777 und so weiter. Also rund 2,8 Prozent der Weltbevölkerung. Gibt es so viel Reiche mit Geld, das sie als Kapital anlegen können?"

„Zum Glück hab ich noch den Wisch mit der Reichtumspyramide dabei", ergänzt Mark. „Also hier:

Reichtumspyramide (Stand Anfang 2021)

1,1 Prozent der Weltbevölkerung besitzen 45,8 Prozent des Vermögens – allesamt Millionäre, Multimillionäre und Milliardäre

11,1 Prozent der Weltbevölkerung besitzen 39,1 Prozent des Vermögens – 100 000 bis 1 Mio. Dollar ...

„Das passt doch nicht!", unterbricht Fatima. „Die Reichsten sind nur ein Prozent, mit den Vermögenden zusammen sind es schon 12 Prozent."

„Aber die, die wir meinen, Leute, die einfach mal 100 000 Dollar lockermachen können, um sich einen Pass in Malta zu kaufen – das könnten doch die 2,7 Prozent der Weltbevölkerung sein, die einen 1er-Pasch gewürfelt haben."

„Aber das ist nicht korrekt – dann fangen wir ja gleich mit Pi mal Daumen an?"

„Ja, aber sonst müssen wir drei Würfel nehmen oder zweimal mit

Zweien würfeln. Das wird doch zu kompliziert!"
„Ist doch nur ein Game!", sagt Nihar und sieht dabei Ellen an.
„Oder ist das wirklich nur ein Game?"
Ellen grinst.
1:0, denkt Nihar.
Also nehmen sie zwei Würfel: 1–1= superreich, 2–2= sehr reich, 3–3= ziemlich reich – zusammen 8,4 Prozent der Weltbevölkerung. Alle anderen Kombinationen sind Erdbewohner, die meist nur als Zuschauer an GLOBALOPOLY teilnehmen können, weil sie über kein Kapital verfügen. Sie müssen also schon viel strategisches Geschick und dazu Glück haben, wenn sie wenigstens ein paar Runden weiterkommen wollen.

„Jetzt müssen wir das Spielfeld so umgestalten, dass es die ganze Welt darstellt", gibt Ellen die Order aus, „also alle Orte, zu denen man bequem und billig gelangen kann. Und die Profit versprechen."

Sie beginnen, auf einem großen Karton das ursprüngliche Spielbrett von Monopoly aufzuzeichnen und nach ihren Bedürfnissen abzuwandeln: Wo sonst die Straßen und Bahnhöfe stehen, teilen sie die 36 Spielfelder den einzelnen Kontinenten zu:

„Okay, neun Spielfelder für Europa in blau, neun Spielfelder für Nordamerika in weiß, 15 Spielfelder für Asien in rot, zwei für Australien in grün."

„Und wie viele bekommt Afrika in gelb?"

„Gar keines, finde ich ...Afrika ist abgehängt, hat zum Beispiel so gut wie keine Netzwerk-Unterseekabel."

„Doch, mindestens zwei. In Afrika gibt es so viele Bodenschätze. Das heißt auf Kapitalistisch: Ein Teil von Afrika hat Zukunft!"

„Aber nur ein Teil!"

„Vielleicht wird ja irgendwann eine Mauer quer durch Afrika gebaut."

„Brauchen sie gar nicht – sie haben ja die Sahara."
Afrika bekommt schließlich doch vier Spielfelder, Südamerika drei, Australien zwei, Europa sieben, Nordamerika acht und Asien zwölf.
Sie wenden sich den Chancenkarten zu.
„Wir wär's damit: Anteil an einer Reederei – um ein paar Cent zu sparen, kannst du überall in der Welt Produkte oder auch nur Teile für Produkte herstellen lassen – Transportkosten spielen keine Rolle!"
„Die nächste Karte: Du bekommst den sogenannten Goldenen Pass von Zypern oder Malta! Investiere 400 000 €."
„Du hast eine Briefkastenfirma in Panama: Kassiere auch noch die normalerweise anfallenden Steuern."
„Geil!"
„Nein, du weißt doch, es heißt ab jetzt: Mamado!"
„Mamadito!"
So geht es die nächsten Stunden weiter: Aus den herumliegenden Zeitungen und Werbeprospekten schneiden sie die Abbildungen von Geldscheinen, Münzen, Fabriken, Windkraftanlagen, aber auch Villen und Yachten aus und kleben sie kunstvoll auf ihr Spielbrett. Eine Welt von wachsender Produktion, Geld, exotischem Luxus und noch mehr Geld wächst auf dem Tisch.
In der Rolle der reichen Investoren geraten die vier in einen regelrechten Rausch:
Was besitzen wir noch nicht?
Wie kann ich aus meinem Besitz mehr machen?
Wie kann ich mit möglichst wenig Geld möglichst exotische Ziele oder möglichst viel Leistung erreichen?

07. März – Ort und Zeitzone unbekannt

„Eines der Smartphones ist wieder in Betrieb. Aber es wird ausschließlich telefoniert, nur mexikanische Anschlüsse angerufen, nur auf Mexikanisch geredet."

„Und das heißt, dass alles deutet darauf hin, dass das Gerät gestohlen worden oder sonst wie in den Besitz eines Einheimischen geraten ist."

„Ja, kaum hat die Person herausgefunden, wie das Smartphone funktioniert, hat sie losgelegt. Und die Verwandten und Freunde angerufen, jedes Mal großes Hallo: Hola! Buen día, qué anda?"

07. März mittags – irgendwo in Nezahualcóyotl

Ohne Vorwarnung fangen mit einem Mal die Hunde in der Nachbarschaft an zu bellen. Die vier Gringos in ihrem mexikanischen Vorstadtexil verstummen: Ist da etwas? Nähern sich Fremde dem Haus? Polizei, Militär, Narcos? Fünf, sechs, sieben Minuten halten sie die Luft an, drängen sich in eine durchs Fenster nicht einsehbare Ecke.

Nach rund zehn Minuten haben sich die Hunde verausgabt, bellen nur noch vereinzelt. Dann halten sie endlich ganz die Schnauze. Nihar hält es nicht mehr aus: „Ich gehe in den Hof nachschauen!"

„Puuh", entfährt es Fatima, als sie sich wieder am Tisch niederlässt. Sie hat schon lange das Gefühl, dass ihr irgendwann im Leben einmal so etwas zustoßen würde. Nur dass es schon in ihrer Jugend passieren würde, hat sie nicht erwartet. Aber egal – sie ist bereit.

„Als Nächstes ersetzen wir die Ereignis- durch Risikokarten", lenkt Ellen ihre Aufmerksamkeit wieder auf das Spiel, als wäre nichts gewesen. „Wo bleibt Nihar denn nur!"

Mark geht nachschauen – und findet ihn in einer Art Garage, eher einer Art Lager, in dessen Mitte Nihar einige Kartons und Plastiksäcke mit Warnhinweisen aufgestapelt hat.

„Sieh mal, was ich alles für Gefahrenicons für unsere Risikokarten gefunden habe."

Wo es möglich war, hat er die Schilder von den verschiedenen Beuteln und Säcken sowie von einer Plastikflasche gelöst.

Vorsicht Gift: ein Totenkopf mit zwei überkreuzten Knochen! Vorsicht ätzend: aus einem Reagenzglas tröpfelt es auf eine Hand! Achtung, Brandgefahr: ein Feuer. Zusammen mit den Loteríakarten von Pedro haben sie nun reichlich Risikomaterial.

Als ihre Energie gegen Mittag nachlässt, machen sie eine Pause und wollen etwas essen.

„Was gibt's denn?", fragt Nihar.

„Na, Maisfladen, Käse und Tomaten natürlich", antwortet Mark.

„Komm, wir decken den Tisch."

„Tisch decken?" Nihar ist entsetzt. „Das machen doch die Frauen! Kein Mann in Indien deckt den Tisch fürs Essen. Jedenfalls kein Brahmane."

Ohne ein Wort zu sagen, springt Fatima für Nihar ein.

Beim Essen stöhnt Ellen: „Wenn ich jetzt doch nur für eine Minute mein Handy anmachen könnte. Dann hätte ich alle wichtigen Informationen …"

„Oder nur um nachzusehen, wie viele Nachrichten ich habe und von wem", ergänzt Nihar.

„Da werden einige hundert drauf sein", sagt Mark. „Alle möglichen Leute werden dauernd versuchen, uns zu erreichen: unsere Eltern, die Konferenzleitung, unsere Begleiter, irgendwelche Behörden …"

Bei dieser Vorstellung wird den vieren abwechselnd heiß und kalt.

„Wie die von der Konferenz wohl reagieren?", fragt Ellen in Richtung Fatima.

„Die stehen alle Kopf", nimmt diese den Faden auf. „Alle Veranstaltungen wurden gestoppt. Die suchen uns überall, im gesamten Kongressareal, in der Innenstadt, an allen touristischen Plätzen … gleichzeitig hat die mexikanische Polizei zusammen mit dem Innenministerium und den Botschaftern der USA, Indiens, Deutschlands und Ägyptens einen Krisenstab mitten im großen Konferenzsaal eingerichtet … Pausenlos laufen Leute hinein und heraus, überall Stimmengewirr. Und dann noch die vielen Reporter, die jenseits einer Absperrung warten, die die Sicherheitskräfte gezogen haben, um sie daran zu hindern, das Kongresszentrum zu stürmen. Und es gibt haufenweise Hinweise aus der Bevölkerung. Wie das immer so ist. Auf einmal werden wir überall gesehen … aber dies hier ist Mexico City, die Metropole ist einfach zu groß, zu chaotisch, um einen Überblick zu bekommen … Die Polizei bereitet sich darauf vor, an einigen Orten Razzien durchzuführen. Und das Militär würde gern die Vorstädte stürmen …"

„Wow! Wollen wir das wirklich?!"

„Wir haben keine Wahl!"

„Komm Nihar, wir waschen ab", stößt Ellen ihn an die Schulter. Es scheint ihr Spaß zu machen, ihn ein wenig zu foppen.

„Abwaschen! Haila, das ist niedrige Arbeit, für Dahits oder Frauen. Keine Männerarbeit!"

„Nihar! Wo kommst du denn her?"

„Aus Bangalore – dem Silicon Valley Indiens. Aber ich bin auch ein Brahmanensohn."

„Ich denke, bei euch gibt es keine Kasten mehr."

„Hast du eine Ahnung!"

„Wie bis du eigentlich zum Projekt gekommen?"

„Na, das war ein Shart!"

„Shart?"

„A bet, eine Wette – mit meinem Freund Hanir!"

„Du hast einen Freund?", kontert darauf Ellen. „Ich dachte, du wärst ein lonesome Gamer."

07. März früher Nachmittag – Mexico City, Kongresszentrum

Tatsächlich arbeitet der Krisenausschuss weiter still und behutsam vor sich hin. Denn noch folgen die Verantwortlichen dem Rat ihres Krisenberaters.

„Wir wollen keine schlafenden Hunde wecken. Sonst sind wir nicht die Einzigen, die nach den Jugendlichen suchen. Wenn sich bis morgen Früh weder Entführer noch die vier selbst melden, dann müssen wir in einen anderen Modus wechseln ..."

An der Tür gibt es eine Rangelei.

„Ich muss da rein, verflucht!"

„Was ist da los?"

„Jemand Unbefugtes will Sie sprechen."

„UNBEFUGT! ICH BIN ELLENS VATER!"

Der Krisenberater eilt an die Tür.

„Wie kommen Sie denn so schnell hierher?"

Er gibt den Wächtern an der Tür ein Zeichen, dass die drei Personen eintreten dürfen.

„Das ist doch wohl im Augenblick völlig egal. Ich habe ein paar Spezialisten aus meiner Firma mitgebracht. Wir haben da so ein paar Ideen ..."

07. März später Nachmittag – irgendwo in Nezahualcóyotl

Bis zum Schluss feilen sie an den Regeln: Ihr neues Spielfeld zeigt nicht nur die heutige Welt mit ihren Börsenplätzen, Steueroasen und Gewerbegebieten, die mit Fabriken, vor allem IT-Riesen und Energiekonzernen zugepflastert werden soll. Es verdeutlicht unübersehbar die ungleiche Verteilung von Reichtum, Bildung und Gesundheit in dieser vom globalen Kapitalismus getriebenen Welt. GLOBALOPOLY – das Spiel mit Chancen für wenige und großen Risiken für alle!

„Ey, amigos, qué tranza?", begrüßt Pedro die vier – und als sie ihn verständnislos anschauen, übersetzt er: „Hi, Freunde, was geht ab?"

Stolz präsentieren sie ihre Ergebnisse.

„Also, verstehe ich das richtig", hakt er nach, „es bekommen nur die 1er-, 2er- und 3er-Paschwürfler einen Haufen Startkapital?"

„Ja, dann kann das eigentliche Spiel losgehen."

„Halt! Ist es jetzt nicht so: Wer kein Kapital hat, kann kein Geld einstreichen?"

„Ja!"

„Also können die meisten Spieler nicht an den weltweiten Spekulationen teilnehmen, die das Spiel ausmachen?"

„Genau. Der Großteil der Spieler oder im Real Life der Menschen haben nur eins: ihre Arbeitskraft. Und die wird ihr Leben lang ausgebeutet – häufig schon von Kindheit an."

„Ey, das ist doch oberscheiße! Was ist das denn für ein blödes Spiel."

„Ja, willkommen in der realen Welt des globalen Kapitalismus."

„Total langweilig – oder nicht?!"

„Das sind anscheinend die Alternativen: spannend, aber erfunden – oder langweilig, aber realistisch!"

„Schau mal, es ist doch so", versucht Fatima ihm zu erklären, „selbst während der ersten Welle der Coronakrise, als die Wirtschaft weltweit eingebrochen ist, haben die Reichen dazuverdient. Und zwar satt! Genau so funktioniert das System heutzutage: Die Reichen gewinnen immer! Egal, was rundherum passiert. Das muss GLOBALOPOLY ganz deutlich machen!"

„Okay, okay", sagt Pedro und runzelt die Stirn. „Momento ... wenn die meisten Spieler kein Geld haben, können sie auch nicht von den anderen abgezockt werden – oder?"

„Ja, das ist ziemlich blöd!"

„Wo kommt das Geld in eurem Spiel denn her?"

„Wo kommt im Real Life das Geld her?"

„Unternehmen erhalten Geld für die Aktien oder Unternehmensanteile, die sie ausgeben. Und sie erhalten Kredite von der Bank."

„Wer hat, der kriegt mehr. Wer nichts hat, kriegt auch nichts."

„Das passt zu unserem Spiel. Statt Los und Gefängnis bauen wir zwei Banken ein: Da erhalten alle Spieler mit Kapital weitere Kredite."

„Ha, und die ohne Kapital werden zum Arbeitsamt geschickt! Da bekommen sie etwas Stütze, die ihnen gleich wieder für Miete, Schuldentilgung und Essen abgenommen wird."

„Richtig! Gehe direkt zum Arbeitsamt, gehe nicht über die Bank, streiche keine Gelder ein!"

„Geil!"

„Wie war das?", bohrt Pedro nach.

„Ich meine natürlich: mamado!"

„Es muss aber auch eine Chance für den Aufstieg geben. Eine klitzekleine Chance. Ohne diese Chance will keiner mitspielen. Niemand – und erst recht kein Mechicano."

Nihar springt Pedro bei. „Ihr wisst ja, dass ich das von Anfang an gesagt habe: Ein Spieler spielt, weil er gewinnen will."

„Ja, selbst bei der staatlichen Lotterie!"
„Da sind die Chancen eins zu zehn Millionen", erklärt Ellen.
„Die meisten Menschen sind aber keine Mathegenies wie du", kontert Pedro. „Sie nehmen sich ein Los oder lassen es von einem Kind ziehen, sie küssen drauf oder opfern etwas im Tempel oder in der Kirche. Und haben das sichere Gefühl: Ja, ich werde gewinnen. Sie verlieren natürlich, aber nächste Woche sind sie wieder dabei! Solch einen kleinen Hoffnungsschimmer müsst ihr einbauen ..."
„Vielleicht bei den Chancen-Karten", stimmt Fatima ein. „Du hast Glück: Du erhältst einen Mikrokredit. Solche Kredite erhalten Leute ohne Sicherheiten bei uns in Ägypten, um sich eine kleine Existenz aufzubauen."
„Gut", schließt sich Mark an, „trotzdem können wir die ganzen Risiken nicht aus der Welt schaffen. Es ist nämlich so: Wer fast nichts hat, der hat trotzdem noch die Möglichkeit auch das Wenige noch zu verlieren: Überschwemmungen, Dürren und Wasserknappheit sind die hauptsächlichen ökologischen Bedrohungen, die allerdings vor allem die ohnehin schon armen Menschen in den armen Ländern in Afrika und Asien betreffen."
„Wir haben aber noch ein paar andere Deals", erklärt Nihar.
Sie zeigen Pedro einige ihrer Risikokarten:
- Du wohnst an einem tief gelegenen Küstenstreifen. Er wird in den nächsten Jahren regelmäßig überflutet. Zahle 10 000 Dollar für Küstenschutz.
- Ein Wirbelsturm vernichtet dein Haus. Für einen Neubau musst du dich bei einem privaten Geldverleiher verschulden, der nimmt deine arbeitsfähigen Kinder als Pfand.
- Du bist in einer Neubausiedlung groß geworden, deren Areal früher von einer Chemiefabrik kontaminiert wurde. Der Prozess gegen die Fabrik scheitert, deine Gesundheitsversicherung verteuert die Police um 15 000 Dollar pro Jahr!

„Oye, wisst ihr eigentlich, dass wir gleich neben einer Müllhalde sitzen, die einmal ein See war?", fällt Pedro dazu ein. „Der See ist in den letzten 100 Jahren zugeschüttet worden – auch mit sehr viel Müll aus der Stadt."

„Müll?"

„Ja, nicht weit von hier befand sich bis vor einigen Jahren die große Müllkippe. Man sagt, es wäre die größte der Welt gewesen. Ich weiß noch, als ich ganz klein war, stank es bestialisch, sobald man einen Fuß nach draußen setzte. Heute haben wir nur den normalen Smog von Eldefe."

„Und was ist aus der Müllhalde geworden?"

„Aus der wurden die giftigen Wasser abgepumpt. Dort gibt es jetzt einen Park mit einem See und einer Biogasanlage. Von dem Hügel dort kann man bei gutem Wetter den Popocatépetl sehen! Da können wir hingehen und uns den Vulkan anschauen. Also, sobald die Sache hier vorbei ist!"

„Pedro, warum lagern in eurer Garage so viele gefährliche Stoffe?", fragt Mark unvermittelt.

„Mein Vater arbeitet häufig mit seinem Bruder als Gärtner und Ungezieferjäger für die Reichen in ihren Villen. Die wollen es schön ordentlich und sauber haben und gar nicht so genau wissen, womit mein Vater dafür hantiert."

„Aber da sind hochgefährliche Stoffe dabei – zum Beispiel E605!"

„Was ist das schon im Vergleich zu den anderen Gefahren, die einem hier in Mechico drohen?

„Was denn sonst noch außer Entführungen?", fragt Ellen provozierend.

„Wir leben hier in so einer Risikowelt wie der in eurem Spiel. Wo soll ich anfangen? Dichter Smog über der ganzen Stadt, jeden Tag riesige Staus auf den Straßen, ungehemmtes Wachstum der Stadt in die Umgebung hinein. Mexico City hat ungefähr 20 Millionen

Einwohner – aber so genau weiß das niemand. Wo genau fängt die Stadt an und wo hört sie auf? Alle paar Wochen wackeln hier die Wände, kleinere Erdbeben. Und alle paar Jahre haben wir ein gewaltiges Erdbeben mit eingestürzten Häusern und vielen Toten. Dazu kommt die große Armut im Land – die Mehrheit der Mechicanos hat keinen festen Arbeitsplatz. Aber die größte Gefahr für die Mechicanos sind die Mechicanos selbst – hier gibt es massenhaft Gewaltverbrechen, meine Landsleute können unglaublich lieb, aber auch sehr, sehr grausam sein: Taxiüberfälle, Menschen werden auf offener Straße ausgeraubt oder gleich entführt, Vergewaltigungen und die vielen Morde."

„So viele Gefahren – warum sind die Mexikaner dann so fröhlich?", will Fatima wissen.

Pedro überlegt etwas länger als üblich. „Wahrscheinlich genau deshalb – wegen der vielen Gefahren. Wir denken wohl: Wir haben nur die Chance hier und jetzt, glücklich zu sein. Weil wohl jeder von uns spürt, sobald er fast erwachsen ist: Besser wird es bestimmt nicht werden! Wir haben keinen Grund, auf irgendetwas zu warten, was später mal kommen wird. Wir wissen: Du hast keine Chance – also nutze sie!"

„Aber dafür, dass ihr arm seid, habt ihr ein ganz schön großes Haus", lässt Ellen beiläufig fallen. „Versteh mich nicht falsch, Pedro. Aber wie kommt es, dass ihr solch ein Haus bewohnt? Ist das nicht teuer?"

„Nicht nur bewohnt. Es gehört uns. Mein Großvater hat es zusammen mit seinen Brüdern gebaut. Als hier noch nichts war außer der Müllhalde nebenan. Ganz Nezahualcóyotl besteht aus solchen Häusern, die die Bewohner selbst errichtet haben. Die Behörden geben nur das Baumaterial. Nicht alles läuft falsch in Mechico: Die Hälfte von Eldefe besteht aus solchen Selbstbausiedlungen: Millionen von Häusern. Ich werde vermutlich auch so ein Haus bauen,

zusammen mit meinen Brüdern und anderen Verwandten." Und nach einer kleinen Pause fügt er an: „Was ist eigentlich mit euch?"
„Wie, mit uns?"
„Naja, ihr redet die ganze Zeit über die Welt und so weiter. Aber was wollt ihr?"
„Wie meinst du das?"
„Na, ich zum Beispiel bin ein echter Mechicano!"
„Und was wollen die?"
„Ich will einmal ein großes Haus wie dieses, eine schöne Frau und viele … ay, caramba! Ihr wollt mich ausspionieren und selbst nichts über eure persönlichen Wünsche sagen? Da hilft dann nur Flaschen drehen! Kennt ihr doch, oder?"
„Klar."
„Gut", sagt Pedro. „Lasst uns hier und jetzt die Wahrheit auf den Tisch bringen."
Gesagt – getan.

07. März – Ort und Zeitzone unbekannt

„Ja! Es gibt nichts wirklich Neues. Bei dem Smartphone der Ägypterin hat sich unsere Vermutung bestätigt: Es wird von einem Mexikaner benutzt – und inzwischen auch von seiner weiteren Verwandtschaft oder Nachbarschaft. Das Gerät ist immer so lange im Einsatz, bis der Akku leer ist. Und zwei Stunden später geht es wieder los."
„Und was wird da gesprochen?"
„Worüber die reden? Niemand kann diesem endlosen Geschnatter in irgendeinem mexikanischen Slang länger als fünf Minuten folgen! Lauter Belanglosigkeiten, vermuten wir."
„Ja, und bei den anderen Dreien herrscht weiter absolute Funkstille. In den letzten 23 Stunden sind keine Anrufe, keine Mails, keine

Signal-Nachrichten auf ihren Geräten empfangen oder gesendet worden! Keine GPS-Signale."
„Wie …?"
„Ja, wir erwarten, dass das Notsignal in der nächsten Stunde sendet! Wir melden uns, sobald wir etwas wissen!"

07. März abends – irgendwo in Nezahualcóyotl

Pedro als Hausherr darf mit dem Flaschendrehen beginnen.
„Was willst du vom Leben? Sag die Wahrheit – ohne irgendeine doofe Ausrede!"
„In dieser Welt meinst du?"
„Ja, natürlich. Oder habt ihr noch eine andere in der Tasche?"
Die Flasche dreht sich und zeigt auf Mark.
„Erst einmal müssen wir dafür sorgen, dass diese Welt lebenswert wird. Dann kann man dazu übergehen, Pläne für sein eigenes Leben zu machen. Meine ich jedenfalls."
„Und wenn das noch lange dauert? Das Leben ist kurz. Ehe ihr euch's verseht, seid ihr alt", geht Pedro dazwischen. „Ich mache mir jedenfalls jeden Tag Gedanken über meine Zukunft. Jeden Abend lege ich ein paar Pesos in meine Schachtel, also wenn was übrigbleibt, denn ich habe ein Ziel: Ich will nicht so schlimme Arbeiten machen müssen wie meine Eltern."
„Wer weiß, was morgen sein wird?" Fatima dreht die Flasche und stellt dabei die Frage: „Was ist dir wirklich wichtig im Leben?"
Der Flaschenhals zeigt auf Nihar.
„Naja, ich bin ein Gamer, das wisst ihr schon!"
„Was gefällt dir denn so gut am Gamen?"
„Wie läuft das mit deinen Games so ab? Erzähl, Nihar!"
„Nach dem Abendessen mit meiner Familie gehe ich auf mein Zimmer, fahre meinen superschnellen Rechner hoch und schlie-

ße meine Tür ab. Dann tauche ich ein in mein Game – für einige Stunden, manchmal bis zum Morgengrauen. Schlafen kann man auch in der Schule." Er lacht.

„Worum geht es denn in deinem Spiel überhaupt?", hakt Mark nach.

„Willst du mir erzählen, du kennst *LoL* nicht?"

„Nein, schon vergessen? Ich bin der Politfreak. Ich treibe mich am liebsten in Kneipenhinterzimmern herum. Beim Gestank von schalem Bier mit alten Herren über die letzten Maßnahmen der Lokalpolitik zu diskutieren, das macht mich ganz heiß!"

„In *League of Legends* kämpfen zwei Fünferteams gegeneinander. Die Teams bestehen aus Champions, es sind Meister in ihrer Profession. Ich bin dabei der Mid-Laner, eine Art Magier, der Zauber auf seine Feinde abschießen kann."

„Zauber abschießen?"

„Ja, das Ganze findet in einer Fantasywelt statt. Das macht es ja so reizvoll. Diese Welt wird von mythischen Einzelkämpfern, von Armeen, die per KI gesteuert werden, und von vielen Ungeheuern bevölkert. Man kann sich einen von über 140 Champions für das Match aussuchen."

„Und was ist das Ziel des Spiels?"

„Die gegnerische Basis zu vernichten."

„Und was willst du beim Gamen erreichen, was treibt dich an?", hakt nun Fatima nach. „Der Beste zu sein?"

„Man kann Profigamer werden. Das sind richtige Stars in der Szene und die machen fett Kohle. Sie spielen in der obersten Liga, nehmen an Weltmeisterschaften teil und werden von Firmen eingeladen, neue Spiele und Spielekonsolen zu testen. Dazu muss man aber richtig hart trainieren – mindestens 12 Stunden am Tag." Er schaut in ungläubige Gesichter. „Und es gibt Gamerhäuser, da sollte man leben."

„Wohnen da etwa nur Gamer?", fragt Ellen voll Unbehagen.
„Genau. Die geben sich sogar Regeln, damit die Sache nicht ganz aus dem Ruder läuft. Zum Beispiel: Gehe einmal in der Woche aus dem Haus – zum Beispiel zum Einkaufen." Er lacht. „Cool, nicht!?"
„Cool?", fragt Fatima. „Unfassbar finde ich das. Und ich will gar nicht erst wissen, wie es in einem solchen Haus aussieht!"
„Und riecht!", ergänzt Ellen.
„Willst du da hin?", fragt Pedro. „Ein Haus mit lauter Typen, die alle viereckige Augen vom Dauergamen haben?"
„Ich weiß nicht …hey, bin ich hier beim Kreuzverhör?! Nächste Frage."
Er nimmt die Flasche und dreht sie.
„Was ist für dich das Wichtigste im Leben?"
Die Flasche zeigt auf Fatima.
„Ich kann nicht über mich selbst reden, da versagt mir die Stimme. Aber gebt mir ein Stichwort, und ich erzähle euch eine Geschichte …"
Die anderen schweigen, sehen sie so lange erwartungsvoll an, bis Fatima sich doch durchringen kann.
„Doch – drei Dinge kann ich euch verraten: Erstens: Wir wohnen in Hurghada! Kennt ihr den Ort? Klar, alle Welt kennt den Ort – das Touristenparadies am Roten Meer mit eigenem Airport. Was ihr aber nicht wisst, es gibt mindestens zwei Hurghadas. Das eine ist die ältere muslimische Stadt und das andere ist ein riesiger Touristenort, ein großer Sündenpfuhl. Sagt unser Imam. Zweitens: Ich sehe die Stimmen der Menschen in Farben – meistens. Deshalb war ich so beunruhigt, als ich auf der Konferenz nur eine graue Wolke wahrnahm."
„Und das Dritte?"
„Ich möchte so gern meinen einundzwanzigsten Geburtstag erleben."

„Warum nicht den achtzehnten?"
„Weil man in Ägypten erst mit einundzwanzig volljährig wird."
„So wild war mein achtzehnter Geburtstag gar nicht", gesteht Mark.
„Du bist ja auch ein Junge – und lebst in einem westlichen Land. Ich bin ein Mädchen und wachse in einem islamischen Land auf. Das ist wie Tag und Nacht. Man könnte auch sagen: wie zwei Welten."
„Aber deine Eltern sind doch bürgerlich und bewegen sich in gebildeten Kreisen", wirft Ellen ein.
„Selbst dort ist es nicht einfach. Bei den armen Menschen werden Frauen nie selbstständig. Bei uns, den Wohlhabenden oder Gebildeten, haben Mädchen zumindest die Chance, mit einundzwanzig eigene Entscheidungen treffen zu können. Wenn wir dann nicht schon verheiratet sind und einen Ehemann haben, der uns alle Rechte nimmt. Deshalb muss ich durchhalten, bis ich einundzwanzig bin!"
Kurze Pause, nächste Runde.
„Okay, neben wem würdest du am liebsten schlafen?"
Wie von Pedro erhofft, zeigt die Flasche auf Ellen.
„Das ist unfair!"
„Wieso?"
„Das ist zu persönlich!"
„Beim Flaschendrehen darf man alles fragen!"
Als Ellen sieht, wie gespannt Mark und Nihar sie anschauen, antwortet sie: „Am allerliebsten hätte ich Mark auf der einen Seite und Nihar auf der anderen. Und dich, Pedro, in Rufweite."
Alle schmunzeln. „Gut pariert!"
So geht es noch einige Zeit weiter, bis die Antworten routiniert werden. Daraufhin machen sie sich reihum bettfertig.
Kurz bevor sie einschlafen, meldet sich Pedro noch einmal: „Hey,

Gringos! Euer Spiel muss in Mechico spielen. Hier gibt es so viel Risiken wie nirgends sonst auf der Welt!"
„Die ganze Welt verwandelt sich gerade in Mexiko!"
„In XXL-Risiko-Mexiko!"
Es wird eine friedliche Nacht, selbst die Hunde halten sich dieses Mal zurück.

08. März 06:00 h morgens – irgendwo in Nezahualcóyotl

Sie liegen noch im Bett und schlafen, als heftig gegen die Eingangstür geklopft wird. Sofort sind alle wach und lauschen mit klopfendem Herz.
„ABIERTO!"
Aus dem Klopfen wird ein Hämmern.
„A-B-I-I-I-E-R-T-O!"

III. Die Entscheidung:
On the Mexican road

Mir ist kein kompliziertes Problem bekannt, das bei richtiger Betrachtung nicht noch komplizierter geworden wäre.
Poul Anderson

08. März 06:02 h – irgendwo in Nezahualcóyotl

„ABIERTO!", ruft die Stimme ein weiteres Mal in den kurzen Pausen zwischen dem Hämmern.
Dann wechselt sie ins Englische, „Open the Door!"
Dann auf Deutsch: „Aufmachen! Hier sind Freunde!"
Die Stimme kommt Ellen seltsam bekannt vor, doch das kann gar nicht sein. Sie läuft an ein Fenster und linst ganz vorsichtig in Richtung Eingang. Da steht doch tatsächlich ihr Vater mit zwei aufgeblasenen Bodyguards!
„Fuck! Mein Dad!"
„Na, wenigstens isses kein Militär", entgegnet Pedro, der neben sie getreten ist.
„Und nun? Lassen wir sie rein?"
„Bleibt uns ja wohl nichts anderes übrig", sagt Mark, der hinter den beiden auftaucht. „Aber wie zum Teufel kommen die hierher!?"
„DAD!", ruft Ellen, nachdem sie das Fenster einen Spalt geöffnet hat. „WIR SIND HIER DRIN UND WIR SIND ALLEIN! IHR BRAUCHT DAS HAUS NICHT ZU STÜRMEN!"
Natürlich haben sich die Bodyguards trotzdem intensiv im Haus umgesehen, aber keine Gefahrenquelle entdeckt. Dann stehen sich die beiden Gruppen einige Zeit gegenüber.

„Wie habt ihr uns gefunden?", beendet Ellen schließlich das Schweigen.
„Wir haben ein Signal verfolgt!", antwortet ihr Dad.
Die vier Jugendlichen sehen sich an.
„Was für ein Signal?", fragen alle wie aus einem Munde.
„Ich habe in Ellens Handy ein Notsignal eingebaut, das sich selbst aktiviert, wenn das Handy 24 Stunden Sendepau..."
„Wie bitte? Du greifst dir heimlich mein Handy und baust da irgendetwas ein, ohne es mir zu sagen?", schreit Ellen empört auf.
„Es schien mir einfach sicherer ..."
„Sag mal, was fällt dir eigentlich ein? Du musst mich doch fragen, ob ich das überhaupt will!!!"
Die anderen drei schauen peinlich berührt zu Boden, sind aber völlig auf Ellens Seite.
„Nun beruhig dich doch", bittet Ellens Vater. „Ich wollte doch nichts Böses. Und das Wichtigste haben wir doch dank des Signals geschafft! Niemand ist zu Schaden gekommen, und ihr seid wieder Teil der Zivilisation. Jetzt muss ich aber noch ein paar Dinge regeln – und dann überlegen wir gemeinsam, wie es weitergeht."
Zuerst informiert er das Krisenteam der Konferenz: „... ja ... ganz unversehrt ... gut genährt ... hm, wohl freiwillig ... das muss ich noch herausfinden ... bis später!"
„Schade", sagt Pedro zu den vieren. „Jetzt können wir euer Spiel gar nicht ausprobieren und auf unsern Müllberg mit Aussicht auf den Popocatépetl kann ich euch auch nicht führen. Na, das war's dann wohl." Er blickt etwas enttäuscht aus dem Fenster.
„Nicht ganz", antwortet Ellen und gibt Pedro ihr Handy. „Versprochen ist versprochen. So können wir Kontakt halten, du musst nur noch einen Akku besorgen."
„Mamadito!" Pedro hält das Smartphone vorsichtig wie einen kostbaren Schatz in der Hand. „Wow!"

„Ich will ja nicht stören", sagt einer der Bodyguards, der am Fenster steht und die Straße im Auge behält. „Unsere Fahrzeuge erregen aber einige Aufmerksamkeit. Je eher wir verschwinden, desto besser."

Nach einem langen Abschiedsritual, in dem jeder der vier Pedro hoch und heilig schwört, dass sie in Verbindung bleiben, reißen sie sich endlich los und folgen Ellens Vater zu den beiden schwarzen Vans, die vor dem Nachbarhaus geparkt stehen. Die Fahrer starten augenblicklich die Motoren.

Unterwegs wendet sich Ellens Vater an die vier: „Wollt ihr euch im Hotel ausruhen oder sofort eure Sachen packen? Oder wollt ihr noch einmal auf die Konferenz?"

Sie sehen sich an und zucken mit den Schultern.

„Nicht wirklich", fasst Mark ihr ungutes Gefühl zusammen.

„Ist das nicht irgendwie eine Flucht?", gibt Fatima dann doch noch zu bedenken. „Kommt das den Konferenzteilnehmern nicht so vor, als fühlten wir uns schuldig?"

„Nein!", antwortet Ellens Vater. „Was könntet ihr den Konferenzteilnehmern noch erklären? Ihr habt euer Spiel vorgestellt – und habt auf ihre Gleichgültigkeit reagiert. Ihr habt Taten sprechen lassen. Ihr steht im Mittelpunkt der Aufmerksamkeit. Wenn ihr jetzt zu viel erklärt, verliert sich dieser Zauber wieder. Lasst euer Spiel für euch sprechen."

Kaum im Hotel, wählen Fatima, Mark und Nihar die Nummern ihrer Eltern …

In den nächsten Stunden und Tagen durchleben die vier regelrecht die Hölle. Vorwürfe von allen Seiten:

„Wie konntest du nur!"

„Dein Vater/Deine Mutter war kurz vor einem Herzinfarkt!"

„Ich hatte mich so für deine Reise eingesetzt, weil du mir …"

„Komm sofort zurück, hörst du! Oder wir holen dich!"

„Hast du jemals dabei an deinen guten Ruf gedacht? Und wie wir jetzt dastehen!"

Auch von der Konferenzleitung kamen kritische Stimmen, selbst die hinzugezogenen Diplomaten ließen es sich nicht nehmen, ein paar mahnende Worte an sie zu richten. Aber irgendwie hatte es Ellens Vater geschafft, alle nach und nach zu beruhigen: zunächst die Eltern von Fatima, Mark und Nihar, dann die Kongressleitung, den Krisenberater und die hinzugezogenen Diplomaten …

Die vier hatten sich dann – auf Empfehlung von Ellens Vater – auch noch einmal mit der Generalsekretärin der Konferenz zusammengesetzt: Dieses Treffen war extrem unangenehm.

„Mann", sagte Nihar, als sie durch das Tagungszentrum liefen und etliche kritische Seitenblicke kassierten. „Ist ja wie Spießrutenlaufen. Ich dachte, es wäre geheim geblieben."

„Irgendwas sickert doch immer durch", antwortete Ellen. „Ist auch egal. Gleich haben wir's geschafft."

Mit äußerst bedrücktem Gesicht begrüßte sie die Generalsekretärin und bedauerte zutiefst – wie sie mehrmals beteuerte –, dass die vier so sehr von der Konferenz enttäuscht gewesen seien und solch einen drastischen Schritt notwendig fanden. „Das hat alle Verantwortlichen tief getroffen. Warum seid ihr nicht vorher zu uns gekommen und habt mit uns gesprochen?"

Typisch, dachte Nihar, so reagieren die Erwachsenen immer: Erst ignorieren sie sämtliche Warnzeichen, die wir aussenden. Und wenn es zu spät ist, fragen sie entgeistert: Warum seid ihr nicht zu uns gekommen? Sollten sie sich etwa ein großes Schild mit der Aufschrift *Very, very disappointed!* umhängen.

Mark versuchte, die Situation für alle zu retten, und schob die Eskalation auf Verständigungsschwierigkeiten. Eben ganz der Diplomat, obwohl alle spürten, dass es eine Notlüge war. Allgemeines

Aufatmen, als dieses Gespräch endlich beendet war. Am Nachmittag hatten sie sogar noch Zeit, das Anthropologische Museum und das Frida-Kahlo-Haus zu besuchen und beim Abendessen beschäftigten sie sich schon wieder mit der Frage, wie es mit GLOBALOPOLY weitergehen sollte.

Am nächsten Abend trifft sich Ellens Vater mit den vieren zum Abendessen im Hotel. Er entschuldigt sich erneut bei Ellen, die nach wie vor sauer auf ihn ist. Und da er weiß, dass die anderen sein Verhalten genauso verurteilen, entschuldigt er sich auch bei ihnen und versucht, seine Beweggründe noch einmal zu erklären. Mantrasprüche, die er noch einige Male wiederholt, bevor sie sich dem Thema GLOBALOPOLY zuwenden und ihm die vereinbarten Spielregeln erklären.

„Okay", sagt er, „Ich kann das Spiel online-gerecht gestalten lassen und euch bei der Verbreitung des Spiels im Internet helfen. Aber natürlich erst, wenn ihr geklärt habt, was genau ihr damit erreichen wollt. Und daher mache ich euch folgenden Vorschlag: Wir begeben uns zusammen auf eine kleine Reise mit dem Wagen bis nach Cancún, der Stadt am schönen Karibikstrand. Wenn ihr schon einmal in Mexiko seid, wäre es doch schade, wenn ihr nur die Hauptstadt sehen würdet. Aber die Reise ist mit einer Aufgabe verbunden: In Cancún bekommt ihr einen Seminarraum zur Verfügung gestellt – dort sollt und müsst ihr entscheiden: 1. Was wollt ihr mit eurem Spiel erreichen? 2. Kann das mit dem Spiel, so wie ihr es jetzt entworfen habt, gelingen? Und 3. Wie geht es weiter?"

„So eine Reise werden meine Eltern nie erlauben!"
„Meine auch nicht."
„Meine schon gar nicht!"
Doch Ellens Vater hebt beschwichtigend die Hände: „Das überlasst mal mir. Hm, was meint ihr?"

Allgemeines Nicken.

„Gut, dann machen wir das so! Gebt mir einen Tag Zeit für die Organisation. Ihr könnt ja so lange noch ein wenig die Stadt erkunden. Und nennt mich bitte beim Vornamen, wenn ihr nichts dagegen habt – ich heiße Steve. Aber …", er sieht sie eindringlich an, „nicht mehr weglaufen! Denn das nächste Mal findet euch vielleicht jemand ganz anderes! Und zur Belohnung hab ich für jeden von euch ein vernünftiges neues Smartphone, ich meine natürlich Fairphone, besorgt!

10. März – unterwegs in Mexiko

Gegen 8 Uhr werden die vier im Hotel abgeholt – von einem Minibus. Vorn sitzen der Fahrer und Steve, in der zweiten Reihe die beiden Bodyguards – zu ihrer Freude ist einer von ihnen Jo – und die hinteren beiden Reihen sind für die Jugendlichen vorgesehen.

„Wir fahren so früh los, weil es bis nach San Cristóbal über 500 Kilometer sind und wir einen Teil davon auf Landstraßen zurücklegen müssen. Und da – meint unser Fahrer – weiß man nie, was einen erwartet. Also, los geht es!", erklärt Steve.

Schon am Ende der Avenida Paseo de la Reforma erreichen sie einen Highway, ihr Fahrer wechselt auf Bleifuß und sie preschen davon. Wie die vier auf Google Maps verfolgen können, geht es über Puebla und Córdoba Richtung Südosten in den Bundesstaat Chiapas.

Unterwegs fragt Steve sie ein wenig über ihre Mexiko- und Lateinamerikakenntnisse aus.

„Ihr habt ja jetzt Mexico City aus mehreren Perspektiven gesehen – aber was fällt euch zu dem Land Mexiko ein?"

„Naja", beginnt Mark, „für uns aus den wohlhabenden Ländern ist Mexiko ein schönes Reiseland: angenehmes Klima, viele Sehenswürdigkeiten, Strände und viel Natur. Für euch Amerikaner ist es sehr nahe, und ihr bekommt ziemlich viel für eure Dollars. Doch für die armen Mechicanos sieht das anders aus: Es gibt, glaube ich, viele Arbeitslose, und die meisten sind nur Tagelöhner."

„Ja", bestätigt Steve, „sie arbeiten im sogenannten inoffiziellen Sektor – in US-Fabriken im Norden und als Tagelöhner auf den großen Haciendas. Das Land, das sich zur Landwirtschaft eignet, ist sehr ungleich verteilt: Es gibt reiche Großgrundbesitzer, die die Indios und kleinen Bauern in Jahrhunderten nach und nach vom fruchtbaren Land vertrieben haben."

„Naja", schließt Nihar nach einer kurzen Pause an, „und dann das Drogenproblem."

„Und die viele Gewalt", ergänzt Fatima.

„Ja, es sind zu viele Drogen und Waffen im Land", fasst Steve zusammen. „Wo die herkommen, kann uns bestimmt Jo am besten erklären."

„Oye! Die Drogen aus Südamerika: Kolumbien, Bolivien und Peru vor allem. Einige werden auch in unzugänglichen Regionen hier im Land angebaut. Und die Waffen kommen aus den USA, ausnahmslos aus den USA. Wir sind die Drehscheibe, denn die Grenze zwischen Mechico und den USA ist viel durchlässiger als es die amerikanischen Politiker wahrhaben wollen. Draußen in der Wüste gibt es über weite Strecken nur einen hüfthohen Zaun. Und da, wo Mauern und Bollwerke errichtet wurden, entstanden genau darunter innerhalb weniger Tage ganze Tunnelsysteme. Hier treffen Waffen und Drogen zusammen und bildeten den Cocktail, der die Mechicanos vergiftet!"

„Gut! Ich meine natürlich: nicht gut", urteilt Steve und lenkt das Gespräch auf ein unverfänglicheres Thema. „Nun zu Yucatán und den Maya."

„Die Maya bildeten von ca. 300 v. Chr. bis 1200 n. Chr. im Gebiet

des heutigen Südmexiko, Guatemala, Westhonduras und Belize eine gemeinsame Kultur, jedoch kein einheitliches Reich", kommt es von Ellen. „In der sogenannten Präklassik (350 v. bis 250 n. Chr.) entstanden Tempelstätten wie Tikal mit Streusiedlungen ..."
„Hey, du schummelst! Ich wollte wissen, was *ihr* über die Maya wisst – und nicht Google!" Dabei lacht ihr Vater allerdings, er wirkt sehr erleichtert, das Ellen wieder normal mit ihm spricht.
„Gut, dann mach ich weiter", sagt Mark. „Also die Siedlungen der Maya wanderten im Laufe der Jahrhunderte vom südlichen Hochland auf die Yucatán-Halbinsel. Sie herrschten in kleinen Königtümern, hatten bereits Bewässerungssysteme, astronomisches Wissen und eine eigenständige Hieroglyphensprache."
„Gut!"
Während sie fachsimpeln, verändert sich draußen allmählich die Landschaft. Es wird weniger bergig, dafür grüner. Sanfte Hügel und Seen ziehen an ihnen vorbei. Als sie in Villahermosa auf eine Landstraße abbiegen, ist es schon früher Nachmittag. Während die Straße immer kurviger wird, stoßen sie langsam in eine Art Dschungel vor.
„Wir kommen jetzt nach Chiapas, dem südlichsten Bundesstaat Mexikos. Hier lebt noch die größte Zahl der Indios, die heutigen Nachfahren der Maya. Allerdings sind die meisten von ihnen arm oder sehr arm. Morgen schauen wir uns erst in San Cristóbal de las Casas um, und Jo zeigt uns dann ein paar typische Dörfer in der Nähe."
Erst in der frühen Abenddämmerung erreichen sie ihr Ziel, sodass die vier durch die leicht getönten Busscheiben nur wenig erkennen können. Ihr Hotel befindet sich in einem schönen alten Gebäude, die Rezeption liegt in einem großen Innenhof, der von vielen verzierten Holzbalkonen eingerahmt wird.

10. März – Ort und Zeitzone unbekannt

„Wir haben wieder alles unter Kontrolle!"
„Ja! Anrufe, SMS, Mails, Chatroom – alles wird empfangen und aufgenommen!" Der Sprecher lauscht einer Antwort über Kopfhörer. „Ja! Auch die Positionsbestimmung funktioniert. Sie bewegen sich gerade in zügigem Tempo Richtung Südosten. Ich würde sagen, mit einem Fahrzeug auf einem Highway!"

11. März – Mexiko, San Cristóbal de las Casas

Nach dem Frühstück laufen sie vom Hotel aus in Richtung Zentrum, ihr Atem geht schnell – sie sind im Hochland. Die Straße steigt langsam an, um dann wieder bergab zu führen. Vorbei an alten, aber intakten ein- und zweistöckigen Häusern, deren Fassaden weiß, gelb oder hellrot gestrichen sind, manchmal setzen sich die Tür- und Fensterrahmen in Hellblau und Dunkelrot ab. Jedes der zweistöckigen Häuser besitzt einen Holzbalkon.
„Das sieht ja richtig putzig aus", findet Ellen.
Dann erreichen sie das Zentrum, den Plaza de Marzo, ein kleiner Park mit Bäumen und einem Musikpavillon in der Mitte, um den sich allerlei Ambulantes, Straßenhändler und Schuhputzer, drängen.
„Hey, guckt mal: Shoeshine!", ruft Nihar zu laut, denn sofort wird er von etlichen Jungen mit ihrem Holzkästen umlagert.
Vergeblich zeigt er auf seine Sneakers und sagt: „You can't polish these!" Er muss sich mit einigen Süßigkeiten freikaufen.
An der nördlichen Seite des Parks erhebt sich die Kathedrale von San Cristóbal in den Himmel. Ihre Frontfassade leuchtet in Ockergelb, besitzt drei gewaltige Eingangstore und ist reich mit Ornamenten und Heiligenstatuen geschmückt.

„An ihr wurde über 300 Jahre gebaut, immer wieder zerstörten Erdbeben das Erreichte", erklärt Jo ungefragt. „Ja, als wollten die Mayagötter die Vollendung nicht zulassen."
Als sie hineingehen, werden sie von der Altarfront überrascht: Eine Marienstatue und einige Heiligenbilder schmücken eine Wand aus leuchtendem Gold!
„Ist nur Blattgold", flüstert Jo Mark zu. „Mit solchen Fassaden wollten sie die Indios blenden."
Aber auch Fatima zeigt sich beeindruckt und lässt sich auf einer Bank neben einigen Indiofrauen nieder, die inbrünstig beten.
Wieder vor der Kirche, schauen sie sich die Marktstände an, an denen Indiofrauen Handwerksarbeiten und andere Dinge verkaufen, die ihre Familien zuhause anfertigen. Sie kaufen den Frauen ein paar Sachen ab, bevor sie weiterziehen.
Jo beginnt dann mit seiner angekündigten Erklärung. „Okay! Macht euch klar: Wir sind hier in Chiapas, einer anderen Welt als dem Rest von Mechico. Seit die Spanier diese Stadt 1528 als ihren Stützpunkt in der Region gründeten, gab es hier Konflikte zwischen den spanischen, später mexikanischen Behörden und der indigenen Bevölkerung. Kaum waren die Spanier da, eigneten sie sich nach und nach das fruchtbare Hochland ringsum an, auf dem die Indios fortan Zwangsarbeit verrichten mussten. Die Spanier wurden mit dem Anbau von Getreide reich, während die Indios unter Hunger und Krankheiten litten. Schutz bot ihnen nur die Kirche, denn Dominikaner errichteten hier ein Kloster und eine Kathedrale. Einer von ihnen, Bartolomé de las Casas, wurde zum Bischof von San Cristóbal und zum Verteidiger der Ureinwohner. Deshalb heißt der Ort heute San Cristóbal de las Casas."
„Konnte er den Indios wirklich helfen?"
„Nicht wirklich. Sie wurden immer weiter ins gebirgige Hinterland vertrieben – wir werden das morgen sehen. Allerdings haben sie

seither viermal einen Aufstand gegen die Zentralregierung angezettelt. Das letzte Mal vor 25 Jahren – der Zapatistenaufstand nahm hier seinen Anfang. Die Zapatisten – ganz in Schwarz und vermummt – eroberten die Verwaltungsgebäude hier in San Cristóbal. Ihre Parole war ¡*Ya basta! Es reicht!* Nach wenigen Tagen wurden sie zwar von der Armee vertrieben, aber vom unzugänglichen Hinterland aus führten sie noch monatelang Aktionen durch."

„Haben sie denn damit etwas erreicht?"

„Seit dem Zapatistenaufstand wird zumindest die Region Chamula autonom verwaltet – also von Indios selbst, nicht von Beamten aus der Bundeshauptstadt. Allerdings ist die Armee nicht zimperlich, Hunderte von Indios, die als Zapatisten galten, wurden getötet und Tausende, die als deren Unterstützer galten, von ihrem Land vertrieben. Und der neue Bürgermeister Domingo López González wurde mit einem seiner Begleiter vor einigen Jahren erschossen – Täter bis heute unbekannt."

Jo schweigt, die vier versuchen, sich das Gehörte vorzustellen.

Nach einer Weile fragt Ellen: „Warum kennst du dich so gut hier aus, Jo?"

„Ich stamme zwar nicht direkt hier aus der Gegend, aber ich komme auch aus der untersten Schicht, bin ein Indio. Nur weil ich so ein Hüne bin und jedem Blick standhalte, konnte ich einen guten Job als Bodyguard ergattern."

„Und wie heißt du wirklich?"

„Das ist kompliziert, wir Mechicanos haben nämlich mindestens vier Namen, zwei Vor- und zwei Nachnamen. Meiner lautet: José Santiago Itzel Ramírez. Itzel, mein Indioname, bedeutet Morgenstern – und wo das Jo herkommt, ist ja klar."

12. März – San Cristóbal de las Casas und Umgebung

Gleich am nächsten Morgen besuchen sie das Dorf San Juan Chamula, das nur einige Kilometer nordwestlich von San Cristóbal liegt. Es ist die Verwaltungsstadt der Region Chamula, die Bewohner gehören zum Volk der Tzotzil, sie sind Ureinwohner, Nachfahren der Maya und sprechen fast alle die indigene Tzotzilsprache. Rund um diesen Ort erstreckt sich eine gebirgige, schlecht zugängliche Region. Nur deshalb konnten die Indios hier bisher frei und relativ unabhängig leben.

„Wovon leben die Menschen denn?", fragt Ellen.

„Vor allem von der Landwirtschaft, die meisten leben autark, von dem, was sie selbst anbauen. Trinken Wasser aus einem Bach, der in den Bergen entspringt. Die Überschüsse verkaufen sie auf dem Markt von Chamula. Außerdem fertigen einige von ihnen Handarbeiten zum Verkauf an Touristen. Ihr habt das ja vor den Kirchen in San Cristóbal gesehen."

Nach einer Pause ergänzt Jo: „Und weil sie autark leben, haben viele Indios die Coronapandemie gut überstanden." Deshalb hatte er Steve und die vier auch gebeten, beim Besuch des Dorfs eine Mund-Nasen-Maske zu tragen. „Wir wissen ja nicht, ob sie schon gegen das Coronavirus immun sind, und wollen sie nicht in Gefahr bringen."

Der Marktplatz von Chamula ist riesig, an diesem Tag jedoch spärlich besucht. An seinem Ende erhebt sich eine Kirche, ganz in Weiß getüncht, der man ansieht, dass sie sehr alt sein muss. Unter ihrem breiten, offenen Turm mit den drei sichtbaren Glocken steht groß die Bauzeit: 1522*1524.

„Hier haben sich christliche mit uralten Ritualen der Indios vermischt, ihr werdet sehen", sagt Jo und geht hinüber zu einigen Indios, die vor der Kirche mit verschränkten Armen auf einer

Holzbank sitzen. Er redet mit ihnen, dann kommt er zurück: „Wir haben Glück, dass nur wenige Touristen hier sind. Wir dürfen uns unter die Einheimischen mischen."

„Was passiert denn, wenn viele Touristen da sind?"

„Die müssen dann Eintritt zahlen, während die Indios geschlossene Gruppen bilden. Einige Männer mit Knüppeln passen dann auf, dass keine Touristen sie fotografieren."

So jedoch können sie sich frei in der Kirche bewegen, die anders als ihre Gotteshäuser aussieht – keine Bankreihen, Kiefernnadeln und Reisig bedecken den Boden, an den Wänden reiht sich ein Heiligenbild ans andere, viele sind mit Zweigen und kleinen Opfergaben geschmückt. Hunderte von Kerzen flackern entlang der Kirchenwände und schaffen ein mystisches Spiel aus Licht und Schatten. An zahlreichen Stellen führen die Besucher private Zeremonien durch.

„Sie muss den unheilvollen Geist, den Dämon, durch Rülpsen hervorlocken", flüstert Jo Mark und Ellen zu und zeigt unauffällig auf eine alte Frau. „Eigentlich wird dabei Pox, ein selbstgebrannter Zuckerrohrschnaps, getrunken", sagt er grinsend. „Aber diese Schamanin setzt anscheinend Cola oder Fanta ein. Durch die Kohlensäure kann sie besser rülpsen!"

Eine andere Frau holt ein Huhn aus ihrer Tasche. Die Schamanin bespuckt es dann mit dem Schnaps oder der Cola, und so fährt der Dämon in das Huhn, dem dann mit einer geschickten Bewegung der Hals umgedreht wird. Der Dämon ist damit offenbar besiegt, denn das tote Huhn wird achtlos auf den Boden geworfen.

An der gegenüberliegenden Ecke des Saales werden Fatima und Nihar von den Indios eingeladen, einen Schnaps mit ihnen zu trinken und gemeinsam zu beten. Beide sind keine Christen, aber die Menschen hier ja auch nur teilweise ... Berührt verlassen die vier mit Steve und Jo die Kirche.

Danach besuchen sie noch ein kleines Indiodorf in der Nähe. Die Hütten bestehen aus Holzwänden und einem Wellblechdach und wirken recht klein. Doch das Leben spielt sich ohnehin auf den Höfen davor ab, wo mehrere provisorische Webrahmen gespannt sind, an denen junge Mädchen geduldig Stoffe weben – die farbenfrohesten Stoffe, die man sich nur vorstellen kann: rot, gelb, blau, türkis und lila in allen denkbaren Kombinationen. Die Muster reichen von Sonnenblumen über stilisierte Schlangen, Schmetterlinge, Vögel hin zu geometrischen Ornamenten.

Abends im Hotel sprechen sie Jo noch einmal auf das Thema an. „Wie konnte eine Handvoll Spanier und Missionare die großen Kulturvölker der Azteken und Maya unterjochen und christianisieren?", fasst Fatima ihre Fragen zusammen.

„Immer wieder wird diese Frage gestellt", antwortet Jo. „Und dann wird argumentiert: Die Spanier seien so gerissen und gewalttätig gewesen. Mit ihren Pferden, die den Eingeborenen fremd waren, seien sie ihnen wie Götter vorgekommen. Und die gleich zu Beginn unterworfenen Tlaxcalteken seien wichtige Bündnispartner geworden. Doch der Hauptgrund ist ein anderer: Einer der Sklaven, den Hernán Cortés von Kuba mit nach Mexiko brachte, hatte die Pocken. Innerhalb von zwei Monaten verlor ein Drittel der Einheimischen dadurch ihr Leben. Dazu kamen noch die Grippe, Masern und andere Infektionskrankheiten – innerhalb einiger Jahrzehnte schrumpfte die Bevölkerung Mexikos von 20 auf zwei Millionen Menschen. Die Maya machten dafür den bösen Gott Hun Ahau verantwortlich, die Azteken ihre Gottheiten Tezcatlipoca und Xipe Totec. In dieser Situation traten die Missionare mit ihrer neuen Heilslehre auf und griffen zu einer alten List der Christianisierung: Sie errichteten ihre Gotteshäuser genau dort, wo vorher die alten Heiligtümer gestanden hatten. Trotzdem waren sie nur halbwegs erfolgreich. Das haben wir ja gesehen. Hier in Chiapas, in San Cristóbal stellte sich die Kirche auf die Seite der Eingeborenen und ihrer Rechte – das ist Tradition geblieben, bis heute. Doch im Rest von Mexiko haben sich Spanier und ihre Nachfahren das Land angeeignet oder ließen die Indios in Silberbergwerken schuften, und als Regierungsbeamte pressten sie der Bevölkerung hohe Steuern und Abgaben ab. Und die Kirche hat zugesehen."

„Schade, dass solche Dinge nicht auch noch in unser Spiel passen", findet Fatima. „Die Geschichte, weshalb die einen ganz arm und die anderen ganz reich sind. Das gehört doch mit dazu! An ihren Händen klebt Blut, ihr Vermögen stinkt." Sie schüttelt sich.

„Nein", entgegnet Steve. „Pecunia non olet!, sagten schon die alten Römer."

„Und das heißt?"

„Geld stinkt nicht!", antwortet Mark. „Damit ist gemeint: Der Großvater begeht verbrecherische Ausbeutung, sein Geld stinkt. Aber sein Sohn steckt dieses Geld in neue Projekte, lässt damit zum Beispiel Einkaufszentren bauen. Dessen Sohn, der Enkel, wird auf ein College in England geschickt, er wird Anwalt. Und nun erscheint die Familie als ehrenwerter Clan, niemand verfolgt die schmutzigen Anfänge ihres Reichtums."

„So ist es anscheinend nicht nur in Mechico!", klagt Jo.

„Das müssen wir doch unbedingt noch irgendwie berücksichtigen – Pecunia muss stinken!", ereifert sich Ellen.

13. März – Mexiko, Yucatán-Halbinsel, Palenque

Heute besuchen sie endlich eine Mayastätte im Dschungel! Nachdem sie einen nach Bananen und anderen exotischen Früchten duftenden Dschungelweg entlanggelaufen sind, betreten sie eine

Lichtung und stehen vor der grandiosen Kulisse der Plaza von Palenque, die von majestätisch anmutenden Stufentempeln umrahmt wird.

„Das war alles von Urwald überwuchert", erklärt Steve und winkt einem Mann zu, der auf sie zukommt. Er sieht so gar nicht nach einem Archäologen aus, denkt Mark. Aber muss ein Archäologe unbedingt Indiana Jones gleichen? Der hier trägt Jeans, Holzfällerhemd, Strohhut sowie einen Vollbart und scheint recht jung zu sein.

„Hallo Steve, da seid ihr ja. Schaut euch um", er breitet die Arme aus. „Stufenpyramiden, die vom Urwald überwuchert sind, gerade entdeckte Gräber und Inschriften, die auf eine bedeutende Herrscherfamilie hinweisen – diese Zutaten für einen Archäologiekrimi bietet nur *eine* Mayastätte auf Yucatán: Palenque. Ich bin übrigens", wendet er sich an die vier, „Alejandro. Ich beschäftige mich mit der Auswertung der Ausgrabungen hier."

Sie bleiben vor der größten Stufenpyramide stehen, zu deren überdachtem Tempelaufbau eine breite Treppe emporführt.

„Der berühmte Tempel der Inschriften. Hier fanden Forscher vor fünfzig Jahren einen verdeckten Gang, der zur unversehrten Grabanlage von Pakal dem Großen führte, dem am längsten regierenden Herrscher von Palenque. Sein Gesicht war mit einer Jade-Mosaikmaske bedeckt und sein Körper mit kostbarem Schmuck geschmückt. Die Maske ist heute im Anthropologischen Museum in Mexico City ausgestellt. Jedenfalls herrschte dieser Pakal zur Glanzzeit Palenques im 7. Jahrhundert fast siebzig Jahre über die Stadt. Das wissen wir aus den inzwischen entzifferten Hieroglyphen."

Sie sehen sich noch weitere Tempel und Paläste an, aber am interessantesten finden sie diese Aussagen ihres Führers: „Vermutlich waren die Herrscher gleichzeitig politische und religiöse Führer.

Über den Alltag der einfachen Maya finden wir dagegen nichts in den Schriften, da sind wir auf die archäologische Forschung angewiesen. Das gilt auch für das Ende von Palenque – um 810 n.Chr. wurde die Stadt plötzlich aufgegeben. Es finden sich keine Spuren von Gewalt, stattdessen haben wir folgende Indizien: Das Holz wurde knapp, weil der umliegende Regenwald abgeholzt war. Und die Menschen in Palenque litten gegen Ende ihrer Zeit an Unterernährung – also …?"

„Also war ein ökologischer Kollaps die Ursache für den Untergang der Stadt", schlussfolgert Mark.

„Vermutlich. Die Maya verließen die Stätte, und ein Teil von ihnen überlebte in einfachsten Verhältnissen bis heute. Aber wirklich genau kennen wir die Ursachen noch nicht."

Auf dem Rückweg etwas weiter nördlich sehen sie weitere Gebäudefundamente, die noch immer von mächtigen Baumwurzeln im Würgegriff gehalten werden.

„Bis zum Jahr 2002 wurde hier gegraben, dann ging uns das Geld aus. Noch immer liegt der Großteil des Stadtgebiets im Dschungel verborgen – irgendwo da draußen finden sich vermutlich die Beweise für den Untergang. Doch auch wenn wir die Gelder und die Ressourcen hätten, nicht in 100 Jahren würden wir alles ausgraben können. Auf 20 Quadratkilometer verstreuen sich rund 1000 Ruinen von Steinbauten. Aber das werden wir demnächst genauer wissen, denn da kommt jetzt dein Vater ins Spiel, Ellen."

Einer der Bodyguards schleppt zwei Picknick-Körbe, mit allem was das Herz begehrt, an: Sandwiches mit verschiedensten Füllungen, kleine Teigtaschen, gegrillte Hühnerkeulen, Salate, Obst sowie eine große Auswahl gekühlter Getränke von Wasser über Fruchtsäfte bis hin zu Cola.

„Endlich mal keine Maisfladen", entfährt es Mark, während er sich wie alle anderen großzügig bedient.

„Nach drei Tagen ihrer schon überdrüssig?", fragt Alejandro. „Für die meisten Maya bedeuteten Fladen oder auch Brei aus Mais das hauptsächliche und oft auch das einzige Nahrungsmittel. Und bei vielen Indios ist das heute noch so. So arm, wie sie sind. Was sind da drei Tage?"

Die vier stürzen sich derweilen auf das Essen, während die beiden Männer weiter über LIDAR fachsimpeln: „Ja, wie Alejandro schon sagt: Der dicht gewachsene Dschungel erlaubt kein Vermessen der Gesamtbebauung. Doch seit einigen Jahren gibt es eine moderne Lasertechnik, das LIDAR-Verfahren. LIDAR steht für Light detection and ranging. Es funktioniert ähnlich wie ein Radar, nur schickt es Laserpulse von einer erhöhten Position wie beispielsweise einem Flugzeug nach unten. Diese Pulse dringen auch durch das Blattwerk von Bäumen und Sträuchern und werden vom Untergrund zurückgeworfen – Ruinen, selbst ehemalige Ackerflächen bilden dabei andere Muster als unberührter Dschungelboden."

„Die ersten Untersuchungen im Dschungel von Belize brachten erstaunliche Ergebnisse", nimmt Alejandro den Faden auf. „Während die Ausgräber dort von einer Siedlungsfläche von 23 km² für die Zeit um 650 v. Chr. ausgingen, maß die tatsächliche Fläche rund 200 km². Sie war also achtmal größer."

„Und meine Firma hat das Verfahren jetzt weiterentwickelt und effektiver gemacht. Wir können statt Flugzeuge Drohnen einsetzen – das macht die ganze Sache wirtschaftlicher", fügt Steve hinzu.

Als sie beim Obst angelangt sind, lehnt sich Steve zurück und lässt seine Gedanken schweifen: „Ach, wenn es so etwas wie die LIDAR-Untersuchungen auch für bevorstehende humane Katastrophen geben würde. Ein zuverlässiges System, das alle gesellschaftlichen Vernetzungen und Verstrickungen durchleuchten und zu den wahren Ursachen vordringen könnte."

„Die Gesellschaft ist aber nicht mit dem Urwald vergleichbar", entgegnet Alejandro. „Auch wenn man häufig vom Dschungel der Großstadt spricht. Menschen agieren in Gruppen, sie haben Meinungen zu bestimmten Themen, verfolgen ihre Absichten – aus alldem bildet sich die gesellschaftliche Dynamik. Das ist wesentlich schwerer zu durchschauen."

„Aber wenn es einige Marker gäbe, also Personen und Gruppen, die eine besondere Fähigkeit zur Früherkennung von Trends besäßen … so ähnlich wie die Stichproben bei Umfragen zu Wahlen. Nur auf bevorstehende Risiken und Gefahren bezogen."

„Ja, das wäre schön. Wenn die Menschheit sich dann auch noch danach richten würde …"

Nachmittags machen sie sich auf die Fahrt zurück zum Hotel.

13. März abends – Palenque

„Wir haben noch fünf Tage, eure Rückflüge sind schon gebucht. Das war nicht anders machbar", informiert Steve vor dem Abendessen und erinnert sie auch an sein eigentliches Anliegen: „Wir können jederzeit mit eurem Spiel online gehen. Das entscheidet ganz allein ihr!"

Er will sich mit Alejandro später zum Abendessen treffen und fragt, ob sie mitkommen wollen, aber die vier winken ab.

„Nein, wir haben keinen großen Hunger", erklärt Ellen. „Wir brauchen nur was Kleines hier. Und bleiben im Hotel. Versprochen!"

So haben sie endlich wieder einen Abend für sich – nur sie vier! Zu späterer Stunde setzen sie das Flaschendrehen fort.

„Schade, dass Pedro nicht hier ist", seufzt Fatima.

„Es wird auch ohne ihn spannend", sagt Nihar und dreht die Flasche so, dass ihr Hals zu Mark zeigt: „Mark – was ist dein Style?"

Der überlegt einen Moment: „Man könnte sagen, mein Style ist, keinen Style zu haben. Die Leute sollen mich so mögen, wie ich bin. Sie sollen mich mögen für das, was ich tue. Nicht wegen meines Aussehens. Wenn ich mich bei uns in der Schule umgucke, dann definieren sich alle nur durch ihr Styling, ihr Getue. Ausschließlich durch ihre Äußerlichkeiten: ihre Frisur, ihre Tattoos und Piercings, ihre Klamotten. Wenn's hochkommt, noch durch ihre Freunde. Also, bin ich verrückt oder der einzige ehrliche Mensch auf der Welt?"

„Nein, du bist ein Normcore", beruhigt Ellen ihn.

„Ein was?"

„Ein Normcore, das sind Leute wie du, die absichtlich auf alles Individuelle verzichten. Sie wollen ganz bewusst so aussehen wie die anderen, die Mehrheit."

„Ich zähle mich aber nicht zu diesen Normcores. Ich zähle mich zu keiner Gruppe – jedenfalls nicht, was das Styling angeht."

„Das brauchst du auch nicht – das machen die anderen."

„Das reicht doch wohl als Antwort", sagt Mark und dreht wieder die Flasche.

„Was ist deine Lieblingsband?"

Es folgen einige ähnlich harmlose Fragen zu Hobbys, Lieblingsfächern, Lieblingsessen ... bis Nihar wissen will: „Glaubst du wirklich, dass sich der Klimawandel und all die anderen Katastrophen noch aufhalten lassen?"

Der Flaschenhals zeigt auf Ellen.

„Soll ich ehrlich sein?"

„Darum geht's in diesem Spiel!"

„Mein Vater bekommt viel Besuch von sogenannten Experten. Wenn man mit diesen Experten vertraulich unter vier Augen spricht, dann sagen fast alle: Es ist eh schon zu spät! Hätten wir vor vierzig Jahren oder vor fünfundzwanzig ... oder wenigstens vor zehn Jahren – beispielsweise nach der Finanzkrise – hätten wir da umgesteuert, dann könnten wir unser Schiff, die große Klimaarche namens Erde vielleicht noch herumreißen ... aber nun ... Nun ist es zu spät. Es wird vor allem Symbolpolitik betrieben. Wir können versuchen, das Allerschlimmste zu verhindern. Es wird vielleicht einige Burgen der Zivilisation geben, die die Katastrophen überstehen. Aber der Großteil der Welt ..."

„Mamadito!"

„Soll das der Weisheit letzter Schluss sein?"

Eine heftige Diskussion folgt und endet mit den Worten: „Könnten diese sogenannten Experten recht haben?"

„Das dürfen sie nicht!"

14. März – irgendwo auf der Yucatán-Halbinsel

„Wären wir mal geflogen – nicht ganz eine Stunde hätte das gedauert", ärgert sich Steve. Dann sieht er die Gesichter der vier und zuckt mit den Schultern. „Okay, es ist eure Zeit."

Immer wieder Umleitungen und nun versperren Protestierende die Straße, vor ihnen hat sich ein kleiner Stau gebildet.

„Das sind Bauern aus der Umgebung", erklärt Jo, nachdem er sich umgehört hat. „Sie protestieren dagegen, dass sie von ihrem Land vertrieben werden. Wobei das hier in Mexiko mit dem Land immer so eine Sache ist. Es herrscht eine Art Gewohnheitsrecht. Wenn man lange genug auf einem Stück Land sitzt und es bearbeitet – dann gehört es einem mehr oder weniger. Genauso ist das mit den Häusern in Eldefe. Die meisten werden ohne Genehmigung gebaut. Aber wenn die Bewohner darin wohnen, wird sie keiner mehr räumen. Es sei denn, es gibt eine mächtige Person im Hintergrund, die es auf diesen Flecken abgesehen hat ..."

Die wartenden Fahrzeuge müssen an den Straßenrand fahren, um zwei Polizeifahrzeuge durchzulassen – richtige Trucks. Einer hat eine Schaufel vorn befestigt.

Der andere eine MG auf der Ladefläche montiert.

„Das sieht aber ganz schön bedrohlich aus", drückt sich Fatima in ihren Sitz.

„Ey, Amigos, das ist Mechico!"

Dann geht es weiter, und Mark stellt fest, dass sich die Landschaft unmerklich verändert hat. Aus dem üppigen Regenwald ist eine Buschlandschaft geworden, aus der immer wieder nackter weißer Kalkfels schimmert. Dann erreichen sie Cancún – und wieder sieht alles ganz anders aus.

„Das soll ein Strandparadies sein?", mäkelt Nihar.

Eine sechsspurige Straße führt durch die Stadt – riesige Einkaufs- und Verwaltungscenter wechseln sich ab mit Wohnvierteln, in denen sich kleine weißgetünchte Wohnhäuser drängen. Dann wird die Avenida von Palmen gesäumt, dichter Verkehr, Staus ...

„Das ist ja wie bei uns", wendet sich Ellen enttäuscht an ihren Vater.

„Das ist Ciudad Cancún – wartet erst mal, bis wir die Zona Hotelera erreichen, dort beginnt die Maya Riviera." Er hebt optimistisch den Daumen.

Und tatsächlich – sie fahren über einen breiten Damm und erreichen eine zweigeteilte Landzunge. Auf der einen Seite drängt sich eine Hotelburg an die andere, zwischen ihnen schimmert das blaue Meer, auf der anderen Straßenseite erstreckt sich eine Lagune, auf der Fatima sogleich eine Flamingokolonie entdeckt. Schnell wird klar: Sie sind in einem touristischen Zentrum gelandet.

„Das ist ja wie auf Fuerteventura", entfährt es Mark.

„Eher wie in Fort Lauderdale", entgegnet Ellen.

„Nein, wie in Goa ...", sagt Nihar.

„Wart ihr schon einmal in Hurghada am Roten Meer?", fragt Fatima.

Sie biegen zum Grand Fiesta Americana Coral Beach Cancún

– Luxury Ressort***** ab. Und der Blick auf den endlos weißen Strand mit dem smaragdblauen Wasser lässt sie verstummen. Kaum erreicht ihr Minibus eine riesige Auffahrt, umschwirren etliche Boys das Fahrzeug, reißen sich um ihre kleinen Taschen und großen Rucksäcke. In einer großen lichtdurchfluteten Halle erhält jeder von ihnen einen Schlüssel zu einem eigenen Zimmer mit großem Balkon und Blick auf das endlose Weiß-Blau-Grün zu ihren Füßen. Stiller Jubel!
Während sie sich für das Abendessen fertigmachen, setzt die Dämmerung ein – eine Symphonie in Blau. Als ob ein blauer Seidenschal in Zeitlupe auf die Welt herabsinken würde. In der Mitte der blaue, von Strahlern beleuchtete Pool, auf der linken Seite erstreckt sich das dunkelblaue Meer, mittendrin eine kleine Landzunge mit einem Minileuchtturm, darüber türmen sich blau-graue Wolken, die die untergehende Sonne zu verschlucken scheinen.

15. März – Yucatán-Halbinsel, am Strand in Cancún

Als sie nach dem üppigen Frühstücksbüffet endlich an den Strand gehen, sorgt Fatimas Erscheinen für Aufsehen. Während Ellen, Mark und Nihar die allgemein gängige Bekleidung tragen – Bikini und Badehose oder im Fall von Nihar Shorts mit dem Schriftzug *Let's swim* – trägt Nihar einen Burkini: einen Ganzkörperbadeanzug mit Kopftuch. Als sie sieht, dass nicht nur die anderen Badegäste, sondern auch Ellen und Mark sie mit offenem Mund anstarren, fährt sie sie an: „Hat jemand ein Problem damit?"
Alle schütteln eilig den Kopf.
„Dann ist ja gut. An vielen Stränden dieser Welt ist diese Kleidung üblich. Da würde eure Aufmachung als obszön gelten. Wie baden die Frauen in Indien, Nihar?"
„Auch angezogen, in weiten Gewändern, nur ohne Kopftuch."

Schweigend geben sie sich dem Sonnenbaden und gelegentlichen Abkühlungen im Meer hin.

16. März morgens – am Strand in Cancún

„Madre, wie lange sind wir eigentlich schon hier?", fragt Ellen gegen Mittag müde. Die Sonne, das viele Baden und Nichtstun machen die vier träge und benommen.

„Oye, waren wir etwa schon einmal woanders?", fragt Mark zurück.

Sie stemmen sich nicht mehr gegen diese Welt. Sie wollen nichts mehr. Sie wollen nur noch eintauchen in diese badewannenwarme Karibik, verschmelzen mit dem weißen Sand.

Erschöpft von der Sonne fragt Mark: „War das Absicht von deinem Vater?"

„Was?"

„Na das! Dass wir hier abhängen wie gehirnamputierte Touris?!"

„Dass wir uns von Sonne, Strand und All-inclusive verführen lassen", ergänzt Fatima.

„Vorführen lassen", korrigiert Mark.

„Keine Ahnung", antwortet Ellen. „Soll er das stoppen?"

Leichtes Kopfschütteln der anderen, ermattet sinken sie wieder in ihre Liegestühle.

Später im Hotel gibt Ellen Marks Frage an ihren Vater weiter.

„Nein! Ihr sollt hier eure Entscheidung treffen! Ich will euch nur nicht drängen. Ich dachte, ihr könnt ein wenig Erholung gebrauchen, nach all den Scherereien. Oder wisst ihr schon, wie es weitergeht?"

„Nein, aber wir werden uns gleich zusammensetzen."

16. März nachmittags – Streit in Cancún

Als Ellen, Fatima und Nihar endlich den Seminarraum gefunden haben, erwartet Mark sie bereits. Er hat einen kleinen Stuhlhalbkreis um ein Whiteboard gruppiert. Auf ihr steht:

GLOBALOPOLY
1. Ist das Spiel reif, um es online zu stellen?
2. Was wollen wir mit dem Spiel wirklich erreichen?

„Übrigens – mein Vater sagt, dass er uns nur etwas Erholung gönnen wollte, Zeit zu chillen, damit wir unsere Entscheidung mit vollem Akku treffen können!", eröffnet Ellen die Runde.
„Vielleicht wollte er uns ja außerdem eine kleine Lektion erteilen!" Diese Feststellung kommt – für die anderen völlig unerwartet – von Fatima.
„Und die wäre?"
„Wie schnell man in einen selbstzufriedenen Modus fällt. Und wie schwer es ist, da wieder herauszukommen. Wenn ich das jetzt auf unser Spiel übertrage: Wie bringen wir die Menschen dazu, GLOBALOPOLY zu spielen?"
Mark nimmt den Gedanken auf und schreibt:

3. Gibt es genug Anreize, GLOBALOPOLY zu spielen?

„Niemand wird ein Spiel spielen wollen, bei dem die meisten von Anfang an so beschränkte Möglichkeiten haben. Wie lauten die Regeln noch einmal, Ellen?"
„Wir haben festgelegt: Nur die Spieler, die 1er-, 2er- oder 3er-Pasch werfen, erhalten Kapital und können damit Produktionsmittel und Immobilien erwerben."
„Und wenn jetzt keiner einen Pasch würfelt? Die Chance ist ja jedes Mal 1:34!"
„Ich dachte 1:36?"

„Ja, für *einen* Pasch, für den Dritten ist die Chance also geringfügig größer. Aber was, wenn keiner einen bekommt?"

„Dann würfelt man so lange, bis einer einen Pasch hat. Wie im Real Life! Der prescht dann natürlich vor, sichert sich die besten Anlagen. Auch wie im Real Life."

„Aber das ist doch dann nicht wirklich spannend, sondern einfach nur unfair."

„Beim Lotto ist es doch auch nicht anders. Da sind die Chancen sogar noch viel schlechter", beschwichtigt Ellen.

„Aber da kennt man das Ergebnis bis zum Schluss nicht. Alle hoffen, bis zur Ziehung. Aber bei unserem Spiel weiß man es gleich beim ersten Würfeln. Oje, ich gehöre zu denen ohne Kapital. Und der Rest macht dann doch nur noch wenig Spaß, also für die Besitzlosen."

„Wenn ich euch so reden höre", fährt Nihar dazwischen, „dann frage ich mich: Wollt ihr überhaupt weitermachen?"

„Willst du denn weitermachen, obwohl du immer nur ans Gewinnen denkst?", faucht ihn Mark an.

„Was soll das denn heißen? Ich bin dabei. Aber ich bin nun mal Gamer. Und deshalb finde ich auch, wir haben mit dem Spiel angefangen – und jetzt sollten wir nicht kurz vor dem Ziel alles in die Tonne treten. Wir haben damit angefangen, also wird es durchgezogen bis zum Ende. So denkt jedenfalls ein echter Gamer!"

„Aber wir haben Zweifel, ob das schon der richtige Zeitpunkt ist, online zu gehen", verteidigt sich Mark. „Und ob das Spiel schon die passenden Regeln hat."

„Pah! Wie sollen wir denn das Ziel erreichen, wenn du Zweifel hast?

„Nur so kann man seinen Kurs korrigieren, anstatt der falschen Route zu folgen. Sonst müsstest du ja auch den ganzen SUV-Fahrern recht geben. Die haben sich einmal entschieden – und müssen nun den Klimawandel leugnen, um weiter in ihre Privatpanzer steigen zu können."

„Zweifel kann man vor dem Match haben. Aber wenn du ein Game beginnst und zu einem Team gehörst, dann musst du jeden Zweifel im Keim ersticken. Wer sein Match nicht gewinnen will, hat schon verloren!"

„Das Leben ist aber kein Game. Wir sind im Real Life, schon vergessen?!"

„Wir versuchen unser Game durchzudrücken – oder nicht!?"

„Durchdrücken! Was soll das denn heißen?", mischt sich Ellen ein.

So geht es einige Zeit weiter. Fatima gewinnt immer mehr den Eindruck, dass Mark und Nihar sich gar nicht verstehen wollen. Geht es vielleicht um etwas anderes? Warum sind sie heute immer wieder um die Wette geschwommen, haben aus allem ein Kräftemessen gemacht? Ein Hahnenkampf – und die Henne, um die sie streiten, ist mit Sicherheit nicht sie.

„Ellen, sag was dazu!", fordert Fatima schließlich.

„Jungs, hört auf zu streiten", bittet die einfach, „es geht doch um unser Spiel, wir müssen eine Entscheidung treffen. Schon vergessen?"

Die beiden halten an sich, doch die Luft ist raus. Sie sind keinen Millimeter vorwärtsgekommen und vertagen alles weitere auf den folgenden Nachmittag.

17. März – Ort und Zeitzone unbekannt

„Mann, die haben ein Leben. Beneidenswert. Seit Tagen bewegen die sich nur in einem Radius von 300 m. Nur die Kleine mit dem Kopftuch macht nachmittags einen langen Spaziergang. Allein."

„Warum sagst du, *mit dem Kopftuch*? Hast du sie schon mal gesehen?"

„Nee, die macht ja keine Selfies, auch typisch. Außerdem ist sie Muslima – Burkini tragen die doch alle, oder was?!"
„Wenn ich dir jetzt aber sage, auch in unserer Firma arbeiten mehrere Muslimas – und siehst du irgendwo ein Kopftuch?"
„Das wird man doch mal sagen können, ohne dass gleich die Sprachpolizei kommt?!"

17. März nachmittags – 1. Findungsrunde in Cancún

Erst einmal drehte sich die Diskussion wieder im Kreis, doch diese Spielerei beendet Ellen mit einem Handschlag auf den Tisch: „Schluss jetzt mit diesen Kindereien. Wir müssen darüber diskutieren, wie es mit unserem Projekt weitergeht, und eine Entscheidung fällen – bis morgen Abend. Und die Zeit läuft. Haben das alle verstanden?!"
„Ich hab notiert, dass wir über die Risikokarten sprechen müssen", sagt Mark.
„Wieso das denn? Die haben wir doch berücksichtigt", antwortet Ellen.
„Nein! Das ist zu willkürlich. Man zieht eine Risikokarte – zack hat man Probleme mit vergrabenem Müll oder dem Anstieg des Meeresspiegels. Aber das ist doch Zufall! Im Real Life hingegen …"
„… ist es auch Zufall, ob man in einen Tropensturm gerät oder in das Flugzeug steigt, das abgeschossen wird", gibt Ellen zurück.
„Das sehen wir Inder aber ganz anders – alles ist Karma, vorherbestimmtes Schicksal", mischt sich Nihar ein.
„Dann ist es wohl auch Schicksal", Ellens Stimme wird immer lauter, „dass ein kleiner Teil der Menschheit den großen Teil der Menschheit ausbeutet – oder wie?" Ihre Augen funkeln.
„Okay, jetzt spielen wir das mal durch", sagt Mark. „Ich habe nämlich unser Spielfeld gerettet. Und Würfel, Spielfiguren und Spiel-

steine an der Lobby besorgt. Lasst uns doch mal eine Runde probieren."
Sie bauen das Spiel auf und dann würfeln sie ... und würfeln ... und würfeln. Es will einfach kein 1er-, 2er- oder 3er-Pasch kommen.
„Wie im Real Life", kommentiert Ellen.
Es dauert genau 11 Minuten und 20 Sekunden – Nihar hat mit seinem Handy die Zeit gestoppt.
„Manch einem wäre da schon längst der Geduldsfaden gerissen", urteilt Ellen.
Jetzt geht es los – zumindest für Mark. Ab jetzt entscheiden allein sein strategisches Geschick und Glück, was er aus seinem Startkapital von 40 000 Dollar herausholen kann. „Mal sehen, was ich für Chancen habe. Mit sieben Punkten lande ich auf asiatischem Terrain. Hier lohnt sich eine Produktionsstätte – für Textilien zum Beispiel. Die Produkte kann ich in die ganze Welt exportieren lassen – Transportkosten spielen keine Rolle."
Für alle anderen Mitspieler heißt es nun: Vorsicht! Nicht auf den Besitz von Mark gelangen. Oder noch schlimmer: auf eines der Risikofelder. Dort drohen Krankheiten, Umweltkatastrophen, Finanzengpässe, Kriege, Armut und Hungersnöte, Epidemien oder alles zusammen im Klimawandel.
Mark ist wieder am Zug. „Mit fünf Punkten lande ich auf afrikanischem Gebiet. Da kann ich jetzt Land pachten – für eine große Agrarfabrik. Länder wie Saudi-Arabien haben viel Geld mit ihren Ölvorkommen gemacht, aber können in ihrer Wüste nichts anbauen. Oder noch eine Fabrik für Sneakers errichten. Die Löhne in China werden nämlich allmählich zu hoch."
Er macht Halbe-Halbe. So geht es Runde für Runde weiter, bis Ellen mit ihrer Figur auf Marks asiatischem Fabrikgelände landet. „Ha!", freut sich Mark, allerdings nur einen kurzen Moment.

Denn Ellen reagiert schlagartig: „Orale, beute mich ruhig aus! Willst du mich nicht auch noch versklaven oder vergewaltigen?"
„Mann, Ellen ..." Mark ist betroffen.
„Nicht *Mann*, das heißt *Frau* ...!"
„Frau, Ellen, das ist doch nur ein Spiel!"
„Mamado", geht Nihar dazwischen. „Ihr seid einfach keine Gamer. Als Gamer musst du alle Regeln akzeptieren, ganz in das Spiel eintauchen. Du wirst selbst zur Spielfigur. Sonst macht es keinen Spaß." Beifallheischend blickt er in die Runde.
„Aber da haben wir doch wieder das Problem", fasst Fatima zusammen. „Mit unseren Regeln ist das Spiel zu langweilig, zu vorhersehbar. Niemand wird lange dabeibleiben wollen."
„Oder es geschieht genau das Gegenteil!", findet Ellen.
„Häh?"
„Ja, vielleicht finden Kluge, Reiche, Interessierte unser Spiel Spitze, spielen es und sagen dann: Ja, so funktioniert die Welt! Ist es das, was wir wollen? Wollen wir berühmt werden als die Erfinder von GLOBALOPOLY? Ein Spiel, das die Realität abbildet. So – what?"
„Nein! Nein! Nein!" Da sind sie sich einig.
„Also, was wollen wir erreichen?"
„Vor allem wollen wir doch die Risikoblindheit der Menschen bekämpfen!", legt Mark vor.
„Was meinst du genau damit?"
„Naja, dass die Menschen endlich aus den Risiken lernen. Wir brauchen einen umsichtigen Umgang mit Risiken. Ein Gefahrenbewusstsein."
„Aber woran erkennt man eigentlich Gefahren, woran Krisen, woran Katastrophen?", gibt Fatima zu bedenken. „Das müssen wir zuerst herausfinden."
„Wie bringen wir die Menschen dazu, wenn sie GLOBALOPOLY verstanden haben, sich und ihr Verhalten zu verändern?", will

Mark wissen. „Wie funktionieren die Menschen überhaupt?"
„Das Spiel ist also gar nicht unser Ziel!", fasst Ellen zusammen.
„Es ist nur der erste Schritt. Wir wollen, dass die Menschen sich ändern. Aber wie schaffen wir das?"

18. März – 2. Findungsrunde in Cancún

Vormittags beobachten die vier, wie zwei Familien vor ihnen am Strand ihre Sachen ausbreiten. Sie sind von der Festlandseite gekommen, schwer bepackt mit Taschen und Sonnenschirmen. Da, zwischen den Reihen der Hotelliegen und dem Meeressaum, wo ein breites Stück Strand frei ist, haben sie sich gerade niedergelassen, als einige Hotelangestellte angelaufen kommen und laut redend und gestikulierend auf die Familien einreden. In dem Moment tritt Jo zu ihnen, um sich zu verabschieden. Er hat einen neuen Auftrag in Mexico City.

„Worum geht es da?", fragt Ellen und deutet auf die Streitenden
„Oye, in Mechico gibt es eigentlich keine Privatstrände. Der Zugang zum Meer ist öffentlich und jeder darf ans Wasser. Eigentlich! Aber die Hotels und immer mehr Clubs errichten ihre Anlagen so, dass der Eindruck entsteht: Privat! Nur Hotelgäste haben Zutritt!"
„Ich weiß gar nicht, wie das eigentlich bei uns in Deutschland geregelt ist", entgegnet Mark und nimmt sich vor, das herauszufinden.
Jo hat es eilig, denn am folgenden Tag soll er Geschäftsleute am Flughafen in Eldefe abholen.
„Die sind bestimmt weniger anstrengend als wir, oder?", fragt Fatima neugierig.
„Es kommt drauf an. Die haben zwar ihre festen Termine und Geschäftsessen, aber häufig wollen sie dann noch nachts in die schummrigsten Clubs – und heil wieder herauskommen."
„Sí! Alle Chancen, null Risiko. Kennen wir!", antwortet Ellen.

„Madre!", urteilt Nihar. „Überall diese Globalopoly-Gewinner!"
„Hey, Amigos, ihr flucht ja wie richtige Mechicanos!" Jo lacht. Compañeros, hasta luego – bis bald!" Dann klatscht er alle vier ab. Als sie sich wieder dem Strand zuwenden, sind die Hotelangestellten verschwunden.

„Einmal hat die Gerechtigkeit gesiegt", freut sich Fatima.

„Aber vermutlich nur, weil wir die Sache so genau beobachtet haben", ergänzt Mark.

Gegen Mittag beginnt ihre zweite und letzte Findungsrunde, denn bereits in dieser Nacht werden Fatima und Nihar am Airport in ein Flugzeug steigen, das sie nach Mexico City bringt, von wo es für sie dann über London weitergeht. Deshalb reißen sich alle vier endlich zusammen, und es gelingt ihnen, ihre teils widersprüchlichen Urteile und Vorschläge auf einen gemeinsamen Nenner zu bringen. Dazu haben sie sich folgende Fragen gestellt:
– Was hat die Menschheit aus der letzten globalen Katastrophe – der Coronakrise gelernt?
– Wie konnte es überhaupt zu der Coronakrise kommen?
– Wer bestimmt eigentlich, was ein vertretbares Risiko ist?
– Warum sind die Menschen so konsumversessen und wollen immer mehr?
– Wie kann die Menschheit sich ändern?
– Und besonders: Wie können die reichen Länder aus diesem Teufelskreis aussteigen, ohne dass die Welt zusammenbricht?

Am Nachmittag stellen sie Steve ihr Konzept vor.

„… und deshalb kommen wir zu folgendem Fazit:
1. GLOBALOPOLY ist noch nicht so weit, um online zu gehen. Die Regeln sind zu real, und deshalb macht es keinen Spaß. Außerdem bietet es als Spiel keine Lösungen! Aber es ist vielleicht ein guter

Einstieg dafür, dass die Menschen sich fragen, wo sie heute stehen und was passiert, wenn sich bestimmte Dinge nicht ändern. GLOBALOPOLY ist mehr als ein Spiel, es ist ein Projekt, bei dem alle Mitspieler einen Beitrag dazu leisten können, die Risiken unserer Lebensweise einzuschätzen und vielleicht sogar zu reduzieren.
2. Wir brauchen Experten, um GLOBALOPOLY als solch ein Projekt organisieren zu können. Aber nicht solche, die auf Konferenzen endlos herumreden und nur heiße Luft von sich geben. Wir brauchen Praktiker, die gar keine Zeit für so etwas haben!"
„Okay", sagt Steve. „Mein Vorschlag: Ich bringe euch mit Experten zusammen. Kosten, Kontakte etc. pp. – kein Thema!" Dann überlegt er einen Moment und zieht an seinem Ziegenbärtchen. „Ihr müsst ja erst einmal wieder in die Schule. Ich suche inzwischen die passenden Experten für euer Projekt aus. Die ihr dann während der Schulzeit kontaktieren könnt. In den Sommerferien ziehen wir Bilanz. Irgendwo in der Welt, wo es angenehm ist. Den Ort könnt ihr bestimmen."
Sie schauen ihn irritiert an.
„Und wo man möglichst klimaschonend hinkommt. Dort schauen wir dann, ob und wie man GLOBALOPOLY weiterentwickeln kann. Na, wie klingt das?"
Einvernehmliches Nicken.
Während ihres letzten gemeinsamen Abendessens ist keiner so ganz bei der Sache. Fatima muss ununterbrochen daran denken, was Jo über die Mechicanos gesagt hat. Nihar überlegt, ob es sich für ihn lohnt, wieder bei *LoL* einzusteigen. Oder ob er es nicht mit *World of Warcraft* versuchen soll. Ellen fragt sich, ob sie für einen ihrer beiden Mitstreiter vielleicht doch etwas mehr als nur Freundschaft empfindet …
Und Mark beobachtet Steve aus dem Augenwinkel. Schon eine ganze Weile. Erst jetzt wird ihm das so richtig bewusst. Warum

engagiert der sich so für ihr Projekt?, fragt er sich. Weil ... ja, warum? Mark hat in seiner Zeit bei den Jusos und der Grünen Jugend viele Leute beobachtet, die taktieren. In Kneipenhinterzimmern und auf Podien. Irgendetwas war da auch bei Steve. Sollte er den anderen von seinen Zweifeln erzählen? Aber was genau? Welche Fakten? Lediglich, dass er ein komisches Gefühl hat? Wie würde Ellen darauf reagieren? Weiß sie möglicherweise etwas über ihren Vater, was die anderen nicht wissen?

Nach dem Essen wollen die vier noch einmal die Gelegenheit nutzen, in der Dämmerung im Meer zu schwimmen, bevor Fatima und Nihar sich zum Flugplatz aufmachen müssen. Gemeinsam gehen sie zu ihren Zimmern, um sich umzuziehen. Nachdem Nihar in seinem verschwunden ist, wendet sich Mark an Ellen: „Na, dann ist ja alles geklärt – oder?" Er sieht sie eindringlich an. „Jedenfalls was unsere Gruppe angeht."

„Nein, nicht alles!", kontert Ellen.

„Was ist denn unklar?", fragt Mark hoffnungsvoll nach, gerade weil Nihar nicht dabei ist.

„Warum mein Vater heimlich dieses Notsignal in mein Handy eingebaut hat."

„Ja", entgegnet Mark etwas erstaunt, „das habe ich mich allerdings auch schon gefragt".

„Ich, ehrlich gesagt, auch", mischt Fatima sich ein, „aber ich wollte nix sagen".

Sphärisches Intermezzo

18./19. März – über dem Atlantik

Der Flug mit British Airways startet in der Nacht, und da ihre Reise gen Osten geht, haben sie sieben Stunden Zeitumstellung und werden gegen Mittag in London-Heathrow landen. Man könnte also im Flugzeug schlafen und ausgeruht dort ankommen. Doch Fatima und Nihar sind viel zu aufgeregt. Schon allein der Flug mit der Boeing 787-900 ... sie hat viel größere Fnster als andere Flugzeuge. Auch wenn es schon dunkel ist, da unter ihnen erstrecken sich die Weiten des Atlantik, denkt Fatima und wendet sich Nihar zu, der sich nur widerwillig von seinem Handy trennt.

„Du bist wieder bei *LoL*?"

„Nein, dazu reichen weder der Chippower des Smartphones noch die Bedienung. Dazu brauchst du einen starken PC und eine gute Gamertastatur mit leichter, aber präziser Auslösung. Es gibt inzwischen einen *LoL*-Ableger für Smartphones: *Wild Rift*. Da läuft die Steuerung über den Touchscreen, das ist sowas von behäbig. Wenn ich unterwegs bin, spiele ich lieber ein flinkes Strategiespiel. Das schult Reaktion und Taktik. Und hin und wieder zur Abwechslung auch ein Rollenspiel. Aber mein Focus ist auf *LoL* gerichtet – da bin ich einer der Champions: Alistar, Ryze oder Shen – alles natürlich Fabelwesen mit Specialpower. Alle high fandu!"

„High fandu?"

„Ja, superspitzenmäßig geil! Noch besser ist der Champion Kaisermorde, den wähle ich hin und wieder auch. Aber der ist sehr anspruchsvoll. Die großen Champions können nur von sehr erfahrenen Spielern eingesetzt werden."

„Was ich nicht verstehe, was ist denn euer Ziel?"

„Na – gewinnen natürlich!"

„Ist das wirklich alles?"

„Nein, wir gewinnen ja als Team. Und dieses Gemeinschaftsgefühl ist überwältigend. In einem guten Team weiß der andere, was du gerade denkst, wie du dich fühlst, wie du dich entscheidest."

„Was ist dir also wichtiger: gewinnen oder Teamplay?"

„Hä?, das kann man doch nicht trennen! Natürlich will ich gewinnen, aber das ist es nicht nur! Ich ... wie soll ich dir das erklären ... tauche in eine andere Welt ein."

„Um in eine andere Welt einzutauchen, brauche ich gar keinen Computer", erwidert Fatima darauf. „Ich muss nur über unsere Hauptstraße in Hurghada gehen."

„Du meinst zur Strandseite, wo die Hotels stehen? Was ist daran so anders? Hurghada ist doch wie viele Urlaubsorte."

„Sagst du. In den Augen unserer strenggläubigen Imame und Männer lodert dort am Strand aber die Hölle. Davor muss man seine Familie schützen: Wir dürfen dort nicht hingehen. Auch nicht mit männlicher Begleitung. Nicht einmal ansehen dürfen Frauen und Kinder das, wir könnten uns ja mit der Unzucht da infizieren! Die meisten Männer jedoch gehen im Strandviertel ein und aus. Es gibt nur ganz wenige Orte, die für beide Welten zugänglich sind, etwa der öffentliche Strand in Hurghada. Aber weil auch westliche Jugendliche in lockerer Badekleidung dort hingehen, wurde uns verboten zu schwimmen. Nur in dem hinteren Bereich und nur unter Aufsicht von Männern oder Brüdern dürfen wir dort gegen Abend eine Stunde ins Wasser gehen. Im Burkini oder, bevor es den gab, in große schwarze Umhänge gehüllt."

„Da sind sie bei uns in Indien etwas lockerer."

„Ich habe mir auch schon etwas vorgenommen."

„Und zwar?"

„Ich will wie westliche Frauen allein an den öffentlichen Strand gehen, meine Kleidung ablegen und in einem Bikini schwimmen gehen."
„O Ganesha, da wär ich zu gern dabei."
„Aber jetzt kommt die 5000-Dollar-Frage: Wie kommt man als anständige Muslima an einen Bikini?"

18./19. März – zeitgleich in Cancún

Ellen und Mark haben sich aus dem Hotel geschlichen. Ellen hatte beim Abendessen eine Andeutung über diesen verrückten Club gemacht, den sie bei einem Spaziergang im Ort entdeckt hat. Daraufhin hat Mark geantwortet: „Wenn der so verrückt ist, müsste man sich ihn eigentlich einmal anschauen. Zu Studienzwecken sozusagen. Sollten natürlich nur Geschulte tun."
„Du meinst nur du und ich?"
Wie schnell sie ist, denkt Mark immer wieder. Und wie klug. Und so verdammt gutaussehend. Und ihr Lächeln. Sie ist fast genauso groß wie er, doch mit Absätzen überragt sie ihn sogar ein bisschen. Egal. Er muss es sich eingestehen: Er ist verliebt.
Am Eingang des Mandala-Club hat sich bereits eine Menschentraube gebildet, und Mark will sich wohlerzogen hintenanstellen: „So macht man das doch vor Clubs!"
„Aber nicht hier in Mechico!", sagt Ellen und nimmt ihn bei der Hand. Von einer Art einheimischem Guide werden sie durch die Menge geschleust, müssen ordentlich Eintritt zahlen und bekommen weiße Bänder um das rechte Handgelenk gewickelt, auf denen steht: Mandala – all free!
Und schon umgibt sie eine samtene Hülle aus Lichtgewittern und Musikklängen, die mit jedem Schritt lauter wird. Bis sie den Dancefloor erreichen. Hier ist die Musik so laut, dass sie sich nur

noch mit Zeichen oder Schreien verständigen können. Sie ergattern einen runden Tisch mit zwei Hockern und Ellen ordert ohne zu zögern Tequila Sunrise. Der wird in neongelben Gläsern mit neonroten Strohalmen serviert und schmeckt Mark einfach teuflisch gut. Nach dem dritten oder vierten kräftigen Schluck beginnt er, die Umgebung zu betrachten: Die Wände bilden eine Art Panoramaleinwand auf die ständig neu kombinierte Zeichen projiziert werden, die Hieroglyphen ähneln. Das Ganze geschieht im Takt der suggestiv wummernden Musik.

Mark reißt sich von den Pseudohieroglyphen los und blickt auf Ellen. Ich ... bin ... hier ... mit ... dieser ... Frau ... sein Hirn will oder kann diese Information einfach nicht richtig zulassen!

18./19. März – über dem Atlantik

„Aber bei all diesen Spielen bist du nie du selbst – oder?"
„Nein, natürlich nicht! Deshalb wird man ja Gamer – weil man sich eine Rolle aussuchen kann. Und nicht ein für allemal in eine einzige Rolle gepresst wird. Ich suche mir selbst die Welt und die Rolle aus, die mir gefällt. So wie in *LoL* – eine Welt voller Überraschungen. Du weißt nie, welche Gefahren auf dem gewählten Lane warten."
„Lane?"
„Dem Weg zum gegnerischen Lager. Du weißt nie, in welcher Gestalt deine Gegner dir gegenübertreten werden. Ständig gibt es neue Champions mit neuen magischen Fähigkeiten. Auch wenn das alles auch nur auf dem Bildschirm existiert – für mich ist es mehr als das. Es dauert nur ein paar Momente, dann bin ich nicht mehr Nihar."
„Geht es dem realen Nihar denn so schlecht?" Fatimas Stimme klingt bei der Frage ganz sanft.

Später wird Nihar beim besten Willen nicht mehr wissen, warum er in diesem Moment so eingeknickt ist. Und so offenherzig, so verletzbar antwortete: „In einem Moment fühle ich mich allen überlegen. Aber schon kurz darauf will ich durch einen kleinen Spalt im Fußboden versinken. Nihar – der kleine verhätschelte Brahmanensohn aus Bangalore, der in einer Gated Community wohnt und auf ein Internat geht. Der, seit er denken kann, davor gewarnt wird, wie gefährlich das Leben da draußen ist. Im Game werde ich zu einem Kämpfer, ich suche mir immer die Kämpferrollen aus. Da kann mir niemand was. Egal, in welch aussichtslose Lage ich gerate, ich reagiere gelassen, schnell, eiskalt. Du muss konsequent sein, bis zum Schluss, erbarmungslos. Das sitzt irgendwo tief in mir drin – und fühlt sich gut an. Das ist der andere Nihar, der Unbeirrbare. Hey Bruder, sagen meine Mitkämpfer, das ist normal. Nur im Game bist du groß – und nur, wenn du gewinnst. Gewinnen ist alles! Deshalb lasse ich mich auch so ungern vertreten."

„Vertreten?"

„Ja, ich habe einen Typ an der Hand, der fast so gut gamed wie ich. Der vertritt mich, wenn ich mal wieder zu irgendwelchen Familienfesten muss. Die dauern bei uns nämlich Tage. Am schlimmsten sind Hochzeiten. Bevor wir unsere Handys am Zócalo ausgeschaltet haben, habe ich ihm auch noch schnell eine SMS zugeschickt. Dass er mich vertreten soll – mein Mogli."

„So einfach geht das? Nur auf Zuruf lässt der alles für dich stehen und liegen?"

„Ist doch eine Ehre für einen Dalit! Außerdem bekommt er auch Geld dafür!"

„Ein Dalit?"

„Ein Unberührbarer! Aber keine Sorge, mein Mogli kommt nicht aus der untersten Kaste."

18./19. März – zeitgleich in Cancún

Im Mandala-Club sind Ellen und Mark inzwischen bei ihrem dritten Tequila Sunrise.

„Alles deutet daraufhin, wir spüren es doch alle", schreit Ellen zu Mark hinüber. „Die Welt wird sich verändern. Nur wie? Und in welchem Tempo?"

Die Musik wechselt abrupt zu Trance, was Mark nicht entgeht. Während sich vor seinen Augen die Grenzen verwischen, hat er den Eindruck, dass er in die Leinwand mit ihren pausenlos wechselnden Hieroglyphen eindringen kann. Wollen die Zeichen ihm etwas mitteilen …

„Wir müssen vielleicht in anderen Richtungen denken. Nicht nur immer auf Zahlen und die Wirtschaft schielen", quellen die Worte wie von selbst aus seinem Mund. „Vielleicht brauchen wir Visionen, Ekstase. Das hier, das ist super geil! Das ist psychedelische Musik!" Sein Körper wippt zum Takt der Klänge. „Ich kenne diese Richtung aus den 1960ern und 70ern – meine Lieblingsmusik. Iron Butterfly mit In-A-Daga … nein … In-A-Gagga-Dada … Verflucht! Der Titel ist ja auch gaga. Aber saugut!" Mark verdreht entzückt die Augen.

Da streckt Ellen sich Mark entgegen und spricht direkt in sein linkes Ohr: „Mark, das hier ist kein Hippiefestival! Ich glaube, du bist nur einfach etwas betrunken. Guck dich mal um: Das ist Kultur-Kapitalismus in seiner reinsten Form! Die dröhnende Musik, die Wahnsinnsbeleuchtung, die fetten Drinks – sie setzen einfach alles ein, was wirkt. Kennt ihr sowas in Hamburg nicht? Ich dachte, da geht es hoch her. Reeperbahn und so weiter."

„Da gehn wir Einheimischen nicht hin. Is' für Touris! Wahrscheinlich gibt's auch bei uns n' paar Clubs, in denen es so zugeht. Aber da lassen die Türsteher mich gar nicht erst rein!"

„Lass uns lieber gehen!" Ellen fast Mark beim Handgelenk.
„Gehen? Es geht doch erst richtig los!" Mark versucht Ellens Hand abzuschütteln.
„Nichts geht los, Mark. Sie haben dich nur am Haken! Komm, ich will mit dir allein am Strand sein!"
Genau das hat sie gesagt, würde sich Mark später immer wieder in Erinnerung rufen. Hatte sie das wirklich gesagt?

18./19. März – über dem Atlantik

„Meine Eltern denken immer noch, sie könnten mitten im Klimawandel, nach der Coronakrise so weiter machen wie bisher!", ereifert sich Fatima. „Mit den Touristen das große Geld verdienen."
„Auch meine Eltern, deren Freunde und Bekannte wollen mindestens weitermachen!", urteilt Nihar. „Aber eigentlich rechnen sie damit, dass es weiter steil aufwärts geht. Noch mehr Konsum, noch mehr Luxus – mit 45 in Rente! Ja, warum denn nicht? Dabei reißt sich mein Vater sowieso kein Bein aus. Er leitet ein Callcenter für US-Firmen, die Arbeit machen andere."
„Und mein Vater ist eine Art Manager in einem der großen Hotels direkt am Strand. Verkehrt mit den ganzen Westlern, aber seine Familie soll in der Steinzeit leben! Meine Mutter ist schon wieder schwanger, dabei sind wir schon fünf Geschwister. Aber als ich das Wort Verhütung beim Essen in die Runde warf, da hättest du mal dabei sein sollen! Mein Vater hätte sich am liebsten auf mich gestürzt."
„Ach", antwortet Nihar mit einer wegwerfenden Handbewegung. „Die meisten Menschen können keine Verantwortung übernehmen. Sie verhalten sich wie kleine Ameisen und folgen den gewohnten Bahnen. Dazu kommt noch: Die große Mehrheit der Inder ist einfach so ungebildet, das glaubst du nicht! Wenn du mit dem Zug durch Indien reist, brauchst du nur rausschauen. Die

Leute hocken am Bahndamm und winken dir zu. Während sie ihr Geschäft verrichten. Ganz ohne Scham."

„Vielleicht haben sie keine Toilette! Über vier Milliarden Menschen – das ist mehr als die Hälfte der Menschheit– haben keinen Zugang zu sanitären Einrichtungen."

„Ach, und wenn sie eine Toilette hätten, wäre die in einigen Wochen kaputt. Weil sie sich mit Schwung auf die Toilettenbrille stellen. Du musst mal hören, was mein Onkel alles über seine Mitarbeiter erzählt, er stellt auch Schudras und Dalits ein."

„Nihar, weißt du eigentlich, dass du gar nicht mit mir reden oder neben mir sitzen, ja, mir auf keinen Fall die Hand geben dürftest?"

„Und wer soll mir das verbieten, bitte schön?!"

„Deine eigenen Regeln, die deiner Kaste. Ich gehöre zu der untersten Schicht der ägyptischen Gesellschaft, nach euren Maßstäben zu den Unberührbaren. Unter uns sind nur noch die christlichen Müllsammler, die Zabbalins."

Das hat gesessen, Nihar zuckt zurück, als habe er einen kleinen Stromschlag bekommen.

„Mein Vater stammt nämlich aus einer Fellachenfamilie. Die Fellachen sind quasi die Ureinwohner des Landes, die Nachfolger der alten Ägypter." In ihrer Stimme schwingt ein wenig Stolz mit.

„Das ist doch aber eine vornehme Abstammung, würde ich mal sagen." Nihar entspannt sich wieder.

„Von wegen! Die Herrscherfamilien bei uns haben alle arabische Wurzeln, sie sind mit dem Islam nach Ägypten gekommen. Wie in Mechico die spanische, ist bei uns die arabische Herkunft der Schlüssel, um zum Kreis der Bessergestellten zu gehören."

„Aber das ist doch was anderes als bei uns in Indien. Die Kasten gibt es seit über zweitausend Jahren. Selbst Gandhi hat sie verteidigt und wusste, dass ein Kampf dagegen aussichtslos wäre. Außerdem stammte er selbst aus einer höheren Kaste."

„Aber verstehst du das denn nicht, solange nicht alle Menschen gleich sind, werden wir die Welt nicht retten können! Dann wird es immer wieder Menschen geben, die kommen und sagen: Wir sind wichtiger, wertvoller, wir brauchen Sonderrechte! Und dann bricht ein neuer Kampf um Macht und Ressourcen los."

„Mhmmm! Ich glaube, ich bin müde und sollte etwas schlafen."

Er schließt die Augen.

Fatima schaut wieder durch die extragroßen Fenster. Unter ihnen liegt der Atlantik. Es ist fast so, als könnte sie ihn riechen. Aber sehen kann sie ihn nicht, es ist einfach nur dunkel draußen. So stockfinster, wie es selbst in den meisten Länder Afrikas nicht mehr wird. Der Ozean unter ihnen übt dagegen mit seiner schweren kühlen Dunkelheit einen unheimlichen Sog auf sie aus. Tausende von Metern tief und quasi etagenweise bewohnt. Deshalb bilden die Weltmeere zusammen auch 95 Prozent des bewohnten Lebensraums auf diesem Planeten. Aller modernen Technik zum Trotz sind sie noch immer ein riesiges unerforschtes Areal, von dem die Menschen wenig wissen. Was sie nicht davon anhält, sie fortlaufend zu verschmutzen. Und zu vernichten. Vielleicht vernichten sie das maritime Leben ja, weil sie es nicht kennen und deshalb fürchten, fragt sich Fatima.

IV. Zurück in der Gegenwart: Weltverbesserer und Alltagstücken

*Man muss die Tatsachen kennen,
bevor man sie verdrehen kann.* Mark Twain

26. März – Deutschland, Hamburg-Barmbek

„Da hast du dir ja mal wieder was geleistet!" Seit einer Woche ist Mark zurück, und das war und blieb der einzige Kommentar seines Vaters zu seinem Mexikoaufenthalt. Ansonsten ärgerliche Blicke, wenn sie sich begegnen – sonst nichts.

Sein Vater ist Facharbeiter bei Airbus in der Endfertigung im Werk Finkenwerder und hat andere Sorgen, denn nach der Coronakrise steht wieder einmal die Zukunft der Flugzeugbauindustrie in Frage: Wie soll es weitergehen, wenn die Menschheit nicht mehr, sondern weniger fliegen will? Wenn von den Passagierflugzeugen der A320er Reihe, die sie hier endfertigen, nicht mehr, sondern immer weniger bestellt und gebaut werden? Ihr Vorzeigeprojekt, das Großraumflugzeug A380, wurde bereits zum Auslaufmodell erklärt. Von welchen Facharbeitern wird sich das Unternehmen als erstes trennen?

Zwei Tage nach Marks Rückkehr hat es wieder Krach gegeben zwischen ihm und seinem Sohn, denn er kennt dessen Einstellung zu seiner Arbeit und daran entzündet sich der eigentliche Krach immer wieder.

„Ihr wollt das Klima und die ganze Welt retten! So, so! Aber damit ihr aufs Gymnasium gehen könnt, wo man euch sowas beibringt, muss *ich* das nötige Kleingeld ranschaffen! Und das verdiene ich nun mal in einem Flugzeugwerk, übrigens einem der besten der Welt. Das ihr abschaffen wollt. Einfach so." Dabei schnipst er mit Daumen und Zeigefinger und funkelt seinen Sohn herausfordernd an.

Natürlich ist Mark wieder darauf eingestiegen und hat erklärt, dass sich etwas grundsätzlich ändern muss: „Euer Werk gibt es doch nur noch, weil es so fett vom Staat subventioniert wird. Ihr könntet auch Windräder bauen. Oder zumindest Flugzeuge, die mit Wasserstoff fliegen. Aber natürlich nicht mehr so viele. Vor der Coronakrise waren in jeder Minute des Tages über eine Millionen Menschen in der Luft. Die meisten nur, um irgendwo ein Wochenende am Strand abzuhängen oder shoppen zu gehen!"

Marks Vater ist rot angelaufen: „Wenn du so gut Bescheid weißt, dann bewirb dich doch in unserem Management. Die machen euch Weltverbesserern bestimmt Platz. Die sind ja anscheinend zu dumm für neue Konzepte!" Dabei tippt er sich auf die Stirn.

So geht es weiter mit den gegenseitigen Vorwürfen, bis sein Vater türenschlagend den Kampfplatz verlässt.

Kaum ist seine Wut verraucht, nimmt Mark sich vor, dass dies die letzte Debatte über dieses Thema gewesen sein muss. Obwohl er immer noch sauer auf seinen Vater ist: Damals, als er noch ganz klein war und für das Airbusgelände in Finkenwerder ein Ufer der Elbe aufgeschüttet werden musste, hatte Mark brav das Fähnchen von Papas Gewerkschaft geschwungen: Arbeitsplätze sind wichtiger als Umweltschutz! Diesen politischen Missbrauch eines Vierjährigen hat er seinem Vater im Grunde nie verziehen.

Außerdem fand er nach und nach heraus, dass viele Industriearbeitsplätze nur durch massive Subventionen von Seiten des Staates existieren, also letztlich des Steuerzahlers. Kein bisschen Marktwirtschaft liegt dieser Industriepolitik zugrunde! Damit konfrontierte er seinen Vater immer öfter, obwohl er wusste, dass der machtlos ist. Es muss sich ganz schnell auf der politischen Ebene etwas ändern, es reicht nicht einfach zu protestieren: Hört auf! Das ist unsere Zukunft, unser Planet! Dass es nicht so simpel ist, und dass man neue Wege aufzeigen muss, weiß Mark natürlich. Deshalb ist er für die Fridays-for-Future-Forderungen schon zu politikerfahren – dank seines Engagements bei der Schülermitverwaltung, dann bei den Jusos, bis er zur Grünen Jugend gewechselt ist. Doch auf die Grünen ist auch kein Verlass mehr, seit sie vor einigen Monaten begonnen haben, über eine Regierungskoalition Grün-Rot oder Schwarz-Grün zu diskutieren geht er nicht mehr zu ihren Sitzungen.

„Habt ihr denn aus Rot-Grün in den 1990er nichts gelernt?", hat er plötzlich in die letzte Debatte geschrien. „Wer hat denn den Finanzmarkt entscheidend liberalisiert? Wer hat mit Hartz IV und Minijobs die soziale Schere erweitert? Wer hat nichts gegen die Autolobby unternommen – mit Rücksicht auf den Autokanzler Schröder? Rot-Grün, Rot-Grün und nochmals Rot-Grün!"
Das ist doch Schnee von gestern, haben sie ihm empört geantwortet.

„Und das Missmanagement in der harten Zeit der Coronakrise? Wenn man daran denkt, kann man doch nur Sechsen verteilen – auch für die von Grünen und Linken geführten Bundesländer."
Das müsste man doch aufarbeiten! Klar, haben sie erwidert, aber nun ist Wahlkampf, da müsse man nach vorn schauen – ohne allerdings aus den Fehlern zu lernen! Er dagegen will genauer wissen, wie die Welt funktioniert, wie die kleinen Rädchen ineinandergreifen und dieses komplizierte System auf Spur halten oder entgleisen lassen. Nur so kann man vielleicht herausbekommen, wo man mit tiefgreifenden Veränderungen ansetzen muss.
Deshalb war er gegangen und hatte lieber einen Beitrag für das Internationale Schulprojekt *Together* verfasst: *Inkonsequenz und*

mangelnde Solidarität während der Coronakrise! Deshalb hatte er das GLOBALOPOLY-Projekt mitentwickelt. Doch wenn er jetzt daran denkt, gehen ihm mindestens vier Dinge gleichzeitig durch den Kopf: Wie hilflos und frustriert er sich bei dem Kongress gefühlt hat. Wie verwegen und ein klein wenig ängstlich er sich gefühlt hat, während ihrem Untertauchen bei Pedro. Wie aufregend die Fahrt durch das Mayaland war. Und dann ist da nur noch Ellen, Ellen, Ellen: dieses Gefühl zu schweben – zusammen mit Ellen durch die lauwarme Nacht.

Aber daneben gibt es noch etwas anderes: nämlich die Frage, ob er vielleicht alles falsch verstanden hat? Er würde ihr gern dazu schreiben. Aber was soll er ihr schreiben? Dass er in sie verliebt ist? Nein!

30. März – Ort und Zeitzone unbekannt

„Alle wieder wohlbehalten zurück. Aber sie nutzen den Chatroom zu wenig. Selbst ihre Smartphones nutzen sie viel weniger als vor der Reise. Sie melden sich kaum bei ihren alten Freunden – als wäre das alles bedeutungslos geworden. Sie sind irgendwie dabei, abzudriften. Sie brauchen dringend neue Aufgaben!"

02. April – USA, San Francisco Bay, Los Gatos

Ellen kommt es immer häufiger so vor, als wäre sie nie in Mexiko gewesen. Als wäre sie nie mit den anderen untergetaucht. Auf dem College, inmitten ihrer Schulclique hatte sie kaum die Hälfte ihrer Geschichte erzählt, da hielt es die hysterische Christina – ihre ewige Konkurrentin und angebliche Freundin – nicht mehr aus: „Das ist ja noch gar nichts. Gegen das, was mir in Florida beim Springbreak passiert ist. Ihr werdet es nicht glauben!"

Aber Ellen ist auch froh, überhaupt wieder eine Clique zu haben und nicht allein dazustehen wie ihre Schwester Vivien. Zu Hause war ihre Rückkehr fast gleichgültig behandelt worden. Einmal durfte sie erzählen, was sie erlebt hatte. Und dann brach schon der nervtötende Alltag wieder über sie herein: Wie sie Peters neue Freundin fand? Wo sie ihr Praktikum im Herbst absolvieren will? Die Firma ihres Vaters ist jetzt in der entscheidenden Phase, wie er nicht müde wird zu betonen: „Ganz groß werden oder untergehen! Das ist nun mal das Gesetz der IT-Ökonomie. Ich führe gerade die entscheidenden Verhandlungen mit einem großen Investor. Wenn der einsteigt ..."
Wie oft haben Ellen und ihre Geschwister das schon gehört: Wenn ich eine eigene Firma habe, wenn wir diese Anwendung groß herausbringen, wenn Apple uns diese Software abkauft, wenn, wenn, wenn ...
Sie ist schon auf 180, als sie eine Nachricht von Mark öffnet.

Hey Ellen, ich muss dauernd an dich denken. Hier bei uns ist es immer noch kalt. Und die Schule langweilig wie eh und je. Na, und was macht man so under California sun: Surfen oder am Swimming-Pool sitzen und neue Ideen ausbrüten ...?

Hi Mark, Von wegen California sun! Shit, shittibang! Wenn die Leute hören: Jemand wohnt im Silicon Valley, in der San Francisco-Bay-Area, dann fangen sie gleich an zu träumen: Sonne, weite Strände und durchtrainierte Surfer, die nebenher die weltbesten Programmierer sind. Oder umgekehrt. Überall Easy Living und Big Money.
Aber es ist ganz anders. Wir haben hier keinen Dauersommer, den gibt es nur in Florida. Wir haben hier

auch keine Strände, es gibt nur Steilküste mit einem sehr rauen Pazifik. Das Silicon Valley ist nicht einmal ein Tal, sondern nur eine Region am südlichen Ende der San Francisco Bay. Wir leben hier am Rande von Los Gatos, einem kleinen Nachbarort von San José, dem Zentrum von Silicon Valley. Hier haben die Häuser keine Swimmingpools. Wir haben kaum öffentliche Verkehrsmittel. Ich muss einen längeren Weg zu Fuß gehen, um einen Busstop zu erreichen. Und dann geht es mit Umsteigen zum College. Von wegen wir werden an der Haustür vom gelben Schulbus abgeholt. Unsere Community ist arm — trotz der ganzen IT-Riesen.
Damit die Firma meines Vaters groß werden kann, muss sich die ganze Familie zusammenreißen und auf vieles verzichten. Komisch, wo er doch in Cancún noch mit Geld um sich geworfen hat.
So sieht mein California sunlife aus.
Außerdem vermisse ich meine Mam …
Shit — und wie sagt man bei euch: Tschuss!

Vor zwei Jahren war das Unglück mehrfach über Ellens Familie hereingebrochen: Ihr Vater hatte gegen alle Widerstände der übrigen Familienmitglieder seinen tierisch gut bezahlten Job bei Google gekündigt, um sich selbstständig zu machen.
„Ich bin Anfang 40 – da gehöre ich zu den Silberrücken in der Firma", hatte er eines Tages beim Abendessen verkündet. „Jetzt ist meine letzte Chance, den Absprung zu schaffen und etwas Eigenes zu entwickeln. Ich habe da ein Projekt im Auge und zwei sehr kompetente Kollegen, die mit einsteigen wollen."
Das hieß: Sie mussten umziehen. Von Frisco in diese Trabanten-

stadt am Rande von Los Gatos, denn die Situation in der Bay ist fatal: Die Leute, die in den Start-ups in den Bürogebäuden von Frisco arbeiten, können sich dort keine Wohnung leisten. Die Miete für eine Zwei- bis Dreizimmerwohnung kann leicht an die 4000 Dollar betragen, für ein kleines Reihenhäuschen schon mal 8000 Dollar im Monat. Das können sich nur Mitarbeiter von Google und Co. leisten, die über sechsstellige Jahresgehälter verfügen – und kaum Zeit haben, ihr Geld auszugeben. Doch die arbeiten bei den großen IT-Firmen, die es sich in der südlichen Bay-Area eingerichtet haben: Apple, Google, Facebook ... die Start-up-Leute dagegen ziehen in irgendwelche gesichtslosen Wohnstädte in der Bay.

Und so befindet sich die Mehrheit der arbeitenden Bevölkerung auf Völkerwanderung – die einen wollen nach Frisco rein, die anderen raus. Und das vor allem auf zwei Verkehrswegen: einem Highway aus den 1960er Jahren und einer 150 Jahre alten Eisenbahnlinie, deren Züge teilweise noch immer von stinkenden Diesellokomotiven gezogen werden.

Darüber hatte Ellen ein empörtes Referat in ihrem College gehalten – genauer gesagt zwei: einmal in ihrem alten und dann noch einmal als Einstieg in ihrem neuen College. Damit gleich alle sehen konnten, dass sie nicht das hübsche rothaarige Girl ist, das Cheerleader oder Model werden will. Sie hatte den Beitrag auch für das Internationale Schulprojekt *Together* eingereicht – und war zu ihrer Überraschung ausgewählt worden.

Für ihre Familie war der Umzug hart: Vorher hatten sie auf großem Fuß gelebt, nun wurde alles Geld in die Firma gesteckt. Wohltaten gab es immer nur für andere. Am meisten litt darunter wohl ihre Mam, was jedoch alle erst merkten, als sie schon schwer krank war. Bis dahin hatten Ellen, ihre Schwester Vivien und ihr Bruder Peter ihr das Leben zur Hölle gemacht – wie sie später bitter zugaben.

Ihren Vater sahen sie kaum, meistens schlief er im Büro. „Die weite nervige Anfahrt! Die raubt zuviel Kraft und Zeit!" Nach dem Tod ihrer Mutter hatte sich eine Art dunkler Schatten in Form von Sprachlosigkeit über die Familie gelegt. Auch wegen der finanziellen Sorgen. Und deshalb war Ellen ziemlich überrascht, als ihr Vater ihrer Projektgruppe die Reise durch Mexiko stiftete. Bei sich dachte sie, dass das wohl auch seine Entschuldigung war, weil er ihr heimlich dieses Device ins Handy eingebaut hatte.

Inzwischen scheint ihr Projekt jedoch Galaxien entfernt zu sein. Es fällt ihr schwer, wieder in die Welt von GLOBALOPOLY einzutauchen. Ihr Vater hatte ihnen, wie angekündigt, einen Chatroom eingerichtet. Doch nachdem die vier sich anfangs noch häufig ausgetauscht hatten, wurde es immer ruhiger. Eine gewisse Enttäuschung hatte sich breit gemacht. Nur mit Mark tauscht sie immer wieder Gedanken aus.

Hi Mark, are you there?
- Hi Ellen, für dich immer!
- Was machst du?
- Über die Verbesserung der Welt nachdenken und mich über meinen Vater ärgern.
— Warum können die Menschen nicht akzeptieren, dass wir etwas Außergewöhnliches getan haben?
— Vielleicht aus dem gleichen Grund, warum sie nicht akzeptieren können, dass wir alle in einer entscheidenden Wendezeit leben?
— Du meinst den Anfang der Klimakrise, einer neuen Apokalypse?
— Ja, eine Situation wie sie in vielen Geschichten erzählt wird, die die Leute gern hören: in der Bibel oder im Gilgamesch-Epos. Worüber sie gern lesen.

– Worüber sie noch lieber Filme und Serien gucken.
Aber für ihren Alltag wollen sie Normalität.
– Ihre privilegierte Normalität natürlich, nicht die der Mehrheit auf unserem Planeten.
– Ihre Normalität: Alles kriegen, wonach sie sich sehnen. So war ich auch einmal: Ich wollte reich und berühmt werden ... bis meine Mutter starb. Braucht man erst einen starken Verlust, um sehend zu werden?
– Ich hoffe nicht. Manchmal reicht es einfach, genau sehen zu wollen.

Und auch Fatima meldet sich hin und wieder, sehr engagiert. Ellen vermutet, weil sie mit ihren Ansichten in ihrer Heimat so isoliert dasteht.

Salemaleikum, meine Freunde,
ich erstelle gerade eine Karte mit den unsichtbaren Grenzen meiner Heimatstadt und wer wohin darf.
Außerdem betreibe ich mit meiner Freundin Shayma eine Art Feldforschung am Strand ... Ergebnisse teile ich euch demnächst mit. Wann findet endlich eines von unseren Expertentreffen statt?
Yalla yalla, Fatima

05. April – Ägypten, Hurghada, im nördlichen alten Stadtkern

Jeden Tag läuft Fatima von ihrem Wohnviertel zur International School of Hurghada entlang einer vierspurigen Straße – der Hurghada Al Ismaileya. Mehr und mehr ist ihr in den letzten Monaten klar geworden, dass sie sich dabei entlang einer unsichtbaren Grenze bewegt – in vielerlei Hinsicht. Die El Nasr Road und die Hurghada Al Ismaileya durchschneiden die Stadt wie ein Messer in drei Teile. Meerwärts befinden sich die Touristenanlagen und

-geschäfte. Ganz vorn am Strand die Luxushotels, in der zweiten Reihe die etwas einfacheren Hotels für die vielen Pauschaltouristen aus Deutschland, Großbritannien und Russland. Sie weiß, wie es dort zugeht, weil ihr Vater in einem dieser Hotels arbeitet. Zwischen der El Nasr Road und der Hurghada Al Ismaileya befindet sich der gemischte Bereich: Hostels für Rucksacktouristen, Restaurants, Supermärkte, Bars und Internetcafés. Und der Basar rund um den El Dahar Square, wohin die ausländischen Touristen strömen wegen des orientalischen Flairs. Was auch immer sie darunter verstehen, vielleicht nur um mit einem Schnappschuss zu beweisen: Sie waren im Orient und haben ein Schnäppchen ergattert. Hah! Dabei erwerben sie ihre Mitbringsel in Geschäften, die extra für Touristen eingerichtet worden sind. Die Händler dort beherrschen ein paar Redewendungen in allen Touristensprachen und ziehen die Käufer über den Tisch. Alles mickrige Halsabschneider, kein Ägypter würde da einen Fuß hineinsetzen.

Das eigentliche muslimische Viertel jenseits der Hurghada Al Ismaileya übersehen die Kuffār, die Ungläubigen – wie die Ägypter sie unter sich nennen. Die meisten Rechtgläubigen müssen allerdings in den Kuffār-Hotels arbeiten – zu Niedrigstlöhnen: als Zimmermädchen, Gärtner und Putzhilfen, in der Küche oder als Kellner. Wenige wie ihr Vater haben eine leitende Stelle. Und deshalb können sie sich auch eine große Wohnung leisten mit genug Platz für ihre Familie: Großmutter, Eltern und die fünf Kinder. Hier sind sie in einer streng islamischen Welt aufgewachsen – nur zwei Steinwürfe entfernt vom Strand!

Fatima war schon immer rebellischer als ihre Geschwister. Und schon in der öffentlichen Grundschule bekam sie eine Lehrerin, die nur draußen Kopftuch trug und es im Unterricht abnahm. Die stammte aus Alexandria, und dort sind die Menschen etwas westlicher orientiert.

Sie war es auch, die den anderen Schülerinnen von der Arabellion erzählt hatte – dem Aufstand gegen die verkrusteten Machtverhältnisse. Es war eine aufregende Zeit, aber letztlich hat sie für Ägypten wenig gebracht. „Nur die politischen Eliten haben sich ausgetauscht: Auf Mubarak folgte Mursi und seine Getreuen. Und auf Mursi folgte Abd al-Fattah as-Sisi mit seinen Getreuen", so ihre Lehrerin. Jedenfalls erkannte dieses Lehrerin Fatimas Begabung und empfahl sie für die Internationale Schule, auf die Fatima nun seit gut sechs Jahren geht – mit einem Stipendium. Dort gehen vor allem die Kinder von europäischen Einwanderern hin, die sich hier eine Existenz als Tourismusmanager, Sportanimateure oder Tauchlehrer aufgebaut haben.

Ihre Eltern und ihre Großmutter befürchteten das Schlimmste, doch es war Fatimas unbedingter Wille, dort hinzugehen. Und es geschah nicht das, was ihre Eltern und Großeltern befürchtet hatten. Fatima verwandelte sich nicht in ein westliches Girl, das in Minirock durch die Straßen läuft. Im Gegenteil, sie begann sich wieder traditioneller zu kleiden: Mit Kopftuch und einem Wickelrock über der Jeans. „Ich will nicht einfach eine der unzähligen Frauen sein, die sich billig den Männerblicken anbieten," erklärte sie ihrer Freundin Shayma. Was Fatima tatsächlich von allen anderen unterscheidet, ist unsichtbar: Ein so intensiver Freiheitswunsch, der manchmal sogar körperlich wehtut. Sie will allein über sich, ihren Körper, ihre Kleidung und ihre Zukunft entscheiden.

Aber dazu muss es erst einmal eine Zukunft geben. Und deshalb hat sie mit Shayma eine Fridays-for-Future-Demo angeregt. Von der Schule aus zogen ein Dutzend Jugendliche durch die El Nasr Road, an den Strandhotels vorbei, wo sie von einigen Touristen mit ihren Smartphones aufgenommen wurden. Nach 15 Minuten kam die Polizei und brachte sie alle zur Polizeiwache, wo sie den Eltern übergeben wurden.

Allerdings landeten einige der Touristenaufnahmen im Internet; Fatima wurde in ihrer Heimatstadt eine kleine Berühmtheit. Während ihr Vater vor Wut schäumte, empfahl ihre neue Klassenlehrerin sie daraufhin für das Internationale Schulprojekt *Together* …

```
Yalla yalla, wann kommt endlich eines von unseren
Expertentreffen? Salām Fatima
```
Diese Frage hat sie nun schon fünf oder sechs Mal in ihrem Chatroom gestellt – bis sich da etwas bewegt, wird sie sich dem Projekt Bikini widmen. Sie hat mit Shayma schon einen Plan ausgearbeitet, wie sie das sündige Kleidungsstück in einer der Boutiquen am Strand anprobieren und erwerben kann. Dazu werden sie mit dem Bus ein ganzes Stück die Küste hinunterfahren. Schließlich erstreckt sich die Siedlung Hurghada inzwischen rund 30 km entlang dem Roten Meer.

08. April – Ort und Zeitzone unbekannt

„Hallo, wie geht's – was macht die werte Familie."
„Alle gesund und zufrieden. Und bei Ihnen?"
„Auch alles im grünen Bereich. Was die Familie angeht. Aber wenn ich auf die Aktienkurse schaue, wird mir ganz mau. Und was macht das Projekt?"
„Sie sind auf dem richtigen Kurs. Sie haben die Regeln für GLOBALOPOLY entwickelt und schnell erkannt: Es lässt sich schlecht spielen und hat keinen weitergehenden pädagogischen Wert sozusagen. Jetzt dämmert ihnen, dass sie sich neu ausrichten müssen."
„Ja, gut … schön. Aber das geht eindeutig zu langsam! Wir brauchen Resultate. Ich habe schon ernsthafte Interessenten."
„Das lässt sich nicht beschleunigen. Wir wollen ja schließlich beobachten, wie der Prozess in Gang kommt."

„Beobachten, beobachten!"
„Das Forschungsprogramm verlangt aber ausdrücklich nur: beobachten, nicht eingreifen. Keine Manipulationen."
„Sie sollen ja auch nicht manipulieren – ist auch ein ganz scheußliches Wort. Nur ein klein wenig ... ähm ... die Prozesse beschleunigen. Ja, so würde ich das nennen: Die Prozesse, die sowieso ablaufen würden, ein wenig beschleunigen. Können Sie das einfach mal versuchen?"
„Ich werde sehen ..."
„Das klingt doch schon mal ganz gut."

11. April – Indien, Bangalore, Sunny Brooks Community

Seit einigen Tagen fährt Nihar seinen superschnellen PC nur noch hoch, um sich einen Nachrichtenüberblick zu verschaffen und ein paar YouTube-Videos anzuschauen. Ansonsten chattet er mit ihrem mexikanischen Bodyguard und Freund Jo über WhatsApp.
– Hi Jo, hier Ni – Time for talk?
Meistens hat Jo Zeit, weil er irgendwo in Mexiko in seinem Van sitzt und auf seine Kunden warten muss.
– Jipp! Raus mit dem dicken Onkel! Wo klemmt's? Wo brennts bei dir? Ich bin über 10 000 km entfernt, du kannst mir also alles beichten.
Doch gleichzeitig denkt Jo: Tja, so ganz sicher sind deine Geheimnisse bei mir leider auch nicht! Aber aus Nihar strömte es wie bei einem Dammbruch:
– Ich hab keinen Bock mehr aufs Gamen!
– Bist du krank?
– Nein, alles okay! Wir werden ja jeden Monat vom Schularzt gecheckt.

– Nobel! Was ist es dann?
– Kann ich besser per Phone erzählen.
Und dann hat er bei Jo angerufen: „Als ich zurückkam, hatte ich einen Wahnsinnsjetlag. Ich konnte nicht schlafen, habe mehrere Nächte hintereinander durchgespielt. *League of Legends*, und wenn eine Partie vorbei war, habe ich mich ins Rollenspiel eingeklickt. Bis das nächste Championspiel startete. Doch nach einigen Nächten war es einfach vorbei. Knall, bumm – von jetzt auf gleich. Das mir, wo ich immer dachte, ein Leben ohne Game ist eine endlose Folter. Aber ich finde einfach alles am Gamen nur noch idiotisch. Alles Hallā–gullā!"
„Hallā–gullā?"
„Affentheater! Wie die Spiele aufgebaut sind, diese Comickulissen. Und die Champions erst: Sehen aus als hätte Gozilla mit Superman und der bösen Kali einen Klon geschaffen. Mit ihren Superkräften! Das ist doch alles nur Fantasy! Ohne echtes Leben! Und dann habe ich mich umgeschaut. Auch meine ganze Umgebung ist Fantasy: Ich wohne in einer künstlichen ummauerten Welt – mitten in einem Kontinent des Chaos! Was soll das? So geht das nicht weiter. Schon mein Name: Nihar! Weißt du, was das bedeutet?"
„Nein"
„Das heißt: süßer Morgentau. So heißt doch kein richtiger Kerl! Abé! Shit!"
„Schlimm! Und weißt du schon, was du nun tun willst?"
„Ja, ein richtiger Mann werden. So wie du!"
„So wie ich? Ich muss den ganzen Tag tun, was andere mir befehlen. Zum Beispiel stundenlang im Auto sitzen, nur um den Moment nicht zu verpassen, wenn so ein Anzugheini ins Hotel zurückwill!"
„Das mein ich nicht."
„Ich glaube, ich verstehe, was du meinst. Lass uns das Gespräch

morgen weiterführen. Wenn man vom Anzugteufel spricht … Hasta la vista, Ni!"

13. April – USA, San José, in Steves Firma

Vor zwei Wochen hat Steve seinen Mitarbeiter Bernie, der eigentlich Lehrer ist, mit der Expertensuche beauftragt.

„Also unter Berücksichtigung des jeweiligen Wissens- und Wahrnehmungsprofils der vier habe ich die passenden Experten gefunden", erklärt dieser beim Meeting.

„Du hast hoffentlich auch die Kostenfrage berücksichtigt?"

„Ja, ich habe die passenden, beinahe weltbesten Experten ausfindig gemacht, die alle jeweils ganz in der Nähe unserer Gruppenmitglieder leben oder sich zurzeit dort aufhalten."

Er projiziert das Ergebnis von seinem Laptop an die Wand.

„Den scheinbaren Alleswisser Mark sollten wir zu dem angesagtesten Trendforscher in Deutschland schicken, der allen Untergangsprognosen widerspricht. Mal schauen wie Mark sich da schlägt."

„Okay!"

„Fatima dagegen soll eine ägyptische Entwicklungsexpertin in Kairo besuchen, die einen nur allzu nüchternen Blick auf die Zukunft der Welt und insbesondere auf die Afrikas wirft. Nihar soll einen berühmten indischen Mathematiker interviewen, der Modelle über künftige gesellschaftliche Entwicklungen entwirft. Deine Tochter schließlich soll sich bei einem amerikanischen Risikoforscher schlaumachen. Sie hat damals während ihres Praktikums mehrmals gefragt: Wer bestimmt überhaupt heutzutage, was ein Risiko ist? Soll sie es doch herausfinden. Außerdem gilt der Typ als notorischer Besserwisser."

„Umso besser! Hört sich alles gut an, vor allem auch von der Kostenseite. Die Kosten dürfen nicht explodieren. Der Yucatán-

Trip war schon teuer genug. Wir sind jetzt in so einer sensiblen Phase ..."

16. April – Hamburg, Hafencity

Okji!, denkt Mark, als er vor dem Bürogebäude eintrifft, in dem das Büro des Zukunftsforschers liegt. Einer der langgestreckten, supermodernen, nur fünfstöckigen Bürokomplexe, die eine spektakuläre Aussicht auf einen Teil des Hafens bieten. Hier befinden sich auch die Redaktionen großer deutscher Medien und der Kreativwirtschaft.

Von Zukunftsprognosen kann man anscheinend gut leben, urteilt Mark, als er die Eingangshalle betritt und sich beim Pförtner anmeldet. Der gläserne Fahrstuhl bringt ihn in den dritten Stock, wo ein zur zentralen Halle hin offener Korridor zu einer großen Glastür führt, hinter der sich das Büro des Zukunftsforschers befindet. Der Typ kommt Mark älter vor, als er vermutet hat. Er hat seinen Haarkranz auf Stoppellänge getrimmt und ist sportlich gekleidet. Er lächelt und hält Mark den Ellbogen zum Gruß hin. „Hallo Mark, schön, dass ich dich endlich kennenlerne. Ich habe schon einiges von eurem GLOBALOPOLY-Spiel gehört und bin ganz neugierig. Möchtest du etwas trinken?"

Dann lässt er sich ausführlich über das Spiel berichten, macht sich sogar ein paar Notizen. Irgendwann in seiner Erklärung nutzt Mark das Wort Risikogesellschaft.

„Haah!", unterbricht ihn der Trendforscher. „Immer wieder und überall Ulrich Beck mit seiner Risikogesellschaft. Der hat die ganze Diskussion versaut! Er hat den Rahmen gesetzt. Risiko bedeutet jetzt nicht mehr Chance oder Wagnis, nein, es wird jetzt mit Angst und Gefahr gleichgesetzt!"

Dann lächelte er und sagt in freundlichstem Ton: „Was würdest du davon halten, wenn ich dir beweise, dass die Welt gar nicht untergeht? Jedenfalls nicht in den wichtigsten Trends. Und daran hat auch die Coronakrise wenig geändert, was zeigt, wie stabil unsere globale Weltgesellschaft funktioniert. So gut wie alle Lebensumstände haben sich verbessert: Wusstest du, dass die Menge an Öl, das von Tankern ins Meer gelangt – ob durch Unfälle oder Ablassen – von 636 000 Tonnen im Jahr 1979 auf nur noch sechs Tonnen im Jahr 2016 gesunken ist?"

„Ja, wegen neuer internationaler Vorschriften", wirft Mark ein.

„Die auch eingehalten werden, was ja nicht selbstverständlich ist. Oder nehmen wir den Wohlstand: Der breitet sich unaufhaltsam aus. Vom Jahr 1800 bis heute hat sich das mittlere Pro-Kopf-Einkommen der Menschheit um das Neunfache gesteigert – und das, obwohl die Menschheit in dieser Zeit um das Sechsfache gewachsen ist."

„Das heißt der Gesamtreichtum ist um das 54-fache gestiegen?" Mark ist gut im Kopfrechnen.

„Genau. Ich sehe, du kennst dich mit Zahlen aus. Oder nehmen wir die Ernährung: Der Anteil der unterernährten Menschen ist in den letzten 50 Jahren von 28 auf 11 Prozent gesunken. Der Hunger ist noch nicht besiegt, aber immerhin – wir sind auf dem richtigen Weg. Noch besser sieht es bei der Gesundheit aus: Die Sterblichkeit von Kindern bis zum 5. Lebensjahr ist von 40 Prozent um 1900 auf unter 4 Prozent heute gesunken. Was unter anderem daran liegt, dass über 80 Prozent der über Einjährigen gegen die aggressivsten Krankheiten geimpft sind. Bis vor Corona ging sogar die Zahl der an Malaria Erkrankten kontinuierlich zurück."

„Aber Corona etc.!" Mark sieht endlich die Möglichkeit zu kontern. „Die Katastrophen nehmen doch dramatisch zu: Dürren, Stürme, Überschwemmungen …"

„Ja, die Zahl der Naturkatastrophen …"

Mark schüttelt heftig den Kopf.

„… oder eben auch von Menschen verursachte Naturkatastrophen nehmen zu. Das stimmt schon. Aber die Menschheit kann inzwischen besser damit umgehen. Nehmen wir euer Lieblingsthema, die Risiken: Das Risiko, durch eine Naturkatastrophe, Hunger oder Krieg zu sterben war noch nie so gering wie heute. So hat sich die Zahl der Katastrophentoten seit den 1930er Jahren auf ein Zehntel reduziert, obwohl die Weltbevölkerung stark gewachsen ist. Ähnlich sieht die Entwicklung bei den Kriegstoten seit Ende des Zweiten Weltkrieges aus."

Wieder zeigte er Mark ein paar sich abflachende Kurven an seinem RiesenMac. Mark spürte eine unerklärliche Wut in sich aufsteigen.

„Auch bei der Verhinderung und Heilung von Krankheiten steht die Welt so gut da wie nie zuvor. Die Pocken sind seit 1979 ausgerottet. Und selbst die HIV-Infektionen gehen kontinuierlich zurück."

„Hmmh!" Mark ist völlig perplex.

Als einzige Antwort fällt ihm ein: „Wie jetzt!? Liegen etwa alle Kritiker eines grenzenlosen Wachstums, alle Warner vor dem Klimawandel falsch?"

„Nein, natürlich nicht." Der Trendforscher zieht die Stirn in Falten. „Es gibt Gefahren, große sogar. Aber wenn man nur darauf schaut, kommt man zu einem falschen Gesamturteil. Die Menschen nehmen nur die negativen Parameter ins Visier, doch damit wird man der Situation nicht gerecht. Das hat übrigens auch mein Freund, der Schwede Hans Rosling, geschrieben. In seinem Bestseller *Factfulness – Wie wir lernen, die Welt so zu sehen, wie sie wirklich ist* beschreibt er eindrucksvoll, welche Fehler wir in der Regel machen, wenn wir die Entwicklung der Menschheit betrachten. Solltest du unbedingt lesen. Er beginnt mit einem Test, der so ziemlich jedem zeigt, wie häufig er mit seiner Einschätzung dane-

ben liegt. Experten, Journalisten und Politiker eingeschlossen. Es lohnt sich, den Test zu machen. Aber jetzt bist du schon gewarnt vor unserem trügerischen Schwarzsehen. Darüber hinaus bist du ja außerordentlich intelligent, wie ich gehört haben."
„Von wem?"
„Naja, ich hatte Kontakt mit einem Mitarbeiter der Softwarefirma, die euer Projekt sponsert."
„Und der wusste über meine Intelligenz Bescheid ..."
„Naja, war vielleicht nur so eine Vermutung ... Schau mal, ich habe hier noch ein paar sehr interessante Statistiken. Wusstest du übrigens, dass auch ..." Und schon war er wieder bei seinen vielen positiven Trends und Megatrends, die von den meisten Menschen nicht wahrgenommen oder nicht genug gewürdigt wurden.

Was ist eigentlich gerade passiert?, fragt sich Mark, als er eine gute Stunde später die Tür des Bürogebäudes hinter sich zu fallen lässt. Als ihm die kalte Luft eines norddeutschen Maitiefs ins Gesicht bläst. Als er die Straße entlang geht und den ersten Obdachlosen an einer Straßenecke, der neben dem Papierkorb liegt und den ersten Hundehaufen mitten auf dem Parkweg erblickt, in den er eingebogen ist.
Das hier ist doch die Realität: Unrat, Wohnungslose, missachtete Regeln und zu allem Überfluss Schietwetter! Und nicht diese schönen, in bunten Farben aufgestellten Schaubilder und Statistiken! Wäre dieser Trendguru genauso überzeugend, wenn sein Büro in einem Hinterhof im Problemstadtteil St. Georg läge? Moment mal, vielleicht wollen die ja nur, dass er das denkt. Wer die? Steve und sein Team! Irgendetwas stimmt nicht.
Woher wissen sie so gut über ihn Bescheid, dass sie ihm einen Typen auf den Hals schicken, der ihn so aufs Kreuz legt? Kennen sie etwa seine Einstellung zu Trendforschern? Und wenn ja, wo-

her? Aber egal, überlegt Mark weiter, warum hat er sich so einfach überrumpeln lassen und seine Zweifel so zaghaft vorgebracht? Weil er geschwächt, weil er unsicher ist.

Mit einem Wort: Ellen ... Fast jeden Tag schickt er ihr eine kleine Botschaft, ein schönes oder ein aufrüttelndes Foto oder ein treffendes Zitat – doch Nullreaktionen. Was ist mit ihr los?

18. April – San Francisco Bay, Los Gatos

Mark is becoming a pain in my neck!, denkt Ellen, als sie an diesem Nachmittag die dritte Nachricht von ihm erhält. Wieder eine kleine nichtssagende Botschaft, die wohl vor allem heißen soll: Sende mir ein Zeichen, dass du auch verliebt bist!

Ja, sie waren heimlich in diesen Crazy-Club gegangen und erst kurz vorm Frühstück wieder im Hotel gewesen. Ja, sie hatten auf dem Heimweg ein wenig geknutscht. Aber wenn sie eine Liste ihrer bisherigen Knutschpartner aufstellen sollte, dann müsste sie sich einen verdammt langen Zettel besorgen und überlegen, ob sie chronologisch oder alphabetisch vorgehen sollte. Shit, shitti-bang – sie hat momentan ganz andere Sorgen!

Da stimmt was nicht mit dem System Valley, mit der Hightech-Superwelt, in der sie lebt, denkt sie immer häufiger, wenn sie Obdachlose auf der Straße sieht oder die immer zahlreicher werdenden Schilder vor den Einfamilienhäusern: For Sale! Silicon Valley macht die meisten Leute hier arm, nicht reich. Und scheinbar auch immer dümmer.

Ellen ist in dem Glauben aufgewachsen, dass die Erfindungen der IT-Branche die Welt verändern werden – das Internet, das Smartphone, Facebook, Google, YouTube, Twitter, Telegram etc. – zum Guten natürlich. Mehr Kommunikation und Vernetzung führt zu mehr Frieden, mehr Gerechtigkeit, mehr Ökologie. Doch das ist –

wie ihr immer klarer wird – ein grundsätzliches Missverständnis. Das hat sie Mark in besagter Nacht am Strand zu erklären versucht: „Für meinen Vater und seine ganze Generation ist das Leben nur ein Spiel – und das gilt besonders für ihre Arbeit. Du musst sie mal in ihren Hightech-Firmen sehen – ich habe dort mein Schulpraktikum gemacht. Sie trudeln alle erst im Laufe des Vormittags nach und nach ein, frühstücken ausgiebig gemeinsam und juxen die ganze Zeit rum. Wie Kids auf dem Schulhof. Dann bilden sich irgendwann kleine Gruppen, die lachend und wie nebenbei neue Projekte aushecken oder an den alten weiterbasteln. Das machen sie eine Zeit lang, dann rückt jemand die Tischtennisplatte in die Mitte des Aufenthaltsraums, und sie veranstalten ein Turnier. Niemand regt sich darüber auf, denn Spielen und Arbeit sind ein und dasselbe. Nur ein paar Introvertierte ziehen sich in stille Ecken oder kleine Zelte zurück, um allein an einer Sache zu feilen – das sind absoluten Outsider. Hier in Silicon Valley haben sich vor allem die Mitarbeiter der IT-Branche ihre Träume erfüllt. Ihre Arbeit ist wie ein nettes Spielchen, und Geld ist im Überfluss vorhanden. Wozu sich Sorgen machen? Das Leben ist einfach und schön. Hin und wieder hat jemand dann eine wirklich gute Idee. Eine gute Idee für die da draußen …

Merkwürdigerweise sieht man in der Bay jedoch wenig Leute, die ununterbrochen an ihrem Smartphone oder ihrem Laptop hängen. Stattdessen unterhalten sich die Leute hier ständig – mit ihrem Gegenüber. Überall wird geredet und getratscht, auf der Straße, in den Zügen und Bussen und in den Cafés, Restaurants und den vielen Bars, die es besonders in Frisco in Hülle und Fülle gibt.

Und nicht nur das – viele IT-Leute geben offen zu, dass sie ihren eigenen Produkten misstrauen: Am bekanntesten ist natürlich das Beispiel von Steve Jobs, der öffentlich erklärte: „Meine Kinder kriegen kein Smartphone."

Auch Ellens Vater findet, dass die Sozialen Medien, die sie hier erfinden, eigentlich nur für die Menschen da draußen bestimmt sind. Hier dagegen pflege man Nähe und direkte Kommunikation. Und deshalb durften Ellen und ihre Geschwister auch kein Facebook-Konto eröffnen, was ihre Schwester Vivien zur Verzweiflung brachte. So blieb es, bis die Coronakrise kam. „Diese Krise und der Zwang zur Kontaktbeschränkung", so erzählte Steve damals, „hat uns quasi dazu gezwungen, unsere eigenen Erfindungen zu nutzen. Gezwungen, wohlgemerkt! Denn niemand von uns ist vorher auf die Idee gekommen, Leuten, die man auch persönlich treffen kann, lange Mails oder kurze SMS zu schreiben oder mit ihnen lange Telefongespräche zu führen, oder zu skypen."
Wenn man seine eigenen Produkte meidet – schlussfolgert Ellen also – kann mit dem System etwas nicht stimmen. Und diese Schlussfolgerung war auch einer der Gründe, warum sie anfing, bei *Together* mitzumachen.

Und deshalb dürfen sie jetzt nicht aufgeben, sondern müssen weitermachen. Um sich zu beweisen, dass es ihr GLOBALOPOLY-Projekt überhaupt gibt und sie sich das nicht einfach zusammenfantasiert hat, setzt Ellen sich an ihren Mac und baut das von ihnen als Collage zusammengeklebte Spielfeld am Bildschirm neu.

Man könnte sich zwar das Original-Monopoly-Spielfeld in x-beliebigen Varianten herunterladen und dann bearbeiten, aber sie weiß von ihrem Vater, wie verzwickt Copyrightfragen später werden können. Der Grundsatz dabei heißt: Nur konkrete Bilder, Graphiken und Texte sind geschützt, Ideen dagegen nicht.

Sie schaut genau hin und zeichnet es mit der Graphiksoftware nach. Das Original besteht aus einem Quadrat, an dessen Rändern die eigentlichen Spielfelder verlaufen – vier große an den jeweiligen Ecken, und dazwischen jeweils neun kleinere. Also entscheidet sie sich für ein rechteckiges Format, die längeren Seiten könn-

ten für Amerika und Asien stehen, die kürzeren für Europa und Afrika. Und wo soll Australien hin? Oder sollte sie sich gleich für ein rundes Format entscheiden – eine Art platter Globus? Sie wird beide Formate entwerfen ... Ja, jetzt ist sie wieder drin. Ob die anderen auch noch an ihr Spiel denken?
Stolz stellt sie das neue Design im Chat vor.
Kurz darauf antwortet Mark: `Toll! Einfach nur geil!`
`- Welche Variante denn?`
`- Beide, aber die runde ist noch besser!`
Das war zu erwarten, die Reaktion von Nihar dagegen nicht.
`- Was hat das denn noch für einen Sinn, wenn wir gar nicht wissen, ob wir das Game jemals starten?`

20. April – Hamburg

Seit vier Tagen irrt Mark kreuz und quer durch seine Heimatstadt und versucht seine Umgebung so zu beobachten, als wäre er ein Fremder, der zum ersten Mal in Hamburg ist. Wie leben die Menschen hier – und wovon? Wo befinden sich die unsichtbaren sozialen Grenzen der Stadt?
Die alte Hanse- und Hafenstadt, die so tut, als wäre sie der Kultur verfallen. Die Stadt mit den meisten Einkommensmillionären in Deutschland. Die Stadt mit den unsichtbaren Grenzen: Ganz reich wohnt hier direkt neben ganz arm, getrennt durch Kanäle, größere Straßen oder manchmal nur durch ein wenig Grün.
Die Geschichte Hamburgs eine einzige Aneinanderreihung von Katastrophen. Er hatte einiges für ein Referat letztes Jahr zusammengetragen und hat sich die Datei nun auf sein Handy geladen:

HHs Katastrophen-Geschichte
843 die gerade erblühte Stadt wird von Wikingern niedergebrannt. Die Pest wütet gleich dreimal: 1350, 1663, doch am übelsten von 1712–1714. Napoleons Armee besetzt die Stadt Anfang des 19. Jahrhunderts. Im Mai 1842 zerstört ein Großbrand die Altstadt. 1892 breitete sich die Cholera aus, keine 30 Jahre später die Spanische Grippe. Im August 1943 wird ein Großteil der Stadt von den Alliierten zerbombt. Dann die große Sturmflut von 1962.

Rund 60 Jahre später sind Sturmfluten doch nur noch ein Spektakel, das man sich auf YouTube anschaut, denkt Mark. Warum wollen die Menschen aus den Katastrophen nichts lernen? – Vor fünfzig Jahren gab es drei Sturmfluten, heute sind es im Schnitt acht pro Jahr.
Das deckt sich nicht mit dem, was der Trendforscher behauptet. Aber vielleicht hat dieser Trendforscher trotzdem auch recht.

21.–22. April – aus den Globochats

In einer Textdatei hat Mark zunächst zusammengefasst, was „sein" Trendforscher behauptet. Und bevor er die Datei an alle Chatteilnehmer verschickt, fügt er noch an: Frohe Botschaft: Vielleicht ist nicht alles schlimm! Mein Trendforscher sieht natürlich alles durch eine rosarote Brille. Aber trotzdem stimmt einiges davon tatsächlich. Habt ihr mal überlegt wie und wo wir aufwachsen? Fehlt es einem von uns an etwas? Bitte melden.
Zwei Stunden später antwortet Ellen: Das deckt sich so ungefähr mit dem, was dieses dänische Superhirn Hans Rosling geschrieben hat. Er war eigentlich Medizi-

ner, aber hat sich Zeit seines Lebens so sehr über die pessimistische Wahrnehmung der Menschen geärgert, dass er quasi in seinem Zweitberuf Prognosen-Experte wurde.

In seinem *Factfulness* erklärt er: Warum wir uns negative Entwicklungen besser als positive merken: Weil wir uns solche augenblicklichen Trends wie gerade Linien, die nach oben steigen, vorstellen. Aus Angst, nicht aus Erfahrung. Darüber werde ich mit meinem Risikoexperten debattieren. Wenn er denn mal endlich Zeit hat.

Und Fatima gibt nur kurz durch: Bin mit der Vorbereitung meines ExpertInnen-Termins und dem ‚Bikini-Projekt' beschäftigt. Und ein bisschen Schule. Melde mich, Salām

Nihar meldet sich zu diesen Beiträgen gar nicht.

22. April – Ägypten, Kairo

Bei Ain Suchna biegt der Überlandbus nach Kairo Richtung Nordwesten ab, und augenblicklich beginnt die Wüste. Keine romantischen Sanddünen mit einzelnen Palmen und Kamelen, sondern eine steinige endlose Ödnis. Alle paar Kilometer werben große Werbetafeln am Straßenrand für irgendwelche Markenprodukte, die staatliche Ölfirma, Solaranlagen und für schöne neue Wohnstädte in der Wüste.

Wenig später erreicht der Bus die ersten Vorstädte von al-Qāhira, der Siegreichen; riesige Trabantenstädte, endlose Wohnsilos aus gelbem Sandstein mitten im Nichts errichtet. Und dann sind die Passagiere zweifellos in der Hauptstadt Kairo angekommen, denn jetzt bleibt der Bus inmitten von Autos, kleinen und großen Bussen, Lkws, Eseln und Handkarren, Mopeds und Fahrrädern stecken. Ohne Ampeln, Verkehrsschilder oder Polizisten versucht jeder, irgendwie weiterzukommen. Dazwischen bahnen sich allerlei Straßenhändler ihren Weg und bieten Sesamkringel, Getränke, Wassermelonen, Zeitungen und Scheibenwaschdienste an. Die Hauptstadt – so kommt es Fatima vor – platzt aus allen Nähten. Überall Menschen! Niemand weiß, wie viele es sind. Rund 20 Millionen schätzt man – nur eins ist gewiss: Es werden täglich mehr … Auch an ihrem Ziel, der Cairo Gateway Plaza, einer riesigen Mischung aus Busterminal und Shoppingcenter. Wenn die Entwicklungsexpertin, Frau Dr. Ashur, Fatima nicht direkt an der Haltestelle aufgelesen hätte, hätten sie sich wohl nie in diesem Gewusel gefunden.

Im Stopp-and-Go-Modus fahren sie mehrere große Straßen entlang, überqueren den Nil, biegen in eine Seitenstraße ein und halten auf einem bewachten Parkplatz vor einem modernen Bürohaus. „Hier ist unser Institut für Entwicklungspolitik untergebracht", erklärt die Expertin, als sie das Gebäude betreten. „Wir betreiben hier im Wesentlichen zwei Dinge: Wir untersuchen die Entwicklung aller afrikanischen Regionen und Länder, und wir fördern Projekte zur Selbsthilfe. Die herkömmliche Entwicklungshilfe haben wir eingestellt."

„Herkömmlich?"

„Ja, also dass sich ein paar Schlaumeier in Oxford, Stockholm oder Zürich etwas ausdenken und dann hierherkommen, um es den Einheimischen beizubringen. Solche Projekte funktionieren nur so lange viel Geld und Energie von außen investiert wird. Danach haben sie kaum Überlebenschancen, das Geschaffene verfällt, und die Leute vor Ort machen wieder ihr Ding. Bei Selbsthilfeprojekten bringen die Einheimischen von Anfang an ihre eigenen Probleme und Lösungen ein, und sie fühlen sich mit ihrem Wissen und Können respektiert. Vier Fünftel der Nahrungsmittel in Afrika werden von Kleinbauern produziert – denen helfen wir zum Beispiel beim Anlegen kleiner nachhaltiger Brunnen, bei der Wahl der richtigen Saat, die keinem Agrarkonzern gehört, und bei der Wahl der richtigen Arbeitsinstrumente, die den Boden möglichst wenig angreifen. Außerdem beim selbstorganisierten Vertrieb ihrer Ernte über eine App. Oder bei der Aufforstung der Sahelzone, dem grünen Band …"

„… das sich quer durch die Sahelzone vom Senegal am Atlantik bis nach Eritrea am Roten Meer erstrecken und die Ausbreitung der Wüste aufhalten soll?"

„Genau, auch da sind es die Menschen vor Ort, die von Anfang an daran mitwirken und deren Auswirkungen direkt miterleben."

„Und – sind solche Projekte auch wirklich nachhaltig wirkungsvoll?"

„Man hat mir gesagt, ich soll dir die Wahrheit zeigen, die ganze Wahrheit …"

„Unbedingt."

„Gut, die ganze Wahrheit ist: Die paar Fortschritte, die erzielt werden, werden von den großen Problemen gleich wieder geschluckt!"

„Das sind vor allem der Klimawandel und die bereits vorhandenen Umweltprobleme wie Raubbau an den Regenwäldern und Wassermangel, oder?"

„Ja, aber nicht nur. Der Klimawandel verstärkt die Umweltprobleme. Das grüne Band in der Subsahara beispielsweise kann die Wüste nicht stoppen. Selbst Ägypten könnte Probleme mit Wasserknappheit bekommen."

„Wir haben doch den Nil!"

„Ja, schau aus dem Fenster: Da fließt an–Nīl! Es scheint als würde er ewig fließen. Aber dieser Schein trügt! Früher brachte sein Wasser Fruchtbarkeit, und zwar durch seine Überschwemmungen.

Er war launisch, bis 1970 der Staudamm bei Assuan fertiggestellt wurde. Heute erreicht der fruchtbare Schlamm aus den Bergen die Felder der Bauern nicht mehr – und an–Nīl führt immer weniger Wasser. Auch hat Äthiopien inzwischen zwei große Staudämme gebaut. Vielleicht wird es deshalb irgendwann sogar Krieg geben."
„Um das Wasser?"
„Um das Wasser! Wasser ist gleich Leben. Zu den ganzen Umweltproblemen kommen politische hinzu. Obwohl Nahrungsmittel in ganz Afrika knapp sind, wird immer mehr fruchtbares Land an fremde Staaten oder Konzerne verpachtet wie in Äthiopien. Und Küstenländer wie der Senegal treten Fischereirechte an fremde Staaten ab."
„Warum?"
„Um Devisen zu erhalten! Aber ein Großteil der Gelder kommt eben nicht der Gesellschaft zugute, sondern fließt in die Taschen der politischen Führung und der Eliten."
Dr. Ashur klickt auf eine Grafik in ihrem PC. „Hier – sieh dir die Weltkarte an, die nach den Untersuchungen des IEP, also des Institute for Economics and Peace, angefertigt wurde: Dunkelrot sind sämtliche Länder, die von vier bis sechs der acht größten Ökogefahren bedroht sind – neben Dürre, Wassermangel und Nahrungsmittelknappheit sind da noch: Anstieg der Meeresspiegel, Hitze, Überschwemmungen, Wirbelstürme und Bevölkerungswachstum."
„Neben Ländern in Asien betreffen diese Gefahren doch vor allem Länder in Zentral- und Ostafrika."
„Genau! Was man hier nicht sehen kann: Die Auswirkungen werden südlich der Sahara am schlimmsten sein. In der Sahelzone wird die Mehrheit der ganz Armen wohnen, denn dort kommt zu allen anderen Problemen noch das dramatische Bevölkerungswachstum."

„Das geht doch aber langsam zurück!"
„Ja, in der Statistik, aber weißt du auch, was das konkret für unser Afrika heißt?"
„Nicht so richtig."
„Nehmen wir eine Studie der Weltbank aus dem Jahr 2016: Die Zahl der in Armut lebenden Afrikaner ist seit 1990 von 56 auf 43 Prozent zurückgegangen. Aber heißt das tatsächlich, es sind weniger geworden?"
„Das hängt vermutlich von der Bevölkerungsentwicklung ab."
„Richtig. Da die afrikanische Bevölkerung extrem stark wächst, ist die tatsächliche Zahl der sehr Armen von 280 auf 330 Millionen gestiegen. Und es wird noch schlimmer kommen: Zurzeit leben auf diesem Kontinent rund 1,3 Milliarden Menschen. In 30 Jahren werden es doppelt so viele sein, hat die Gates Stiftung prognostiziert. Es ist ausgeschlossen, dass das Wachstum der Wirtschaft mit dem der Bevölkerung mithält. 2050 werden nach dieser Prognose rund 40 Prozent der extrem armen Bevölkerung der Welt in nur zwei Ländern leben: in Nigeria und in der Demokratischen Republik Kongo. Derzeit leben in Nigeria rund 200 Millionen Menschen. Jede Frau bringt dort durchschnittlich fünf Kinder zur Welt. Die Folge: die Bevölkerung Nigerias wird bis 2050 auf mehr als 400 Millionen anwachsen. In einem Krisenland wie Nigeria."
Fatima muss sich schütteln: „Warum kriegen Menschen in anderen Regionen dieses Problem besser in den Griff?"
„Weil sie fortschrittlicher denken. In den meisten afrikanischen Ländern gilt jedoch weiter ein traditionelles Rollenverständnis der Frau. Um das zu ändern, arbeiten viele Organisationen wie die Unsrige mit Regierungen, religiösen Oberhäuptern und traditionellen Führern zusammen."
„Und?"
„Es wird inzwischen häufiger die verbreitete Ansicht hinterfragt,

dass viele Kinder eine Garantie für die Altersversorgung sind. Wir brauchen aber noch viel mehr Bildung und innovative Einkommensquellen für Frauen – nur so lässt sich der Teufelskreis der Übervölkerung durchbrechen. Es ist ein verdammt langer Prozess, Bewusstsein und Verhalten der Menschen zu verändern. Und bisher ist die Geburtenrate nicht zurückgegangen."

„Woran liegt das?"

„Unter anderem daran, dass Geburtenkontrolle in der muslimischen Welt nicht gewollt ist."

„Ja, meine Mutter ist auch schon wieder schwanger, dabei sind wir schon fünf Geschwister." Fatima fühlt Wut in sich aufsteigen.

„Ja", bestätigt Dr. Ashur „Auch Ägypten befindet sich in diesem Dilemma: Die Bevölkerung wächst rasant – um zwei Millionen jedes Jahr, inzwischen sind es über 100 Millionen!"

„Aber wenn jemand bei uns das Wort Verhütung auch nur erwähnt, flippt mein Vater völlig aus."

„Willst du wissen, was mich noch mehr auf die Palme bringt?"

„Ja, natürlich."

„Ist aber vielleicht hart für dich als Muslima …"

„Dann erst recht!"

„Ist dir schon einmal aufgefallen, wie viele Babys man auf den Fotos und in den Filmberichten über die Kriege in Syrien, im Jemen, im Irak und in Afghanistan sieht?"

„Jetzt wo Sie's sagen." Gesehen hat Fatima das natürlich häufig, sich aber nichts weiter dabei gedacht.

„Der Syrienkrieg zum Beispiel dauert seit 2011. Wie können trotzdem so viele Babys zur Welt kommen? Wollen Frauen im Krieg überhaupt Kinder kriegen? Um dann mitzuerleben, wie sie ständig von Hunger und Krankheiten bedroht sind, häufig sogar sterben?"

„Das kann ich mir wirklich nicht vorstellen."

„Ich mir auch nicht. Es liegt also vor allem an den Männern. Die

entscheidende Frage ist für mich: Siegt da einfach die Lust über jedes Verantwortungsgefühl? Oder ist es eine Taktik muslimischer Männer, egal unter welchen Bedingungen immer mehr Kinder zu zeugen, künftige Muslime, die die Welt beherrschen werden?"
Fatima kann nicht antworten.
„Ich hoffe, ich verletze deine persönlichen Gefühle nicht zu sehr?"
„Nein, gar nicht!", antwortet Fatima automatisch, besinnt sich dann aber und gibt zu: „Naja, das war jetzt echt heftig. Das muss ich erst einmal verdauen."
„Ja, wir müssen das jetzt nicht zu Ende bringen. Schreib mir doch in den nächsten Tagen eine Mail, dann bleiben wir im Gespräch. Ich bin gespannt und freu mich."
Als Fatima gegangen ist, greift die Entwicklungsexpertin zum Hörer und wählt eine gespeicherte Nummer. „Ja, wir sind durch. Sie schien mir zum Schluss doch etwas verstört."
„Okay, das gehört zum Projekt."
„Und Sie lassen sie auf keinen Fall damit allein? ... Sie haben das unter Kontrolle?"
„Na klar. Wir haben alles unter Kontrolle!"

Die ganze Rückfahrt über und auch am nächsten Tag in der Schule arbeitet es in Fatima unaufhörlich. Bilder entstehen in ihrem Kopf, die sie gar nicht fassen kann. Kann das sein ... soll das sein ... darf das sein ...

24. April – aus dem Globochat

Fatima: As-salāmu 'alaikum!
Mark, ich will noch zu deinem Trendforscher Stellung nehmen: Ja, er hat ganz bestimmt eine rosa Brille auf! Vielleicht auch mehrere! Es kommt nämlich ganz

darauf an, wo man lebt. Wenn du im Nahen oder Mittleren Osten lebst, also von Syrien bis nach Bangladesch, oder in der Sahelzone oder in Westafrika — dann gibt es für dich nur einen Trend: Es geht bergab und wird immer schlimmer!
Ich hatte bisher keine Ahnung, wie sehr selbst mein Land am Abgrund steht. An Abgründen! Ich habe einen kleinen Bericht angehängt. Ganz Afrika ist dabei, in die Tiefe zu stürzen. Und die Welt lässt es geschehen. Und — wir werden Europa mitreißen! Sagt meine Expertin.
Mark: Ich dachte, Ägypten und andere Nordafrikanische Staaten stehen besser da als der Rest Afrikas!
Fatima: Eigentlich könnten wir in Ägypten genug Lebensmittel für alle produzieren, doch stattdessen werden sie an Ausländer verkauft: zum einen in den Touristenhochburgen, zum anderen direkt auf dem Lebensmittelweltmarkt ... außerdem wird immer mehr Baumwolle angepflanzt.
Mark: Warum?
Fatima: Für Devisen. Und die werden zum Großteil dazu verwendet, all das anzuschaffen, was der Tourismus braucht: Infrastruktur, Lebensmittel und viel Alkohol! Für die Ägypter selbst bleibt nicht viel übrig.
Mark: Meine Tante und mein Onkel reisen jedes Jahr im November für zwei Wochen nach Ägypten. Eine Woche Nilkreuzfahrt und eine Woche Hurghada. All inclusive. Für 500 bis 600 Euro. Dafür bekämen sie bei uns daheim nicht einmal ein Hotelzimmer für eine Woche!
Ellen: Wie fühlst du dich jetzt, Fatima?
Fatima: Dieses negative Szenario versetzt mich in

Angst, macht mich unsicher. Ich muss mir ganz bewusst machen: Nein, die Welt wird nicht schon morgen untergehen. Wenn ich allerdings die vielen Kinder in unserem Viertel sehe … früher hat mich das immer froh gestimmt. Ich dachte es geht aufwärts, wenn auch sehr langsam. Und ich war überzeugt von den reinen und guten Lehren des Islam. Aber jetzt …
Mark: Bei mir ist es umgekehrt. Ich habe immer überall den Untergang gesehen. Was bei uns in Hamburg auch nicht so schwer ist. Ihr solltet einmal mit mir zusammen durch den Hauptbahnhof gehen. Da seht ihr so viel Elend. Die Leute sind vielleicht nicht so arm wie in Afrika, aber so verwahrlost. Wenn ihr den Hinterausgang nach St. Georg nehmt, kommt ihr unweigerlich an der Drogenszene vorbei. Da wirst du von Schwarzen Jugendlichen unverhohlen angequatscht: „Na, brauchste watt?!" Und nun laufe ich seit einer Woche durch die Stadt und nehme ganz bewusst wahr, was alles gut funktioniert. Das ist auch eine ganze Menge. Ja, ich bin hin und her gerissen.
Ellen: Es war die beste Zeit. Es war die schlechteste Zeit. Trifft es das so ungefähr?
Mark: Nicht ungefähr, sondern genau. Ganz genau — um genau zu sein!
Ellen: Ist aber leider nicht von mir. Hat Charles Dickens vor über 150 Jahren geschrieben. Hat sich seitdem scheinbar wenig verändert
Nihar: Und was genau wollte er uns damit sagen?
Sieh an! Nihar weilt noch unter den Sterblichen und hat sich nicht in ein Game beamen lassen, denkt Ellen und tippt: Naja, ich glaube zweierlei:

1. Es kommt immer darauf an, aus welcher Perspektive man eine Situation betrachtet …
Fatima: Und von wo aus man das tut: Sitze ich im Sultanspalast oder in einer Schlammkuhle?
Ellen: Ja genau. Aber ich glaube auch ganz stark, dass Dickens damit auch meinte: Die schlimmsten Zeiten können nicht dauerhaft sein, sie sind unerträglich und tragen in sich bereits den Keim zur Veränderung!
Mark: Genau, das meint auch Marx: Die Widersprüche, Antagonismen zwischen den gesellschaftlichen Klassen werden immer größer, bis sie die Verhältnisse sprengen und eine neue Ordnung erzeugen.
Ellen: Amen! Ich glaube, wir werden da noch ordentlich nachhelfen müssen. Und hast du schon etwas herausgefunden, Nihar?
Nihar: Hach, weiß' nicht. Mein Expertendate ist schon wieder ausgefallen, weil der Typ zu einer wichtigen Konferenz musste. Wie wichtig so was ist, wissen wir ja nur zu gut!
Fatima glaubt ihm nicht so recht …
Bei Mark wiederum meldet sich erneut sein Bauchgefühl: Woher wissen Steve und sein Team nicht nur über ihn, sondern auch über Fatima so gut Bescheid, dass sie ihr eine Expertin zuteilen, die sie richtig verstört. Irgendetwas stimmt da nicht …

26. April – Ort und Zeitzone unbekannt

„Sowohl Mark als auch Fatima sind wie erwartet stark von den Experten beeindruckt. Sie sind in ihren Wahrnehmungen und Wertungen verunsichert. Sie prüfen, sie diskutieren. Sie korrigieren ihre Auffassungen. Aber sie kippen nicht um und geben nicht auf."

„Das ist erstaunlich, wenn man diese Reaktion mit dem Verhalten der meisten Jugendlichen in ihrem Alter vergleicht."

„Sie sind eben wirklich außergewöhnlich und wurden völlig zu Recht ausgewählt."

„Jetzt schauen wir mal, wie Ellen sich macht. Und was ist mit diesem Inder?"

„Nihar? Alle haben ihre Expertenbesuche absolviert – bis auf Nihar."

„Was ist los mit dem Jungen?"

„Er weigert sich, seine Aufgaben zu erledigen. Behauptet, der Experte hätte keine Zeit, dabei hat er es noch gar nicht versucht."

„Vermeidungsverhalten – oder ist er durch die Erlebnisse in Mexiko vielleicht traumatisiert?"

„Keine Ahnung. Noch merkwürdiger ist: Er loggt sich kaum noch bei seinen Spielen ein! Es sieht fast so aus, als ob Nihar keinen Spaß mehr an seinem Gaming findet."

28. April – Bangalore, Sunny Brooks Community

Es bleibt dabei, seitdem Nihar Fatima und Jo in seine Gamerwelt eingeweiht hat, ist der Zauber verflogen. Hat sich alles als reines virtuelles Hallā-gullā entpuppt. Jo und er telefonieren inzwischen regelmäßig miteinander. Jo scheint der einzige Mensch auf diesem Planeten zu sein, der Nihar zuhört und ihn versteht. So wie neulich.

„Selbst Ellen, Fatima und Mark halten mich für einen verzogenen Schnösel."

„Und was meinst du selbst?"

„Naja, irgendwie stimmt das schon. Ich bin hier in Indien – aber eigentlich könnte ich auch auf dem Mond wohnen. Ich weiß fast nichts von dem Land, in dem ich aufgewachsen bin und lebe. Ich wohne in einem abgeschirmten Wohngebiet, gehe hier auch zur Schule. Wo sie uns die Propaganda eintrichtern: Indien ist die größte Demokratie der Welt, ein Land der Freiheit und Toleranz, mit ungeheurem Wirtschaftswachstum, wachsendem Wohlstand und einer IT-Branche, ohne die die großen US-Konzerne einpacken könnten. Dabei ist das nur die eine Seite der Medaille. Man braucht sich ja nur mal bei einer Tuktuk-Fahrt durch Bangalore umzuschauen, um zu sehen, dass es da draußen ganz anders aussieht. Auf den Straßen sind massenhaft Menschen, die als Tagelöhner herumlaufen, die in Slums wohnen. Um sich da frei bewegen zu können, muss man so ein Fighter sein wie du. Vor dem die Leute Respekt zeigen."

„Es kommt nicht darauf an, ein Fighter zu sein, der jeden umhaut! Viel wichtiger ist die innere Stärke. Man muss etwas aushalten können, auch mal einen Schlag wegstecken können. Ohne gleich schlapp zu machen. Und das kannst du auch, sonst hättest du nicht bei eurem Projekt mitgemacht, sondern hättest dich weiter hinter deinem PC verkrochen. Dass du dazu keine Lust mehr hast, zeigt, dass etwas in dir sich verändert hat. Vielleicht eine neue Kraft, die dir sagt: Du musst dich der Welt stellen! Mit dem, was du hast! Mit dem, was deine Stärken sind!"

„Und was sind meine Stärken?"

„Das musst du jetzt herausfinden. Nimm dir nicht gleich zu viel vor. Dann steigerst du dich langsam. Nur Mut Ni – das schaffst du!"

Und so macht sich Nihar auf, die Welt, das Real Life zu erkunden. Sie beginnt genau, dort wo das Tor zu seiner Wohnanlage steht. Sobald er es zu Fuß und allein durchschreitet, ist er in einer anderen Welt. Er kommt sich ein wenig wie Prinz Rama aus dem indische Nationalepos Ramayana vor, einer der vielen Avatare des Gottes Vishnu. Der die Welt eines neuen aufregenden 3D-Games betritt. Alles hier ist dhāsu, fandū, sexy!

V. Nach der Krise ist vor der Krise: Im Labyrinth des Zweifels

Unser Kopf ist rund, damit das Denken die Richtung wechseln kann. Francis Picabia

04. Mai – Hurghada

Eigentlich wollte Fatima das Bikiniprojekt abbrechen. Doch inzwischen haben es Shayma und sie geschafft, sich Bikinis zu besorgen, oder zumindest etwas Ähnliches: Sie haben dann doch lieber schmalgeschnittene Badeanzüge ausgewählt. Und nun drängt Shayma auf deren Einsatz: „Einmal nur wie eine Touristin über den Sand laufen, in die Wellen steigen. Vielleicht sogar in der Sonne liegen zum Trockenwerden. Wenn wir dieses Verhalten weiter verurteilen wollen, müssen wir doch wissen, wie es sich anfühlt."
Und so sind sie an einem leicht bewölkten Nachmittag an das hinterste Ende des öffentlichen Strandes geschlichen und haben es getan. Die knappen Badeanzüge hatten sie bereits zu Hause angezogen, sie brauchen nur ihre Kleidung abzustreifen und wie selbstverständlich über den Strand spazieren, ein wenig mit den Füßen den Sand aufwühlen, warten bis gerade eine Welle ausgelaufen ist und langsam in das Wasser steigen.
Es ist schon ein merkwürdiges Gefühl, findet Fatima, wie der sanfte Wind über Arme und Beine streift. Aber ist das eher unangenehm oder eher angenehm – dieses kleine Gefühl von Freiheit? Jedenfalls fröstelt sie ein wenig, und, als sie bis zu den Hüften im Meer steht, zögert sie. Shayma ist im Laufschritt vorgestürmt und hat sofort begonnen zu schwimmen. Fatima dagegen sieht sich

immer wieder um. Werden sie beobachtet? Gehen sie ein großes Risiko ein? Nein, keine auffälligen Menschen in ihrer Nähe. Außer einer Gruppe ausländischer Jugendlicher in Sichtweite, deren Rufe ab und zu von Windböen zu ihnen getragen wurden.
Trotzdem ist da was. Fatima hat die ganze Zeit so ein merkwürdiges Gefühl im Nacken ...
„Warum zitterst du? Das Wasser ist doch warm", fragt Shayma später beim Anziehen nach. Sie scheint keine Probleme zu haben und hat sich unbeschwert ausgetobt.
„Das machen wir jetzt öfter!" Sie strahlt wie die Sonne.
„Sollte doch nur ein Experiment sein."
„Gute Experimente kann man wiederholen. Muss man sogar! Ergebnisse werden dadurch untermauert – sagt unser Physiklehrer!"

06. Mai – Bangalore

Ein paar Tage war Nihar durch Bangalore gestreunt, hatte sich abwechselnd in den Geschäfts- und Einkaufsvierteln, im alten Bazar und den Parks herumgetrieben. Lauter unbekannten Welten.
Dann stieß er auf die ersten Slums seiner Geburtsstadt. Zufällig und unvorbereitet. Es reichte, eine belebte Straße, einen kleinen stinkenden Fluss oder auch nur einen Bahndamm zu überqueren, um in solch einem Labyrinth zu landen. Nihar folgte den schlammigen Wegen, sah, hörte und vor allem roch er diese anderen, verleugneten Areale seiner Heimat: atemberaubender Gestank, Gekreisch und Gewimmel. Er hatte Mühe, sich auf den Beinen zu halten zwischen all den Hunderten, Tausenden von provisorischen Hütten aus Holz, Pappe, Plastik und anderem Müllmaterial. Einzig die Dächer schienen stabil, aus Wellblech und mit schweren Steinen gesichert als Schutz vor den heftigen Monsunregen.
Auf den schlammigen Wegen, die sich wie Adern durchs Viertel

ziehen, sprangen unzählige Kinder herum. Eine Frau in Nihars Alter trat aus einer Türöffnung, den jüngsten Nachwuchs auf dem Arm. Beide erstaunlich sauber, in ordentlicher Kleidung, das Baby lächelte, doch die Frau fuhr Nihar an: „Was willst du hier, Brahmanensöhnchen?"
Er fühlte sich ertappt und eilte weiter.

Der zweite Slum, den Nihar inspizierte, hat eine besonders perverse Lage: Direkt neben einer neuen Hochhaussiedlung. Deren Bewohner sind zwar selbst dem Elend entronnen, haben es aber nun als Daueranblick – kann man sich daran gewöhnen?

Wieder zuhause liest er im Internet – auf der Seite eines englischen Geografie-Verlags, dass von den 6,5 Millionen Einwohnern seiner High-Tech-Stadt mindestens 1,5 Millionen in diesen Slums leben. Und obwohl die Stadtverwaltung einige Sanierungsprogramme gestartet hat, sind die Lebensverhältnisse dort weiterhin katastrophal: „In manchen Elendsvierteln stirbt noch immer jeder vierte Säugling. Analphabetismus, Erwerbslosigkeit, Hunger und Infektionskrankheiten sind weit verbreitet." Wie steht es dann wohl um den Rest seines Riesenlandes? fragt sich Nihar, und ihm schwindelt. Wenn seine Eltern wüssten, dass er sich dort herumtreibt …
Doch nicht einmal hier gilt: Slum = Slum! In den beiden ersten Slums hatten alle Häuser Wellblechdächer, es gab einigermaßen saubere Wege, zentrale Wasserhähne, so etwas wie Abwasserkanäle, und der Müll stapelte sich etwas abseits, am Rande der Häuser. Doch am nächsten Tag betritt er eine andere Art von Slum: die Behausungen hier kann man nicht einmal Hütten nennen, es sind niedrige Zelte, ihre Wände bestehen aus blauen, weißen und durchsichtigen Plastikbahnen unterschiedlichster Größe.

Zwischen ihnen breitet sich der Müll wie ein Teppich aus, in dem Kinder spielen, während Hunde und Kühe darin nach Essbarem suchen.

Die meisten Menschen, denen er hier begegnet, schauen ihn feindselig an, sehen auch gar nicht aus wie „normale" Inder aus. Eine höfliche Nachfrage bei einem vielleicht zehnjährigen Mädchen ergibt: In diesem Slums hausen vor allem Bangladeshis.

In einem anderen – erfährt er aus einem Zeitungsartikel – leben Schwarze aus Afrika, Nigerianer. Bangladeshis und Nigerianer verrichten hier in Bangalore die niedrigsten Arbeiten auf den Straßen, als Haushaltshilfen und vor allem in den gefährlichen Arealen der chemischen und pharmazeutischen Industrieanlagen. Ständig soll es dort Unfälle geben ...

Nach diesen Erfahrungen beschließt Nihar, die Firma seines Vaters unter die Lupe zu nehmen. Es interessiert ihn auf einmal, wer dort arbeitet. Ungläubig sieht sein Vater ihn an, als Nihar ihm gegenüber den Wunsch äußert, sein Berufspraktikum bei ihm zu machen. Dann klopft er ihm hocherfreut auf die Schulter: „Sobald du möchtest! Nicht, dass du es dir noch anders überlegst."

Wenn du wüsstest, denkt Nihar.

12. Mai – Hamburg

Seit gut drei Wochen hat Mark nur noch zwei Dinge im Kopf, die aber leider nicht gut zusammenpassen. Zum einen Ellen, zum anderen seinen Verdacht.

Ellen, die schöne kluge Ellen! Warum sollte sie sich für einen Normcore aus dem unterkühlten Hamburg, einen Typen ohne besondere Eigenschaften interessieren?

Vielleicht weil er einen guten Instinkt hat. Das sagen seine alten Freunde zumindest: In der Kneipe oder im Jugendheim konnte er immer viel eher als alle anderen erkennen, wenn es dicke Luft gab. Und auch jetzt ist er der Einzige, der die Zeichen erkennt, denn mit Steve und seinem Team stimmt irgendetwas nicht. Woher wissen sie so gut über die vier Bescheid?

Ellen hatte ihm in einer Nachricht geschrieben: „Mein Vater meint, du solltest dich nicht so sehr mit der Vergangenheit – historischen Seuchen, Katastrophen etc. beschäftigen; dein Talent liege mehr im Bereich der Politik, der Analyse von Systemen etc." Historische Katastrophen? In keinem Chat, in keiner einzigen Mail hat er bisher darüber berichtet. Nur auf seinem Handy hat er die Liste mit den Krisen und Katastrophen seiner Heimatstadt, die er für ein Referat seinerzeit angelegt hatte. Aber er kennt jemanden, der seinen Verdacht bestätigen oder entkräften kann. Keine einfach zu händelnde Person – aber so ist die Welt nun mal. Was man problemlos bekommt, ist meistens nicht viel wert.

Als Mark den U-Bahnhof in Hamburg-Eppendorf verlässt, läuft er eine Hauptstraße entlang, biegt ab und erkennt sofort, dass sein Ziel in einem richtig blöden Viertel aus Hochhäusern und Gewerbegebiet liegt. Auf der Klingeltafel des Gebäudes befinden sich so ungefähr 50 Namensfelder; in den meisten stecken Kärtchen mit fremd klingenden Namen in schwer lesbarer Handschrift, manche sind ganz leer.

Er sucht nach dem Namen, den er sich gemerkt hat: Dr. Hack. Mark klingelt und wartet – insgesamt fünfmal, bis endlich eine Stimme aus der Gegensprechanlage ertönt: „Mark? Mann, du bist zu früh! Nimm auf keinen Fall den Aufzug. Ist auch nur der fünfte Stock ..." Es summt und Mark wirft sich gegen die Haustür, um sie zu öffnen.

Im Treppenhaus riecht es, als wären sämtliche Essensgerüche dieser Welt miteinander vermischt worden – aber schon vor vier Wochen. Auf den Treppenabsätzen liegen Zigarettenkippen und

Flachmänner, und dann sieht Mark eine Einwegspritze. Ihm wird flau im Magen, obwohl weit und breit niemand zu sehen oder zu hören ist. Erleichtert atmet er auf, als er endlich Dr. Hacks Wohnungstür erreicht. Mark weiß selbst nicht, was er erwartet – er hat Martin, der sich jetzt Martina nennt, seit zwei Jahren nicht mehr gesehen.

Da steht sie: eine junge spindeldürre Frau im Trainingsanzug mit etlichen Piercings und schwarz-lila gefärbtem zerzaustem Haar, das nur ihre untere Gesichtshälfte frei lässt. Doch in ihr erkennt er noch die alten Martin-Züge, dieses verschmitzte Grübchendauerlächeln.

„Na, jetzt guckste aber!?"

„Hmm …"

„Schlimm?"

„Nee", antwortet Mark und ringt um Fassung.

An den Flurwänden der Wohnung vergilbt eine Tapete mit Blümchenmuster. O Gott, wie lebt der, äh die denn?

„Gut, solange du hier bist, kannst du mich MartinA – mit großen A – nennen. Aber dann bin ich wieder Dr. Hack, klar?"

„Hundert Pro!"

Auch der Anblick des Wohnzimmers lässt Mark frösteln: Kartons, Koffer und Plastiksäcke füllen die eine Hälfte, in der anderen liegt eine Matratze. Den Mittelpunkt bildet jedoch eine Art Schreibtisch, der mit etlichen Computerfestplatten und Bildschirmen zugebaut ist.

Stolz zeigt MartinA auf ihre PC-Burg: „Diese Maschine hier frisst meine ganze Zeit und meine ganze Energie, denn die Maschine ist mein Guru und mein Partner. Und das Erstaunliche ist, seit Corona finde ich das nicht nur okay, sondern nahezu grandios. Ich hab die Lockdowns gar nicht bemerkt! Beim wievielten sind wir?"

„Es ist vorbei!"

„Tatsächlich? Quatsch, ich red nur bisschen Scheiß. Zur Entspannung. Ich krieg ja doch mehr Nachrichten mit als ich will. Aber Tatsache is' ", sie streichelt den Monitor vor sich, „für meine Maschine und alle Menschen, mit denen sie mich verbindet, bin ich MARTIN-AAAA – und für den Rest der Welt der gefürchtete Dr. Hack!"

Mark überlegt: „Hacken ist doch eigentlich kriminell – oder?"

„Quatsch! Seit einigen Jahren unterrichten die sogar Hacken an den Unis. Ich hab mir alles selber beibringen müssen. Im Chaos Computer Club haben wir dann hin und wieder unser Wissen ausgetauscht. Aus Fun. Wir wollten einfach nur wissen: Komm ich ins Verteidigungsministerium rein und kann da geheime Akten lesen? Wir hatten gar keinen Bock, Geheimnisse weiterzugeben. Wir mögen keine Uniformen – weder hier noch drüben in Russland oder in Kuba. Wir wollten nur zeigen, dass diese Geheimnistuerei großer Blödsinn ist."

„Ja", stimmt Mark zu.

„Und die Auswirkung", fährt MartinA fort, „beide Seiten werden immer besser, rüsten immer mehr auf. Jeder nutzt seine Möglichkeiten. Wenn Hacker besser sind als zum Beispiel die Informatiker einer Bank, dann haben sie es auch verdient, die Bank auszunehmen. Man muss immer der Beste sein. The winner takes it all. Oder? Heute ist Hacken auf einmal das große Geschäft. Nicht mit Staatsgeheimnissen, sondern mit den Daten der kleinen Leute. Geheimzahlen, Kennwörter, aber auch die Kontonummern, Vorlieben der Leute, Einkaufsgewohnheiten … mit jeder kleinen Information lässt sich heute Kohle machen."

„Machst du das auch?"

„Schau dich doch um – lebt jemand so, der Kohle scheffelt? Und jetzt zu deinem Problemchen, schieß mal los, was ist der eigentliche Anlass für deinen Besuch?"

Mark erzählt von seiner Gruppe und seinen Erlebnissen und zwar – wie er im Laufe des Redens bemerkt – viel zu freimütig. Wenn bei ihm erst einmal der Riegel entsperrt ist … Aber wenn man nicht einmal seiner Hackerin trauen kann – wem dann?

„Okay, das dürfte eigentlich kein größeres Problem sein! Wenn man erst einmal Spuren sucht, findet man sie in der Regel. Wenn es welche gibt. Dafür musst du mir allerdings dein Handy dalassen. Ich muss mir das Innenleben dieses Fairphones ansehen. Komm in drei Tagen wieder. Und bring mir frisches Obst und eine warme Mahlzeit mit!"

Als Mark sie verwundert ansieht, antwortet sie: „Nur so! Als Beweis dafür, dass es die Welt da draußen noch gibt."

Nachdem Mark die Wohnungstür zugezogen hat, geht MartinA alias Dr. Hack langsam durch das Zimmer und schaut aus dem Fenster. Da schlurft ihr alter Klassenkamerad davon, wie immer leicht gebeugt.

„Mark, du bist immer noch viel zu vertrauensselig", haucht sie an die Scheibe. „Das muss dir irgendwann einmal jemand richtig klar machen. Sonst sehe ich schwarz für dich."

13. Mai – USA, Berkeley, Universitätsgelände

„Was ist gefährlicher – Haie oder Kokosnüsse?" Mit dieser Frage wird Ellen im Psychologischen Institut von Dr. Isaac O'Brian empfangen.

Sie weiß nicht, was sie erwartet hat – vielleicht einen kleinen Kerl mit Halbglatze – aber auf keinen Fall das! Der Mann, der als einer der besten Risikoforscher weltweit gilt, entpuppt sich als eine Art Zwillingsbruder von Ryan Gosling: schlank, längeres Haar und coole Klamotten.

„Na, Haie – denke ich sofort! Doch …" – Ellen macht eine kleine

Kunstpause „… wenn Sie diese Frage so stellen, dann sind es wohl eher nicht die Haie."

„Gut gedacht – es sind eindeutig die Kokosnüsse! Jährlich sterben über 100 Menschen, hauptsächlich Touristen an ihren so heißgeliebten Stränden, weil ihnen eine Kokosnuss auf den Kopf fällt. Weil sich Touristen gern unter Kokospalmen setzen – wegen der Romantik."

„Hab ich noch nirgends etwas drüber gelesen."

„Eben! Wenn aber irgendwo auf der Welt ein Mensch von einem Hai angegriffen wird, steht es am nächsten Tag in fetten Lettern überall auf der Welt in den Boulevardzeitungen: Hai attackiert Surfer oder Schwimmer!"

„Und wie viele Menschen werden tatsächlich jährlich von Haien getötet?"

„Die Zahl schwankt zwischen fünf in normalen und zehn in Ausnahmejahren!"

„Die Wahrscheinlichkeit durch eine herabfallende Kokosnuss zu sterben, ist also zehn- bis zwanzigmal höher?"

„Genau. Aber niemand ruft am Strand: Vorsicht, da hängen Kokosnüsse über Ihrem Kopf! Und die Gefahr vom Blitz getötet zu werden ist sogar bis zu fünfzigmal höher."

„Und wie steht es mit gesellschaftlichen Risiken?", hakt Ellen nach.

„Das Risiko, durch einen Mord oder einen Unfall, eine Naturkatastrophe, Hunger oder Krieg zu sterben war noch nie so gering wie heute – doch was sehen wir die ganze Zeit in den Medien?"

„Kriege, Morde, Unfälle, Natur- und Hungerkatastrophen!"

„Exactly – wen wundert es, dass sich die Menschen vor den falschen Risiken fürchten?"

„Sie meinen, die Medien bestimmen, wovor wir Angst haben?"

„Nein, ganz so einfach ist es natürlich nicht. Die Medien berichten vor allem über nicht vorhersehbare Ereignisse – das ist ihr Geschäft. Sie berichten weniger über schleichende unsichtbare Gefahren. "

„Und welche wären das beispielsweise?"

„Zum Beispiel Strahlung. Die Menschen haben auch nicht Angst vor jeder Strahlung. Sie fürchten radioaktive Strahlung, die aus Atomkraftwerken entweicht oder den Elektrosmog einer Hochspannungsleitung, die nah an ihrem Heim vorbeiführt. Aber sie haben keine Bedenken, sich einer viel gefährlicheren kosmischen Strahlung während eines Interkontinentalflugs auszusetzen, um ein paar Tage in Paris einzukaufen und gut zu essen. Wozu wir uns freiwillig entscheiden, das meinen wir besser im Griff zu haben. Das gilt insbesondere für unsere Lebensmittel: Da fürchten sich die Menschen sehr vor künstlichen Zusatzstoffen oder chemischen Rückständen."

„Aber die sind doch auch ungesund – oder bezweifeln Sie das?"

„Ungesund sicherlich schon, aber nicht wirklich gefährlich. Gerade einmal zwei Prozent aller durch die Ernährung hervorgerufenen Krebserkrankungen gehen auf ihr Konto. Zu viel, zu fettes, zu fleischlastiges Essverhalten ist dagegen für 75 Prozent der Fälle zuständig. Da beschwert sich niemand darüber, weil jeder selbst die Verantwortung dafür trägt, was er sich auf den Teller schaufelt."

„Bei der Umwelt ist es ähnlich", schließt sich Ellen ihm an. „Hier in Kalifornien und inzwischen überall auf der Welt ziehen immer mehr Menschen an die Küsten – und, wer es sich leisten kann, in kleinere oder größere Villen mit direktem Meerblick. Obwohl mittlerweile so gut wie alle wissen: Der Klimawandel kommt, und er bringt einen Anstieg des Meeresspiegels mit sich."

„Die Menschen meinen, alles im Griff zu haben, und daher fokussieren sich ihre Ängste auf Ereignisse, die viel, viel seltener sind: Terroranschläge zum Beispiel."

„Oder Flugzeugabstürze."

„Oder eben Haiangriffe."

„Aber", Ellen hält ihren rechten Zeigefinger hoch, „wer bestimmt denn nun, was ein relevantes Risiko ist; die Regierung, die Gesellschaft oder jeder Einzelne?"

„Gute Frage, die gar nicht so einfach zu beantworten ist. Denn man muss zwischen gewollten und ungewollten Risiken unterscheiden. Es gibt zum Beispiel das bewusst gewählte Risiko bei extremen Sport- und Freizeitaktivitäten."

„Extrembergsteiger?"

„Ja oder Einhandsegler, die allein um die Welt turnen, aber auch andere Sportarten, bei denen wir an und über unsere Grenzen gehen. Auch beim Glücksspiel wählen viele das Risiko. Ganz anders liegt der Fall, wenn uns das Risiko als Schicksalsschlag erwischt. Naturkatastrophen, deren Auswirkungen allerdings inzwischen stark abgefedert werden. Den Hurrikan Katrina, der im Jahr 2005 New Orleans überflutete, hast du schon bewusst miterlebt – oder?"

„Ja, obwohl ich noch sehr klein war. Das ist mit das erste, das ich auf dem Fernseher mitbekommen habe. Tagelang liefen Bilder dieser Katastrophe, meine Eltern versuchten, mich zu beruhigen: alles nicht so schlimm."

„Da wurden auch viele Fehler begangen, aber immerhin hat ein Großteil des Krisenmanagements funktioniert. Weil wir hier in den USA häufig mit solchen Naturkatastrophen zu tun haben."

„Warum konnte uns die Coronakrise dann so hart erwischen? Wo waren da die ganzen IT-Unternehmen mit ihren Prognosen, ihren so weitgespannten Netzwerken?"

„Daran forsche ich gerade noch. Aber so viel ist eigentlich allen klar: Mit dieser Krise haben die Leute nicht gerechnet, auch die Politiker nicht. Es gab ausgearbeitete Notfallpläne, mehrere Epidemien in den Jahren davor konnten gerade noch in Asien eingedämmt werden. Lauter Warnungen, die keiner sehen wollte! Es lief einfach zu gut: Die Wirtschaft wuchs global, die Menschen waren in Reiselaune wie nie."

„Ja", stimmt Ellen zu. „Schnell noch alles sehen, bevor der Klimawandel zuschlägt."

„Auch Politiker und Krisenmanager haben auf die falschen Risiken geblickt: Man hatte mehr Angst vor Terroranschlägen, vor illegalen Einwanderern, vor einem Anstieg der Arbeitslosigkeit als vor einer Pandemie. Nur deshalb konnte uns die Coronakrise so hart treffen: Die Verantwortlichen waren nicht darauf gefasst, sie reagierten zu spät, setzten keine nachvollziehbare Zielmarken … Pandemien hatte niemand außerhalb Asiens auf dem Schirm – und das trotz der langen Listen an Seuchen, die die Menschen seit Jahrtausenden durchlitten hat."

Er öffnet eine Liste auf seinen PC. „Pest, Pocken, Cholera, Typhus, Polio und immer wieder neue Grippeformen: die Justinianische Pest soll im 6./7. Jahrhundert jeden achten Menschen getötet haben, die Spanische Grippe 1918–20 kostete vermutlich mehr Menschenleben als der gesamte Erste Weltkrieg. Auch die Asiatische Grippe 1957–58 und die Hongkong-Grippe 1968–70 forderten anders als ihre Namen vermuten lassen, über eine Millionen Opfer weltweit. Obwohl damals die Welt noch weit weniger vernetzt war als heute …"

„Was machen wir falsch?"

„Falsch ist vielleicht nicht das richtige Wort. Unausgewogen wäre treffender. In zahlreichen Befragungen und Experimenten haben wir herausgefunden, wie das menschliche Hirn sein eigenes Verhalten bewertet. Bei der Einschätzung der Weltlage neigen wir ja – wie wir festgestellt haben – sehr zum Negativen. Wenn wir aber unser eigenes Verhalten einschätzen sollen, neigen wir sehr zum Positiven. Das optimistische Gehirn nennt deshalb meine Kollegin, die Psychologin und Neurowissenschaftlerin Tali Sharot, unser Denkorgan. Bei Motorradfahrern beispielsweise wurde herausgefunden, dass sie das Risiko zu verunglücken ausblenden. Sehr leichtsinnig! Sie machen nur ein Prozent der Verkehrsteilnehmer aus, stellen aber 15–20 Prozent der Unfallopfer!"

„Sie haben also ein fünfzehn- bis zwanzigfach erhöhtes Risiko."

„Exakt! Doch das wollen sie nicht sehen, denn sie halten sich selbst für besonders gute Biker, Probleme haben nur die anderen."

„Crazy!"

„Nein, normal, denn so gut wie alle Menschen führen ähnliche innere Monologe: Ich doch nicht! Mir passiert schon nichts. Die anderen, die müssen aufpassen. Die kann es treffen. Die sind je nachdem: zu alt, zu krank, zu arm, zu ungebildet, zu schlecht erzogen, zu undiszipliniert, zu wenig trainiert – what ever! Aber mir passiert schon nichts! So denken die meisten Menschen über ihre persönlichen Risikosituationen."

Ellen überlegt und zieht dabei an einer Haarsträhne.

„Shitti-bang! Und mit dem Klimawandel läuft es genauso! Die Menschen im reichen Norden denken: Das wird man schon irgendwie in den Griff kriegen. Wer auch immer man sein soll."

„Bei diesem Thema sind die Leute besonders schizophren: Die Mehrheit glaubt, der Klimawandel wird die ganze Menschheit treffen – nur sie selbst nicht."

„Natürlich wird es als erstes und besonders hart die armen Länder treffen." Ellen hackt mit ihrer rechten Hand eine unsichtbare Welt in zwei Teile, „obwohl die am wenigsten für den Klimawandel können. Der allergrößte Teil der Treibhausgase ist ja von den alten Industrienationen freigesetzt worden."

"Genau, Ellen. Darauf nimmt der Schicksalsgott, der die Risiken verteilt, keine Rücksicht!" Der Experte hebt beschwichtigend eine Hand. „Jetzt haben wir uns aber einen Kaffee verdient. Oder trinkst du lieber Tee?"

Nach einem Schluck Tee und einem Biss in seinen Schokomuffin fährt der Experte fort: „Ein Positives haben Katastrophen allerdings …"

„Und zwar?"

„Dann treten auch die besten Eigenschaften der Menschen zutage: Altruismus, Heldentum, Solidarität. Nehmen wir den Hurrikan Katrina oder die Flutkatastrophe in Deutschland im Sommer 2021: Wie hilfsbereit die Leute danach waren. Vor allem die, die knapp davongekommen sind."

„Wie kommt das?"

„Die Leute brauchen einen richtigen Schuss vor den Bug. Etwas Sinnlich-Derbes! Sie müssen es mit eigenen Augen sehen: Krankenwagen, die die Notaufnahmen belagern. Särge, die gestapelt werden. Oder ein naher Verwandter unter den Opfern. Erst dann verstehen sie es. Bis dahin sagen sie sich: Ach, das ist wieder nur eine der vielen abstrakten Gefahren, die irgendwen da draußen betreffen. Die Opfer kann man im TV oder bei YouTube sehen … aber uns betrifft das doch nicht. Die Menschen ändern erst ihr Verhalten, wenn ihnen selbst das Wasser bis zum Hals steht."

„Aber diese Reaktionsweise hilft nicht gegen die anstehenden großen Umwelt- und Klimakatastrophen", urteilt Ellen. „Dann ist es definitiv zu spät!"

„Ja, ich weiß. Darin bin ich mir mit allen anderen Risikoforschern einig: Wir brauchen eine Bevölkerung, die geschulert ist in der Risikobewertung. Solche Menschen würden auch keine populistischen Rattenfänger mehr zu ihren Anführern machen. Aber kommen wir doch noch einmal auf unsere heißgeliebte Coronakrise zu sprechen, die jetzt alle möglichst schnell vergessen wollen. Ich sage es bei jeder Gelegenheit: Das Ganze war nur eine Übung! Im Vergleich zu wirklich gefährlichen Epidemien wie Ebola oder Krisen wie einem weltweiten Zusammenbruch des Internet! Die

Menschen verhalten sich unreif – in Europa und hier in den USA sowieso. Wie verzogene Konsumkinder eben!"
„Aber so hat die Wirtschaft sie doch gewollt!" Ellens Stimme wird das erste Mal lauter. „So wurden sie erzogen ... immer nur auf die Marken schauen!"
„Und du?"
„Alle meinen, ich müsste Model werden! Zugegeben: Es ist ganz schön, wenn man gut aussieht und sich gut kleiden kann. Und von den anderen respektiert wird. Aber das kann doch kein Lebensinhalt sein – oder?"
„Da hast du völlig recht. Aber das ist schon wieder eine Wertung, die über die Risikoeinschätzung hinausgeht. Soll ich nicht tun."
„Wieso sollen Sie das nicht tun?"
„Na, ... ach, vergiss es."
„Wieso?"
„Na, eure Projektleiter wollen nicht, dass ich dein Verhalten bewerte. Das würde den ganzen Ablauf stören."
Auf dem Heimweg geht Ellen nur dieser eine Punkt durch den Kopf: den Ablauf stören. Welchen Ablauf?

14. Mai – Ort und Zeitzone unbekannt

„Mark hat sein Handy seit 32 Stunden ausgeschaltet, das Gerät ist über die App nicht erreichbar."
„Ausgeschaltet, ein 18-jähriger?"
„Ja, ausgeschaltet, besser gesagt, in irgendeine merkwürdige Art von Standby versetzt. Ich komme an nichts mehr ran. Mein Gefühl sagt mir, der führt was im Schilde."
„Gefühl?! Sag mir lieber, von wo das letzte Signal kam."
„Letzter ermittelbarer Standort ist irgendwo in Hamburg ... genauer gesagt... Hamburg-City ... ich zoome gerade ..."

„Nein ... doch! Mitten auf der Alster."
„Alster?"
„Das ist so ein kleiner Binnensee mitten in der Stadt."
„Könnte er sein Handy absichtlich dort versenkt haben?"
„Kann ich mir eigentlich nicht vorstellen. Aber wer weiß, was in den Köpfen dieser Youngster so vor sich geht. Keine Sorge – ich bleibe dran! Bei den anderen läuft alles normal."
„Hoffentlich!"

14. Mai – Bangalore

Nihar betritt das erste Mal in seinem Leben den Bürokomplex am Stadtrand, im International Tech Park, in dem das Callcenter seines Vaters liegt.

„Hey, Nihar", empfängt ihn ein Mann in weißem Leinenanzug, der nur ein paar Jahre älter als Nihar selbst sein kann. „Nice to see you. I am Santosh."

Sie sprechen weiter Englisch miteinander.

„Du willst also ein paar Tage bei uns reinschnuppern?"

„Ja, ich möchte alles hier kennenlernen und auch selbst eingesetzt werden."

„Fine – und wie ich weiß, sind deine Englischkenntnisse sehr gut. Das ist nämlich Voraussetzung für einen Job hier. Wir arbeiten nur für Amerikaner. Aber als erstes führe ich dich einmal herum."

Sie gehen einen längeren Flur hinunter.

„Hier liegen die Büros der Verwaltung und der Führungskräfte", erklärt Santosh und stößt eine große Tür auf. „Und das hier ist eines unserer zwei Großraumbüros."

Eine große Halle, die durch Pappwände in unzählige kleine Boxen unterteilt ist, tut sich vor ihnen auf. Aber nicht nur diese kleinen Boxen, auch das Geschnatter in diesem Raum lässt Nihar an eine

Hühnerfarm denken – wie seine Schulklasse sie einmal besichtigt hat.

„Was für ein Geschnatter!"

„Ja, hier wird fleißig gearbeitet ..."

Nihar sieht sich eifrig um, die Mitarbeiter hier sehen mit ihren fast bronzefarbenen Gesichtern sehr edel-indisch aus. Als sie durch den Flur zur Kantine gehen, lässt Nihar wie beiläufig den Satz fallen: „Also gibt es hier keine Arbeitsmigranten aus Bangladesh oder Nigeria?"

„Nein, höchstens in der Kantine oder beim Reinigungsdienst. Aber hier im Callcenter selbst arbeiten ausschließlich Inder, gut ausgebildete Inder. Die sind alle sehr fit, müssen sie auch sein. Die kennen sich perfekt in den USA aus, die kennen die Vorlieben und Schwächen der Amerikaner – obwohl sie noch nie dort waren. Das lernen sie in speziellen Schulen. Dort sprechen sie allerdings reines Englisch, kein Amerikanisch."

Nihar ist leicht enttäuscht. Er dachte, er könnte etwas aufdecken. Deshalb hat er versprochen, ein zweiwöchiges Praktikum zu machen. Da muss er jetzt durch. Vielleicht macht es ja sogar Spaß, mit crazy Amis zu telefonieren. Falls sie ihn bald an einen Arbeitsplatz lassen. Jetzt muss er erst einmal die vermutlich stundenlange Einführung über sich ergehen lassen – als wäre er ein dummer Dalit. Hailā! So wollte er doch nicht mehr denken!

„Du musst dir das einmal genau vorstellen ..." Santosh führt ihn zu einem Arbeitsplatz, an dem eine junge Angestellte mit Kopfhörer sitzt und in einem fort redet – „... da sitzt ein hungriger Amerikaner – sagen wir mal – in Chicago, irgendwo in den weiten Vorstädten, der keine Lust hat zu kochen. Und mal schnell um die Ecke gehen, den Hund ausführen und dabei eine Pizza holen – das geht nicht in Amiland. Weil es da keine Fußwege gibt, die machen alles mit dem Auto. Und deshalb weiß dieser Amerikaner – nennen wir

ihn Mike – gar nicht, wo die nächste Pizzeria ist. Er muss nicht einmal eine Pizzeria im Telefonbuch oder im Internet suchen. Für Leute wie ihn gibt es eine zentrale Pizzahotline. Egal, wo man sich in den USA befindet, man ruft dort an, gibt die Bestellung auf und die wird dann an die nächstgelegene Pizzeria weitergeleitet. Der Witz dabei ist ...", Santosh hebt die Rechte und führt sie in Richtung der Mitarbeiterin, „Mike greift zum Telefon und dort meldet sich sofort eine nette Stimme – die aber genau hier sitzt. Indira sorgt allerdings dafür, dass es so klingt, als ob sie in der Nachbarschaft von Mike wohnt. Und nimmt die Bestellung auf: Sie wollen also eine Pizza Diavolo mit extra viel Käse und besonders scharf?"
„Extra scharf!", ergänzt Nihar.
„Was die Amis eben unter extra scharf verstehen. Die sollten mal nach Indien kommen und extra scharf bestellen. Die würden einmal vom Essen kosten, fast ersticken und zwei Wochen lang nichts mehr schmecken. Aber das behält Indira natürlich für sich. Sie wiederholt die Bestellung und schaut gleichzeitig auf Google-Maps – dort wurde ihr Anrufer bereits lokalisiert. *Sie wohnen also in der Freedomstreet 2005a in Georgetown, Chicago?*
Mike ist erstaunt. Er muss nicht einmal seine Adresse nennen. Während Indira noch die Adresse wiederholt, hat sie bereits die nächstliegende Pizzeria gefunden. Genauer gesagt: Nicht die, die wirklich am nächsten zu Mikes Haus liegt, denn die hat sich unserem Serviceprogramm nicht angeschlossen. Die Hotline erhält natürlich einen Teil des Geldes, das Mike für die Pizza zahlen wird. Aber die Pizzeria, der Indira den Auftrag übermittelt, ist auch nicht weit weg. Die Pizzaboys dort haben bereits die Bestellung im Chatroom bestätigt. Jetzt wartet Indira nur noch auf eine Rückmeldung. *30 Minutes*, kommt die Nachricht, die sie sofort weitergibt.

30 Minutes?
Sorry, 30 Minutes. It does not get any faster.
Siehst du, Nihar: All das – das Telefonat zwischen den USA und Indien und der fixe Internetaustausch; die Suche nach Mikes Adresse und nach der nächstgelegenen Pizzeria; der Chat zwischen Indira und den Pizzaboys läuft so gut wie ohne Zeitverzögerung ab – hat nur 70 Sekunden gedauert."
„Und dieser Mike hat die ganze Zeit gar nicht gemerkt, dass er mit Indien telefoniert?"
„Das einzige Merkmal an dem Mike erkennen könnte, dass seine Gesprächspartnerin gar nicht in Amerika sitzt, wäre die Sprache. Sie spricht Englisch, nicht Amerikanisch, Oxford-Englisch nämlich. Daran könnte Mike es merken, aber er hat vermutlich einfach zu großen Hunger."

15. Mai – Hamburg

Mark hat Trauben, Orangen, ein paar Bananen sowie einen noch warmen Gemüsedöner und Falafel mitgebracht. „Ich wusste nicht, ob du Vegetarierin bist!"
„Nein, bin ich nicht. Und ich versteh diese Trennung auch nicht. Für mich sind Pflanzen genauso Lebewesen wie Tiere. Im Grunde ist es doch einfach: Nur Pflanzen können mit Hilfe ihrer Chlorophyllzellen aus Sonnenlicht und CO_2 Zucker herstellen, den organischen Treibstoff. Deshalb werden sie von den anderen gefressen, die wiederum noch anderen als Nahrung dienen. Wer niemand anderes fressen will, muss einfach verhungern." Dann wendet sich MartinA wieder ihrem PC zu.
„Setz dich, ich muss noch kurz meinen Blogeintrag beenden."
Mark setzt sich, und sein Blick fällt auf ein merkwürdiges organisches Gebilde, das zwischen zwei Tastaturen liegt. „Was ist das denn?"

MartinA sieht sich das Objekt an. „Muss'n Stück Pizza sein. Lass mich kurz nachdenken. Zwei Großprojekte zurück. Ja, eine Pizza Quatro Statione, so 14–16 Tage alt, schätze ich."
„Interessante Oberflächenreaktion …", kommentiert Mark.
„Na, das ist so wie mit Schiller und seinen faulen Äpfeln. Hilft mir beim Denken. Hast du schon mal überlegt: Selbst die Digitalisierung haben nicht wir Menschen erfunden."
„Wer denn?"
„Die Natur: haben wir alle mit zu tun. Viren sind reine RNA, die haben keinen Stoffwechsel. Reine Informationsbausteine mit Andockstellen. Hier sieh mal …" Der Computerbildschirm wird schwarz, nur ein einziges Wort blinkt auf: ESSEN!
„Willst du ein Müsli?"
„Nee danke."
„Aber 'ne Orange, haste ja hergeschleppt!" Sie wirft Mark eine zu und zeigt auf ihren Monitor: „Eigentlich kommt hier fast alles raus, was ich zum Leben brauche."
„Du musst doch auch essen!? Was tust du, wenn du keinen freundlichen Helfer hast?" Mark zeigt grinsend auf sich.
„Schon mal was vom Internet gehört? Mein Müsli lasse ich mir bei *MyMüsli* zusammenstellen, und die schicken es mir."
„Und die Milch?"
„Magermilchpulver. Hab ich noch so zwanzig, dreißig Kartons voll. Feinste Bioware – hab ich bei Ebay ersteigert. Weißt du, mein Nervensystem ist direkt mit dieser Maschine verbunden. Ich merke eher, wenn irgendwas an der Hardware kaputtgeht, als dass ich meinen Hunger oder Durst spüre. Deshalb trinke und esse ich nach der Uhr. Ich habe feste Essenszeiten einprogrammiert, in denen der Bildschirm für zehn Minuten blockiert wird. Und es ist komplizierter, die Blockade aufzuheben als in die Küche zu gehen und ein Müsli zu mischen."

„Wie merkst du eigentlich, wenn jemand das System angreift?"
„Ich krieg' ein Kribbeln in den Beinen und im Kopf, wenn ein Hack startet – passiert immer wieder…"
„Warum lassen sich Programme überhaupt hacken, ohne dass die Nutzer es merken?"
„Das hat mehrere Gründe – vor allem jedoch: Auf 1000 Programmierzeilen kommen im Durchschnitt drei Fehler. Um es mal einfach zu sagen: An diesen Stellen sind die Programme nicht wasserdicht, sie haben eine Art Knick und sind bereit, jede Hilfe anzunehmen. Und zack! Sitzt einer da drin, macht es sich bequem und krempelt das System von innen auf …" MartinA reibt die Handflächen aneinander.
„Oder noch bequemer: Die Programmierer bauen gleich bei der Erstellung des Programms ein Hintertürchen ein. So können sie später unbemerkt auf das Programm und seine Daten zugreifen – kein Virenprogramm, keine Firewall reagiert darauf. Darum geht es auch in dem Streit mit Huawei. Das chinesische Unternehmen soll geheimen Zugriff auf alle seine Produkte haben – behaupten die USA. Beweisen können sie es allerdings noch nicht. Trotzdem habe sie Sanktionen gegen China verhängt."
Sie nimmt Marks Handy in die Hand und dreht es.
„Aber nun zu deinem Handy. Ich habe es in eine Art künstliches Koma versetzt und mir angeschaut. Da habe ich eine interessante App gefunden, die mir noch nie begegnet ist. Spezialprogrammierung, braucht viel Platz und ist sehr aktiv!"
„Was heißt das?"
„Sie verschickt große Datenvolumen."
„Waaaass?!"
„Naja, das machen die meisten Apps. Falls du das noch nicht gewusst hast. Auf euren Smartphones geht's zu wie in einem Ameisenhaufen. Ein Kommen und Gehen ist das. Und der Hausherr

kriegt wenig davon mit. Aber diese App ist anders. Sie saugt alles ab und verschickt es zu einem Server in den USA."

15. Mai – Ort und Zeitzone unbekannt

„Jetzt ist es wieder da – Marks Smartphone. Ja, es war 52 Stunden ausgeschaltet, in der Zeit wurde es anscheinend kaum bewegt."
„Woher willst du das wissen?"
„Die ersten Signale habe ich empfangen … Moment … mitten auf der Alster … fast am selben Punkt wie die letzten Signale …"
„Es wurde dort deponiert – auf einem See? Vielleicht in einer Boje?"
„Da gibt's keine Bojen; große Schiffe fahren dort nicht. Hab ich recherchiert. Nur ein kleiner Fährdampfer. Nein, ich glaube eher, der will uns verarschen …"
„Wenn der Typ das ganze Projekt gefährdet, dann müssen wir Maßnahmen ergreifen."
„Das hört sich aber jetzt ziemlich gefährlich an …"
„So war es auch gemeint!"

16.–18. Mai – aus den Globochats

Ellen: Hi Guys, ich habe meinen Termin beim Risiko-Psychologen in Berkeley hinter mir und habe das Wichtigste wie Mark in einer Datei zusammengefasst.
Mark: Hi Ellen, war das auch so ein unsympathischer Quasselkopf wie mein Trendheini?
– Könnt' ich nicht behaupten. Er war sehr charmant und gutaussehend. Und … ach ja, er glaubt, das Geheimnis des menschlichen Verhaltens mit Hilfe von Experimenten gelüftet zu haben. Er weiß, warum Men-

schen so auf Konsum stehen und Krisen ignorieren. Interessiert???
– Marhaban! Lass uns bitte an dieser großen Weisheit teilhaben!!! Min faḍlika, min faḍlika, bitte!
– Also mein Risiko—Psychologe meint, alle Probleme haben vor allem eine Ursache: Nämlich die, dass wir weniger Verstandeswesen, sondern emotionale Wesen sind! Und das hat zur Folge, sagt er, dass wir
1. Risiken nicht richtig einschätzen können
2. unsere eigene Position immer zu positiv werten.
– Hast du ein Beispiel?
– Etliche, aber das für uns vielleicht Interessanteste: Immer mehr Menschen wollen an den Küsten wohnen, möglichst nah am Strand. Dabei wird der inzwischen regelmäßig von Stürmen abgetragen. Auch in Florida muss der Sand ständig neu aufgeschüttet werden. Jeder kann es sehen: Der Klimawandel lässt den Meeresspiegel ansteigen, die Stürme werden heftiger. Und die Menschen ziehen trotzdem dort hin, weil sie denken: Mir passiert schon nichts! Stattdessen haben sie Angst vor Terroristen. Obwohl bei Terroranschlägen gemessen an anderen möglichen Risiken verhältnismäßig wenig Menschen sterben.
– Und selbst die Angst vor Terroranschlägen sinkt schnell wieder. Nehmt Ägypten. Alle paar Jahre gibt es einen schweren Anschlag, bei dem vor allem Touristen getötet werden. Aber Ägypten ist so ein verlockendes Reiseland: Sonne, Pyramiden, der Nil, die Korallenriffe am Toten Meer …
– Und so billig.
– Mein Experte nennt das: Das Risiko wird ‚einge-

preist'. Mehr Risiko – geringerer Reisepreis. Aus dem gleichen Grund lieben US-Amerikaner den Urlaub in Mexiko: gefährlich, aber billig. Wenn es um das eigene Vergnügen geht, schätzen die Menschen die Risiken ganz anders ein, als wenn es um ihren Arbeitsplatz oder Orte geht, an denen sie nicht freiwillig sind.
– Namaste, ich glaube, die Leute wollen auch die Katastrophe.
– Wie meinst du das?
– Das Leben ist sonst ziemlich langweilig, eintönig, vorhersehbar. Jahrelang haben sie sich Katastrophenfilme und Horrorserien wie ‚The Walking Dead' reingezogen, und jetzt gibt es das in echt. Es ist irgendwie ein Kribbeln – für die reichen Leute in ihrer abgesicherten Welt. Das lässt sie fühlen: Ich lebe! Gleichzeitig glauben sie, mit heiler Haut davonzukommen. So wie meine Eltern und unsere Nachbarn in unserer gated community.
– Und die anderen?
– Die Angst gehört den Armen. Für sie beginnt jeder Tag mit einer Katastrophe. Das habe ich hier bei uns in den Slums selbst gesehen.
– Du warst in Slums?!
– Ja klar, ich bin doch keine Memme, auch wenn ich Nihar – süßer Morgentau – heiße! Die wissen nicht, wo sie sauberes Wasser herkriegen und haben keine Klos. Jeden Tag suchen sie Arbeit, um das Essen für den Tag kaufen zu können. Damit ihre Kinder nicht verhungern. Die brauchen keine Unterhaltung.
– Und die Reichen lassen die Armen für einen Hun-

gerlohn arbeiten, damit sie sich von dem erpressten Profit Unterhaltung für ihr langweiliges Leben leisten können. Ist doch pervers.
— Vor allem, wenn man bedenkt, dass sie dabei den Planeten zerstören mit ihrer Gier nach immer mehr. Das alles zeigt doch nur, was mein Experte meint: Es gibt keine angemessene Risiko-Bewertung. Auf allen Ebenen — von der UNO über die einzelnen Staaten bis zu jedem einzelnen. Und wenn wir ehrlich sind, verhalten wir uns ja auch nicht viel besser.
Und hier kommt noch die Lieblingsfrage meines Risiko-Forschers: Haie oder Kokosnüsse — was meint ihr, was gefährlicher ist?

18. Mai – Hurghada

Inschallah – immer, wenn ihr Vater spricht, geschieht etwas Merkwürdiges mit Fatima. Sie sieht ihn dann in einem bestimmten Lichtton. Und dieser Lichtton wechselt je nach seiner Stimmung. Wenn er am Wochenende ruhig und entspannt aus dem Café kommt und beim Backgammon gewinnt, schwappt seine Stimme in einem tiefen Blau durch den Raum wie die Meereswellen am Strand. Häufiger jedoch schrillen seine Worte in immer greller werdendem Hellgelb wie die Mittagssonne, die die Felder und Böden ausbrennt. Dann wird er erst vorwurfsvoll, danach selbstgerecht und schließlich nur noch aggressiv. So wie heute.
„Einer meiner Mitarbeiter hat mir berichtet, dass er dich gesehen hat."
„Und?", fragt Fatima unschuldig.
„Und!? Und du warst am öffentlichen Strand!"
„Und?"

„Du hast gebadet!"
„Und?"
„IN EINEM BIKINI!"
„Das war kein Bikini, sondern ein geschlossener Badeanzug."
„Aber kein Burkini!"
„Nein, ich wollte einfach mal ausprobieren, wie es sich anfühlt. Und zu deiner Beruhigung: Es fühlt sich nicht gut an, sich den Blicken der Männer preiszugeben."
„Du wolltest es AUSPROBIEREN!? Willst du auch noch ausprobieren, wie es ist, deine Unschuld zu verlieren?"
„Was hat dein Mitarbeiter eigentlich tagsüber am öffentlichen Strand gemacht? Doch nicht etwa Bikinimädchen beobachten?"
„Der Mann ist eine angesehene Persönlichkeit unserer Gemeinde ..."
Nun folgt die Standardstandpauke ihres Vaters, während der seine Stimme eine leicht violette Färbung annimmt: „Hier wird gemacht was ich sage. Und was im Koran steht. Wir sind doch keine Kuffār!"
Er steigert sich mit zunehmender Lautstärke in seine Strafpredigt hinein, seine Stimme wird rotbraun und treibt Fatima die Tränen in die Augen.
Erst als dieser Zorn wieder verblasst, weil ihrem Vater die Puste ausgeht, traut sich Fatima etwas zu erwidern: „Im Koran steht überhaupt nichts von Kopftüchern und Burkinis!"
„Fatima, meine Tochter. Bei Allah! Willst du so dekadent werden wie die Russen in meinem Hotel? Die stehen erst auf, kurz bevor das Frühstück abgeräumt wird. Laden sich die Teller so voll, wie es nur geht. Haben – Haben – Haben. Und essen dann nur die Hälfte. Den Rest müssen wir wegschmeißen. Nicht einmal das Reinigungspersonal will diese unreinen Speisen mit nach Hause nehmen. Am Abend dann wird es ganz widerlich ..."
„Und unsere Männer?! Sind die besser?"

„Wie kannst du nur unsere Ehre in Frage stellen? Du bist nur ein Mädchen, deine Mutter würde es nicht wagen, so zu reden …"
Am anderen Morgen berichtet sie Shayma von der Auseinandersetzung.
„So ist es: Die Männer dürfen machen, was sie wollen. Und spielen sich dann noch als Sittenwächter auf."
„Wir müssen ihrer Verlogenheit auf die Schliche kommen. Aber möglichst mit Beweisen!"
„Ich wüsste auch schon wie", antwortet Shayma. „Aber es ist sehr riskant!"
„Was ist denn", Fatimas Stimme bebt, „für eine Muslima nicht riskant – sobald sie aufhört den Männern blind zu gehorchen?"

19. Mai – Bangalore

Inzwischen ist Nihar mit Santosh ganz dick. Santosh fragt ihn mittlerweile sogar Dinge wie: „Was willst du werden, Nihar?"
„Bis vor kurzem Profigamer."
„Jetzt nicht mehr?"
„Nein."
„Das ist gut. Gameprofis können nämlich schon bald einpacken."
„Wieso?"
„Hast du das nicht mitbekommen: Seit 2016 haben alle professionellen Go-Spieler gegen das Programm von Deepmind verloren."
„Und?"
„Go ist das komplizierteste Programm, was die Kombinationsfähigkeiten angeht. Und wenn die Spieler bereits Go verlieren, dann zeigt das: Künstliche Intelligenz kann alles lernen, was mit Denken und Kombinieren zu tun hat. Und wir dachten, das wäre erst in 10 oder 15 Jahren so weit."
„Und was bleibt uns?"

„Fühlen, Nihar. Ein KI-Programm kann vielleicht irgendwann Gefühle erkennen, vielleicht auch simulieren. Aber es kann per Definition nicht selbst fühlen. Fühlen können nur Lebewesen, also alle biologischen Organismen, die aus dem Genmaterial der Evolution entstehen. Daten sind im Grunde das Parallelprogramm zu Genen."

„Ich weiß gar nicht, was ich außer Gamen noch kann."

„Nihar, du brauchst doch gar nicht lange zu suchen, wo deine Fähigkeiten liegen. Wo hast du denn den Großteil deiner Jugend verbracht?"

„Am PC."

„Eben! Du musst nur noch richtig Programmieren lernen, und du wirst ein guter ITler", sagt Santosh und lächelt ihm aufmunternd zu.

Nach diesem Gespräch hält Nihar es beim Mittagessen für den passenden Augenblick, seinen Kollegen zu fragen: „Kannst du etwas herausfinden über eine US-Firma?"

„Warum willst du das wissen?"

„Sie haben etwas mit meiner GLOBALOPOLY-Gruppe zu tun. Wir wissen nicht, warum sie uns helfen. Irgend etwas ist da faul an der Sache."

„Ist eigentlich verboten in den Kundendaten zu schnüffeln. Machen wir aber trotzdem häufiger – einfach so zum Zeitvertreib. Also, wie heißt die Firma? Ihren Standort brauchst du mir nur zu sagen, wenn er nicht im Silicon Valley liegt."

Nihar erzählt, was er über Steves Firma weiß. Was nicht viel ist.

„Also, weil du mein Kumpel bist, nicht weil du der Sohn vom Chef bist, schaue ich mal, was ich machen kann."

Schon am nächsten Morgen löchert Nihar seinen neuen Freund. „Hast du schon etwas herausbekommen? Weißt du schon, wer für Steves Firma arbeitet?

„Nein, Nihar, ich muss mich hier um alles kümmern, denn dein Vater kommt immer nur gegen Mittag für ein paar Stunden vorbei, um etwas Unordnung zu stiften. Ich hab noch keine Zeit gehabt. Sag mal, weißt du eigentlich wie viele Inder in wie vielen Callcenter für US-Firmen arbeiten?"

„Tausende?"

„Nein, Zehntausende! Ohne uns könnten die Silicon-Nerds einpacken. Wir machen die Denkarbeit für sie. Und ihre Hardware wird in China und Indonesien gebaut. Eigentlich muss man sich fragen: Warum fließt das ganze Geld in die Taschen amerikanischer IT-Firmen?"

22. Mai – San Francisco Bay, Los Gatos

Shit. Shitti-bang! Ist das Leben nicht schon crazy genug? fragt sich Ellen – und möchte diese Frage der Welt entgegenschleudern. Natürlich nicht auf Facebook oder in anderen Social Media. Davor hat sie ihr Vater oft genug gewarnt. Aus der Umgebung ihres geliebten Frisco, in der sie groß geworden ist, ist sie über Nacht gerissen worden. Täglich muss sie an Ihre Mom denken, deren Tod vor zwei Jahren eine schmerzende Lücke hinterlassen hat. Und dann hat sie noch mehr als ein Jahr ihrer kostbaren Jugendzeit durch Corona verloren, immer wieder musste sie auf ihre Lieblingsaktivitäten – Schwimmen und Tanzen – verzichten. Und jetzt?

Jetzt hat sie sich gerade an das neue College gewöhnt, neue Freundinnen gefunden – was man ebenso Freundinnen nennt – da verkündet ihr Vater schon wieder einen Kurswechsel. Seit kurzem redet er davon, dass sie bald wieder nach Frisco zurückziehen könnten – auch an diesen Abend: „Das habt ihr doch alle gewollt, oder etwa nicht?"

„Aber die Mieten und Immobilienpreise explodieren doch dort!",
wundert sich Ellen.

„Ja", bestätigt ihre Schwester Vivien, „der Bruder meiner Freundin hat dort nur eine Wohnung bekommen, weil er freiwillig noch 1000 Dollar auf die Monatsmiete von 5000 Dollar gepackt hat. Er kann sich das leisten, er hat bei Facebook angefangen – mit einem Traumjahresgehalt!"

„Und wir können uns das auch bald wieder leisten", erklärt Steve freudestrahlend, „unsere Firma arbeitet an zwei sehr aussichtsreichen Projekten – und dann ist da ja noch Ellens GLOBALOPOLY. Damit könnten wir viel Aufmerksamkeit auf uns ziehen. Das findet auch George."

„George?", hakt Ellen nach. „Soweit ich weiß, gibt es keinen Mitarbeiter in deiner Firma mit diesem Namen. Oder hast du jemand Neues eingestellt?"

„Nein, das würde ja nicht viel an der Situation ändern. Die Situation hat sich aber geändert, denn wir haben endlich einen neuen Investor gefunden."

„Diesen George ... wie heißt er weiter?"

„George Lauckman ... der ist ... irgendwie ... ein great guy, beinahe hätte ich gesagt ein echter son of a bitch!" Und dann lässt Steve sich darüber aus, wen dieser Supertyp alles kennt, welche erfolgreichen Start-ups er schon finanziell angeschoben hat und wie viel Geld er dafür aus welchen Fonds locker machen kann. Bei solchen Auftritten fragt sich Ellen ernsthaft, wer in diesem Haus eigentlich erziehungsberechtigt und wer das Kind ist. Diese IT-Nerds wollen sich vor allem ihre eigenen Träume erfüllen: Leben und Arbeiten in der schönsten Stadt der Welt, die Arbeit als nettes Spielchen gestalten und Geld im Überfluss verdienen. Einzige Bedingung für dieses schöne sorglose Leben: Hin und wieder muss jemand in der Firma eine wirklich gute Idee für ein neues Produkt haben, ein neues Programm, eine Service-Website oder eine App. Zwei Faktoren sind dabei wichtig, wie die ganze Familie vom Vater immer und immer wieder beim Abendessen, wenn er denn mal da war, eingetrichtert bekommen hat.

Erstens: Das Angebot muss digital und weltweit verbreitbar sein, sonst lassen sich keine Traumprofite erzielen. Facebook beispielsweise erzielt pro Mitarbeiter hundertmal mehr Rendite als der US-Autokonzern GM.

Zweitens: Das Angebot muss so beschaffen sein, dass möglichst viele Menschen meinen, ohne es nicht mehr leben zu können. Eine digitale Droge!

Am genialsten machen uns das natürlich die Big Four vor. Dabei hält Steve vier Finger der rechten Hand hoch. Es ist zu einem Familienritual geworden.

„A – wie ...?"

„Apple", ruft Ellens jüngerer Bruder Peter.

„Exactly! Apple Computer und iPHONES sind nur ein klein wenig besser als andere Geräte, kosten aber das Vier- bis Fünffache. Mit ihrem Apfellogo sind sie zu *dem* Zeichen für Wohlstand, Bildung und Kreativität geworden.

F – wie ...?"

„Facebook", antwortet Vivien.

„Correct! Über 2,5 Milliarden Menschen sollen weltweit auf Facebook aktiv sein, Instagram nicht mitgerechnet, – sie bekommen das Gefühl vermittelt, zu einer großen virtuellen Gemeinde zu gehören. Und nichts zu verpassen! G – wie ...?", fragt Steve weiter und sieht dabei Ellen an.

„Goooooogle", antwortet die gelangweilt.

„Yes, Ma'am. Google ist zum lieben Gott des Wissens geworden. Egal, was für ein Problem die Leute haben, sie fragen Google. Und dann noch einmal A – wie ...?"

Es kommt keine Antwort, die drei Kids schweigen, denn die vierte Person, die antworten müsste, ist nicht mehr da.

„Amazon of course", vollendet Steve die Liste betreten. „Egal, was die Leute kaufen wollen, sie schauen zunächst bei Amazon nach."

„Und wer ist der Größte davon?", fragt Peter.

„Der Letzte, zugleich der zuletzt Erschienene ist inzwischen der Mächtigste und Reichste. Amazon überflügelt sie inzwischen alle. Aber wer sagt, dass es bei den Big Four bleiben muss. Was macht die göttlichen Vier unersetzlich? Und wer wird der fünfte Gott am digitalen Himmel sein?"

Und dann diskutieren sie darüber, ob Uber und Airbnb das Potential dazu haben.

„Nein", meint Ellens Vater, „das sind zu spezielle Angebote, die sich nicht ausweiten lassen. Du willst nicht jeden Tag bei Airbnb nachschauen, sondern nur, wenn du eine Reise planst. Außerdem hat Corona ihnen ihre Grenzen aufgezeigt: Da sie nur Dienstleistungen in der realen Welt angeboten haben, hatten sie beim weltweiten Lockdown das Nachsehen. Das ist der entscheidende Unterschied zu einem digitalen Kaufhaus wie Amazon: Egal wo ich bin, ich kann mir nicht nur Produkte vorschlagen lassen, sondern auch meine Lieblingsmusik oder Filme und Serien vorspielen lassen. Aber selbst Amazon hat wie alle anderen digitalen Unternehmen eine Schwachstelle: Es kann mich nicht wirklich überraschen! Alle Daten werden auf Gewohnheiten hin ausgewertet, um Prognosen zu erstellen. Die bisherigen Algorithmen verlängern nur ein vorhersehbares Verhalten: Wer zwei Krimis gelesen hat, liest höchstwahrscheinlich auch einen dritten. Wer Coca-Cola bestellt hat, wird beim nächsten Mal bestimmt keine Pepsi aussuchen. Oder sie stellen Analogien auf: Wer einen Krimi liest, verhält sich vermutlich wie andere Krimileser und bestellt auch Einschlafhilfen."

„Die meisten Biertrinker essen auch gern Fleisch!", ergänzt Ellen.

„Aber was fordert mich persönlich heraus? Wo liegen meine unerkannten Stärken? Was für ein Potential habe ich? Das wollen diese digitalen Angebote gar nicht wissen, weil deren Entdeckung mich ja vielleicht von den Geräten wegführen würde."

„Und noch entscheidender: Wie entsteht etwas Neues?", stimmt Steve eifrig zu. „Wer erkennt einen neuen Trend als Erster? Wenn man solch ein Prognoseinstrument besäße, könnte man den 7,5 Milliarden Menschen da draußen etwas bieten: Man könnte Prognosen für die Zukunft ganzer Gesellschaften erstellen, sodass die sich für alles wappnen können."

Und wieder ist es Peter, der Steve mit einer seiner cleveren Fragen unterbricht: „Aber wenn Google, Facebook und so weiter so viel Geld verdienen, warum sind ihre Dienste dann im Netz überhaupt umsonst? Da draußen gibt es doch keinen Weihnachtsmann!"

„Ja – da hast du recht! Wenn dir jemand etwas schenken will, der nicht dein Freund oder Verwandter ist, dann solltest du dich fragen: Warum tut er das? Wer das nicht fragt, der ist dumm!"

„Aber warum geben sie mir dann etwas kostenlos?"

„Man bezahlt immer. Nur nicht immer mit Geld. In unserer Zeit gibt es drei Zahlungsmittel: Geld – Aufmerksamkeit – Persönliche Daten! Ich warne euch ja immer: Seid vorsichtig mit euren Daten! Alle eure Daten werden gespeichert, ausgewertet und verkauft."

„Für wen sind die denn eigentlich wirklich interessant?", bohrt nun Vivien nach.

„Vor allem für Werbekunden. Früher mussten sie teure Plakate drucken lassen, die am Straßenrand kaum wahrgenommen wurden. Oder in Zeitungen inserieren, obwohl sie nicht wussten, ob überhaupt jemand von ihren Anzeigen Notiz nehmen würde. Google und Facebook können Werbung genau dort platzieren, wo sie Interesse weckt. Weil sie ihre Nutzer kennen: ihre Hobbys, ihre geheimen Wünsche und ihre Schwächen. Du googelst nach der Ursache von Kopfschmerzen – und schon tauchen die besten Schmerzmittel als Werbebanner auf. Und keiner von uns weiß, was Google alles schon von uns weiß. Ein paar Daten und der richtige Algorithmus – und Google hat den Schlüssel zu deinen Träumen, die du selbst noch gar nicht kennst. Schockierend, was?! Aber das ist der Stand der Dinge!"

Ellen schaut aus dem Fenster und sucht nach einem klugen Einwand, doch Steve ist voll in Fahrt: „Ja, Peter, die ganze Multimediawelt ist furchtbar paradox: Auf ihrer Oberfläche lässt sich so leicht surfen. Doch darunter tun sich ungeahnte Tiefen und Labyrinthe voller Fallstricke auf. Noch nie wurden so viele Medien genutzt wie heute, aber niemand muss eine Handynutzungsprüfung oder einen Internetführerschein machen. Und so wissen die wenigsten über diese Medien und ihre Funktionsweise ausreichend Bescheid. Zum Beispiel Facebook: einige Klicks auf der Anmeldungsseite – und ihr steht mit ganz vielen privaten Details im Netz. Was meint ihr: Könnt ihr die schnell wieder löschen oder bleiben die für die nächsten Jahrzehnte für alle zugänglich?"

„Die Frage hast du uns schon tausend Mal gestellt!"

„Aber es ist wichtig: Bilder in Sozialen Netzwerken sind im Moment des Hochladens Eigentum der Plattform. Man kann sie nicht mehr so einfach löschen."

„Hat ja auch nur wenig Sinn", erwidert Vivien. „Oft sind die Beiträge und Bilder ohnehin schon kopiert und stehen an anderen Stellen – das lässt sich nicht mehr verfolgen!"

„Facebook tut so, als wolle es dir das Leben leichter machen – und nimmt dich dabei aus wie eine Weihnachtsgans. Der Trick, warum sie selbst nur so wenig Personal brauchen: die Nutzer laden ihre Daten, ihre Bilder, ihre Kontakte selbst hoch. Wenn das keine Ausbeutung ist! Und deshalb lass ich nicht zu, dass ihr auf Facebook geht. Später werdet ihr mir das einmal danken."

„Aber was Facebook macht, willst du doch eigentlich auch!", platzt es aus Ellen heraus.

„Waaasss?"

„Mit den Daten der Nutzer Geld machen. Ihr seid nur zu spät gekommen. Die wichtigsten Anwendungen sind bereits erfunden!"

„Wie kannst du so etwas behaupten. Nach all dem, was ich euch immer erkläre. Es gibt auch gute Anwendungen und Apps. Wir haben nicht vor, die Daten unserer Nutzer an die Werbeindustrie zu verkaufen."

Nun ergreifen auch ihre Geschwister für den Vater Partei: „Ellen, du willst doch auch zurück nach Frisco – oder nicht? Hast doch oft genug geklagt wie kleinkariert hier alles ist. Und wie öde deine neue Clique!"

„Ja, ja ist ja schon gut!"

„Jedenfalls: lange Rede, kurzer Sinn", kommt Steve zu seinem Schlusswort. „Wir ziehen wieder nach Frisco! Und, Ellen, ihr solltet weiter an eurem GLOBALOPOLY arbeiten. Ist doch eine Superübung, eure Prognosefähigkeit zu entwickeln. Und wer weiß, vielleicht macht ihr irgendwann ein Programm daraus, eine Prognoseapp oder so etwas ...-

23. Mai – Hurghada

Im Dunkeln haben sie sich angeschlichen – an die Altglascontainer, die zusammen mit Papier- und Plastikcontainern am Stadtrand stehen. Eigentlich ist hier wenig los. Kein normaler Ägypter fühlt sich für Müll zuständig, denn es gibt ja in allen Städten die Müllsammler. Diese Zabbalins sind überwiegend Christen und gehören zu der ärmsten Bevölkerungsschicht, die keinen anderen Job findet, als im Müll nach Pappe, Plastik und anderen Wertstoffen zu suchen. Um sie dann bei einem Altstoffhändler für ein, zwei ägyptische Pfund einzutauschen – dieser Tageslohn reicht meist nur, um sich einmal ordentlich satt zu essen.

In Kairo leben viele von ihnen sogar in den Mausoleen auf den Friedhöfen, weil sie die Miete selbst für die billigsten Absteigen in den zerfallendsten Häusern der Stadt nicht bezahlen können. Aber natürlich müssen sie auch dort etwas zahlen. Also: Warum soll man den schmutzigen Müll selbst entsorgen, wenn Kuffār das tun?

Wie Shayma vermutet hat, kommt jedoch bei Anbruch der Abenddämmerung Leben in das kleine Recyclingdepot. Immer wieder halten PKWs direkt vor den Glascontainern, Männer steigen aus und werfen einzelne Flaschen in die großen bauchigen Behälter.

„Ökologisch sinnvoll ist das ja nicht, für eine Flasche hierher zu fahren", urteilt Fatima.

„Es geht dabei auch nicht um Umweltschutz, wenn es stimmt, was ich gehört habe."

Sie warten bis zum Zeitpunkt des Abendgebets Ischā, und tatsächlich – ab da sich weit und breit kein Fahrzeug mehr zeigt, und sie laufen in der Dämmerung zu den Containern. Shayma hat einen langen Stock mitgebracht.

„Mach mal deine Handytaschenlampe an und halt das Licht ins Loch", weist sie Fatima an und macht sich mit dem Stock im Inneren des Containers zu schaffen. „Da!"

Sie angelt den Stock vorsichtig durch die Öffnung zurück – an seinem Ende steckt in eine Flasche: Ballantine's Whisky! Die nächste ist eine Wodkaflasche, gefolgt von einer Cognacflasche und einigen Weinflaschen.

„Die kleinen sind Bierflaschen", erklärt sie fachkundig.

„Verstehst du nun?"

Fatima nickt stumm. Die Männer wandeln zwischen zwei Welten. In den Bars, den Touristenhotels oder auf irgendeinem einsamen

Parkplatz genießen sie den im Koran verbotenen Alkohol.
„Auf dem Weg nach Hause halten die meisten bei Mustafas Kiosk, trinken schnell einen Mokka und kaufen Pfefferminz oder Kaugummi. Und glauben damit, ihre Frauen und Kinder täuschen zu können!"
„Mein Vater riecht auch immer stark nach Pfefferminz oder noch öfter nach Knoblauch, wenn er nach Hause kommt. Obwohl es dann erst das gemeinsame Essen gibt. Deshalb haben wir uns als kleine Kinder auch ungern von ihm küssen lassen!"
„Aber uns wird keiner glauben!"
„Ja, deshalb müssen wir Beweise liefern!"
„Und welche?"
„Videoaufnahmen! Mit dem Handy können wir nicht nah genug dran, außerdem könnte das Blitzlicht angehen. Das wäre fatal. Aber ich weiß schon wo wir uns eine gute Kamera ausleihen können, die auch mit wenig Licht klarkommt."
„Und wo?"
„Bei meiner Lehrerin! Die zeigt uns häufiger selbstgedrehte Filme. Nicht nur von der schönen Natur, sondern auch von den dark sides of the world …"

24.–27. Mai – aus den Globochats

Ellen: Hi everyone, ihr seid hoffentlich alle awake and in a good mood! Was ist mit unserem GLOBALOPOLY? Mein Vater meint, wir sollten das Spiel erst einmal fertigstellen. Und dann weitersehen … was meint ihr dazu!

Mark: Ja, ich bin gut drauf, auch wenn mich der Zustand der Welt und die Gleichgültigkeit meiner Mitmenschen und insbesondere meiner Familie und Bekannten ziemlich auf die Palme bringt ‚ankotzt' sagen wir dazu. Ich wäre gern bereit, an Globalopoly weiterzustricken. Allerdings drängt sich mir vorher eine Frage auf: Wenn dein Vater will, dass wir unser Spiel fertigstellen, dann verstehe ich eins nicht: Warum hat er uns dann solche Experten zugeteilt? Die Expertendates sollten uns doch weiterbringen, stattdessen haben sie versucht, uns zu verwirren.

Fatima: Salemaleikum, da stelle ich mich an Marks Seite. Vielleicht nicht verwirrt, aber zumindest haben mich die Experten verunsichert. Ich bin momentan ziemlich überfordert. Da ist nicht nur der Klimawandel und die große soziale Ungerechtigkeit. Da sind auch die vielen Widersprüche in meiner Kultur. Ich war überzeugt von den reinen und guten Lehren des Islam. Doch die fußen auf Schwarz-Weiß-Malerei: Da die Gläubigen und Guten — dort die Ungläubigen und Bösen. Doch das stimmt nicht, die Widersprüche unserer Welt entstehen überall — und wir müssen sie dort bekämpfen, wo wir sie sehen!

- Very correct, Fatima. Was macht eigentlich dein Bikiniprojekt?

- Erfolgreich abgeschlossen — gab jedoch eine Menge Ärger. Ich habe schon etwas Neues in Planung.

- Gut. Lasst uns lieber noch einmal anknüpfen an die Debatte von neulich. Ich schicke euch mal ein Zitat von Ulrich Beck, das war der deutsche Soziologe, der schon in den 1980er Jahren hellsichtig den Begriff ‚Risikogesellschaft' geprägt hat: „In der fortgeschrittenen Moderne geht die gesellschaftliche Produktion von Reichtum systematisch einher mit

der gesellschaftlichen Produktion von Risiken ... Die Risikogesellschaft ist eine katastrophale Gesellschaft. In ihr droht der Ausnahmezustand zum Normalzustand zu werden." Könnt ihr damit was anfangen?
- Namaste — versteh' ich nicht!
- Hallo Nihar, auch schon an Bord? Gemeint ist: Die Menschheit will immer das Schnellste, Größte, Billigste — ohne darauf zu achten, welchen indirekten Preis sie dafür zahlt, also: welche Risiken sie dafür eingeht. Um billige Energie für unseren derzeitigen Lebensstil zu bekommen, werden weltweit die Kohle-, Gas- und Erdölvorkommen ausgebeutet. Der Preis: Die Industrieländer sind abhängig von den Golfstaaten, ein immer größerer Teil des Wohlstands wandert dort hin. Gleichzeitig setzen wir durch deren Nutzung immer mehr CO_2 frei, das die Natur in Millionen Jahren in die Erde eingelagert hatte. Außerdem nehmen wir massive Umweltrisiken in Kauf: Ölverschmutzung der Meere, Luftverpestung durch Autos in den Städten und durch Verbrennung schmutziger Treibstoffe auf den Schiffen. Der dabei entstehende Feinstaub ist inzwischen an jedem Ort der Welt nachweisbar ...
- Ja, nur damit nicht nur wir in unseren SUV steigen können. Und wofür brauchen wir den? Damit wir in einer Katastrophe ab durch die Mitte fahren können.
- Dabei sind im Ernstfall die Straßen als erste verstopft. Mit einem Motorrad käme man weiter.
- Okji, soweit hab' ich das kapiert mit der Risikogesellschaft. Aber als Exgamer frage ich mal andersherum: Wo wäre die Menschheit ohne Risikobereitschaft, ohne Wagemut? Ich denke an die Menschen,

die in Nussschalen die Weltmeere bereisten, um neue Länder zu entdecken. Ohne die Lust am Risiko, ohne diesen risikoblinden Optimismus wäre die Menschheit wahrscheinlich nie aus Ostafrika herausgekommen. Dann würden wir wahrscheinlich alle am Horn von Afrika sitzen und sagen: Geh du mal die Welt entdecken, ich bleib lieber hier. Auch wenn es kaum was zu beißen gibt.

- Da hast du recht, trotzdem bleibt die negative Kehrseite: Die Menschen unterschätzen pausenlos die Gefahren und fällen falsche Entscheidungen. Besonders hier bei uns in den USA! Warum hat die Menschheit die Spanische Grippe oder die Pest überhaupt überstanden? Viele Menschen lebten schon damals eng zusammen, wussten jedoch nichts über irgendwelche Erreger?

- Gut, dass du das fragst, Ellen. Der Frage bin ich für Hamburg nachgegangen, die Hansestadt hat Epidemien, Feuer- und Hochwasserkatastrophen überstanden. Warum? Weil die Menschen gesehen haben, wie Verwandte und Nachbarn erbärmlich gestorben sind. Und deshalb haben sie sich an die Anweisungen gehalten. Genau das fehlt in den gegenwärtigen Krisen: eine direkte Betroffenheit jedes Einzelnen. Die Finanzkrise – hatte keine direkten Auswirkungen auf die Konten der meisten Bürger, zumindest in Europa. Die Klimakrise – beeinflusst vorerst kaum das Leben der Menschen im reichen Norden. Die Coronakrise – betraf vor allem Menschen: alte Leute in Pflegeheimen, Leute mit Vorerkrankungen. Sie waren für die meisten nicht mehr als ein Statistikwert. Keine di-

rekte Betroffenheit führt dazu, dass überhaupt keine Betroffenheit, keine Disziplin entsteht. Das ist fatal — denn die schleichenden Risiken werden immer mehr und gefährlicher.
- Ich glaube sogar inzwischen: Die Menschheit sollte dem Coronavirus danken. Es ist kein Killervirus wie zum Beispiel Ebola. Es ist eine Übung, eine Generalprobe.
- Ja, Ni, das ist unser Glück, dass die Katastrophen noch aufeinander folgen und nicht gleichzeitig von allen Seiten über uns hereinbrechen.
- Inschallah, wir leben in einer Übergangszeit. Und diese Zeit wird über das weitere Schicksal der Menschheit entscheiden: Wird die Welt nachhaltiger, vernetzen sich die menschlichen Gesellschaften wirklich — lernen sie einander kennen und schätzen, zeigen sie sich solidarisch? Oder schotten sich die Nationen gegeneinander ab und konkurrieren weiter um Ressourcen und Reichtum? Dieses Verhalten kann wieder in Kriegen enden.
- Kriegen, die keiner wirklich gewinnen kann.
- Die bittere Wahrheit: Wahrscheinlich geht es nicht ohne weitere Krisen.
- Das Fazit aus all dem muss doch wohl nun lauten: Unser GLOBALOPOLY-Spiel greift viel zu kurz oder seid ihr anderer Meinung?
- Alles crap! Das Spiel als Spiel ist lächerlich. Wir brauchen eine Strategie in der Wirklichkeit!
- Ja, WIR MÜSSEN JETZT ETWAS TUN!!! Weg mit dem ganzen Hallā—gullā!!!
- YALLA YALLA!

28. Mai – Ort und Zeitzone unbekannt

„Sehen Sie: Solch ein stufenweises Weiterdenken in einer Gruppe, das kriegen wir in keiner Talkshow. Auch nicht mit 1A-Politikern und Wissenschaftlern. Wir haben die richtigen vier Personen mit den entscheidenden Eigenschaften zusammen."
„Ja, prima. Aber ich bin nach wie vor der Meinung, dass wir die Sache ein wenig beschleunigen sollten. Wenn wir hier und da ein klein wenig abwandeln, ein klein wenig dramatisieren."
„Wie – Sie wollen sich einmischen? Dann bekommen wir aber das Wichtigste nicht mit!"
„Und das wäre?"
„Wie sie zu ihren Bewertungen kommen – und was sie daraus schlussfolgern. Das müssen wir genau verfolgen, das brauchen wir Punkt für Punkt in Echtzeit. Anders geht es nicht. Nur so kommen wir hoffentlich dem Klärungsprozess auf die Spur. Und können die Abläufe dabei dann simulieren und hoffentlich standardisieren, also zu einem Programm machen."
„Hoffentlich?"
„Mit allergrößter Wahrscheinlichkeit!"
„Das klingt schon besser!"

29. Mai – Bangalore

Als Nihar an diesem Morgen das Callcenter seines Vaters betritt, wird er von Santosh aufgeregt herbeigewinkt: „Ich habe eine Mitarbeiterin gefunden, die auch Steves Unternehmen betreut."
„Wahnsinn!"
„Die Kollegin heißt Ajala und arbeitet in einem Callcenter in Mumbai. Das Interessante: Sie erledigt unangenehme Dinge für die Siliconnerds ... die verwöhnten Jungs da in San Francisco.

Ajala weiß so ziemlich alles über einige Typen in der Firma. Und deshalb hat einer sich eines Tages auch etwas ganz, naja Kniffliges erlaubt. Hier nimm mal den Kopfhörer; sobald sie wieder frei ist, werdet ihr verbunden." Nach einigen Minuten einer zuckersüßen Warteschleifenmelodie meldet sich Ajala und Nihar stellt sich vor. Nach superkurzem Smalltalk fällt er mit der Tür ins Haus: „Worum ging es denn bei der kniffeligen Sache?"

„Du kennst das ja vielleicht: Da gibt es eine Person in eurer Gruppe, die findest du ganz toll. Aber auch all die anderen finden sie toll, also ist die Person immer umlagert. Deshalb traust du dich nicht, einfach zu ihr zu gehen und zu sagen:

Hey, hallo – wie geht`s. Wollen wir nicht nächste Woche zusammen ins Kino?

Genauso ging es – ich nenne ihn mal Will. Will ist gewohnt, alle blöden Sachen auf seine Telefonsekretärin abzuwälzen und bittet mich, seine Kollegin Suzan zu fragen, ob sie nicht in der Mittagspause mit ihm essen geht. Ich rufe also in Frisco an und frage sie äußerst charmant. Dann rufe ich wieder bei Will an: Hallo Will, Suzan ist wirklich nett. Ich habe ihr erzählt, dass du auch ein netter Kerl bist. Und dass du so viel Arbeit hast, dass du sie nicht selbst fragen kannst. Wenn es wieder ruhiger ist, kannst du sie auch gern selbst ansprechen. Sie weiß ja jetzt, wer du bist. Für mich hatte sie übrigens auch einen Rat. Ach ja? Ja, sie sagt, ich soll mir nicht mehr solche Aufträge aufdrücken lassen. Die haben nämlich gar nichts mit meiner Arbeit zu tun! So war das."

„Tolle Geschichte!", antwortet Nihar, „aber über irgendwelche Jugendlichen, über die er alles mögliche wissen will, hat er wohl nichts erzählt?"

„Nein, davon will ich auch gar nichts wissen. Das geht mich nichts an und hat nichts mit meiner Arbeit zu tun!" Die letzten Worte klingen eisig.

„Ja gut. Dann sage ich: Dhanyawaad! Thank you!"
„No sweat!"
Die Leitung ist tot.

30. Mai – Hurghada

Nun hocken sie hier zu dritt die dritte Nacht und überwachen die Glascontainer, die auf der El-Nasr-Road aufgestellt sind, genau an der Grenze zwischen dem Reich der Touristen und der islamischen Heimat. Die Lehrerin hat darauf bestanden, selbst mitzukommen – für den Fall, dass es Probleme geben sollte. Aber die Idee fand sie jayid jiddaan, also supergut. Ihr Camcorder nimmt jedes haltende Fahrzeug auf. Jeden Abend wiederholt sich der gleiche Vorgang dutzende Male: Männer fahren mit ihren Autos oder Mopeds vor oder schicken Jungen mit ihren Fahrrädern zu dieser Stelle – um die Spuren der alkoholischen Sünden zu vernichten.

„Mein Vater hat diese Geheimniskrämerei gar nicht nötig. Er kann sich an der Bar seines Hotels bedienen, das wird keiner merken."
„Und das werden viele andere auch tun."
„Also sehen wir hier nur eine kleine Auswahl der Sünder."
„Aber was machen wir nun mit unseren Beweisen?", fragt Fatima.
„Wir könnten sie dem Imam übergeben", schlägt Shayma vor.
Die Lehrerin schüttelt heftig den Kopf: „Der würde die Angelegenheit nur vertuschen. Nein, die Männer stecken alle unter einer Decke. Gegenüber Frauen sind sie eine verschworene Gemeinschaft, denn es geht um eines der Privilegien, die sie gegenüber Frauen haben."
„Wir können wir dann tun?"
„Ist doch wohl sonnenklar." Die Lehrerin sieht ihre beiden Lieblingsschülerinnen strahlend an. „Wir stellen die Videos online! Vorher verpixeln wir nur die Gesichter und die Nummernschilder.

Das wird ein Spaß für die ganze Familie! Ich gebe euch mein Wort: Das wird in kürzester Zeit das meistgeklickte Video in Hurghada."

01. Juni – Telefonat zwischen Mexico City und Bangalore

Nihar erzählt Jo von seiner Recherche im Callcenter – und dem Misserfolg.

„Das ist schon sehr gut, nein, sagen wir: gut. Das war sehr mutig und sehr konsequent von dir …"

„Aber?"

„Aber nicht so umsichtig wie in solch einem Fall nötig. Okay, Ni – jetzt kommt noch eine wichtige Lektion. Womit rufst du an?"

„Von einem Telefonladen aus – wie du mir geraten hast. Und ich nutze sowieso immer Prepaidhandys. Also?"

„Also, hier kommt noch eine wichtige Regel: Du darfst nicht einfach jedem vertrauen. Das heißt nicht: Du sollst niemandem vertrauen. Aber es ist wichtig, dass dein Gegenüber sich dein Vertrauen erst erwerben muss. Und du musst Leute gut kennen, um sie einschätzen zu können."

„Okji!"

„Und? Kennst du mich gut?"

„Ja, natürlich, du bist Jo! Unser mexikanischer Fahrer und Freund."

„Bist du sicher?"

„Ja."

„Warum, woher weißt du das?"

„Weil du uns deinen Namen gesagt hast!"

„Das reicht aber nicht. Vielleicht heiße ich gar nicht Jo. Weißt du irgendetwas sonst von mir? Wer mein Arbeitgeber ist, wer meine Freunde sind, was ich schon alles im Leben angestellt hab? Aber wenn du alles glaubst, was ich dir erzähle, dann muss ich dir etwas Wichtiges sagen: Da stimmt etwas nicht! Ganz und gar nicht!"

„Was meinst du damit?"
„Steve weiß zu viel über euch, damals schon, als ihr untergetaucht seid! Er lässt euch beobachten. Und auch wir sollten euch ausspionieren. Denk mal drüber nach, mein kleiner Ni. Und wenn du dann noch Lust hast, kannst du dich wieder melden. Da kommt schon wieder einer dieser verfluchten Anzugheinis. Hasta la vista!"
Das hat gesessen. Nihar braucht einige Zeit, um sich wieder zu fangen. Doch dann beschließt er, der Sache auf den Grund zu gehen. Aber vorher muss er seinen Freunden eine Nachricht zukommen lassen, die nur sie verstehen.

02.-03. Juni – aus den Globochats

Und als hätte das Schicksal nur auf diesen Moment gewartet, bekommt er an diesem Tag folgende Message: `Nihar, trägst du das Hulk-Hogan-T-Shirt noch?`
So ein T-Shirt besitzt Nihar gar nicht, er hasst diese Comicfigur: viel zu dumm und plump. Dies ist der Code, den sie am Strand von Cancún auf Anregung von Nihar verabredet haben. Eigentlich mehr aus Jux hatten die anderen zugestimmt. Für den Fall der Fälle, der sicher nie eintreten würde. Ein Code, um sich zu warnen, dass etwas gewaltig schiefläuft und sie nicht mehr sicher miteinander kommunizieren können.
Die Antwort: `I've already asked myself, too!`
Sie hat also auch einen Verdacht. Nihar antwortet: `Beshak! Of course! Ich habe sogar ein Hulk-Hogan-Autogramm!`

Romantisches Intermezzo

Noch bevor das Notsignal im Chatroom erschienen ist, hat Mark einen Brief an Ellen versendet, ganz altmodisch – per Luftpost.

Ellen Sutherland
108 Longmeadow Drive
Blossom Hill, Los Gatos
California
USA

HH, 31. Mai

Hello Ellen,
Du wunderst Dich jetzt sicher, dass ich Dir einen „richtigen" Brief schreibe, der – trotz Luftpost – vermutlich mehrere Tage unterwegs sein wird.
Der Grund ist ... nein, es gibt eigentlich mehrere Gründe! Aber der Hauptgrund ist, dass ich glaube, die gute alte Schneckenpost ist für uns jetzt der sicherste Weg der Kommunikation, weil ich davon ausgehe, dass wir ausspioniert werden, sowohl unser Globochat als auch unsere Handys. Auf ihnen befindet sich eine unsichtbare App, die alle Daten weiterleitet, die auf den Geräten erzeugt werden: Sprache, Schrift, Bilder! Alles! Manchmal habe ich sogar das Gefühl wir werden beschattet. Aber vielleicht bilde ich mir das auch nur ein.
Da wir unsere Fairphones von Deinem Vater haben und die Daten an einen US-Server weitergleitet werden, wie mein Hacker mir erklärt hat – tja ... ich trau mich gar nicht, meine Schlussfolgerung aufzuschreiben ...
Muss ich den anderen Grund, aus dem ich Dir schreibe, über-

haupt noch erklären? Ich glaube, Du weißt sowieso schon längst, dass ich mich in Dich verliebt habe. Ich weiß, ich bin nicht Dein Typ, Du kannst ganz andere haben als mich, aber ich wollte es wenigstens einmal gesagt haben. Und wenn ich nicht schon drei Southern Comfort intus hätte, würde ich dies niemals aufschreiben. Aber was soll's. Mann, soviel hab ich in Jahren nicht von Hand geschrieben!

Mark

PS: Überleg' Dir genau, auf welchem Weg Du mir antwortest, falls Du mir überhaupt jemals antworten wirst ...

Einen knappen Tag nachdem Mark seinen Brief eingeworfen hat, ruft Ellen zu einer neuen Chatrunde auf.

VI. Die Falle wird gestellt: Der große Streit

Jeder ist bemüht, das System in die falsche Richtung zu lenken.
Jay Wright Forrester

02.–04. Juni – aus den Globochats

Ellen: Hallo Friends of the Earth, damit ihr mir nicht wegbrecht, will ich heute eine neue Debatte einläuten. GONG-GONG!!! Wir waren uns, glaube ich zumindest, darüber einig, dass eine Sache nun sehr deutlich geworden ist: Es gibt keine risikofreie Welt! Wir müssen uns den Risiken stellen und lernen mit, ihnen umzugehen! Und jetzt meine Frage: Wie kann das gehen?

– Ja, die Menschheit hat immer mit Risiken gelebt, auch wir müssen mit Risiken umgehen lernen - wie bei einem richtig coolen Game. Oder einem Gang durch einen indischen Slum oder durch die Bronx!

– Nein! Es geht um Folgendes: vermeidbare Risiken müssen wir verhindern, und die Gefahren unvermeidbarer Risiken müssen schon im Vorfeld möglichst klein gehalten werden!

– Aber wie? Pandemien und andere Katastrophen will keiner wahrhaben. Wie wir in der Coronakrise gesehen haben. Zahlreiche Wissenschaftler und mehrere Krisenpläne haben davor gewarnt.

— Die Behörden sind schlecht vorbereitet, es fehlt

an Ausrüstung, und gleichzeitig werden die Warnungen nicht ernst genommen, wie wir ja erlebt haben, denn als Ende Dezember 2019 eine Warnung der WHO vor einem bevorstehenden Ernstfall erfolgte, wurde sie einfach ignoriert. Fast drei Monate lang taten die Regierungen außerhalb Asiens so gut wie nichts, um sich gegen eine mögliche Pandemie zu wappnen.
- Und zwei Jahre nach Beginn der Katastrophe ist alles vergessen!
- Was lernen wir daraus? Die Menschen verhalten sich nicht rational. Im Alltag nicht und in Krisen schon gar nicht. Trotz aller Wirtschafts-, Flüchtlings- und Umweltkrisen hat die Menschheit es immer noch nicht kapiert: Diese Form des Risiko-Global-Turbo-Kapitalismus ist mit zu vielen Risiken verbunden!
- Aber gibt es nicht auch Fortschritte?
- Schon, aber auch die einzelnen Fortschritte wie die Bekämpfung des Hungers oder der Kinderkrankheiten sind doch nicht mehr als Flickschusterei, Mann!
- Für jedes Risiko, das bekannt und bekämpft wird, tauchen zwei neue auf!
- Das müssen wir einmal systematisch darstellen.
Mark ist sich unsicher: Entweder Ellen hat seinen Brief gelesen und tut jetzt betont cool oder sie hat ihn noch nicht. Er kann nur abwarten – was nicht leicht ist.

04. Juni – Hurghada

Schon seit zwei Tagen steht ihr Video auf YouTube, aber bislang scheint es niemandem aufgefallen zu sein. Vielleicht liegt es auch daran, dass sie ihm den sehr sachlichen Titel *Was muslimische*

Männer zum Altglascontainer treibt gegeben haben! Auf Arabisch und Englisch.

Zu sehen sind Männer mit unkenntlich gemachten Gesichtern, die im Halbdunkel Flaschen in Container einwerfen. Nach einem Schnitt folgen einige Strandszenen aus Hurghada. Dann werden von einer Hand einige Flaschen aus dem Container gefischt und in die Kamera gehalten. Und vor dem Bild einer Moschee erscheint ein Spruch – angelehnt an den bekannten Whiskyreklamespruch: *Die Flasche geht – das Abendgebet kommt!*

„Wartet nur ab", sagt Fatimas Lehrerin, „wenn die Ersten die Botschaft verstehen, wird sich das Video wie ein Lauffeuer verbreiten. Was sage ich Lauffeuer, ein Tsunami wird aufziehen! Ich hoffe nur, wir waren vorsichtig genug!"

05. Juni morgens – San Francisco Bay, Los Gatos

Gleich am Morgen überreicht Peter seiner Schwester grinsend einen Brief: „Ein Luftpostbrief aus Deutschland. Hat der Typ keinen Internetanschluss oder ist es was Romantisches?"

Ellen geht in ihr Zimmer und liest den Brief von Mark. Dann geht sie durchs Haus und sieht nach, ob ihr Dad zu Hause ist. Gottseidank nicht. Langsam steigt sie die Treppe hoch in den ersten Stock, betritt abermals ihr Zimmer, schließt leise ab und wählt über das Festnetz die Nummer des Risikopsychologen in Berkeley. Dort springt nur der Anrufbeantworter an: „Sie haben die Nummer von Isaac O'Brian gewählt. Wenn es nicht gerade um Leben oder Tod geht, dann sprechen Sie Ihr Anliegen auf Band – ich werde mich baldmöglichst melden. Falls es doch um Leben oder Tod geht, sollten sie die *9-1-1* wählen."

„Hier ist Ellen Sutherland. Ich habe Sie neulich interviewt, Sie wissen schon: Globalopoly. Leider geht es um Leben oder Tod! Aber die 911 kann mir definitiv nicht helfen! Ich bleibe hier neben dem Telefon sitzen und gehe höchstens einmal kurz aufs Klo!"

05. Juni vormittags– San Francisco Bay, Los Gatos

„Ellen? Hier Isaac O'Brian. Wo bist du, wie kann ich dir helfen?"
„Also, um das klarzustellen: Ich bin nicht krank, will mich nicht umbringen, und ich habe keine Drogen genommen."
„Na, das ist doch schon mal was! Aber wo ist dann dein Problem?"
„Ich weiß nicht, ob ich verrückt werde – oder ob die Welt es wird?
Woran erkennt man Ersteres?"
„Na, da gibt es verschiedene Symptome. Wie jemand atmet beispielweise, wie er spricht, wie er guckt und wie er seinen Köper koordiniert. Was die ersten beiden Parameter angeht, lautet meine Ferndiagnose: Du hörst dich ziemlich normal an. Was hat deine Verunsicherung denn ausgelöst?"
„Naja, weiß nicht. Sie scheinen ja irgendwie mit drinzuhängen."
„In einer Weltverschwörung?"
„Damned no! Es geht darum, dass wir vier vollständig überwacht und ausspioniert werden, vermutlich von diesem Schuft, der sich mein Vater nennt!"
„Also, darin bin ich nicht involviert. Bernie, Steves wissenschaftlicher Mitarbeiter, hat mich im Rahmen einer Studie über das Verhalten politisch aktiver Jugendlicher gebeten, das Interview mit dir zu führen. Und eine kleine Einschätzung abzugeben. Für ein faires Honorar, übrigens. Und du glaubst, sie würden euch vollständig überwachen? Das ist eine harte Anschuldigung. Wie kommst du darauf?"
„Ich glaube es nicht, sondern es gibt Beweise."
„Und jetzt siehst du dein ganzes Vertrauen verraten?"
„Yes, das heißt: Soweit ich meinem Vater jemals vertraut habe."

„Deshalb willst du jetzt wissen, ob du dir selbst noch trauen kannst?"

„So ungefähr."

„Gut – dann gehen wir das Ganze noch einmal systematisch an. Wie würdest du dich selbst einschätzen, bist du eher Optimistin oder Pessimistin?"

„Das hängt von der Tageszeit ab! Morgens wache ich manchmal auf mit dem Gefühl: Ja, wir können die Welt noch retten. Und abends versinke ich in Tränen. Oder umgekehrt: Ich wache schwermütig auf, doch einige kleine Erlebnisse und Begegnungen beschwingen mich so sehr, dass ich platzen könnte vor Glück. Oder ich fange grundlos an zu singen. Das ist anstrengend. Sehr anstrengend!"

„Nein, ganz im Gegenteil. Das ist gut! Du zeigst die einzig gesunde Reaktion auf unsere so widersprüchliche Welt. Die verlangt, dass wir unsere Situation ständig neu ausbalancieren. Jede Überzeugung ist eine Krankheit. Oder kann sich zu einer entwickeln. Dieser Satz stammt übrigens nicht von mir, sondern von dem französischen Maler und Dadaisten Francis Picabia."

„Wiederholen Sie das Zitat bitte noch einmal!"

„Jede Überzeugung ... ist ... eine Krankheit!"

Ellen kritzelt ihn auf ein Stück Papier. Diesen Satz muss sie sich unbedingt merken: Jede Überzeugung ist eine Krankheit – genial! Warum fällt ihr so etwas Treffsicheres nicht ein?

„Sie meinen also: Ich bin einigermaßen normal, auch wenn ich den begründeten Verdacht habe, dass mein Vater mich für seine Projekte ausnutzt? Sozusagen Kapital schlägt aus seiner eigenen Tochter und deren Freunden?"

„Die Wertung normal nutzen wir Wissenschaftler nicht so gern – was ist schon normal? Aber deine Reaktion ist absolut gesund! Es wäre sogar fatal, wenn du anders reagieren würdest!"

„Danke!"

05. Juni – Hamburg-Barmbek

Vor fünf Tagen hat Mark im Suff diesen verrückten Brief an Ellen losgeschickt. Seitdem hat er ein flaues Gefühl im Bauch. Heute schickt er auch an seine drei Compañeros Luftpostbriefe.

Liebe Freunde,
BIG BROTHER ist unter uns! Wir wissen nur noch nicht 100-prozentig, wer es ist! Und warum diese Person oder Institution sich so verhält. Merkt euch aber schon eins: Es gibt ab jetzt nur drei sichere Kommunikationswege!
- das persönliche Gespräch
- das Festnetz-Telefon
- Briefe mit der guten alten Schneckenpost

Alles, was über das Internet oder mit dem Handy läuft, könnt ihr vergessen! Trotzdem müssen wir uns auch weiterhin absprechen können. Deshalb schlage ich vor, dass wir ab sofort Zoomkonferenz von öffentlichen Internetcafés machen – und mit Maske oder so! Und wir dürfen unser Projekt neimals beim Namen nennen!
Ich habe auch schon nachgeguckt, welche Uhrzeit angesichts der verschiedenen Zeitzonen für uns alle akzeptabel wäre, und zwar der 11. Juni: 8.00 Uhr Hamburg, 8.00 in Kairo, 11.30 in Tamil Nadu und 23.00 Uhr in Frisco (noch 10. Juni). Wenn ihr einverstanden seid, schickt mir irgendeine Nachricht, in der ganz nebenbei die auf Euch zutreffende Uhrzeit erscheint.

08. Juni – San Francisco Bay, Los Gatos

Schon wieder hat Ellen Post von Mark erhalten. Sie hat den kurzen Brief auf dem Weg von der Postbox ins Haus gelesen und hält ihn noch in der Hand, als sie den Frühstückstisch erreicht. Seit ihrer Rückkehr aus Mexiko fährt Steve mehrmals in der Woche erst nach dem gemeinsamen Früstück ins Büro.

„Schon wieder ein Brief für dich? Macht ihr jetzt auf romantisch?"

„Ach, ist nur von einem alten Schulfreund."

„Per Air-Mail?"

„Ja, er macht ein Auslandsjahr in Deutschland."

„Dann kennt er vielleicht euren Mark?"

„Ach Dad, so klein ist Deutschland nicht. Mark lebt in Hamburg, ganz im Norden, und Ben ist in München, ganz im Süden."

„How ever – wir haben jetzt alles zusammen für die zweite Expertenrunde!"

„Und zwar?", hakt Ellen nach.

„Dein Mark, der immer noch an die Möglichkeiten der Politik glaubt, soll sich mit einem totalen Aussteiger, einem Prepper treffen. Der lebt in einem Lehmhaus, um sich vor all den negativen Strahlen zu schützen, die unsere Welt und unsere Gene manipulieren. Nach seiner Weltsicht. Der Gamer Nihar muss einen Statistik- und Modellexperten aufsuchen, der behauptet, dass alle Statistiken lügen! Fatima soll mit der rechten Hand des Archäologen Professor Lewis sprechen, der wie kein anderer über den Untergang der Kulturen systematisch forscht und Kriterien dazu entwickelt hat. Meine rechte Hand, Bernie, hat das alles organisiert!"

„Und wo soll ich hin?", fragt Ellen möglichst beiläufig, während sie sich noch eine Tasse Kaffee einschenkt.

„Nachdem du – meint Bernie – glaubst, es komme auf die Wahrnehmung und Einstellung zum Risiko an, sollst du dich mit einem Laut- und Panikforscher treffen, der sagt, dass Menschen sich wie Ameisen verhalten."

„Fein", sagt Ellen automatisch, während ihr Kopf auf Hochtouren arbeitet: Hatte sie nur hinhören müssen?

„Wo wir gerade beim Thema sind", rutscht es ihr einfach so heraus, „ihr behandelt uns irgendwie wie die Teilnehmer in einem verrückten Psychoexperiment. Mal hierhin, mal dorthin. Und dann alles wieder zurück auf Los."

„Waaas?" Steve starrt seine Tochter entgeistert an.

Oder tut zumindest so, denkt Ellen, und legt nach: „Ja, wie LABORMÄUSE!" Ellen sieht, dass sie ins Schwarze getroffen hat, doch schon einige Sekunden später hat ihr Vater sich wieder gefangen.

„Lass uns in Ruhe darüber reden ..." Er will zu seiner üblichen Rede ansetzen, die er auch gegenüber seinen Mitarbeitern und bei anderen ihm passend erscheinenden Gelegenheiten stets von sich gibt. Damit lässt sich Ellen jedoch nicht abspeisen und unterbricht ihn: „Was will dein so viel gerühmter Investor eigentlich genau von dir?"

Unvermutet platzt Steve mit einem Geständnis heraus: „Meiner Firma steht das Wasser bis zum Hals. Und Lauckman sitzt mir im Nacken! Ich brauche ein Programm, das noch keiner hat. Entweder etwas, das alle brauchen. Von dem sie allerdings noch nicht wissen, dass sie es brauchen. Niemand hat das iPHONE vermisst – bis es da war. Oder den iPOD. Oder etwas, was zahlungskräftige Kunden, Unternehmen oder Regierungen brauchen."

„Die LIDAR-Software", übernimmt Ellen, „wird mit Sicherheit nicht zur Henne, die goldene Eier legt – die ist viel zu speziell, bringt nicht viel Umsatz. Und euer internes Kommunikationssystem INTKOM ist doch auch keine Alternative für WhatsApp oder TikTok. Bleiben noch wir! Was macht ihr eigentlich mit euren Erkenntnissen über uns?", fragt sie wieder möglichst beiläufig.

„Das habe ich dir doch schon erzählt: Wir nutzen sie – natürlich anonymisiert – für die Entwicklung eines Algorithmus, der das Verhalten politisch motivierter Jugendlicher ..." er wirft einen

Blick auf seine Uhr: „Oh, ich muss jetzt leider ins Büro, komm doch mit, wir könnten auf der Fahrt ..." Er weiß genau, dass Ellen lange Autofahrten hasst.

„Nein, aber morgen musst du Rede und Antwort stehen!"

10. Juni – Katar, TV-Sender Al Jazeera

Nach Meldungen über neue Ausbrüche von Gewalt im Nahen Osten, einem glanzvollen, aber wenig ergebnisreichen Treffen der Arabischen Liga und einem Seebeben im Pazifikraum zeigt das stündliche Nachrichtenmagazin am Ende seiner Sendezeit noch einen Beitrag über ein Video, das zurzeit auf YouTube millionenfach angesehen wird.

„Der Boom begann in Ägypten", so die Nachrichtensprecherin in abgehacktem Englisch, „es stammt wohl auch aus dem dortigen Hurghada, wie einige der Strandbilder beweisen sollen. Und es verbreitet sich zurzeit explosionsartig in der gesamten islamischen Welt." Dann zeigt ein kleiner Film, worum es geht: Männer wurden heimlich gefilmt, die in einem Glascontainer an einer Ausfallstraße die Spuren ihrer Sünden, sprich leere Alkoholflaschen, entsorgen, bevor sie nach Hause fahren. *„Bisher hat noch keine offizielle Seite dazu Stellung genommen. Woher sollen wir wissen, ob dieser Beitrag nicht Fake News ist, ein weiterer Versuch ist, Streit in unsere friedliche Welt des Islam zu tragen, heißt es aus religiösen Kreisen. Vermutet werden westliche Drahtzieher. Wir bleiben dran – wie immer. Und nun zum Wetter: Ein Sandsturm ..."*

11. Juni – Bangalore, Sunny Brooks Community

Seit mehreren Tagen ist Nihar nicht mehr so ganz bei der Sache. Er wollte eine große Recherche starten und etwas Entscheidendes herausfinden. Aber er ist nicht weit gekommen. Wie zur Strafe sitzt er weiterhin im Callcenter seines Vaters und nimmt die Bestellungen von Pizzen, Burgers oder Donuts für übergewichtige US-Amerikaner auf.

Immerhin hat er selbst sich in gefährliche Viertel seiner Heimatstadt vorgewagt, von denen seine Familie sicherlich nur vom Hören-Sagen weiß – und er will mit seinen Freunden weiterhin die Zukunft retten. Auch wenn sie immer noch nicht wissen, wie das gehen soll. Retten vor Menschen wie seinen Eltern: Die leben wie die Affen im Ganesha-Tempel. In Saus und Braus, die Arbeit machen die anderen. Sie genießen nur und erteilen Befehle oder äußern Wünsche.

Kaum denkt er an seine Mammee, steht sie auch schon hinter ihm.

„Da ist heute ein Brief für dich gekommen, oder war es gestern? Naja, jedenfalls aus Deutschland. Wer schickt denn heute noch Briefe mit der Post? Haben die in Deutschland kein Internet? Oder ist so etwas jetzt plötzlich wieder in?"

Solche Worte aus dem Mund seiner Mutter? Nihar dreht sich zu ihr um und mustert sie: Bis auf ihre Hautfarbe sieht so ziemlich nichts an ihr mehr indisch aus: Die Haare kurz geschnitten, Kleidung von Gucci und Lagerfeld, niemals traditionelle indische Kleidung.

Erwartungsvoll liest er den Brief und schaut noch einmal auf das Datum des Treffens: Das ist ja heute, in genau zweieinhalb Stunden! Die indische Post! Man sollte diese Beamtenärsche doch der Reihe nach an ihrer Krawatte ... Hallā-gullā. Aber er hat keine Zeit, sich zu ärgern. Wo ist ein kleines unauffälliges Internetcafé? Er greift nach seinem Handy, um bei Googlemaps nachzusehen. „Halt!", schrickt er zurück. „Beinahe schon verkackt!"

Er geht in sein Zimmer und sucht in der Schreibtischschublade nach seiner Geldbörse. Die muss da irgendwo sein. Wie lange hat er schon nichts mehr mit Bargeld bezahlt? Ist da überhaupt noch Geld drin – und wenn ja, sind die Scheine überhaupt noch gültig? Seit Ministerpräsident Modi in einer Art Staatsstreich Ende 2016 das Bargeld – jedenfalls die wichtigen 500- und 1000-Rupien-Scheine – verboten hat, bezahlt fast jeder mit seinem Smartphone oder irgendeiner Kreditkarte. Und wenn man Bargeld nutzt, muss man schon fast eine ganze Einkaufstüte damit vollstopfen, um ausreichend „flüssig" zu sein.

„Mammee, hast du noch etwas Bargeld?"

„Was ist denn mit dir? Willst du in den Tempel? Ich dachte, du machst dein Praktikum zu Ende?!"

Die meisten Inder benutzen die kleinen Scheine nämlich nur noch als Opfergaben.

„Nee ... ja. Kann ja nicht schaden! Ruf Pita an und entschuldige mich für heute!"

Er schnappt sich den Haufen Scheine, den seine Mutter ihm hinhält wie Altpapier, läuft zum Ausgang ihrer Wohnanlage und winkt ein Tuktuk heran.

„Kennst du ein diskretes Internetcafé?"

Der Fahrer grinst: „Okji!"

Klar, denkt Nihar, der meint, ich will Pornos gucken.

11. Juni – zeitgleich in Bangalore, Hurghada, Hamburg und San Francisco

Der Bildschirm ist viergeteilt: Oben links erscheint das Gesicht einer weiblichen Person mit sehr langen Haaren und Sonnenbrille – ein Hippiegirl; oben rechts sitzt jemand mit einer Sturmhaube, unten links offensichtlich Marilyn M. und unten rechts lächelt eine Mickymaus.

Maskenmann: „Okay, nur noch mal zur Sicherheit: Seid ihr alle in

einem Internetcafé oder am PC von Freunden oder Verwandten, mit denen ihr nicht allzu oft zu tun habt?"
„Internetcafé in einem heruntergekommenen Viertel!"
„Bei einer Freundin der Freundin einer Freundin!"
„Internetcafé, in das sonst nur Touristen gehen! Aber was soll das alles?"
Maskenmann: "Wir werden irgendwie überwacht! Die Frage ist: von wem? Wie? Und vor allem: warum? Ich habe einen berechtigten Verdacht – aber kann nicht sicher sagen wer der Täter ist."
Hippiegirl: „Ihr meint doch nicht etwa, dass irgendjemand uns beobachtet? Oder tatsächlich überwacht? Warum sollte jemand den Aufwand betreiben, uns zu überwachen?"
Maskenmann: „Doch! Es ist nämlich so: Ein Freund von mir, Martin, ein Computerfreak und Hacker, hat eine App auf meinem Handy gefunden, die ihm nicht nur völlig unbekannt ist, sondern auch sehr suspekt erscheint. Sie braucht extrem viel Platz und ist äußerst aktiv!"
Hippiegirl: „Was heißt das?"
Maskenmann: „Sie verschickt große Datenvolumen."
Mickymaus: „Waaaas?!"
Maskenmann: „Naja, das machen ja die meisten Apps, auf unseren Smartphones geht's zu wie in einem Ameisenhaufen – ein ständiges Kommen und Gehen. Und der Hausherr oder die Hausherrin kriegt kaum was davon mit. Aber diese App ist anders, sagt MartinA."
Marilyn M.: „Was denn jetzt – Martin oder Martina?
Maskenmann: „Naja, beides. Früher war sie mein Freund Martin. Aber jetzt ist er eine sie – meine Freundin MartinA mit großem A."
Mickymaus: „Ach so, eine Hijra – davon gibt es in Indien wirklich viele. Mein Cousin Amal hatte eine Hijra als Nanni. Die war

animesch, richtig schrill! Ich hab Amal immer sehr darum beneidet."

Maskenmann: „Gut, aber noch einmal zum Merken: Wir werden manipuliert. Wir müssen ihm eine Falle stellen."

Marilyn M.: „Wieso meinst du, dass wir es mit einem ER zu tun haben?"

Hippiegirl: „Hey Leute! Was ist denn die beste Strategie?"

Maskenmann: „Wir müssen weitermachen wie bisher. Sonst merken der oder die, dass wir ihnen auf die Schliche gekommen sind. Also machen wir weiter und stellen die Falle."

Hippiegirl: „Was kann denn das für eine Falle sein?"

Maskenmann: „Keine Ahnung, lasst euch etwas einfallen! Ich schlage vor, wir treffen uns auf die gleiche Weise in genau 72 Stunden wieder."

„Okji!"

„Yes!"

„Inschallah!"

11. Juni – Ort und Zeitzone unbekannt

„Jetzt sind die vier schon wieder abgetaucht."

„Was?! Das geht doch mit den neuen Geräten gar nicht."

„Nun ja, nicht richtig verschwunden. Aber sie benutzen schon seit zwei Stunden ihre Smartphones nicht. Und wenn das GPS-Signal stimmt, sind sie alle in irgendwelche Internetcafés gegangen."

„Alle vier? In ganz unterschiedlichen Zeitzonen?"

„Ganz genau. Die planen schon wieder irgendetwas."

„Nur ahnen sie nicht, wie gut wir sie dieses Mal unter Kontrolle haben!"

12. Juni – Hurghada, im nördlichen alten Stadtkern

Als Fatima an diesem Tag von der Schule nach Hause, entlang der unsichtbaren Grenze zwischen Touristen- und Einheimischengebiet, geht, ist irgendetwas anders. Das sieht sie bereits bei der ersten Begegnung. In dem kurzen Blick des jungen Mannes, der ihr entgegenkommt, schimmert etwas gelblich auf und will rot werden. Schon vorbei.

Eine Gruppe mittelalter Männer, die rauchend und palavernd vor einem der einheimischen Supermärkte steht, wirft ihr direkte, strenge Blicke zu, die wie flüssige Lava lodern. Da auf Hurghadas Straßen fast ausschließlich einheimische Männer unterwegs sind, geht der Spießrutenlauf böser Blicke weiter, bis sie fast zu Hause ist.

Auch das in Gold eingefasste blaue Auge – das sie zu ihrem 10. Geburtstag als Kettenanhänger bekommen hat und seitdem ununterbrochen um den Hals trägt, ist keine Hilfe. Das *Auge der Fatima* – wie es wirklich heißt – soll vor dem bösen Blick schützen.

Außerdem ist Shayma heute nicht in der Schule gewesen. Sie sei krankgemeldet, hat ihre Lehrerin auf Nachfrage gesagt. Zufall? Zuviel Zufall!

Als sie in ihre Straße einbiegt, spürt sie wie viel negative Energie in dem Haus auf sie wartet, in dem sie mit ihrer Familie im zweiten Stock lebt. Soll sie trotzdem hineingehen oder auf der Stelle zurück zu ihrer Lehrerin? Sie bleibt stehen, wählt einen kleinen Umweg. Dann holt sie ihr Handy heraus, um ihre Lehrerin anzurufen. Nur die Mailbox meldet sich. Shit! Was soll sie tun? Sie schlägt den Weg zum Strand ein und betet inständig, dass ihre Lehrerin sich bald meldet.

13. Juni – Ort und Zeitzone unbekannt

„Wir hatten heute Nacht einen Hackerangriff. Der war sehr gut gemacht. Ich hätte es beinahe nicht gemerkt. Hat sich als unsere Überwachungsapp getarnt!"
„Wir hatten schon viele Hackerangriffe!"
„Aber der war anders."
„Wieso?"
„Der Hacker hat seine Visitenkarte dagelassen."
„Waaaas?"
„Ja, er hat eine Nachricht auf unsere Rechner installiert. Ich schicke Ihnen das mal rüber."

```
Ich habe euch im Auge. So wie ihr meine Freunde.
Dr. Hack
```

15. Juni – zeitgleich in Bangalore, Hurghada, Hamburg und San Francisco

Nach einigem Hin und Her fragt Marilyn M.: „Denkt ihr auch, was ich denke? Der Spion, der Bösewicht, unser Gegenspieler, kann nur mein Vater sein."

Hippiegirl: „Aber er hat uns doch so viel geholfen."

Marilyn M.: „Genau das ist ein weiteres Indiz, vielleicht sogar das entscheidende. Ich kenne meinen Vater, er tut selten etwas ohne einen Hintergedanken. Aber wir haben noch keine Beweise. Und so lange gilt die Unschuldsvermutung. Wir wollten ihm doch eine Falle stellen!"

Mickymaus: „Ich hätte da auch schon eine Idee. Es ist doch so: Alles, was wir auf dem Globochat schreiben, können und sollen Steves Leute sehen. Aber alles, was wir auf unseren Smartphones sagen und schreiben, sollte ja privat sein."

Marilyn M.: „Richtig!"
Hippiegirl: „Und?"
Mickymaus: „Wir machen weiter. Aber, auf den Handys reden wir ganz anders über das Projekt. Wir streiten uns, planen ein Attentat – was weiß ich ..."
Maskenmann: „Ja, und wenn es zu brisant wird für Steve, dann wird er nicht mehr schweigen können. Und sich verraten."
Marilyn M.: „Oder schon früher. Er wird Schwierigkeiten kriegen, die beiden Ebenen auseinanderzuhalten. Was ist Chat, was ist privates Handygeflüster? Er wird sich verplappern – dann packe ich ihn an den Eiern. Und er wird reden und sagen, für wen oder was er arbeitet!"
Mickymaus: „Hört sich an als wüsstest du, dass da noch wer dahintersteht!? Ich meine hinter deinem Vater"
Marilyn M.: „Kann schon sein. Wird sich jetzt zeigen. Also machen wir das so."
Maskenmann: „Yep!"

15.–17. Juni – aus den Globochats

Also weiter Freunde, ich trage mal unsere Experten-Resümees zusammen:
Wir haben ein falsches Risikobewusstsein.
Die Menschheit nutzt Krisen kaum, um ihren Kurs radikal zu ändern.
Das liegt vor allem am globalen Wettbewerb, wir haben das falsche Wirtschaftssystem. Weil Profit und das dafür notwendige Wachstum die die wichtigsten Entscheidungskriterien für die Politiker sind.
- Unser GLOBALOPOLY ist also gar nicht so falsch.
- Nein, aber es reicht nicht, den Leuten den Spiegel

vorzuhalten. Dadurch verändern sie ihr Verhalten nicht, sondern sagen nur: Ich bin ja gottseidank kein gieriger Kapitalist. Das sind immer nur die anderen.
— Genau wie die Coronaleugner. Als die Krise sich dann so zuspitzte, wollte keiner mehr bei den Querdenkerdemos gewesen sein.
- Wisst ihr, was das Hauptproblem ist? Wir treffen andauernd die falschen Risikoentscheidungen - und ich kann euch auch sagen warum.
- Jetzt sind wir aber gespannt!
- Unser Hirn ist - wie der Psychologe es ausdrückt zu optimistisch oder zu pessimistisch.
- Es ist also falsch programmiert? Dann müssen wir halt umlernen!
- Nein, so einfach ist das nicht, denn das hat schon mit seinem Aufbau zu tun. Unser Gehirn besteht aus verschiedenen Hirnarealen - vereinfacht gesagt: dem älteren Stammhirn, das die Gefühle steuert, und dem jüngeren Großhirn, der Denkzentrale. Unser Verhalten wird in fast jeder Situation mehr von Gefühlen bestimmt als von der Vernunft. Das eigentliche Machtzentrum ist also nicht, wie meist angenommen, das Neocortex, also das Großhirn, sondern das entwicklungsgeschichtlich weit ältere limbische System, umgangssprachlich Reptiliengehirn. Wir werden von unseren Gefühlen gesteuert, von Angst, Wut, Verzweiflung, aber auch von Glück, Überlegenheit und Gier.
- Naja, okay …
- Wisst ihr eigentlich, was das heißt?

- Naja ...
- Vielleicht ...
- Mann, ihr Deppen? Das heißt: Wir können keine wirklich für die ganze Gesellschaft wichtigen Entscheidungen fällen. Wir liegen immer falsch.
- Und was willst du uns damit sagen?
- Dass alle Versuche, die Menschen zur Einsicht zu bringen, nicht greifen. Nicht greifen können.
- Willst du die Demokratie abschaffen?
- Natürlich nicht. Aber durch Wahlen und Aufklärung erreichen wir kein ausreichendes Umsteuern! Da muss was Stärkeres her.
- In meinen Games rufen wir dann die Götter oder ein paar Helden auf den Plan.
- Die gibt's im Real Life leider nicht. Ich habe am eigenen Leib erlebt, wohin es führt, wenn diese selbsternannten Helden - normalerweise Männer genannt - das Sagen haben. Die Menschen sind noch nicht so weit; bei uns in Ägypten schon gar nicht. Wir haben auch ohne den Klimawandel massive Probleme: geringes Pro-Kopf-Einkommen, Umweltschäden, Wassermangel, wenig Lebensmittel, schlechten Gesundheitszustand der meisten Bewohner meines Landes. Und was machen die Leute? Sie setzen weiter unkontrolliert Kinder in die Welt.
- Das liegt an eurer muslimischen Kultur!
- Ja, das stimmt zum großen Teil. Obwohl es auch Gegenbeispiele gibt: In Indonesien - das größte islamische Land der Welt - gibt es inzwischen großangelegte Kampagnen zur Geburtenkontrolle. Dieses Verhalten widerspricht also nicht unbedingt dem Is-

lam, es kommt eher auf die Auslegung der Lehre an: Stützt sie weiterhin eine patriarchalische Gesellschaft oder geht sie auch auf Fraueninteressen ein?

18. Juni – Katar, TV-Sender Al Jazeera

Das Nachrichtenmagazin berichtet am Ende seiner Sendezeit noch einmal über das Skandalvideo, das zurzeit auf YouTube millionenfach angesehen wird: „Aus offiziellen und religiösen Kreisen wurde zunächst die Echtheit des Videos angezweifelt. Doch das Video scheint tatsächlich echt zu sein. Zumindest haben unsere Reporter den Drehort gefunden. Und sie haben auch die betreffenden Objekte gefunden – ein Bericht von Mahmoud Ahmed Hamida."

„Danke, Aisha. Ich stehe jetzt hier vor diesen inzwischen berühmt gewordenen Altglascontainern an der großen Ausfallstraße von Hurghada Richtung Süden. Und was soll ich sagen!? Mein Kameramann und ich – wir haben beide einen kleinen Test gemacht. Steckt man den Kopf nur ein wenig in die Öffnung einer dieser Container ist man von den Alkoholdämpfen fast wie berauscht! Ein untrüglicher Beweis für die Anschuldigung, die durch dieses Video im Raum steht. Dann haben wir, nach einigen vergeblichen Versuchen – mit Hilfe eines langen Stocks, wie die Anleitung bei YouTube empfiehlt – einige Flaschen hinausgefischt: Wein-, Wodka-, Brandy- und Whiskyflaschen. Wir können daraus nur schlussfolgern, dass das Video hier gedreht wurde, um ein existierendes Problem anzuprangern! Aber wer hat es aufgenommen und ins Netz gestellt? So viel ist klar: Bei der bloßgestellten Gruppe handelt es sich ausschließlich um Männer. Und damit gebe ich zurück ins Nachrichtenstudio."

„Das war ein Beitrag von Mahmoud Ahmed Hamida für Al Jazeera Aktuell."

18.–20. Juni – aus den Globochats

– Die meisten Wissenschaftler und Politiker fordern einen übergreifenden Wertekanon, übergreifende Gesetze und Institutionen.
– Schön und gut. Doch so, dass sich alle an strenge Maßnahmen zur Minderung von gesellschaftlichen Risiken handeln, funktioniert das in einer freien Welt nicht. Nur so, wie es in China gehandhabt wird: Als totale soziale Kontrolle. Alle Menschen erarbeiten sich dort Sozialpunkte, die öffentlich anzeigen, wer sich wie konform in der Gesellschaft verhält. Und konformes Verhalten wird belohnt und nichtkonformes bestraft.
– So etwas geht nur in einer Diktatur, in einer Demokratie würde eine Regierung mit solch einem Programm abgewählt.
– Es gibt Wissenschaftler und Politiker, nicht nur hier in Indien, die machen sich dafür stark, dass nur Experten mit dem nötigen mathematischen Urteilsvermögen und entsprechenden komplexen Denkfähigkeiten die wichtigsten Entscheidungen treffen dürfen. Die sollen darüber entscheiden, welche Risiken die Menschheit eingehen darf und welche nicht.
– Das nennt man Expertokratie. Das halte ich aber für sehr heikel. Wir haben ja bei der Coronapandemie gesehen, wo das hinführt, dass auch die Experten nicht immer richtig lagen.
– Ja, am besten wäre es vielleicht sogar, dass man diese Entscheidungen der Künstlichen Intelligenz – sprich einem Supercomputer – überlassen würde. Die

KI wird immer besser. Die vielen KI-Forscher mit ihren Supercomputern überall auf der Welt müssen nur einmal eine Superintelligenz entwickeln. Die ruhig noch Fehler machen kann. Eine einmal geschaffene Superintelligenz wird sich selbst optimieren. Von da an hat kein fehleranfälliger Mensch mehr die Hand im Spiel.
- Und was denkst du, was dann passiert? Dass diese Superintelligenz auch den Planeten wieder in seinen natürlichen Zustand versetzt? Die Umwelt wird wieder sauber: Das Klima wird sich auf einer für die Natur verträglichen Stufe stabilisieren? Und die Menschen werden zu umweltkonformem Verhalten erzogen? Damit könnten sie gleich hier im Valley anfangen und alle Swimmingpools zuschütten. So etwa?
- Das wäre doch nicht schlecht. Und für Indien sehe ich ohnehin keine andere Lösung.
- Gut, aber wollen wir das?
- Was?
- Eine Art höhere Instanz schaffen, damit die uns Frieden bringt? Weil wir selbst nicht in der Lage dazu sind?
- Hat die Menschheit nicht immer schon ihre Eigenverantwortung abgegeben? Früher waren es Götter, die sie anriefen. Dann schufen die Menschen starke Institutionen - rund 200 Jahre lang glaubten sie, sie könnten aus eigener Vernunft die Welt lenken. Wozu das geführt hat, sehen wir ja gerade...

Stunden später.
- Salemeilakum, Freunde der Erde.
Ich war einige Zeit offline. Mehr dazu später. Habe

eure Beiträge gelesen und bin wie Nihar für die Kontrolle - durch Experten oder durch Expertenwissen. Für die Demokratie sind die Menschen noch nicht reif. (Meine Erfahrung!)
- Ja, die Leute bewegen sich wie Ameisen. Alles Dalits. Wir brauchen eine Super-KI, die zumindest vorübergehend eine Öko-Diktatur errichtet.
- Inschallah, wir brauchen eine Weltökodiktatur!
- Um Himmels willen! Nein genau das Gegenteil! Wir brauchen eine Welt selbstorganisierter Systeme. Die müssen möglichst naturnah und lokal sein, nur lose vernetzt mit den anderen - Graswurzelrevolution nennen wir das hier in Europa und auch in Amerika schon seit Jahrzehnten!
- So Leute, damit sind wir wieder am Anfang! Sind wir wirklich schlauer als die Leute hier im Valley?

23. Juni – Ort und Zeitzone unbekannt

„Alles im grünen Bereich?"
„Fast alles!"
„Wer schießt daneben?"
„Unsere jugendlichen Genies!"
„Wie kommt ihr darauf?"
„Sie zerstreiten sich – es scheint keine Einigung möglich, und so gehen sie immer wieder im Zorn auseinander."
„Sie kämpfen regelrecht gegeneinander!"
„Das kann ich mir bei diesen kleinen Einsteins gar nicht vorstellen!"
„Doch, in den letzten zwei Tagen ist der Streit zunehmend persönlicher geworden und wird vor allem in Zweiergesprächen auf

den Smartphones ausgetragen. Hier, hören Sie einmal rein: *Nihar – Ellen „Wir brauchen eine Öko-Diktatur! Und wenn es sein muss, dann sollten wir die Welt mit Hilfe von Hackern retten. Wir erobern die Server der UNO und der großen Weltregierungen! Ich hab da ein paar gute Leute an der Hand!"*
Später Mark – Ellen „Siehst du, jetzt zeigt Nihar sein wahres Gesicht! Er ist und bleibt ein arroganter Brahmane, der nichts mit Demokratie am Hut hat." – „Also komm, übertreib doch nicht, er ist vielleicht etwas verzogen." – „Was kann man an einem so hohlen Gamer nur finden?" – „Wer sagt denn, dass er hohl ist?" – „Ich bitte dich! Jeder, der Augen im Kopf hat, kann das sehen. Und dann diese drei senkrechten Striche auf der Stirn, die er anscheinend in Indien ständig zur Schau stellt, um allen seinen Rang zu zeigen." – „Das ist eine Tradition seiner Kaste." – „Ja, und wahrscheinlich lässt er sein Klo von Unberührbaren putzen?" – „Bist du etwa eifersüchtig?" (Lachen) – „Pah! Auf diesen Schwachkopf? Wenn du auf solche Typen stehst ..." Gespräch beendet.
Ellen – Fatima: „Ich arbeite nicht mit Leuten zusammen, die eine Diktatur wollen oder eine Herrschaft der KI. Solche Träumer haben wir bei uns genug. Ich weiß gar nicht, was von beidem schlimmer wäre." – „Ja und ich kooperiere nicht mit islamophoben Leuten. Meine Religion und ihre Kultur haben viele Schwächen, aber sie sind nicht für den Zustand der Welt verantwortlich."
Fatima – Nihar: „Mit dir nicht! Ihr wollt doch nur die muslimische Welt zerstören! Nur weil ihr in Indien eure Probleme über die Religion austragt!"
Seit dem 21. Juni 20 Uhr US-Pazifikküstenzeit herrscht Sendepause. Sind das jetzt Genies – oder vielleicht doch nicht?!"

24. Juni – San Francisco Bay, Los Gatos

„Ihr müsst euch wieder versöhnen!"
Nach einigem Smalltalk-Hin-und-Her kommt Steve direkt auf sein Anliegen zu sprechen.
„Warum das denn?" Ellen gibt sich unwissend. „Wieso?"
„Es wäre doch sehr schade, wenn ihr euer Projekt wegen so einer Lappalie beenden würdet!"
„Lappalie nennst du das?"
„Ja, nur weil ihr euch nicht auf einen Lösungsweg einigen könnt. Und weil Mark und Nihar um deine Gunst streiten. Magst du einen von ihnen eigentlich so sehr, dass du dir etwas mit ihm vorstellen könntest?"
„Nein! Das heißt: Ich weiß nicht. Ich hab da noch nicht drüber nachgedacht. Mein Kopf ist mit ganz anderen Sachen voll. Und außerdem geht dich das überhaupt nichts an!" Sie blitzt ihren Vater mit kalten Augen an.
„Darüber solltest du aber mal nachdenken. Die emotionale und die soziale Dynamik in einem Team entscheidet oft über den Fortschritt im eigentlichen Projekt."
Ellen runzelt die Stirn, wie immer, wenn sie intensiv nachdenkt. Ihr Vater lässt ihr Zeit. „Sag mal ..."
„Ja?"
„Woher weißt du all das?"
„Was?"
„Naja, das Ding zwischen Mark und Nihar. Und worüber wir in unserem Projekt streiten?"
„Du wirst es mir erzählt haben. Nehme ich an."
„Hab ich nicht!"
„Vielleicht ohne, dass du es wolltest. So nebenher. Das passiert häufiger als man denkt."

„NEIN! Ich bin mir absolut sicher! Auf gar keinen Fall habe ich dir davon erzählt! Ich habe nämlich strikt darauf geachtet, dir nichts davon zu erzählen."

Nun ist es an Ellens Vater, die Stirn zu runzeln. „Hm ... Was willst du damit andeuten?"

„Nichts. Ich stelle nur fest: Ich habe dir nichts davon erzählt. Du weißt aber dennoch Bescheid über interne Dinge meiner Gruppe! Besonders über unseren Entschluss, nicht weiterzumachen!"

Sie sieht ihren Vater eindringlich an. „Das haben wir nur über in unserer Chatgruppe ausgetauscht!"

„Vielleicht ist irgendeinem von euch das herausgerutscht oder ich habe zufällig etwas auf deinem Handy mitgelesen?"

„Und im Übrigen stimmt es gar nicht!"

„Was?"

„Dass wir uns zerstritten haben."

„Was meinst du damit?"

„Das war eine Falle – und du und dein Team, ihr seid da reingetappt! Da ich in den nächsten Tagen achtzehn werde, packe ich jetzt meine Sachen und verschwinde. Und dieses blöde Smartphone, das du mir geschenkt hast, lasse ich hier. Vielleicht freut sich Peter darüber. Ich melde mich bei dir. Falls ich Lust dazu habe!"

„Und wo willst du jetzt hin? Nur weil ihr in Mexico City Glück hattet, kannst du jetzt nicht rausrennen und hoffen, dass das Schicksal es auch dieses Mal gut mit dir meint. Wir leben hier in einem abgeschotteten und gut geschützten Tal. Auf die weite Welt da draußen bist du nicht vorbereitet."

„Umso schlimmer!"

24. Juni – zeitgleich in Bangalore, Hurghada, Hamburg und San Francisco

Sie sind nur zu dritt, das Hippiegirl fehlt.

Marilyn M.: Die Falle ist zugeschnappt.

Maskenmann: Und? hat er alles zugegeben?

Marilyn M.: Ja, er hat gesungen wie ein kleiner Vogel. Sie haben uns die ganze Zeit abgehört, den Chatroom, alle Gespräche auf den Handys. Sie haben Bewegungsprofile erstellt, etcetera, etc.

Mickymaus: Wenn die uns die ganze Zeit beobachten – was haben die dann noch alles beeinflusst?

Marilyn M.: Wie meinst du das?

Mickymaus: Ich meine: Vielleicht werden wir schon seit längerem manipuliert! Wir sollten einmal unsere ganzen Mails und Chats überprüfen. Ob das alles von uns stammt!

Plopp! Ein vierter Bildschirm erscheint.

Hippiegirl atemlos: Ich bin nach Kairo geflohen. Mein Vater hat mich geschlagen – und er wollte mich dem Imam ausliefern. Wer weiß, was das nach sich gezogen hätte. Er hat mich geschlagen – das erste Mal in meinem Leben. Und dabei hat er mich angeschrien: „Siehst du denn nicht, wozu du mich bringst? Das ist alles deine Schuld!" Das ist doch die Höhe, dass ich verantwortlich sein soll dafür, dass er die Beherrschung verliert! Wenn nicht meine Mutter und meine Schwestern dazwischen gegangen wären, wer weiß, wie das ausgegangen wäre ... er hat mir außerdem verboten, weiter in unserem Projekt mitzuarbeiten! Da wurde mir klar: Ich muss fliehen. Ich habe gar keine andere Wahl. Ich konnte vom Klo aus noch eine Nachricht an meine Lehrerin absetzen. Inschallah! Sie ist mit einem befreundeten Beamten von der Touristenpolizei aufgetaucht. Gemeinsam haben sie mich aus der Wohnung geholt und nach Kairo gebracht. Hier wohne ich jetzt bei Professor Basir, dem alten Professor, bei dem meine Lehrerin aus Hurghada mich in Kairo untergebracht hat.

Marilyn M.: Das ist ja wohl das Letzte. Du bist nicht allein, Fatima. Ich helfe dir! Ich komme nach Kairo. Genug Geld für den Flug hab ich. Ich muss nämlich auch weg von zu Hause. Mein Vater ... diese verfluchten Kerle!

Maskenmamnn: Hey, nicht alle in einen Topf werfen! Wir werden euch doch unterstützen.

Hippiegirl: Und wie, bitte schön?!

Mickymaus: Ich kombiniere jetzt einfach: Wenn M.M. aus den USA fliehen will, das Hippiemädchen sich verstecken muss und jetzt ohnehin die Sommerferien beginnen ...

Hippiegirl: Dann???

Maskenmann: Dann gibt es nur eins: Wir müssen uns wieder im Real Life treffen – genau in der Mitte, genau da, wo es gerade brennt – in Ägypten! Muss nur sehen, wie ich das Geld zusammenkriege.

Mickymaus: Lass mal, darum kümmere ich mich.

Hippiegril: Toll! Und ich versuche, mich hier vor Ort um alles zu kümmern. Der Professor, bei dem ich wohne, und seine Familie werden mir dabei helfen. Hoffe ich jedenfalls.

25. Juni – Telefonat, Ort und Zeitzone teilweise unbekannt

„... verflucht nochmal! Ich bin Investor, ich verwalte Kapital! Ich kann mir nicht viel Moral leisten. Das Geld übernimmt die Führung, und Geld stinkt nun mal nicht. Schon Marx hat geschrieben, dass das Kapital zum eigentlichen Herren wird; der Kapitalist ist nur dessen Charaktermaske. Man ist entweder Kapitalist oder draußen. Alles andere ist Quatsch, der in Hochglanzbroschüren steht, aus denen irgendwelche smarten Leute auf Feiern vorlesen! Also sind wir nun weiter im Geschäft oder wo zum Teufel stehen wir?"

28. Juni – San Francisco International Airport

Steve bringt Ellen zum Flughafen, sie sind auf der Bundesstraße 85 nach Cupertino und die ist verstopft – wie immer. Während des Stop-and-Go beginnt Steve mit seiner Erklärung: „Unsere Firma steht am Scheideweg: Wir können nur auf- oder absteigen. Etwas anderes gibt es hier im Silicon Valley nicht ..."
„Das hast du mir schon zigmal erzählt!" Ellen verdreht genervt die Augen und blickt aus dem Autofenster, um sich die Landschaft noch einmal genau einzuprägen. Wer weiß, wann oder ob sie wiederkommen wird. Wütendes Schweigen, bis sie in der Höhe von Cupertino auf den Highway 280 wechseln.

Steve versucht es noch einmal: „Sieh dich um: Alle großen Ideen werden immer noch in den Köpfen von Menschen geboren. Hier in der Bay hocken wir eng aufeinander, was dieses Innovationspotential erzeugt – einerseits. Andererseits entsteht genau dadurch auch ein verengter Blick! Wir bleiben unter uns. Glauben, die Welt wäre so wie die Bay: ein Haufen innovativer IT-Firmen, endlose Straßennetze und super Wetter. Wir lösen die Probleme der Welt, nur nicht unsere eigenen. So kriegen wir in der Realität nicht einmal den täglichen Verkehrsinfarkt in den Griff."

Als ein Sportwagen mit getuntem Motor aufheulend an ihnen vorbeizieht, ergänzt Ellen: „Und warum kämpfen im Valley alle gegeneinander? Anstatt fair zusammenzuarbeiten und Teamgeist zu zeigen? Immerhin wollen doch alle dasselbe, oder nicht? Warum werden die meisten Menschen hier arm, einige zu Millionären und ganz wenige zu Milliardären? Das ist doch keine intelligente Verteilung!"

Eine knappe halbe Stunde später hält Steve in der Kurzparkzone vor dem San Francisco International Airport, Ellen nimmt ihren

Rucksack vom Rücksitz. Beim Aussteigen fragt sie ihren Vater: „Warum hast du das getan?"
„Warum? Na, weil ... wir die Welt genauso ernsthaft vor der Klimakatastrophe retten wollen wie ihr! Wir haben alles durchprobiert. Und dann kamt ihr mit eurem neuen frischen Ansatz. Und habt uns einen entscheidenden Impuls gegeben."
„Warum sind wir vier eigentlich so wichtig?"
„Weil ihr etwas Besonderes seid – ihr vier seid gute Prognostiker. Ganz im Sinne von Superforecasting. Ein Mathe- und ein Graphikgenie, eine geborene Erzählerin und einer, der Erfahrung in der Welt der Politik und Institutionen hat. Besser kann man so eine Gruppe nicht zusammenstellen!"
„Superforcecasting?"
Ein Polizist erscheint und bedeutet Steve, dass er den Platz freimachen soll.
„Ja, die Kunst der Prognose – schau im Netz nach. Wir wollten euch nicht ausnutzen! ICH HAB DICH DOCH ÜBER ALLES LIEB!"
„ICH DICH AUCH!", ruft Ellen dem davonfahrenden Wagen hinterher.
Da Ellen nicht weiß, ob der Flieger über WiFi für alle Passagierklassen verfügt, setzt sie sich nach dem Einchecken in die Wartehalle und loggt sich in das kostenlose Airport-Netz ein. Als erstes erscheint eine Anzeige für ein Buch:
<u>**Superforecasting – die Kunst der richtigen Prognose**</u> geschrieben von Philip Tetlock, Professor für Psychologie an der Universität von Pennsylvania, und Dan Gardner, Journalist und Berater des kanadischen Premierministers Justin Trudeau. Prognosen über die Zukunft sind wichtige Entscheidungshilfen für Politik und Wirtschaft. Doch meist sind sie vage, selbst Experten haben weder den „Arabischen Frühling" noch den

Wahlsieg von Donald Trump voraussagen können. Tetlock und Garner haben die Bedeutung von Prognosen in der heutigen Welt eingehend untersucht - und haben ihre ...

Blablabla, denkt Ellen und klickt weiter:

Tetlock leitet das „Good Judgement Project" am US-Institut Intelligence Advanced Research Projects Activity, das den US-Nachrichtendiensten nahesteht. Er untersuchte von 2011 bis 2015 in Zusammenarbeit mit dem US-Geheimdienst, wie Vorhersagen von politischen und ökonomischen Entwicklungen verbessert werden können. Dafür rekrutierte er rund 20.000 freiwillige Teilnehmer aus allen Schichten der Gesellschaft. Sie sollten Prognosen zu politischen und sozialen Fragen abgeben wie beispielsweise: Wird Russland in den nächsten drei Monaten weitere ukrainische Gebiete besetzen? Tetlock berichtet, dass manche seiner Teilnehmer auffallend treffsicherere Analysen ablieferten als andere – unabhängig vom Beruf oder der gesellschaftlichen Stellung der jeweiligen Personen. Er nannte diese Probanden „Superforecaster". Den entscheidenden Grund für diesen Vorsprung sieht der Wissenschaftler nicht in der Intelligenz oder im Vorwissen der Betreffenden, sondern in ihrer Denk- und Arbeitsweise. Dazu gehören unter anderem Bescheidenheit und Teamgeist, Zugriff auf viele verschiedene Informationsquellen sowie die Bereitschaft, eigene Ansichten zu hinterfragen und anhand neuer Erkenntnisse zu aktualisieren.

So weit so gut – aber was hat das mit uns zu tun?, fragt sich Ellen, als ihr Flug nach London, von wo aus sie mit kurzem Zwischenstop weiter nach Kairo fliegt, aufgerufen wird.

28. Juni — Katar, TV-Sender Al Jazeera

Das Nachrichtenmagazin zeigt am Ende seiner Sendezeit abermals einen Beitrag über die Reaktionen der Menschen auf das entlarvende YouTube-Video über die Männer, die an Glascontainern ihre Alkoholspuren unbeobachtet glauben beseitigen zu können: *„Das Video wird zurzeit auf YouTube millionenfach angeklickt – es stammt aus der ägyptischen Stadt Hurghada und hat sich inzwischen nicht nur in der gesamten islamischen Welt verbreitet. Und es spaltet die Betrachter in der islamischen Welt in zwei Gruppen: Die einen bewundern die YouTuber für ihren mutigen Film und kritisieren die Männer, nicht nur, weil sie heimlich Alkohol konsumieren, sondern sie prangern auch die Männerherrschaft in der arabischen Welt im Allgemeinen an – wie eine verschleierte Frau ins Mikrofon eines Reporters ruft: Sie machen einfach, was sie wollen – uns dagegen sperren sie ein und predigen uns die Gebote des Islam! Notfalls auch mit Gewalt!*

Die anderen sind empört über den kleinen Film, der in ihren Augen ein Zeichen höchster Respektlosigkeit darstellt. Diese Harami, Diebe!, schreit ein Mann mit einem Megaphon inmitten einer aufgebrachten Menge. Sollten Frauen dahinterstecken oder, schlimmer noch, Kuffār – dann werden sie Allahs Zorn zu spüren bekommen!"

29. Juni — Ort und Zeitzone unbekannt

„Glaubst du das eigentlich?"

„Was?"

„Na, worum es die ganze Zeit geht. Das die Welt untergeht oder so?"

„Keine Ahnung. Ich bin nur ein ITler. Außerdem finden das die vier ja gerade heraus. Angeblich sind sie doch die Besten. Oder warum veranstalten wir diesen ganzen Überwachungsscheiß? Tag und Nacht rund um die Uhr."

„Besonders die Spätschichten nerven wirklich. Wegen der Zeitverschiebungen schläft ja immer nur ein Teil von ihnen, während die anderen durch die Welt düsen – und vielleicht irgendetwas ganz Wichtiges sagen, denken oder tun."

„Warum gibt es dafür noch keinen Algorithmus, der das herausfindet und uns das Ergebnis am Morgen zum Frühstück präsentiert?"

„Genau daran arbeiten die doch: Ein System, das die besten Prognosen der Menschheit erkennen kann."

„Oder selbst erstellt?"

„Das wäre dann der nächste Schritt."

29. Juni – Kairo

Fatima wird immer nervöser, auch wenn sich Professor Bassir und seine Familie rührend um sie kümmern. Und nun hat der Prof. in seinem Kollegenkreis auch noch genau den Richtigen gefunden, der ihre Flucht organisieren wird. Es ist jemand mit dem Mark sogar schon mal Kontakt hatte. Der wird die drei im Flughafen in Empfang nehmen.

Mark trifft als Erster ein, sein Flug von Hamburg hat nur vier Stunden benötigt. Der traut allerdings seinen Augen nicht, als er mit seinem Gepäck die Ankunftshalle betritt und sieht, wer ein Schild mit seinem Namen hochhält.

„Siiiieee????"

VII. Zeichen in der Wüste: Was Ruinen über die Zukunft verraten

Neues schaffen heißt Widerstand leisten.
Stéphane Hessel

29. Juni – Kairo

Das Schild mit Marks Namen hält niemand anderes hoch als der alte Professor, der ihn in Mexiko in der Konferenzpause angesprochen hat.

„Siiiieee?!"

„Ja, ich: Walter Lewis, falls du meinen Namen nicht behalten hast, Professor der Archäologie."

„Was verschafft mir denn diese Ehre?", fragt Mark vollkommen verblüfft.

„Na, die Ehre ist ganz auf meiner Seite. Als mein geschätzter Kollege Professor Bassir in unserem Kreis von euch und eurem Problem erzählte, und um Rat fragte, wusste ich sofort, dass da etwas ganz faul sein muss, und ich euch auf jeden Fall hier in Ägypten helfen will. Außerdem hast du oder habt ihr ja noch etwas gut bei mir, wegen meiner extrem pessimistischen und letztendlich kontraproduktiven Bemerkung in der Konferenzpause. Und natürlich bin ich mehr als neugierig darauf, was ihr Neues zu berichten habt."

„Na, soviel Neues gibt es eigentlich gar nicht?"

„Nun tu nicht so bescheiden! Ihr seid doch auf einem sehr interessanten Weg. Das spüre ich genau, und das spürt ihr doch wohl auch selbst. Und vielleicht kann ich euch auf eurem Weg ja sogar irgendwie behilflich sein."

Gemeinsam sitzen sie nun in einem kleinen Airportcafé.
„Was genau haben Sie eigentlich bei der Konferenz in Mexiko gemacht?"
„Du meinst, was ich da als Experte für tote Kulturen verloren hatte? Naja, die haben mich für das dekorative Rahmenprogramm eingeladen, ich sollte sozusagen den Advocatus Diaboli spielen – du verstehst?"
„Ja, den des Spielverderbers, des Bösewichts."
„Genau! Deshalb lautete mein Vortrag: *Alle Hochkulturen sind bisher untergegangen – so what?* Ich dachte, Scharen von Optimisten würden mir die Bude einrennen, aber es kamen fast nur Kollegen, mit denen sich schlecht streiten lässt."
„Und – wird unsere Kultur auch untergehen?"
„Alle Kulturen sind untergegangen. Warum sollte es uns anders ergehen? Die Frage ist nur: Wann wird das passieren und wie wird es geschehen – langsam und fast unmerklich oder mit einem Paukenschlag."
„Und?"
„Na, mit meiner Antwort werde ich natürlich noch warten, bis alle da sind. Ich will ja nicht alles viermal erzählen. Außerdem ist alles viel spannender und anschaulicher, wenn man dabei auf ein 4000 Jahre altes Bauwerk blickt."
Daher reden sie über andere Dinge – so über die neueste Theorie zum Untergang der Mayakultur. Mark fragt gerade, ob die Himmelsscheibe von Nebra nicht doch eine Fälschung sein könnte, als die Landung von Nihars Flieger angekündigt wird. Kurz darauf auch die von Ellen.
Bei der Begrüßung fragt Mark die beiden als Erstes: „Habt ihr euer Handy unschädlich gemacht?"
Haben sie beide.
Als die drei mit ihren Koffern in Richtung Ausgang gehen, gibt

Professor Lewis ihnen noch ein paar Anweisungen: „Benehmt euch einfach wie Touristen, kauft eine Cola und macht ein paar Schnappschüsse. Und seid ein bisschen unbeholfen!"
„Warum denn das?", will der immer auf Coolness bedachte Nihar wissen.
„Egal, wo auf der Welt: Ihr seid am sichersten, wenn ihr euch wie tollpatschige Touris verhaltet, nicht wie wissensdurstige Wissenschaftler oder gar kritische Journalisten. Wir sehen uns gleich die Pyramiden hier in Gizeh an. Die liegen direkt am Stadtrand von Kairo."
Er reibt sich erwartungsfroh die Hände und zeigt auf ein Großraumtaxi. Schon nach einigen Kilometern sind sie Teil des Verkehrschaos der Stadt, im Stop-and-Go-Tempo. A
m Attaba Square winkt der Archäologe heftig gestikulierend einer am Bürgersteig stehenden Gruppe von Menschen zu; eine der beiden hinteren Türen wird aufgerissen und Fatima springt in den Wagen.
„Hi!"
„Hey!"
"Namaste!"
„Salemaleikum!"
„Yalla yalla!"
Der Fahrer gibt Gas, doch schon an der nächsten Kreuzung geht gar nichts mehr, die Fahrzeuge stehen kreuz und quer, jeder versucht irgendwie durchzukommen.
„Alkathir min Al Sayarat!", stöhnt der Fahrer.
„Zu viele Autos! sagt er", übersetzt Fatima. „Die Anzahl der Fahrzeuge hat sich hier im letzten Jahrzehnt verdoppelt. Aber das ist nicht der einzige Grund für dieses Chaos: Die Leute halten sich an keine Verkehrsregeln. Einen Führerschein erhält jeder, der weiß, wo das Gaspedal und die Bremse ist. Den Rest bewirkt der Bak-

schisch. Fahrpraxis oder Lesekenntnisse gleich Fehlanzeige!"
„Wie bei uns!", ergänzt Nihar knapp.
„Ist es nicht komisch", mischt sich nun der Archäologe ein: „Jeder sagt: Bald geht nichts mehr! Seit mehreren Jahrzehnten höre ich das. Aber die Menschen wurschteln sich doch irgendwie durch. Improvisieren und nutzen die kleinste Lücke oder Chance. Nicht nur im Kairoer Stadtverkehr, schon in den engen Gassen des antiken Rom ging es oft weder mehr vor noch zurück. Händlerkarren durften eine Zeit lang nur nach Sonnenuntergang in die Stadt."

Sie passieren zunächst moderne Wolkenkratzer, gefolgt von sich endlos ausdehnenden Stadtteilen – ein ganzes Meer aus roten Ziegelsteinhäusern.

„Was passiert mit einer Stadt wie Kairo, wenn die Menschen nicht mehr da sind", fragt Fatima den Professor, als hätte sie gerade eine Vision.

„Wohngebiete ohne Menschen wirken nur auf den ersten Blick leblos. Schimmel, Ameisen, Schaben, Vögel und kleine Säugetiere können sich nun in rasantem Tempo verbreiten. Ohne Wartung halten menschliche Bauwerke vielleicht 50, bestenfalls 100 Jahre. Wo Wasser eindringt, geht es wesentlich schneller."

„Aber es wird doch überall mit Beton gebaut."

„Ja, und der gilt allgemein als unkaputtbar!"

„Moderne Gebäude und Konstruktionen bestehen aus Stahlbeton. Die Stahlmatten in ihrem Inneren verrosten im Laufe der Zeit und bringen die Tragwerke zum Einstürzen. Die meisten heutigen Hochhäuser sind nur noch für ein halbes Jahrhundert Lebensdauer konstruiert. Besonders anfällig sind die architektonischen Wahrzeichen der globalen Welt: aufwändige Konstruktionen – instabile Statik. Ohne menschliche Wartung werden Wind und Wetter sie in wenigen Jahrzehnten zersetzen. Ist die Frage damit beantwortet?"

Fatima nickt abwesend, denn über den Häuserfronten erscheinen die sonnenbeschienenen Spitzen der Pyramiden von Gizeh. Je näher sie ihnen kommen, desto größer werden sie. Als sie den Parkplatz zwischen den Pyramiden erreichen, wirken die Reisebusse dort wie Spielzeugmodelle.

„Wahnsinn!", ruft Ellen, drängelt sich aus dem Taxi und läuft voran zur Chephren-Pyramide, die sich wie die endlose Wand in einem Märchenfilm vor ihr erhebt.

„Allein die Ausmaße", ruft der Professor ihr zu. „Die quadratische Grundfläche hat eine Seitenlänge von 214,50 Metern – das sind mehr als zwei Fußballfeldlängen! Und mit 138,75 Metern Höhe überragt sie sogar den Petersdom in Rom."

Ein paar Kamelführer umringen die Gruppe und wollen die vier auf ihre Tiere locken. Als der Professor sie auf Arabisch anspricht, „As-salāmu ʿalaikum ...", verbeugen sie sich vor ihm und trotten in Richtung eines großen Reisebusses, der gerade den Parkplatz ansteuert.

„Aber warum eigentlich Pyramiden?", fragt Nihar. „Warum keine Grabmale, wie sie bei uns in Indien die Moguln gebaut haben?"

„Keine schlechte Frage", pflichtet ihm der Professor bei. „Eigentlich wurden Pharaonen unter einer Mastaba bestattet – eine Art Grabbank. Doch auf dem Gräberfeld von Sakkara ließ der geniale Baumeister Imhotep um 2600 v. Chr. für seinen Pharao Djoser über der Mastaba eine symbolische Treppe aus Stein errichten, die ihm nach seinem irdischen Tod den Aufstieg zur Götterwelt erleichtern sollte. Damit wurde zugleich eine neue Tradition begründet: Nur der Pharao und seine Gemahlinnen hatten Anspruch auf ein Pyramidengrab aus Stein. Zurzeit von Pharao Cheops besaßen die Ägypter rund 100 Jahre Erfahrung im Bau von Pyramiden."

Inzwischen stehen sie vor Cheops noch etwas größerer Pyramide und schauen andächtig nach oben.

„Sie war ursprünglich sogar 146,6 Meter hoch und 230,36 Meter breit, die acht Meter hohe Spitze ist der Zeit zum Opfer gefallen. Obwohl heute riesige Wolkenkratzer und gigantische Flughafenhallen gebaut werden, ist die Cheops-Pyramide noch immer eine der größten umbauten Flächen der Welt."
„Aber wie haben sie das geschafft?", fragt Mark, „die Ägypter hatten doch keine Metalle!"
„Jedenfalls weder Bronze noch Eisen, nur weiches Kupfer." Der Professor kratzt mit seinem rechten Schuh in dem sandigen Boden.
„Was man nicht sieht: die Pyramide steht auf einem riesigen Felsplateau, das einen sicheren Untergrund bildet und aus dessen Gestein der Großteil des Baumaterials gewonnen wurde – der Steinbruch ist nur 300 Meter entfernt. Dort waren ganze Heerscharen von Arbeitern Tag für Tag damit beschäftigt, mit Steinhämmern, kupfernen Meißeln und Sägen die Quader aus dem Fels zu lösen. Rund 2,6 Millionen Quader Kalkstein, im Schnitt einen Kubikmeter groß und 2,5 Tonnen schwer, mussten sie auf Schlitten hieven und über Rampen zum Bauwerk hinaufziehen, das von 201 Stufen gebildet wird. Auf dieser Pyramidenbaustelle waren bis zu 20 000 Menschen beschäftigt – rund zwanzig Jahre lang. Nur ihre Außenverkleidung wurde aus leuchtend weißem Kalkstein gefertigt, der aus den Tura- und Maasarabergen im Süden herangeschafft wurde. Schaut, drüben am oberen Teil der kleineren Chephren-Pyramide glänzen noch einige dieser glatten Steine."
Wie auf Kommando werfen die vier gleichzeitig den Kopf in den Nacken und blicken angestrengt in die bezeichnete Richtung. Mit viel Fantasie erscheint die Pyramide in ihrer alten leuchtenden Schönheit vor ihren Augen ...
Während sie weiter zu den wesentlich kleineren Königinnen-Pyramiden gehen, fährt der Professor fort: „Bauforscher haben mir

versichert: Die Pyramiden werden auch in 5000 bis 10 000 Jahren noch hier stehen – wenn unsere heutige Zivilisation mit ihren Hochhäusern längst in Schutt und Asche liegt. Denn diese Wunderbauwerke können auch ohne Schutzhülle überdauern, weil ihr Neigungswinkel nicht steiler ist als der eines Schuttkegels aus gleichem Material. Das heißt, selbst wenn die Steine, aus denen sie errichtet wurden, langsam verfallen, bleibt die Pyramidenform erhalten, wie ihr hier sehen könnt." Sie stehen vor den kleinen Pyramiden: Eine sieht aus, als wäre einfach eine Riesenladung Bausteine aufgeschüttet worden.

„Es ist seltsam, hier zu stehen", fasst Mark seine Gefühle zusammen, „und zu erfahren, dass diese jahrtausendealten Pyramiden unsere Kultur überdauern werden. Dabei denken wir doch alle, die Menschheit hätte sich in den letzten 5000 Jahren immer weiterentwickelt."

„*Ent*-wickelt oder *ver*-wickelt?", will Ellen wissen und lächelt ihn von der Seite an.

29. Juni – Telefonat Kairo–Silicon Valley

Als sie wieder in ihren Wagen steigen wollen, entdeckt Ellen eine öffentliche Telefonzelle.

„Wie bezahlt man da?", fragt sie den Archäologen.

„Mit Münzen oder Telefonkarten. Ich habe eine Prepaidcard der Telecom Egypt! Auf dem Basar gekauft, die hinterlässt keine Spuren. Wenn du willst, gebe ich sie dir." Ellen nickt dankbar. Mit der Karte in der Hand tritt sie unter das schlichte Dach der Telefonkapsel und überlegt: Hier ist es 17 Uhr, also ist es in Kalifornien 8 Uhr morgens. Gute Zeit, um alle zu erreichen. Sie wählt die Nummer ihres Elternhauses. Nach längerem Klingeln hebt ihr Bruder Peter gähnend den Hörer ab.

„Ich bin's – ist Dad da oder schon beziehungsweise noch im Büro?"
„Hi, wo zum Teufel bist du?"
„Keine Zeit für Erklärungen, ist zu teuer! Ist er da?"
„Ja, da kommt er gerade!"
„Jaaah?"
„Ich bin's."
„ELLEN! Wie geht's?"
„Okay, oder wie Nihar sagen würde: Okji! Wir haben gerade das Pyramidenprogramm mit Professor Lewis hinter uns."
„Klingt gut – und wie fühlt es sich an, die Pyramiden aus der Nähe zu sehen?"
„Überwältigend! Und sie werden noch in 5000 Jahren an ihrem Platz stehen, wenn der Klimawandel unsere Welt längst weggeschwemmt hat. Um noch zu retten, was zu retten ist, bleibt uns nicht mehr viel Zeit."
„Lewis, sagst du? Doch nicht etwa der berühmte Professor Walter Lewis?"
„Ja, genau der. Er hat alles stehen und liegen lassen, um sich um uns kümmern zu können."
Steve kann nicht länger an sich halten: „Ich schmeiße für euch auch alles über den Haufen! Und komme auch nach Ägypten! Ich muss euch alles erklären!" Er klingt verzweifelt.
„Auch das musst du mit Professor besprechen!"
„Wie du vielleicht weißt, haben wir unsere Handys entsorgt – aus Sicherheitsgründen!"
„Was, entsorgt? Die Fairphones!?"
„Nicht ganz so schlimm, wir haben die Akkus herausgenommen. Bis wir sicher sind, dass sie sicher sind!"
„Ellen – bitte glaub' mir: Das wollte ich alles nicht! Ich bin doch einer von euch!"
Ellen spürt, wie sie beginnt nachzugeben …

30. Juni – Katar, TV-Sender Al Jazeera

Das Nachrichtenmagazin zeigt am Ende seiner Sendezeit noch einmal einen Beitrag über die Reaktionen der Menschen auf das inzwischen in aller Welt millionenfach angeklickte YouTube-Video:

„*Dieses Video scheint die arabische Welt inzwischen in zwei Lager zu spalten*", erklärt die Moderatorin, „*verehrende Bewunderung der bisher anonymen Macher oder Macherinnen auf der einen, abgrundtiefer Hass auf der anderen Seite. Fundamentalisten meinen sicher zu wissen, wer das Video gedreht und in Umlauf gesetzt hat. Sie suchen mit Hilfe eines älteren Porträtfotos nach einer Lehrerin, die bereits häufiger mit den religiösen Autoritäten Ägyptens in Konflikt geraten ist.*" Es erscheint das Bild einer Frau, deren Gesicht verpixelt ist.

„*Diese Lehrerin soll ihre Schülerinnen dazu angestiftet haben, Gesetze des Islam zu brechen und die Autorität der Männer in Frage zu stellen. Demgegenüber werden die Macher oder Macherinnen dieser Aufnahmen von vielen Frauen- und Menschenrechtsorganisationen regelrecht gefeiert.*"

Es erscheint ein kurzer Einspieler, in dem eine Anwältin für Frauenrechte sagt: „*Es wurde Zeit, dass die Selbstherrlichkeit der Männer in Frage gestellt wird. Nicht nur der Männer, die heimlich trinken, sondern aller Männer, die meinen, tun zu dürfen, was sie Frauen nicht gestatten.*"

30. Juni – an Bord einer Feluke auf dem Nil

Drei ruhige ereignislose Tage an Bord einer Feluke, einem alten Lastensegler, hat ihnen der Professor versprochen: „Nur von Wind und Wellen vorangetrieben werden! Abseits von allem Trubel, in größter Sicherheit! Was für ein Luxus in dieser rastlosen Welt!"

Ihre gemeinsame Zeit nutzen sie für ihr Projekt. An einem improvisierten Flipchart, den sie am Segelmast befestigt haben, steht Mark mit einem Edding in der Hand.
„Was hat die Menschheit aus der vergangenen Pandemie in Sachen Risikominimierung gelernt? Abgesehen von den wenigen halbherzigen Kursänderungen?"
„Die nicht ausreichen!"
„Im Gegenteil – sie gehen in die falsche Richtung."
„Bei der nächsten Katastrophe können wir doch nicht wieder einen Lockdown nach dem anderen verhängen. Ein einziges Kriterium im Blick. Wie Pferde mit Scheuklappen! Und alles andere den Bach runtergehen lassen. Weil die Ausgangsfrage falsch ist. Vielleicht nicht falsch – aber nicht zielführend: Wieviele Neuerkrankungen gibt es? Stattdessen brauchen wir ein differenzierteres Risikomanagement!"
Sie werden von dem Crewmitglied Muhammed unterbrochen: „Inschallah, Freunde, ihr müsst sofort aufhören! Mummelt euch in eure Schlafsäcke und setzt die Atemmasken auf! Ein ziemlich heftiger Sandsturm ist bereits in Sichtweite!"
Tatsächlich schiebt sich eine große gelbgraue Wand von Westen auf sie zu; die Sonne ist nur noch eine gelbliche trübe Scheibe. Eilig kriechen sie in ihre Schlafsäcke, ziehen die Masken vors Gesicht, und schon bricht es pfeifend und tosend über sie herein. Ein tausendarmiger Wind fährt durch die kleinste Ritze, streut ihnen feinsten Sand in Augen und Ohren, schmirgelt ihre Hände und jede freie Partie des Gesichts. Zwei Stunden – eine gefühlte Ewigkeit – dauert die Tortur. Fast bewegungslos hocken sie zusammengekauert und dicht aneinandergedrängt am Boden des Decks. Der Sturm legt sich so plötzlich, wie er gekommen ist.
Ein vergleichsweise harmloser Naturausbruch, schießt es Ellen durch den Kopf, der einen spüren lässt, wie es sich anfühlen muss,

den unkontrollierbaren Kräften des Wettergeschehens ausgesetzt zu sein. Während die anderen noch verzweifelt versuchen, den Sand aus Kleidung, Haaren und Ohren zu entfernen, befestigt Mark den großen Zeichenblock erneut am Schiffsmast und nimmt den Faden wieder auf: „Wir brauchen ein fundiertes Risikomanagement, da sind wir stehengeblieben. Und ich weiß jetzt, wie es weitergehen muss: Die Menschheit ist gezwungen, bewusst zu entscheiden, welche Risiken sie eingeht und welche nicht. Wo liegen die Grenzen für unser Verhalten? Wie wägen wir die Risiken miteinander ab! Leben schützen, auf Kosten zunehmender Umweltbelastung? Und die Wirtschaft einfach ausklammern? Nein, wir brauchen eine Strategie mit mindestens vier oder fünf Kriterien …"
In Großbuchstaben schreibt er auf den Zeichenblock:

RISIKOWERTUNG:
Menschliche Gesundheit
Umwelt
Ökonomie
Gerechtigkeit
Lebensqualität

„Wie erhalten wir zuverlässige Aussagen, eine gute Orientierung in der Gesamtsituation?"
Mit hochroten Köpfen beginnen die vier nun ein neues Risikosystem zu entwickeln.
„Es gibt zweifellos positive Trends, aber auch sehr viele Negative."
„Man muss diese Trends auf ihr Risikopotential hin abschätzen."
„Man muss eine Art Tabelle erstellen … die positiven Risikotrends und die negativen Risikotrends je nach ihrer Stärke eintragen und aufeinander beziehen!"

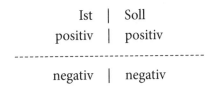

„Versteh' ich nicht", nörgelt Nihar.
„Na, man kann ja nicht alle Risiken vermeiden. Nehmen wir noch einmal die Coronaepidemie: Da war das Risiko für die Gesundheit der gefährdeten Gruppen im Fokus. Die anderen Risiken wie wirtschaftliche Stagnation, Umweltverschmutzung, Klimawandel, fallende Lebensqualität, zunehmende Arbeitslosigkeit, Wegbrechen des gesamten Kulturbereichs oder steigende Ungerechtigkeit wurden nicht berücksichtigt. Diese Strategie konnte aber nicht lange durchgehalten werden ..."
Hitzig debattieren sie darüber, wie die gesamte Bevölkerung in einen gesellschaftlichen Risikoentscheidungsprozess eingebunden werden kann.
„Machen wir uns nichts vor: Die meisten Menschen sind Herdentiere."
„Das wäre ja auch okay, wenn sie dazu stehen könnten. Stattdessen bestehen sie darauf, Individualisten zu sein."
„Und aus diesem Widerspruch erwachsen die meisten Probleme. Sie behaupten, eigene Entscheidungen zu treffen, eigene Verantwortung zu tragen. Solange alles gut geht. Wenn aber etwas schiefläuft, waren immer die anderen verantwortlich – oder die Umstände!"
„Und jeder sieht sich als denjenigen, der das größte Opfer bringt."
„Ja, selbst wenn er nur auf eine Rentenerhöhung verzichten soll, während ein paar Tausend Kilometer entfernt Hunderttausende aus ihrer Heimat fliehen müssen."

Auf einmal bricht Fatima ihr Schweigen: „Wir müssen diese Männerherrschaft beenden! Möglichst schnell! Und den globalen Kapitalismus! Wir können nicht nur das Klima retten, es muss alles auf einmal geschehen. Weil alles zusammenhängt ..."

Unterdessen treibt ihre Feluke nur von Wind und Wellen angetrieben vorbei an endlosen Feldern und verschlafenen Dörfern – bis am frühen Abend die Sonne wieder im Eiltempo untergeht und die Dunkelheit sie überfällt wie ein ungebetener Gast. Die drei Besatzungsmitglieder raffen die Segel, lassen das Boot ans Nilufer treiben und vertäuen es mit langen Leinen an mehreren Palmen.

Während die vier und der Professor nacheinander in die Büsche verschwinden, errichtet die Felukencrew ein kleines Lager: eine Feuerstelle, Sitzgelegenheiten, ein kleiner Tisch.

Keine zwei Stunden später sitzen sie am Lagerfeuer und beißen heißhungrig in mit Lammfleisch und Gemüse gefülltes Fladenbrot. Dazu gibt es duftenden Pfefferminztee.

Später gesellen sich Bewohner des nahegelegenen Dorfs zu ihnen ans Lagerfeuer. Ellen beäugt die Männer skeptisch, bis der Professor sie beruhigen kann: „Die Leute sind Fellachen. Sie arbeiten nicht mit den Behörden zusammen und schon gar nicht mit den Islamisten."

„Und was ist mit Kontrollen der Polizei oder des Militärs?"

„Eine Kontrolle, hier? Nein, das Militär schützt nur die Touristen, die von ihren Hotelburgen am Roten Meer im Konvoi nach Luxor, Assuan oder Abu Simbel fahren."

Alle beginnen sich endlich richtig zu entspannen, als die Crew nach dem Essen Musikinstrumente vom Boot und beginnt zu spielen. Am Lagerfeuer sitzend lauschen sie den Trommelrhythmen und dem Klang einer exotisch klingenden Flöte. Die Dunkelheit wird nur in unregelmäßigen Abständen von hellerleuchteten Nilkreuzfahrtschiffen durchbrochen, die laut tuckernd und stinkend an ihnen vorbeischippern.

„Die sehen aus wie riesengroße beleuchtete Schuhkartons!", kommentiert Ellen.

„Wahrscheinlich hocken die Touris dort an Bord bei der vierten Mahlzeit des Tages, schauen kurz aus dem Bullauge, sehen unser Lagerfeuer ...", spinnt Mark den Faden fort, „... und denken: Diese armen, armen Menschen da draußen. Müssen im Freien schlafen und ihr Essen über einem Lagerfeuer zubereiten!"
Kleine Lichtblitze zucken von einem Hotelschiff zu ihnen hinüber.

„Und jetzt ärgern sie sich, dass ihr Handyblitz nicht reicht, um eine vernünftige Aufnahme zu machen."

01. Juli – Telefonat innerhalb San Franciscos

Das Gespräch zwischen Investor Lauckman und Steves Mitarbeiter Bernie entwickelt sich recht einseitig, als dieser erklärt, dass Steve verreist und vorübergehend nicht erreichbar ist.

„Wie bitte? Steve ist verreist? Wohin, mit wem, warum?"

„Das kann ich Ihnen leider nicht sagen."

„Wie, das können Sie mir nicht sagen!? Jetzt hör mir mal genau zu, du kleiner Furz: Ich bin der Investor! Ihr lebt alle von meinem Geld! CAPITO! Deshalb muss ich alles über Steve und seine Projekte wissen! Und wenn ich sage alles, dann meine ich auch alles! Selbst welche Unterhosen er trägt!"

„Das weiß ich nun wirklich nicht, ist ja auch sehr intim."

„Das soll intim sein? Wenn du wüsstest, was eine Unterhose alles über ihren Träger preisgibt!"

01. Juli – Nilufer, Edfu

An diesem Tag steht ein Ausflug nach Edfu auf dem Programm. Der Tempel hier, erfahren die vier, wurde in der Zeit zwischen 300 und 30 vor Christi erbaut. Was sagt uns das?" Professor Lewis blickt Mark an.

„Zu der Zeit herrschten die griechischen Ptolemäer und dann die Römer über Ägypten!", antwortet der korrekt.

„Genau. Dieser Tempel sieht also nur aus wie ein altägyptischer, ist es aber nicht. Wenn man genau hinschaut sieht man, dass sich auf den Säulen und den Umfassungsmauern griechische und lateinische Herrschernamen finden."

Die vier stürmen los, um sich die ungewöhnlichen Abbildungen von Nahem anzusehen. Den Professor treffen sie später in einem Hof wieder, in dem etliche steinerne Sarkophage nebeneinanderstehen.

„Das Gleiche gilt für diese Särge: Nicht Ägypter, sondern reiche oder mächtige Griechen und später Römer ließen ihre einbalsamierten Leichen darin bestatten. Sie haben nicht nur dieses Land erobert, sondern auch die religiösen Riten der Ägypter übernommen."

„Dann hat man uns in der Schule also etwas Falsches erzählt – von wegen die ägyptische Hochkultur währte rund 4000 Jahre lang – oder was?"

„Naja. Die gesamte Periode der ägyptischen Hochkulturen dauerte schon so lange, ungefähr von 3500 v. Chr. bis 400 n. Chr. Allerdings nicht durchgehend. Unterschiedliche Reiche sind entstanden und wieder untergegangen. Die letzten 700 Jahre haben zunächst Griechen und dann Römer das Land beherrscht. Ein gutes Beispiel dafür, dass keine Kultur auf Dauer herrscht – sie haben alle *ihre* Zeit."

Am Nachmittag liegen sie wieder auf dem Deck der Feluke und

spüren den warmen Wind auf der Haut. Die Strömung treibt ihr Boot gemächlich voran.

„Man sieht als Archäologe das Große und Langfristige", nimmt Professor Lewis das Thema wieder auf. „Unsere Nationen halten sich ja schon für unsterblich, wenn etwas an ihnen 100 Jahre alt wird. Das ist großer Mumpitz! Alle Kulturen, auch sämtliche Hochkulturen, sind untergegangen, keine Einzige hat überlebt. Und das ist auch in Zukunft nicht zu erwarten. Meist haben sie eine Lebensdauer von einigen Jahrhunderten – einer meiner Kollegen hat einmal berechnet, dass Zivilisationen im Durchschnitt 500 Jahre alt werden."

„Dann wäre unsere Kultur ja tatsächlich an ihrem Ende angelangt."

„Wenn man sie im 15./16. Jahrhundert mit den Entdeckern und der Renaissance beginnen lässt, allerdings. Andererseits: Das Römische Reich hat es auf über ein Jahrtausend gebracht, aber dann brach auch das zusammen. Und wie wir sehen, hat die ägyptische Kultur sich noch länger gehalten."

„Woran ist denn das Römische Reich letztendlich gescheitert?", will Nihar wissen.

„Darüber wird noch immer geforscht. Und da auch die Forschung stets Moden unterliegt, suchen wir meistens nach den Dingen, an denen unsere eigene Zeit krankt. Früher war es der moralische Zusammenbruch. Oswald Spengler hat diese These in seinem *Untergang des Abendlandes* groß zelebriert. Und fast alle Intellektuellen seiner Zeit haben ihm geglaubt. Inzwischen steht der ökologische Zusammenbruch im Fokus. Es gibt viele Hinweise auf Umweltkatastrophen an antiken Stätten und auf Krankheiten und Epidemien."

Abends am Lagerfeuer bittet der Professor die vier, ihm GLOBALOPOLY endlich zu erklären. Mark kramt in seinem Rucksack. „Ich habe unser Spielbrett gerettet. Wollen wir es versuchen – für den Professor?"

„Für den Professor? Mit dem Professor!"

„Taaadaaa!", verkündet Mark und legt das Spielbrett in die Mitte der Gruppe. „GLOBALOPOLY – das Spiel mit kleinen Chancen und großen Risiken!"

„Unser altes Spielbrett!", ruft Ellen und streicht fast zärtlich einige umgeknickte Klebestellen glatt. „Shitti-bang, wie lange ist das her, dass wir in Pedros Haus gehockt und große Pläne geschmiedet haben?"

„Mindestens ein halbes Leben", antwortet Nihar.

Mark legt noch die selbst gefertigten Chancen- und Risikokarten dazu sowie zwei Würfel und fünf neue Spielfiguren, kleine hölzerne Götterstatuen mit Schakalköpfen."

„Anubis, der Wächter der Totenwelt?", fragt der Professor erstaunt.

„Das ist reiner Zufall", antwortet Mark, „diese Figuren haben die richtige Größe und waren die billigsten bei den Souvenirhändlern."

„Gut, aber warum ein Spiel?", hakt der Professor nach.

„Weil dieses neue Spiel die heutige Welt übersichtlich, jedoch ungeschönt darstellt."

Die vier wechseln sich beim Erklären ab.

„Wie bei jedem Spiel gibt es am Ende Sieger und Verlierer; wenige Sieger und viele Verlierer."

„GLOBALOPOLY funktioniert ähnlich wie Monopoly, aber nach den Regeln der Realität."

„Was deshalb anders ist als bei Monopoly: Die ganze Welt ist das Spielfeld – alle Erdenbewohner spielen mit, ob sie wollen oder nicht."

„Gegenstand des Spiels ist die globale Wirtschaft: Waren, Dienstleistungen und die Erträge aus Besitz wie Land, Häuser und Unternehmen."

„Und bei GLOBALOPOLY beginnen nicht alle Spieler mit dem

gleichen Einsatz, sondern mit extrem unterschiedlichen Startchancen, wie im wahren Leben."

„Der Zufall entscheidet: Wo werde ich geboren? Wieviel Bildung und materielles Erbe bekomme ich. Das alles ist ungleich verteilt. Bei GLOBALOPOLY entscheidet die erste Würfelrunde darüber. Wer einen 1er-Pasch würfelt ist superreich, mit einem 2er-Pasch ist man sehr reich und mit dem 3er-Pasch immer noch ziemlich reich. Diese Gruppe steht zusammen für 8,4 Prozent der Weltbevölkerung. Alle anderen Kombinationen stehen für Erdenbewohner, die leider nur passiv an GLOBALOPOLY teilnehmen können, weil sie über kein Kapital verfügen."

Sie beginnen zu würfeln. Erst nach der dritten Runde gehören zwei von ihnen zu den Reichen: Ellen und der Professor.

„Nun geht das eigentliche Spiel los. Wer Geld hat wie wir", Ellen stößt dem Professor leicht in die Seite, „kann in Mietkasernen, Fabriken, Reedereien, Energieunternehmen oder Handelsketten investieren."

„Die Mehrheit jedoch", sagt Fatima, „hat wie ich weder Geld noch Bildung. Sobald wir auf die Felder mit euren Objekten geraten, müssen wir dafür Nutzungsgebühren, Miete etc. zahlen."

„Was auch anders ist als bei Monopoly: Wer kein Geld hat, kann, nein, muss Schulden machen."

„Denn mal los", sagt der Professor und reibt sich die Hände.

Sie merken wie zuvor schnell: Man kann GLOBALOPOLY tatsächlich spielen, aber es macht wenig Spaß. Die Besitzenden, in ihrem Fall Ellen und der Professor, werden schnell immer reicher, weil die armen Schlucker, Fatima, Mark und Nihar, ständig auf den Unternehmensfeldern der Reichen landen und dafür zahlen müssen – und dadurch immer neue Schulden aufnehmen müssen. Daran ändern auch die Chancenkarten nichts: Wer kein Geld hat, dem nutzt auch die Glück-an-der-Börse-Karte nichts. Und wer reich ist, den können weder Sturmschäden noch ein Ernteausfall ernsthaft bedrohlich beuteln. Nach zehn Runden brechen sie das Spiel ab – vor ihnen liegen zwei DinA4-Zettel eng beschrieben mit angehäuften Schulden.

„Echt blöd!", findet Ellen.

„Haben wir GLOBALOPOLY nicht deshalb entwickelt, um zu zeigen, dass unsere Welt wie ein unfaires Spiel funktioniert?"

„Eigentlich schon."

„Aber das Leben ist kein Game!", stellt ausgerechnet Nihar fest, „und deshalb müssen wir zeigen, dass es auch anders geht."

„Soweit also unser Spiel", sagt Mark an den Professor gewandt. „Wechseln wir zurück ins Real Life. Sie wollten noch auf die Frage antworten, wie und wann unsere Zivilisation untergeht."

„Vorsicht, ich bin kein Hellseher! Ich schaue lediglich die Vergangenheit an und ziehe daraus meine Schlussfolgerungen."

„Und die würden wir gerne hören!"

„Wichtig scheinen mir in diesem Zusammenhang zwei Dinge zu sein: Untergang einer Kultur heißt nicht, dass die gesamte Bevölkerung ausstirbt. Untergang heißt auch nicht, dass alles Wissen verloren ist. Wie viele Menschen mitsamt ihrer Kultur überdauern, hängt davon ab, wie gut sie sich den neuen Bedingungen anpassen können."

„Das müssen Sie aber näher erklären!"

„Noch einmal: Untergang einer Kultur oder Zivilisation bedeutet ja nicht, dass die Bevölkerung vollständig ausstirbt. Ein Teil der jeweiligen Menschen überlebt – wenn auch unter einfacheren Bedingungen. Nach dem Untergang des Römischen Reiches lebten weiterhin Römer in der halbverfallenen Hauptstadt, aber auch in den vielen Koloniestädten wie zum Beispiel dem heutigen Köln. Viele Kölner sind vermutlich Nachfahren der Römer und Angehörige anderer Handelsvölker, die dort vor 2000 Jahren ein- und ausgingen. Die Römer haben für ihre Flotte die gesamte Mittelmeerregion abholzen lassen. Das hat das Klima zwar nachhaltig verändert, aber Natur und Mensch haben sich angepasst und sind zu neuer Blüte aufgestiegen. Nach dem Untergang des Ägyptischen Reiches waren die Nilufer auch nicht menschenleer. Zu keiner Zeit. Die heutigen Fellachen sind Nachfahren der einstigen Ägypter. Untergang heißt auch nicht, dass alles Wissen verloren ist: Das Wissen der Antike wurde wenigstens zum Teil in der jüdischen und islamischen Kultur weitergegeben und von christlichen Mönchen, und zwar in solider Form auf Pergamentrollen und in Büchern. Es ist also nicht allzu schlimm, wenn eine Zivilisation untergeht. Das ist sogar ganz normal, denn es ist tatsächlich wichtig, dass Entwicklungen dynamisch bleiben und sich die Menschheit nicht auf Althergebrachtem und auf Traditionen ausruht. Eine Kultur sollte so untergehen, dass die Menschen und ihr Wissen überleben können. So war es bisher in der Menschheitsgeschichte: Die Kulturen waren sozusagen recyclingfähig. Heute sieht das allerdings anders aus! Unsere gegenwärtige Globalkultur reißt alles mit sich. Vielleicht ist das ja der Grund dafür, dass die Internetmilliardäre unbedingt ins Weltall wollen. Vielleicht haben sie die Erde ja schon aufgegeben. In ihren Augen taugt sie nur noch als Rohstofflieferant und Abschussrampe."

„Wussten die Pharaonen, dass ihre Bauwerke so lange halten werden?"

„Es ist fast anzunehmen. Immerhin bauten sie für die Ewigkeit."

„Nein, ich meine: Besaßen sie wirklich das Know-how, das uns ja anscheinend fehlt?"

„Du meinst das für Nachhaltigkeit? Ja, früher planten die Erbauer die Wirkung der Zeit auf das Material mit ein, heutzutage wird nicht mehr für die Zukunft gebaut. Im Gegenteil: unsere Bauwerke werden schon mit eingeplantem Zerfallsdatum errichtet. Und für unsere Gebeine oder unseren Leichnam schaffen wir keine dauerhaften Heimstätten mehr. Stattdessen hinterlassen wir andere leider wenig ruhmreiche Dinge, die noch lange unsere Zivilisation überdauern werden ..."

„Lassen Sie mich raten: Berge von Müll und Meere voller Plastik."

„Darauf könnte es hinauslaufen! Ausgräber in der fernen Zukunft werden es schwer haben nachzuvollziehen, warum unsere Zeit sich auf dem Gipfel der Menschheitsgeschichte wähnte."

01.–02. Juli nachts – an Bord einer Feluke zwischen Edfu und Luxor

Mit einem Schlag werden die vier und der Professor wach – da war ein peitschendes Geräusch, und nun hören sie tiefe Stimmen durcheinanderrufen.

„War das nicht ein Schuss!", fragt Nihar verängstigt.

„Kann sein", antwortet der Professor betont lässig, obwohl er eigentlich sicher ist, dass es genau das war.

Zwei Mitglieder der Bootscrew haben die Nacht über Wache am Lagerfeuer geschoben – sie laufen sofort schreiend in die Richtung aus der das peitschende Geräusch kam und erhalten schrille abgehackte Antworten.

„Was rufen die da?", fragt Mark Fatima.

„Unsere Leute rufen: Wer seid ihr? Was wollt ihr? Verschwindet von hier!"

„Und die anderen antworten Allahu akbar – oder?" Marks Stimme zittert kaum hörbar.

„Ja, auch Allahu akbar. Aber das muss nicht gleich das heißen, was ihr denkt." Das Geschrei entfernt sich, wird immer leiser. Dann ertönt ein weiterer einzelner Schuss.

„Der kommt schon von weiter weg", beruhigt der Professor.

Natürlich haben sich die vier nicht wieder hinlegen können, sondern hocken dicht aneinandergedrängt an Bord und lauschen angestrengt in die Dunkelheit.
„Irgendwie unheimlich."
Erst eine halbe Stunde später kommen die beiden Crewmitglieder und drei weitere Männer mit dunkler Hautfarbe zum Boot zurück, lassen sich heftig diskutierend am Lagerfeuer nieder und trinken Tee.
Der Professor gesellt sich zu ihnen und beginnt ein Gespräch. Ungeduldig warten die vier auf irgendeine Erklärung für den Vorfall. Endlich klettert der Professor wieder an Bord und kommt lächelnd auf sie zu. „Wie das so ist im Orient: Auf alles gibt es viele Antworten. Auch auf diese ungebetenen Besucher. Sicher ist, dass es Eindringlinge vom anderen Ufer waren. Ahmed und Hassan haben sie mit Hilfe einiger Männer aus dem nahegelegenen Dorf wieder vertrieben."
„Waren es islamistische Terroristen?", platzt Ellen dazwischen.
„Das wissen wir nicht. Was ist überhaupt ein Terrorist? Wer definiert das? Fest steht: Es waren bewaffnete Männer, die in fremdes Terrain eindringen wollten. Kameldiebe, betrunkene Randalierer, Halbstarke, die eine Wette einlösen wollten, Terroristen, selbsternannte Beschützer? Wir werden es wohl nie erfahren. Aber ihr habt gemerkt, wir werden gut beschützt. Und das ist die Hauptsache."
Sie legen sich wieder hin, schlafen jedoch erst in der Morgendämmerung für kurze Zeit noch einmal ein.

02. Juli – an Bord einer Feluke zwischen Edfu und Luxor

Die vormittägliche Bootstour verläuft sehr ruhig. Zu ruhig. In den vieren arbeitet es unaufhörlich: Sind sie in Gefahr? Waren das in der vergangenen Nacht vielleicht doch islamistische Terroristen?

Lautlos ist der Professor neben ihnen aufgetaucht. „Ich habe mir schon gedacht, dass ihr nach dieser Nacht unruhig werdet. Deshalb werden wir der Feluke jetzt nachhelfen und einen Außenbordmotor benutzen, wir erreichen Luxor dann gegen Nachmittag, dort haben wir nämlich eine Verabredung."
Als sie sich Luxor nähern, sehen sie am Ufer jemanden heftig winken.
„Was ist denn das für ein Irrer?", fragt Nihar.
„Sieht aus wie ein Europäer."
„Oder ein Amerikaner", sagt Ellen ahnungsvoll, der die leicht gekrümmte Körperhaltung seltsam vertraut vorkommt.
„Ist das nicht ... DEIN DAD?!", fragt Nihar überrascht.
„Sieht so aus."
„Was will *der* denn hier?"
Als das Boot angelegt hat, stürmt Steve an Deck, umarmt seine Tochter, als hätte er nicht geglaubt, sie jemals lebend wiederzusehen. Dann nimmt er auch die anderen drei in die Arme.
„Ich muss mich bei euch entschuldigen", platzt es aus ihm heraus.
„So war das alles nicht gedacht!"
Er blickt in anklagende Gesichter. Niemand sagt ein Wort. Als sie dann alle wieder nebeneinander auf dem Deck hocken, legt Steve ein umfassendes Geständnis ab. Immer wieder unterbrechen ihn die vier vorwurfsvoll, sodass der Professor vermittelnd eingreift.
„Lasst ihn doch erst einmal ausreden! Wenn er schon den weiten Weg gemacht hat, ist es ihm ernst."
„Bitte, glaubt mir doch! Wir haben nur das Beste gewollt! Monatelang haben wir alles Verfügbare versucht: Jeden bisher entwickelten und zugänglichen Algorithmus auf die Probe gestellt. Die Ergebnisse sind eine Blamage: Die Antworten scheinen aus einem populärwissenschaftlichen Magazin aus der Zeit um die Jahrtausendwende zu stammen. Oder noch schlimmer: Du veränderst ei-

nen kleinen Parameter, nur einen winzigen Baustein, und die Berechnungen zeigen dir sogleich ganz andere Entwicklungen auf! Kurzum: Keine Künstliche Intelligenz schneidet in diesem Bereich bisher gut ab. Aber ein groß angelegtes Forschungsprojekt hat unter dem Titel *Superforecasting* herausgefunden, wer besonders gute Zukunftsprognosen erstellt."
Daraufhin unterbricht Ellen ihn und erzählt kurz, was sie bisher im Netz dazu gefunden hat.
„Zum Beispiel", übernimmt dann Steve wieder das Wort, „welche Berufsausbildung soll ich auswählen? Wie und wo lege ich mein Geld am besten an? Die Antworten auf solche Fragen hängen stark von unseren Zukunftserwartungen ab."
„Ich kann mir gar nicht vorstellen", überlegt Mark, „dass die Welt gerade auf uns gewartet hat."
„Natürlich wird überall in der Welt schon an aufwändigen Prognoseprogrammen gearbeitet", antwortet Steve, „bei uns in den USA vor allem am Hawaii Research Center for Future Studies."
Er sieht Mark an: „Bei euch in der EU ist es das European Strategy and Policy Analysis System – ESPAS. Und in Asien, Nihar, sind es vor allem Japan, Südkorea und Singapur, die über ihre Prognoseprogramme öffentlich berichten. Die Chinesen dagegen verheimlichen ihre Arbeiten in diesem Bereich vor der Welt. Bei ihnen gehen Prognosen und Forderungen der Kommunistischen Partei zur Führung Chinas in der Welt Hand in Hand. In ihrer Darstellung gibt es keine erkennbaren Unterschiede."
„Was wollen die alle denn genau erreichen?"
„Singapur nennt es beim Namen: Risk Assessment and Horizon Scanning (RAHS). Sie wollen nicht nur die Zukunft voraussagen, indem sie die wichtigsten Entwicklungen abschätzen: Klimaentwicklung, Ressourcenverbrauch, Finanzströme etc., sondern gleichzeitig wollen sie eine Art Frühwarnsystem für alle möglichen

Risiken schaffen. Das heißt, die Programme versuchen, die verschiedensten Entwicklungen miteinander zu verknüpfen."

„Das klingt alles so abstrakt!", stöhnt Fatima, „was machen die denn genau?"

„Nehmen wir das UN-Programm Global Pulse – das ist ein Forschungsprogramm der Vereinten Nationen, das das Potential von Big Data im Bereich der Entwicklungshilfe und der Flüchtlingsströme mit Hilfe von künstlicher Intelligenz bearbeitet!"

„Was heißt das denn schon wieder?"

„Um Hinweise auf anstehende Migrationsströme oder neue Fluchtrouten zu erhalten, werden Daten aus ganz anderen Bereichen herangezogen. Zum Beispiel: Steigen oder sinken die Preise für Wasserkanister in der Sahelzone? Lassen die Wetterbedingungen Schlauchbootfahrten über das Mittelmeer zu? Steigen auf den Facebookposts von Schmugglern die Preise für die Passage? Oder findet der Algorithmus bei Twitter oder WhatsApp Schlüsselwörter für Frustrationen bei Migranten? Doch all diese Prognoseprogramme und Governancesysteme leiden an denselben Schwächen. Sie kommen immer zu den gleichen Schlussfolgerungen, das heißt, sie verlängern nur immer die bereits erkennbaren Entwicklungen: Wie es von A zu B lief, so muss es auch von B zu C laufen und weiter zu D! Diese Programme kennen keine überraschenden Veränderungen, es sind Erhaltungssysteme. Es herrscht eine Absicherungskultur in Wirtschaft, Politik und Gesundheitswesen. Unternehmen und Regierungen gehen ungern Risiken ein. Man hat Angst davor, Fehler zu machen. Und deshalb wird nichts Neues ausprobiert. Das ging lange Zeit ja auch gut."

„Aber in einer Zeit wachsender Risiken ist es falsch!"

„Genau, angesichts des sich rasch verändernden Klimas können wir keine langsamen evolutionären Veränderungen in der Industrie und der Mobilität abwarten. Es müssen schnellstmöglich neue

Wege eingeschlagen werden. Doch menschliches Eingreifen als einer der entscheidenden Faktoren für Veränderungen wird von den Prognosesystemen vernachlässigt."

„Warum?"

„Sie haben zu wenig Fakten darüber, wie kommende Führungsgenerationen entscheiden werden."

„Genau so zögerlich wie die jetzige", spottet Nihar.

„Das wäre das Ende menschlicher Zivilisation. Und genau an diesem Punkt kommt ihr ins Spiel."

„Na endlich!"

„Ihr habt schon mit eurem Schulprojekt bewiesen, dass ihr schnelles Umsteuern draufhabt."

„War doch nur logisch. Wie bekommt man eine echte Verkehrswende in den Cities hin? Doch nicht durch das Anlegen von Radwegen und Tempo 30!"

„Ja, stehende Autos sind das Problem, sie nehmen bis zu 10 Prozent des öffentlichen Raumes ein. In Hamburg kommt auf jedes Kind 10 m² Spielfläche, jedes Auto verbraucht 12 m²."

„Also müssen die PKWs raus aus den Wohngebieten: Parken vor der Haustür wird knapp und extrem teuer, wer sein Auto aufgibt, erhält jedoch ein Zehnjahresticket für Bus und Bahn sowie ein Ebike. Und dann schauen wir, was passiert!"

„Euer Vorschlag war schon ziemlich genial, und eine Analyse eurer verschiedenen Beiträge für den Internationalen Schülerwettbewerb auf der Grundlage von Superforcecasting zeigt, dass ihr ein Riesenpotential im Bereich der Vorhersagen habt ... ihr seid Superforcecaster, keine Frage!"

„Das heißt", unterbricht ihn Mark. „Ihr habt uns seit diesem Zeitpunkt im Visier?"

„Wurde der Schülerwettbewerb vielleicht nur deshalb veranstaltet?", legt Ellen nach.

„Nein!", wehrt Steve ab. „Ich bin nur Mitglied in einem Beratungsgremium der UNESCO. Deshalb habe ich überhaupt davon erfahren. Wir haben uns nur eingeklinkt ...", er hält kurz inne, als er sieht wie entgeistert ihn die vier anstarren. „... wir haben nur ein wenig an den Fragestellungen mitformuliert ... und an der Auswertung mitgearbeitet."

„ES WAR ALSO MEHR ODER WENIGER EUER PROJEKT! Und ganz zufällig ist die eigene Tochter dabei! Du solltest dich schämen!"

„So würde ich das nicht sehen ..."

Abends am Lagerfeuer, nach seinem zweiten Bier wendet sich Steve erneut an die vier: „Ihr müsst mir glauben. Wir haben nur das Beste gewollt! Wirklich! Als wir euer Potential entdeckt haben, konnten wir doch nicht einfach wegschauen! Was für eine einmalige Chance für die Welt. Überlegt doch selbst: Superforecasting hat endlich bewiesen, dass Experten keine guten Prognostiker sind. Im Gegenteil – sie sind sogar schlechte. Hundsmiserable, um genau zu sein. Es gibt Tausende von ihnen. Und sie verdienen gutes Geld. Doch keiner hat den Zerfall der Sowjetunion oder den Fall der Berliner Mauer vorausgesagt. Auch wurden sie ebenso überrascht von den Terroranschlägen auf das World Trade Center in New York wie alle anderen. Sie dachten, der Arabische Frühling werde den ganzen Nahen Osten in ein Paradies der Demokratie verwandeln. Und sie dachten in Afghanistan könne man mit viel Geld und Soldaten westliche Kultur und Demokratie etablieren – Pustekuchen! Und niemand hat diese Pandemie kommen sehen ... Ihr dagegen seid gute Superforecaster – aber nur als Gruppe!"

„WIR!? Nein, wir ganz bestimmt nicht!"

„Da ist nichts, was wir herausgefunden haben."

„Wir haben versagt. Selbst unsere Expertengespräche haben so gut wie nichts gebracht. Sie haben nur neue Fragen in uns geweckt, sonst nichts."

„Aber genau das gehört dazu. Ihr wisst nichts von euren Fähigkeiten, aber sie schlummern ganz tief in euch. Wichtig sind zum Beispiel zwei Faustregeln für gute Prognosen: Erstens muss man geeignete Fragen stellen, damit scheinbar unlösbare komplexe Schwierigkeiten auf kleinere Probleme heruntergebrochen werden können. Und zweitens muss man jederzeit zur Selbstkritik bereit sein und einmal abgegebene Einschätzungen ständig überprüfen. Nach dem Motto: Liege ich mit meiner Wertung noch richtig, sehe ich das Problem aus der richtigen Perspektive? Oder habe ich mich in meinen Standpunkt verliebt, in meine Sicht der Welt. Genau diese Regeln habt ihr beachtet! Und deshalb ließe sich mit eurer Hilfe ein ganz neues Prognoseprogramm erstellen: Was denken die, die in 10 Jahren das Ruder übernehmen werden? Welche Erwartungen haben sie? Vor allem: Wie werden sie entscheiden?"

„Der Lauckman will also damit absahnen, dass er unsere Superforcecastingfähigkeiten als Algorithmus an Regierungen verkauft?"

„Klar", schaltet Mark sich ein. „Vorhersagen künftiger Entwicklungen spielen in der Politik, Wirtschaft, Wissenschaft oder beim Militär eine superwichtige Rolle. Solche Prognosen waren bisher das Geschäft von Analysten, die sich dafür ihren Hintern vergolden ließen."

„Eure Fähigkeiten verkaufen, also hört sich jetzt heftig an. Aber wir nehmen euch ja nichts weg! Und wir schenken der Welt ein Prognoseprogramm, das endlich neue Richtungen vorgibt! Denkt mal darüber nach! Letztlich ist es aber eure Entscheidung. Und was ist denn nun eigentlich mit eurem GLOBALOPOLY? Habt ihr es abgeschlossen?"

Interessiert es ihn wirklich, fragt sich Mark, oder will er nur davon ablenken, dass er uns ausnutzt?

Doch da antwortet Fatima bereits: „Man kann GLOBALOPOLY tatsächlich spielen, wir haben es gerade mit dem Professor ausprobiert. Aber es macht keinen Spaß. Die ungleich verteilten Chancen vernichten jede Spannung. Alles wird vorhersehbar!"
„Nur was für Psychopathen!", urteilt Ellen. „Nur Leute, die ihr zwanghaftes Verlangen nach grenzenloser Überlegenheit ausleben müssen, finden daran Freude."
„Wie im echten Leben also!", antwortet Steve.

Er nimmt einen tiefen Schluck von seinem Sakara Gold Lager Bier und sagt versöhnlich: „Also gut, wenn ihr nicht mehr wollt, dann steige ich aus dem Projekt aus. Dann ist jetzt Schluss! Dann müssen wir allerdings auch unsere Expedition hier abbrechen, denn der Geldhahn wird sofort zugedreht. Euren Entschluss muss ich dann nur dem Lauckman beibringen. Überlegt euch bis morgen, wie es weitergehen soll."

Er nimmt noch einen tiefen Schluck.

„Wisst ihr, wenn ihr schon auf jemanden sauer sein wollt, dann auf den Lauckman. Meine Schuld ist nur, dass ich den mit ins Boot geholt habe. Aber wir hatten einfach nicht genug Kapital für ein Projekt dieser Größenordnung. Lauckman hat uns Honig ums Maul geschmiert. Er hätte genug Geldgeber an der Hand – auch Gates und Musk – die bereit wären, zweistellige Millionenbeträge zu investieren. Für Projekte, die einen Beitrag zur Rettung des Planeten leisten. Er hat uns glaubwürdig versichert, es ginge in keiner Weise um Renditeaussichten."

„Und dem haben Sie geglaubt?"

„Ja, jeder hätte ihm geglaubt!"

„Meinst du!", kommentiert Ellen. Womit alles gesagt zu sein scheint.

Nach dem Abendessen ziehen sich die vier auf ihr Schlafsacklager zurück.

„Was sollen wir nun tun?", fragt Mark.

„Na, aufhören natürlich! Sofort! Was denn sonst!?", empört sich Ellen. „Wir wollen doch wohl weder pausenlos überwacht werden noch als eine Art superintelligente Labormäuse fungieren – oder sieht das jemand anders?"

Fatima und Nihar schütteln den Kopf.

„Aber das heißt dann auch, wir beenden unseren Versuch, Lösungen für die Probleme der Welt zu finden. Oder etwa nicht?"

„Das muss es ja nicht unbedingt heißen", findet Fatima. „Wir könnten versuchen, allein weiterzumachen. Irgendwo, wo wir sicher sind vor Überwachung."

„Und Ausbeutung!", fügt Ellen hinzu.

„Und wer kommt für die Unkosten auf?"

„Wir können ja in Ruhe überlegen, wie das funktionieren könnte. Vielleicht weiß Professor Lewis eine Lösung."

„Ihr glaubt wohl so langsam, der Professor kann alles ..."

„Wir werden sehen, aber zunächst haben wir ein anderes Problem ..."

„Und zwar?"

„Wer sagt es *ihm*?"

„Ich natürlich!", ruft Ellen.

„Ist vielleicht nicht die beste Idee", meint Mark.

„Dann geht doch beide", schlägt Nihar vor.

Gesagt, getan. Gemeinsam machen sich Ellen und Mark auf.

02. Juli – Telefonat von einer Feluke nach San Francisco

In Ägypten ist es 22 Uhr, in Kalifornien 13 Uhr vormittags, als Steve endlich den Anruf tätigt, den er gern noch länger hinausgeschoben hätte.

„Hier Steve, wie geht es Ihnen? Was macht das Wetter in der Bay?"

„Lassen Sie das Geplänkel! Wo sind Sie? Wo sind die vier? Wann kommt der Algorithmus?"
„Gut, wenn Sie es so direkt wollen: Die vier wollen aussteigen. Ohne sie wird es keinen Algorithmus geben. Und ich akzeptiere das."
„Was, sie wollen aussteigen? BEI MIR STEIGT MAN NICHT AUS! Es sei denn, man wird mit den Füßen zuerst aus dem Haus getragen!"
„Aber ich bespitzele meine eigene Tochter!"
„Na und? Jeder wird heute ausspioniert. Facebook und Google machen nichts anderes. Sie spionieren Milliarden Menschen aus. Nur weiß das nicht jeder oder will es nicht wissen. Also lassen wir diese moralischen Empfindlichkeiten. Wir müssen stark sein! Uns geht es doch darum, der Menschheit einen Dienst zu erweisen: Die beste Künstliche Intelligenz zur Verfügung zu stellen, die von Menschen programmiert werden kann. Nur so können wir die Existenz unserer Zivilisation sichern. Kapieren Sie das denn nicht?"
Dieser Wand aus Argumenten weiß Steve wenig entgegenzusetzen.
„Mich könnten Sie damit sofort überzeugen, aber ich zähle jetzt nicht. Die vier sagen unmissverständlich nein, und sie werden nicht mit Ihnen reden. Und ich muss Schluss machen. Mein Akku ist fast leer, und wir haben hier keine Steckdosen in Reichweite."
„So leicht werdet Ihr mich nicht los. IHR WERDET VON MIR HÖREN!"

02. Juli abends – San Francisco, im 21. Stock eines Wohntowers

Lauckman tritt auf die Terrasse seines Apartments in einem der teuersten Wohntower der Welt und blickt hinaus auf die Bay. Es zieht wieder Nebel auf. Das war heute nicht sein Tag, gesteht er

sich ein. Ganz und gar nicht. Und er weiß auch genau, warum. Er zündet sich einen Zigarillo an, den er nur bis zur Hälfte rauchen wird. Zweimal einen halben Zigarillo gönnt er sich pro Tag, mehr nicht, der Gesundheit wegen. Aber ganz ohne Risiko kann und will er sich das Leben nicht vorstellen. Ein guter Investor kann das Risiko nicht scheuen. Und, jawohl, er hat kein Risiko gescheut, sonst hätte er sich doch gar nicht erst auf Steve und sein Projekt eingelassen. Es gibt ja schon etliche Prognoseprogramme auf der Welt. Große Programme, von Regierungen finanziert. Doch die leiden alle an derselben Schwäche: Diese Systeme kennen keine überraschenden Veränderungen. Deshalb kamen Steves Vorschläge wie gerufen:
– Was denken die, die in zehn oder zwanzig Jahren das Ruder übernehmen werden?
– Was fühlen sie?
– Welche Erwartungen haben sie?
– Und vor allem: Nach welchen Kriterien entscheiden sie?
Diese vier Parameter angewandt auf vier überdurchschnittlich begabte Jugendliche aus vier Kontinenten würden zu einer überschaubaren Menge von Daten führen, die in den von Steve zu entwickelnden Algorithmus einfließen sollten – und damit überraschende Ergebnisse erzielen. Das hatte Steve jedenfalls behauptet. Und damit hatte er ihn, Lauckman, überzeugt.
Er nimmt einen tiefen Zug von seinem Zigarillo.
Er hat sein Geld investiert, sein Vertrauen und seinen guten Namen. Und was will er dafür? Fuck – nur eine kleine Software, einen Algorithmus! Mehr nicht! Wir nehmen doch niemandem etwas weg, entrüstet er sich innerlich. Wir schauen ihnen doch nur beim Denken zu. Wie wir einem Baseballspieler beim Strike und beim anschließenden Lauf zuschauen. Mehr nicht!
Und was tun sie nun? Sich gegen ihn verbünden, ihn hintergehen,

denn offenbar will Steve jetzt alles für sich allein haben. Warum ist er in den Nahen Osten gereist? Um die vier zu treffen? Das ist doch nur ein Ablenkungsmanöver! Sicher will er das Programm dort zu einem weit höheren Preis verkaufen. An die Ölscheichs, die nicht wissen wohin mit ihrer Kohle. Und vielleicht geht es dann weiter in die asiatischen Boomländer: China, Indien, Indonesien, Südkorea. Finanzstarke Interessenten gibt es also genug.
Da ist es doch wohl mehr als gerechtfertigt, wenn er, Lauckman, eine neue Gangart einschlägt! Etwas energischer wird. Vielleicht ist der Algorithmus längst fertig? Vielleicht hat Steve längst einen anderen Partner? Vielleicht eine Regierung? Oder ein Forschungsinstitut mit viel Geld? Ja, vielleicht in Singapur! Der finanzkräftige Stadtstaat ist dafür bekannt, Know-how und Forscher aus aller Welt anzulocken. Und ihm hat er erzählt, die vier wollen aussteigen! Bullshit! Hält Steve ihn für so einen Trottel, dass er ihm das abkauft? Er muss jetzt andere Saiten aufziehen. Sofort Sandford anrufen, seinen Mann fürs Grobe. Ein unangenehmer Bursche, der aber über effektive Methoden verfügt, über die Lauckman im Einzelnen gar nicht Bescheid wissen will.
Fuck – jetzt hat er doch den ganzen Zigarillo aufgeraucht und sich beinahe die Finger verbrannt. Die Angelegenheit wird langsam in jeder Hinsicht brenzlig.

03. Juli – an Bord einer Feluke am Nilufer bei Luxor

Nach dem Frühstück an Bord, bei dem kaum jemand gesprochen hat, versucht der Professor gute Stimmung zu verbreiten: „Was meint ihr: Wollen wir uns noch die Tempel von Luxor und Karnak ansehen oder ins Tal der Könige?"
„Warum machen Sie das eigentlich alles für uns?", fährt Ellen ihm plötzlich in die Parade.

„Ja, stecken Sie doch mit Steve unter einer Decke?", springt Nihar ihr bei. „Ist das ein neuer Trick, uns bei der Stange zu halten?"
„Oh, denkt ihr wirklich so schlecht von mir? Oder braucht ihr gerade nur einen Watschenmann, um eure Gefühle abzureagieren?"
„Tschuldigung", sagt Mark für alle. „Wir sind einfach nur enttäuscht. Und verletzt."
„Das kann ich gut verstehen. Wenn ich euch irgendwie helfen kann, sagt es mir. Mit euch fühle ich mich ein wenig wie Indiana Jones, denn eigentlich ist das Archäologengeschäft viel langweiliger als es überall so dargestellt wird. Vorsichtig Sandkrume um Sandkrume zur Seite pinseln aus Angst, etwas Kostbares unwiederbringlich zu verlieren oder zu beschädigen. Außerdem steckt in mir altem Berufspessimisten vielleicht doch irgendwo ein kleiner Optimist. Der immer noch hofft, dass der alte Sack sich mit seiner ganzen Untergangsfaszination irrt!"
„Aber bis jetzt haben Sie immer noch nicht die Frage beantwortet, wann unsere Zivilisation untergeht."
„Wollt ihr ein genaues Datum haben?"
Als die vier ihn gespannt anschauen, zuckt er mit den Schultern.
„Wie wäre es mit Dezember 2051? Eine Vorhersage wie in den alten Mayakalendern oder wie Nostradamus sie gemacht hat? Quatsch hoch 10 wäre das – es ist unmöglich, ein Datum anzugeben. Geschichte folgt keinen Naturgesetzen. Ich habe euch alles gesagt, was ich aus meiner jahrzehntelangen Forschungs- und Beobachtungstätigkeit schlussfolgere. Die Zukunft gibt es noch nicht. Jeder muss also die Frage, wie es weitergehen wird, für sich selbst beantworten. Außerdem seid ihr *die* Superforecaster – nicht ich!"
In dem Moment erscheint ein völlig aufgelöster Steve.
„Hört euch mal an, was ich gerade für eine Nachricht auf meiner Sprachbox von Bernie erhalten habe:"

Hallo Steve, seid ihr immer noch auf dem Nil? Ihr solltet euch auf Al Jazeera die Beiträge über die Aktion von Fatima und ihrer Lehrerin angucken! Es gibt einen Aufruf im Internet! Scheint so, als wären euch die Islamisten bereits auf den Fersen. Und dieser Lauckman lässt auch nicht locker! Ihr solltet in Deckung gehen! Schnellstens!

Auf dem Laptop von Professor Lewis klicken sie sich bei Al Jazeera in die Beiträge über die Glascontaineraktion. Der letzte Beitrag ist zwei Tage alt. Und Fatima findet auch den Aufruf im Netz, in dem selbsternannte Sittenwächter die Frauen suchen, die die angeblich verleumderischen Videos aufgenommen und gegen das Gesetz des Propheten Mohammed verstoßen haben.

„Hier steht", übersetzt Fatima mit zitternder Stimme: „Sie haben versucht, Männern ihre Ehre zu rauben. Diese Frauen müssen unschädlich gemacht werden. Man muss sie einer gerechten Scharia-Strafe zuführen. Wer Hinweise geben kann, wo sich diese Frauen aufhalten, kann mit einer gerechten Belohnung rechnen. Die Wächter des Islam. Dann folgen mehrere Handynummern und E-mail-Adressen."

Fatima ist während des Übersetzens in sich zusammengesunken wie eine Marionette, deren Fäden losgelassen wurden. Als Ellen sie in den Arm nimmt, flüstert sie: „Ich spüre schon seit Längerem, dass sie hinter uns her sind. Und dass meine Lehrerin in großer Gefahr ist."

Mark richtet sich auf: „Wichtig ist zu wissen, wer weiß, wo wir sind?"

Er sieht Steve durchdringend an: „Du hast doch wohl dein GPS ausgestellt!?"

„Natürlich, ich bin ja kein Anfänger! Nur Bernie weiß, wo ich bin."

Die vier sehen sich an und schütteln den Kopf.

„Mann, bist du naiv, Dad!"

Fatima springt plötzlich auf, läuft zur Bordwand und ruft: „WIR MÜSSEN AUF DER STELLE WEG VON HIER! YALLA YALLA!"
„Okay", beschwichtigt der hinzueilende Professor, „jetzt schauen wir in Ruhe, wo wir eigentlich stehen. Ich frage jetzt einfach mal ganz naiv: Wird einer von euch bisher behördlich, also von der Polizei oder von Interpool gesucht?"
„Nein."
„Oder jedenfalls: Noch nicht. Wer weiß, was diesem Fiesling Lauckman und den islamistischen Machos als nächstes einfällt."
„Ja, bisher verstecken wir uns nur vor den Islamisten und den Schnüfflern in Steves Firma!"
„Also, daraus schließe ich", der Professor übernimmt wieder, „dass ihr noch ohne Probleme das Land verlassen könnt. Das kriegen die zwar wahrscheinlich bald heraus, aber das ist egal, wenn ihr als Ziel ein Land wählt, in dem ihr perfekt untertauchen könnt. Und das euch gleichzeitig bei eurer Suche nach einer Alternative zu GLOBALOPOLY weiterbringt."
„Moment mal!" Steve hebt einen Arm als wollte er etwas abwehren. „Alternative zu GLOBALOPOLY?"
Aber die anderen ignorieren ihn, und Mark fährt fort: „Ich weiß auch schon ein Land! Das ist besonders groß, fast ein Kontinent, mit bunter kultureller und religiöser Vielfalt – noch dazu total chaotisch, da ist es leicht abzutauchen. Und einer von uns kennt sich da sogar gut aus."
Bei diesen Worten blickt Mark zu Nihar.
„Okji, du hast recht! In Indien sind wir tatsächlich sicher, denn dieses Land ist nicht kontrollierbar. Und ich habe dort viele Freunde und Verwandte, auf die wir uns verlassen können."
„Nach Indien?!" Ellen ist irritiert. „Da hat doch die Coronapandemie mit am härtesten gewütet – oder nicht?"
„Ja", antwortet der Professor, „die Leute haben immer noch Angst,

nach Indien zu reisen. Sie wissen nicht, was sie dort erwartet, wie es im Land nach der großen Pandemie aussieht. Es gab ja viele Horrormeldungen in den Medien, aber vor allem in den Sozialen Netzwerken. Also, das ideale Land, um dort unterzuschlüpfen!"
„Mein Land ist hart im Nehmen", stimmt Nihar zu. „Wir haben mit so vielen Naturkatastrophen, Umwelt-, Hunger-, Dürrekrisen zu tun. Dazu kommen Epidemien wie Malaria, Tuberkulose und Corona. All dies muss Indien aus eigener Kraft überwinden."
„Deshalb finden wir dort vielleicht am ehesten unsere Antworten", bekräftigt Fatima.
„Die neue Welt, die wir suchen, brauchen wir nicht zu erfinden. Sie existiert bereits, denn in Indien gibt es alles. Indien ist eine Welt für sich, ihr werdet sehen!", begeistert sich Nihar.
So viel hat er zwar selbst noch nicht von seinem Land gesehen, aber seine Erkundungen in den Slumvierteln sowie Erzählungen von Freunden und Verwandten haben ihm die Augen für die Vielfalt geöffnet und ihn neugierig werden lassen.
Dank der guten Beziehungen ihres Professors können sie die Einzelheiten ihrer anstehenden Flucht bis zum frühen Nachmittag klären: Von Luxor aus werden sie über Dubai nach Mumbai fliegen. Damit auch Fatima problemlos Ägypten verlassen kann, hat ihr Vater scheinbar eine Einladung des UNESCO-Büros in Mumbai gegengezeichnet.
„Professor Lewis, Sie fälschen Briefe?"
„Na na, Leute, das habe ich nicht gehört. Wir sind hier im Orient! Da läuft die Grenze zwischen legal und illegal fließender …"
Als die anderen unter Deck gehen, um ihre Sachen zu packen, nicht Mark den Professor etwas abseits an die Reling. Im Flüsterton sagt er: „Eine letzte Frage, auf die Sie noch nicht geantwortet haben: Warum haben Sie gesagt: Es ist schon 5 nach 12?"
„Seit dem Augenblick, in dem ich das gesagt habe, plagt mich

ein schlechtes Gewissen. Auch deshalb bin ich hier bei euch. Als Mensch – so von Angesicht zu Angesicht – fehlt mir der Mut, dir den genauen Grund zu sagen. Aber als Wissenschaftler kann ich meine Einschätzung der Lage auch nicht verschweigen. Deshalb habe ich wohl diese blöde Metapher gewählt: 5 nach 12. Die genaue Begründung für diese Äußerung kann dir nur mein russischer Freund Iwan Iwanowitsch Smirnow geben. Der erforscht den Ort, wo sich die Büchse der Pandora geöffnet hat. Nur so viel: Es ist nicht der Regenwald am Amazonas! Hier – ich schreibe dir seine Kontaktdaten auf."
Er reißt einen kleinen Zettel aus seinem Notizblock und kritzelt Name, Telefonnummer und Mailadresse darauf. „Ich habe schon angekündigt, dass ihr euch bei ihm melden werdet. Wenn ihr soweit seid!"

03./04. Juli – Flug von Luxor nach Dubai

Um nicht auf dem Weg nach oder in Kairo von möglichen Fahndern aufgespürt zu werden, haben Steve und die vier einen Direktflug von Luxor nach Dubai gebucht, der allerdings erst tief in der Nacht startet. Der Professor hatte angeboten, die Flüge zu bezahlen, damit sie nicht über Steves Firmenkreditkarte nachverfolgt werden können, doch Steve hat noch eine private Kreditkarte von der niemand weiß, und so kann er die Flüge bezahlen.
„Habt ihr euch schon entschieden, ob wir länger bleiben?", fragt Steve, während sie im Abflugbereich warten, „der Professor hat für alle Transitvisa beantragen lassen – wir können uns bis zu fünf Tage mit dem Weiterflug Zeit lassen. Ich könnte uns über eine App ein gutes Hotel buchen. Es gibt dort viel zu sehen …"
„Nein! Wir haben entschieden, dass uns eine Stadtrundfahrt reicht. Wir wollen möglichst schnell in Indien untertauchen."

Nur wenige Stunden später sehen sie beim Landeanflug durch die Flugzeugfenster, hellerleuchtete Türme, die sich wie Riesenweihnachtsbäume aus dem Meer erheben.

„Das sind die verfluchten Förderinseln, auf denen ohne Unterbrechung 24 Stunden am Tag Erdöl gefördert wird", nörgelt Mark. Auch die gesamte nahegelegene Küstenlinie ist illuminiert. Es strahlt wie auf einem Megajahrmarkt – wahrscheinlich verrenken sich sämtliche Passagiere nächtlicher Linienjets die Hälse, um hinunter schauen zu können, vermutet Ellen. In den Lichterketten direkt vor der Küstenlinie wird eine riesige, von einem Kreis umschlossene Palme sichtbar.

„Seht ihr! Diese Palme ist unverwechselbar: Wir befinden uns bereits am Persischen Golf, über Dubai", erklärt Steve den anderen unnötigerweise. „Dieser kleine Stadtstaat gehört zu den Vereinigten Arabischen Emiraten, die durch ihre riesigen Erdölvorkommen innerhalb der letzten 20 bis 30 Jahre nicht reich, sondern superreich geworden sind. Und die Beleuchtung ist keine Festtagsbeleuchtung, sondern Alltag. Wer so gewaltige Erdgas- und Erdölvorkommen hat, kümmert sich nicht um seine Stromrechnung. Auch Klimaschutz ist für ihn auch kein Thema, denn das würde bedeuten, sich freiwillig von seinem Geldhahn zu verabschieden."

„Ja, leider", kommentiert Mark. „Dubai ist das beste Beispiel dafür, wie die Menschheit es immer dreister treibt – ohne jede Rücksicht auf Ressourcen und Energieverbrauch oder auf natürliche Gegebenheiten. Sie haben tatsächlich eine Eisbahn und eine Skihalle – mitten in der Wüste!"

Das Flugzeug zieht eine riesige Schleife am Himmel, und sie landen auf dem größten Flughafen der Welt; vor der Pandemie stiegen hier täglich rund 200 000 Fluggäste um- oder aus, denn Dubai betreibt inzwischen auch die größte Airline der Welt, die Emirates, mit mehr als 260 Großraumflugzeugen.

„Schaut mal, lauter Maschinen von Airbus." Mark zeigt durch die Glasfront nach draußen, während sie die langen lichtdurchfluteten Korridore zur Gepäckausgabe durchqueren. „An einigen davon hat mein Alter mitgeschraubt." Als die anderen nicht reagieren, fügt er noch hinzu: „Nicht, dass ich da irgendwie stolz drauf wäre!"

04. Juli – Dubai

Im Rekordtempo passieren sie die Pass- und Gesundheitskontrolle. Steve mietet einen Kleinbus mit Fahrer, und schon starten sie ihre Rundfahrt durch das frühmorgendliche Dubai. Eine breite Autobahn führt sie über ein Flussbett, den Dubai Creek, und nachdem sie ein Autobahnkreuz überwunden haben, landen sie auf dem achtspurigen Prachtboulevard des Scheichtums, der Sheikh Zayed Road.

„Es ist kaum zu glauben", beginnt Steve seine kleine Führung, „aber als diese Straße hier 1990 parallel zur Küste gebaut wurde, spotteten sämtliche Ausländer über den Prachtboulevard von Dubai!"

„Warum?"

„Weil er größtenteils durch unbebautes Wüstenland führte. Und nun – gut 30 Jahre später – wird die achtspurige Hauptverkehrsstraße von unzähligen Hochhäusern, Hotels und Apartmentanlagen gesäumt. Inzwischen stehen in Dubai rund 150 Wolkenkratzer – und nur die kleineren sind einfache Kastenbauten. Wohingegen die großen Wolkenkratzer total verspielt wirken: Das Luxushotel Burj al Arab sieht aus wie ein gestrandetes Segelschiff. Die Fassade des Towers bildet einen Palmenstamm nach. Und das Jumeirah Beach Hotel sieht aus wie eine große Rutsche, was sehr passend ist, denn es liegt mitten im Wild Wadi Water Park. Doch all diese Gebäude werden in den Schatten gestellt vom Burj Khalifa – dem mit

828 m bislang höchsten Bauwerk der Welt. Es hat 189 Stockwerke, unten befindet sich ein Hotel, oben eine Aussichtsplattform, im mittleren Teil sind Luxusapartments. Und wie ihr seht, ist in diesem Stadtstaat Tag und Nacht Rush hour. Inzwischen hat Dubai zwei Millionen Einwohner und die höchste Millionärsdichte der Welt, weil viele Reiche aus aller Welt sich hier niederlassen."
Steve ist ganz aufgekratzt.
„Und guckt mal dort!" Er zeigt auf eine Ansammlung dicht gedrängter Wolkenkratzer. „Das Mittlere da ist das Hotel Pullman Dubai Jumeirah Lakes Towers. Da habe ich noch kurz vor der Pandemie während einer Tagung gewohnt. In einem Apartment im 30. Stock. Du schaust aus dem Fenster und siehst lauter verspielt leuchtende Wolkenkratzer! Mit Doppelspitzen, Giebeln oder Öffnungen in der Mitte oder in Pyramidenform. Und wie die dann in der Nacht beleuchtet werden! Ich kann euch sagen!"
„Hört sich ja fast so an, als würdest du das alles hier bewundern!"
„Irgendwie schon. Die Dubaitis müssen in die Zukunft investieren, denn allen Emiraten geht langsam das Erdöl aus – anders als in Saudi-Arabien. Daher investieren sie in Tourismus, Immobilien und ihre Fluglinie."
„Das ist doch nur pervers. Das komplette Gegenteil von Nachhaltigkeit! Lauter klimatisierte Luxusressorts mitten in der Wüste, Hunderttausende spritfressende PKWs auf sechs- und achtspurigen Autobahnen. Und dann noch die ganze Fliegerei!"
„Okay, okay! Da habt ihr sicherlich recht. Aber wusstet ihr, dass der Regent von Dubai, Scheich Muhammad bin Raschid Al Maktoum, auch ein großer Kulturmäzen ist? Er hat zehn Milliarden Dollar aus seinem Privatvermögen in eine Kulturstiftung investiert, die übersetzt wichtige Werke ins Arabische, errichtet Museen und unterhält etliche Bildungseinrichtungen. Hier sollen sich die Kulturen aller Himmelsrichtungen treffen und vereinen …"

„… WARUM", unterbricht ihn Ellen, „sieht es dann hier so aus, als hätten sie Las Vegas in den Nahen Osten gebeamt, aber mit wesentlich mehr Wolkenkratzern?"
„Du warst schon in Las Vegas?" Nihar ist beeindruckt.
„Logo! Was meinst du wohl, wo sich die IT-Leute am liebsten treffen? Ja, richtig – in der Spielerstadt, wo man sich nach ein paar Konferenzstunden die ganze Nacht am Spielautomaten oder bei einer schrillen Show entspannen kann. Fast alle ITler sind Zocker. Das ist ja das Problem!"
Dann erreichen sie Palm Jumeirah. Es ist eine Ansammlung von kleinen Halbinseln, die aus Sand bestehen, der weit draußen vor der Küste vom Meeresboden abgepumpt und hier wieder aufgeschüttet wurde. Die Halbinseln sind bogenförmig so angeordnet, dass sie wie Palmwedeln wirken. Auf ihnen stehen Luxusreihenhäuser mit eigenem Bootsanleger.
„Der Baumstamm, um ihn mal so zu nennen, dieser Inselgruppe beginnt mit dem Palm Tower, gefolgt von Parks und einer neuen Shoppingmall, die beim Atlantis the Palm, Dubai, einem Luxushotel und -resort der Extraklasse, endet. Dort könnten wir den Wasserpark, das Meeresaquarium oder den Delphinpark besuchen. Diese Sehenswürdigkeiten sind mit einer Monorail-Bahn verbunden, ganz umweltgerecht", erklärt ihr selbsternannter Guide Steve begeistert wie ein kleiner Junge, der sein neues Spielzeug vorführt.
„Mir reicht es!" Mark reißt an seinem Hemdkragen herum. „Anhalten – oder ich muss kotzen!"
Als sie den Wagen verlassen, schlägt ihnen die Hitze erbarmungslos ins Gesicht, obwohl es noch Morgen ist.
„Wie heiß es hier wohl zur Mittagszeit ist?!"
„Da verschwinden alle in ihre klimatisierten Weihnachtsbäume!"
„Bis auf die Arbeitssklaven an den Großbaustellen", entfährt es Ellen bitter.

„Ich würde diese Scheißweihnachtsbäume am liebsten sprengen!", ruft Mark in die Runde.

„Du meinst die Wolkenkratzer?", will der hinzukommende Steve wissen.

„Genau. Mir gehen diese Typen in ihren Millionärsapartments mit Dauerklimaanlage in der heißesten Gegend der Welt total gegen den Strich?"

„Meinst du das mit dem Sprengen ernst?", fragt Steve.

„Nein, natürlich nicht", antwortet Mark, „aber sämtliche Arbeiten lassen sie von anderen verrichten. Mehr als Dreiviertel der Bevölkerung Dubais sind Gastarbeiter aus Pakistan, Indien und Bangladesch. Sie erledigen hier fast die ganze Arbeit: Sie arbeiten auf den Bohrinseln und Baustellen, sie kochen und kellnern in den Restaurants und bei reichen Dubaitis. Sie pflegen die Gärten, reinigen die Straßen und fahren die Taxen. Sie fahren auch die ganze – Verzeihung – Scheiße weg. Dubai hat nämlich keine Kanalisation. Während es hier die meisten Millionäre gibt, verdienen diese sogenannten Gastarbeiter rund 200 bis 300 Euro im Monat – das meiste davon schicken sie zu ihren Familien, die oft ausschließlich von diesen Einnahmen leben."

Mark regt sich so auf, dass ihm kurz die Luft wegbleibt. Dann fährt er fort.

„Die Arbeitssklaven, wie ich sie mal nennen will, wohnen weit außerhalb des bebauten Stadtgebiets in eingezäunten Barackensiedlungen, zu acht oder zehn in einem Zimmer. Und während der Coronakrise saßen die meisten von ihnen in der Falle. Sie haben sich gegenseitig angesteckt und durften nicht mehr arbeiten, aber für einen Heimflug fehlte ihnen das Geld."

„Halt mal" ruft Fatima. „Bin ich die Einzige, die denkt: Das hier ist die Reality Soap zu unserem Spiel: GLOBALOPOLY – die Serie?"

„Nein, bist du nicht!"

„Also, wer will noch mit mir zusammen die Palme und das Aquarium darauf sehen?"
Niemand meldet sich.
„Na gut, dann fahren wir eben zurück! Ich habe hier schon alles gesehen."
Ellen stößt ihren Vater von hinten an die Schulter.
„Jetzt spiel bloß nicht auch noch den Beleidigten!"
„Ich weiß was Besseres!", meldet sich der bis dahin stille Nihar.
„Hier mitten in BABYLON 2.0 ..."
„Babylon 2.0?", unterbricht ihn Ellen.
„Kennt ihr denn eure eigene Bibel nicht? Babylon sollte bis in den Himmel hinein gebaut werden – um euren Gott zu stürzen, oder? Und was machen sie hier?"
„Hier wollen sie die Naturgesetze außer Kraft setzen"", antwortet Mark. „Babylon 2.0!"
Nihar nimmt seinen Faden wieder auf: "Lasst uns hier in Babylon 2.0 mit diesem russischen Forscher chatten, der weiß, warum der Klimawandel nicht mehr aufzuhalten ist."
„Erreichen wir den denn jetzt? Ist es dort nicht mitten in der Nacht?"
„Nein, Sibirien liegt östlich von hier! Sie sind uns sechs Stunden voraus. Lass mich rechnen: Es ist hier gleich acht, dann ist es dort schon 14 Uhr."
„Ich habe ihm noch vom Flughafen in Luxor eine Mail geschickt. Und er hat geantwortet, dass er jeden Tag ab mittags erreichbar ist."
„Du hast dein Handy benutzt???!"
„Nein, natürlich nicht! Ich hab mein altes MiniTablet und das Flughafen-WLAN genutzt, mit meinem Tarnnamen. Zufrieden?!"
„Leute, regt euch ab."
„Am besten reden wir mit ihm von dieser idiotischen Palmeninsel

aus, mit Sicht auf die erschreckendste Skyline, die ich je gesehen habe!"

„Wollt ihr jetzt doch auf die Insel?"

„Ja", antwortet Ellen, „aber nicht als Touristen, sondern als Richter!"

„Richter?"

„Sind wir nicht ein wenig zu müde und zu aufgekratzt für so ein wichtiges Gespräch?", gibt Fatima zu bedenken.

„Nein!", entgegnet Ellen energisch, „das ist genau das richtige Szenario, für eine Antwort auf die alles entscheidende Frage: Können wir das Ruder noch herumreißen?"

Eine Stunde später sitzen sie in einem Café mit Ausblick auf ein zu blaues Meer, mit einem zu weißen Sandstrand vor zu vielen Wolkenkratzern.

04. Juli – zeitgleich in Dubai und Sibirien

Mit Nihars altem MiniTablet gehen sie ins lokale WLAN, und nachdem sie einen schönen Gruß vom alten Professor bestellt haben, fällt Mark gleich mit der Tür ins Haus.

„Professor Smirnow, Sie, als Mitglied des Club of Rome, glauben im Gegensatz zu Ihren Kollegen, dass der Klimawandel nicht mehr aufgehalten werden kann, Sie sagen ganz ungeschminkt: Es ist schon 5 nach 12! Wie kommen Sie zu diesem vernichtenden und angsteinflößenden Urteil?"

„Weil die Menschheit die Büchse der Pandora inzwischen so weit geöffnet hat, dass sie nicht mehr zu schließen ist. Ihr wisst ja zum Thema Klimawandel bestens Bescheid, also brauche ich euch keine lange Einleitung zu geben. Wenn sich eine bestimmte Menge an CO_2 oder – noch schlimmer – Methan freigesetzt hat, ist die verhängnisvolle Veränderung unseres Klimas nicht mehr zu stoppen!

Die Atmosphäre hält immer mehr Energie der Sonneneinstrahlung zurück, die Durchschnittstemperatur steigt, Lebensformen, die CO_2 speichern, fallen diesen Veränderungen zum Opfer, diese Spirale nach oben kennt ihr ja sicher."
„Und in der befinden wir uns schon?", fragt Ellen.
„Genau das ist leider geschehen! Dieser Prozess hat nichts mit irgendwelchen Statistiken zu tun, man kann die einschneidenden Folgen mit bloßen Augen sehen. Aber der Schauplatz liegt in einer Gegend, die die Welt kaum im Blick hat. Nicht weit von hier, in den Weiten Sibiriens, ist in den vergangenen Jahren ein Großteil des Permafrostbodens aufgetaut. Es gab einige Sommer mit fast 40 Grad Celsius – in dieser Gegend eine Katastrophe! Die Tundren verwandeln sich in endlose Matschlandschaften, immer öfter entstehen riesige Krater, aus denen Methan, das aufgetaut ist, explosionsartig an die Oberfläche drängt. Die Gegend wird für Menschen und Tiere unbewohnbar, abgesehen von den verheerenden Auswirkungen auf das weltweite Klimageschehen. Ich spiele mal ein paar Bilder und ein kleines Video ein …"
Wenige Momente später erscheint ein Riesenkrater aus schwarzer Erde auf dem Bildschirm.
„Der war vor drei Jahren noch nicht da. Der Permafrostboden ist an dieser Stelle aufgetaut. Das Methan ebenso und hat einen gewaltigen Blubb verursacht!"
Sie sehen Menschen über die aufgebrochene Erde laufen, sehr vorsichtig wie auf Wackelpudding. Immer wieder geraten sie ins Rutschen, sinken mit den Füßen in den Boden, dann sind ihre Gesichter starr vor Schrecken, denn jeden Moment kann sich ein neuer Krater auftun und sie in die Tiefe reißen!
„Gleichzeitig kommen die Überreste des Lebens vor Zehn- und Hunderttausenden von Jahren zum Vorschein: Mammutknochen, aber auch bislang unbekannte Virenarten. Sie haben bereits eine

Epidemie unter Rentieren ausgelöst. So, stelle ich mir vor, sieht die Hölle auf Erden aus, meine jungen Freunde! Menschengemacht!"
Die vier blicken sich um: Das Meer ist unerträglich blau geworden. Diese ganze heile Urlaubsweltkulisse stinkt zum Himmel!
„Wir sehen hier auch eine Hölle auf Erden, aber ganz anderer Art."
„Ihr seid in den Emiraten, hat Nihar mir mitgeteilt. Freunde, ich wünschte, ich hätte eine andere Botschaft für euch! Aber ihr wollt eine realistische Lösung finden? Eine, die sich umsetzen lässt und nicht einfach nur schön klingt? Dann kann die Antwort nicht mehr heißen: Wir stoppen den Klimawandel! Wir brauchen eine neue Fragestellung: Wie gehen wir mit einem möglichst kleinen Klimawandel um? Das heißt, wie kann es gelingen, die Schäden zu begrenzen und sowohl umwelt- als auch sozialverträgliche Lösungen für die ganze Menschheit zu finden? Denn selbst wenn sich von heute auf morgen sämtliche Individuen und sämtliche Staaten klimafreundlich verhalten, was ein Wunschtraum ist und fernab jeder Realität liegt, wie wir alle wissen, also selbst wenn das gelänge, wären die Auswirkungen des bisherigen menschlichen Eingriffs in das Klimageschehen noch zwei Jahrzehnte später spürbar und würden weitere Veränderungen in Gang setzen."
Die vier lassen bedrückt die Köpfe hängen. Mark fängt sich als erster.
„Die Menschen sind unbelehrbar. Der Autoverkehr nimmt wieder rasant zu. Die Autoproduktion wurde und wird staatlich unterstützt. Ebenso der Flugverkehr ..."
„Ja! Wir haben die Krise leider nicht genutzt, um die Richtung nachhaltig zu ändern. Die Menschheit wächst, und immer mehr Menschen wollen teilhaben am sogenannten Fortschritt. Und wer will es ihnen verdenken?"
„Ich weiß nicht, was ihr denkt, aber mein Kopf spuckt nur ein Ergebnis aus: Es kann keinen Kompromiss mehr geben. Grünes

Wachstum, Green New Deal etc., all das ist eine große Lüge!" Mark ringt um Fassung.

„Leider, leider, leider …", sind die letzten Worte aus der fernen Tundra, in der das gefährliche Methangas aus dem Boden sickert – manchmal langsam, manchmal mit einem gewaltigen Knall.

VIII. Einmal Indien ohne Rückfahrkarte: Versöhnung in Auroville?

Das Harte und Starre begleitet den Tod.
Das Weiche und Schwache begleitet das Leben. Laotse

05. Juli – Flug von Dubai nach Bombay

Nach nur dreieinhalb Stunden Flug erreichen die vier und Steve den International Airport in Mumbai. Als ihre Maschine auf der Landebahn ausgerollt ist, erblicken Fatima und Ellen von ihren Fensterplätzen aus hinter dem Grenzzaun des Flughafens ein Gewirr aus Wellblechdächern und Plastikplanen.

„Was ist denn das?", fragt Fatima entgeistert.

„Ein Slum!", antwortet Nihar, „habe ich bei meinem letzten Zwischenstop hier ganz aus der Nähe gesehen. Einer von unzähligen!"

Der Flieger dreht ein letztes Mal, bevor er seine Parkposition erreicht, und sie blicken auf die neuen ultramodernen Flughafengebäude: riesige lichtdurchflutete Hallen.

Dann stehen sie eine gefühlte Ewigkeit in der Warteschlange für die Pass- und Gesundheitsausweiskontrolle und kämpfen in der feuchtwarmen Tropenluft mit ihrem Kreislauf – die indischen Grenzbeamten arbeiten gemächlich. Eine weitere Stunde dauert es, bis sie endlich ihr Gepäck in Empfang nehmen können. Dieses Land scheint ein anderes Verhältnis zurzeit zu haben. Während ihrer Wartezeit nimmt Nihar sein Handy in Betrieb.

„Hey, keine digitalen Spuren hinterlassen", warnt Mark.

„Keine Angst, das läuft mit Prepaidcard. Kann nicht nachverfolgt werden. Habe ich schon erprobt, bevor ich zu euch nach Ägypten

geflogen bin." Dann bekommt er Messages fast im Sekundentakt.
„Wer ist das?", fragt Ellen beunruhigt.
„Meine Überraschung für euch! In der Ankunftshalle wartet mein Freund Santosh auf uns und wird immer unruhiger."

- Wo seid ihr jetzt?
- Immer noch in der Warteschlange vor der Passkontrolle.
- Geht zum VIP-Schalter!
- Wir sind doch keine VIPs
- Natürlich geht das - ihr müsst die Beamten nur ein bisschen schmieren
- Ihr müsst nach eurem Gepäck suchen. Landet oft auf dem falschen Förderband. Oder liegt irgendwo in der Ecke.

„Welcome to Chhatrapati Shivaji International Airport Mumbai, vor einigen Jahren benannt nach einem großen Hindufürsten des 17. Jahrhunderts", begrüßt sie dann endlich Santosh in der Ankunftshalle mit strahlendem Lächeln und dem Ellbogengruß, nur Nihar nimmt er in die Arme.
„Heftig! Schon von der Flughafenlandebahn aus schaut man auf einen Slum", entfährt es Fatima, die eine braun-violette Wolke über der Armensiedlung wahrgenommen hat.
„Welcome to India. Die größte Demokratie der Welt. Das größte Elendsviertel der Welt. Sucht euch was aus!"
„Kennt ihr euch schon lange?", fragt Ellen Santosh, als sie alle in einem Kleinbus Platz genommen haben.
„Noch nicht sehr lange, aber wir sind schnell gute Freunde geworden. Obwohl ich kein Brahmane bin. Aber danach hat Nihar überhaupt nicht gefragt, dabei hat er es sicherlich gemerkt."
Ellen, Fatima und Mark sehen Nihar prüfend an - ja, etwas ist anders an ihm, verglichen mit seinem coolen Gamerauftritt in Mexiko.

„Wir bringen euch in eine schöne Ecke unseres Landes, wo ihr stressfrei abhängen könnt. Der durchgehende Zug nach Mysore geht erst morgen früh um 9 Uhr 30", erklärt Santosh auf dem Weg zum Hotel. „Was wollt ihr von Bombay sehen?"

„Bombay?" Mark ist irritiert. „Ich dachte, es heißt inzwischen Mumbai?"

„Nein, nur die fanatischen Nationalisten nennen es so. Die Leute, die hier leben, wie mein Onkel und seine Familie sagen weiter Bombay – die Stadt der vielen Ethnien und Religionen. Also, wollt ihr das Gateway of India sehen oder den bedeutenden Walkeshwar Tempel' oder die Hängenden Gärten oder Victoria Station oder die Pferderennbahn oder die Grabmoschee des Haji Ali oder die Türme des Schweigens?"

„Nein, von solchen touristischen Highlights haben wir gestrichen die Nase voll."

„Wir wollen nicht die sanfte Tour, sondern das Real Life!"

„Ja, wir wollen hinter die Kulissen schauen. Wie geht es den Armen?" Fatima ist plötzlich hellwach. „Es gibt doch hier so viele Slums!"

„Ja, natürlich."

„Die wollen wir sehen – oder?" Die anderen nicken stumm.

„Da einfach so hineinzurauschen ist aber keine gute Idee."

„Hab ich auch schon probiert", bestätigt Nihar seinen Freund.

„Man ist schneller wieder draußen als man denkt."

„Okji, gebt mir etwas Zeit. Ihr könnt erst einmal im Hotel einchecken."

06. Juli – Bombay, Slum Dharavi

„Welcome to the biggest Slum in Asia!", begrüßt sie ihr Guide. „My name is Amal. Bevor wir hineingehen, will ich euch zwei Dinge sagen. Setzt eure Masken auf – zum beiderseitigen Schutz. In Dharavi sind kaum Leute gegen Corona geimpft und manche von denen tragen vielleicht eine gefährliche Mutante. Dazu werde ich euch später mehr erzählen. Und zweitens solltet ihr hier vielleicht noch kleine Mitbringsel für die Kinder im Slum kaufen" – er zeigt auf einen kleinen Laden mit dem Schild: Shiva-General-Store –, „ihnen Geld zu schenken, ist nämlich unklug, das müssen sie gleich wieder abgeben."

„Und was sollen wir ihnen stattdessen schenken?"

„Kugelschreiber oder etwas Süßes – wonach euch mehr der Sinn steht!"

Ellen und Mark kaufen je eine kleine Tüte Kugelschreiber, Nihar und Fatima lassen sich den buntesten und klebrigsten Süßkram einpacken.

„Übrigens ist Dharavi weit mehr als ein Slum. Das werdet ihr schon bald sehen. Deshalb vermeiden wir die Bezeichnung Slum für Dharavi; es ist ein Stadtteil mit ganz eigener Geschichte und einer ganz eigenen Infrastruktur. Aus der Luft betrachtet bildet er ein Dreieck und wird umgrenzt vom Mithi River und zwei Eisenbahnlinien: der Western- und der Central Railway."

Sie beginnen ihre Besichtigungstour auf einer asphaltierten sauberen Straße, die zwar von ziemlich baufälligen zweigeschossigen Gebäuden gesäumt wird, aber einen Mittelstreifen und Straßenlaternen hat.

„Die Gasse ist aber ganz schön breit für einen Slum", stellt Nihar fest. „Da habe ich schon ganz andere Slums in Bangalore gesehen!"

„Ja, da hast du recht", erwidert Amal. „Dharavi ist eben ein be-

sonderer Slum, wie ich ja schon zu Beginn gesagt habe. Hier leben schätzungsweise 600 000 Menschen auf zwei Quadratkilometern."
„Also so viele wie in deutschen Großstädten, zum Beispiel Hannover, auf einer Fläche von 200 Quadratkilometern leben", entfährt es Mark."
Santosh nickt zustimmend, obwohl er noch nie in Deutschland war. Dann fährt er fort: „Dieser Stadtteil ist schon sehr alt, und vielleicht liegt es daran, dass er nicht so provisorisch gebaut ist wie viele andere Slums. Zum Beispiel die rund um den Airport. Die Menschen passen die Bebauung ihren Bedürfnissen an. Die Hauptstraße hier ist so breit, dass Lastfahrzeuge gut rangieren können. Schaut euch um: Fast in jedem Haus gibt es eine Werkstatt oder ein Geschäft."
Tatsächlich: Ganesha-Laundry, Kali Ladies Tailors, Lucky Soap Centre sowie zahlreiche Werkstätten ohne Namen.
„Das alles hier ist zwar illegal, trotzdem ist es eine kleine funktionsfähige Stadt. Man könnte sagen: Eine kleine Stadt in der Großen. Es gibt in Dharavi rund 20 000 Kleinunternehmen: Töpfereien, Textilmanufakturen, sogar Recycling für Plastik. Aber auch Ärzte und kleine Kliniken, Banken, private Schulen und Druckereien."
„Hey, ein Telephone Shop! Können wir dort Prepaidcards kaufen – oder sind die vielleicht auch illegal?"
„Nein, der Shop hat ganz legale Ware. Nur die Preise variieren. Aber wenn ich das für euch aushandele, bekommt ihr keinen Touristenaufschlag. Ihr könnt sogar mit Dollars bar bezahlen, dann hinterlasst ihr keine Spuren."
„Können die vielleicht auch versteckte Apps und Sender von unseren Smartphones entfernen?", fragt Ellen und sieht dabei ihren Vater vorwurfsvoll an.
„Natürlich! Das sind richtige Profis hier, mit allen Wassern gewaschen!"

Die vier sind begeistert: Wer hätte gedacht, dass sie sich ausgerechnet in einem indischen Slum ihre Handys säubern lassen können. Amal sammelt die Geräte ein: „Wir können sie dann auf dem Rückweg abholen!"

Im Shop muss er nur kurz verhandeln, dann ist er wieder zurück.

„Okji? Gut, dann wird es Zeit für die etwas weniger schöne Seite von Dharavi."

Sie biegen in eine Seitengasse. Sie ist wesentlich schmaler und weniger sauber. Nach einer weiteren Seitengasse wird es noch enger und chaotischer. Der Boden auf dem sie stehen, besteht aus festgetretenem Müll, die Hütten links und rechts sind völlig willkürlich aus Wellblech und Holz zusammengesetzt, aus vielen gähnen ihnen statt Fenstern und Türen dunkle Löcher entgegen, vor denen Plastikfolie flattert.

„Wohnen hier nur Unberührbare?", fragt Ellen den Guide.

„Nein, in Bombay spielt das Kastenwesen keine soo große Rolle mehr. Die Leute kennen ihre Nachbarn kaum, es kommt mehr auf die Bildung als auf die Herkunft an. Das Problem von Bombay ist die starke Zuwanderung! Es gibt einfach nicht genug Wohnraum. Manch einer, der einen guten Job in einem der modernen Bürotürme in der City hat, landet hier, weil er keine Wohnung findet. Allerdings meist nur vorübergehend. Manche Familien bleiben aber auch aus Überzeugung hier. Weil sie ein erfolgreiches Geschäft oder eine einträgliche Werkstatt haben. Sobald sie zu etwas Geld gekommen sind, lassen sie sich stabilere Häuser mit einem weiteren Stockwerk bauen. Sie wollen nicht weg, obwohl die Regierung immer wieder versucht, den ganzen Slum umzusiedeln. Als Bauland wäre diese zentrale Lage ideal und heiß begehrt, wie ihr euch denken könnt."

Immer wieder werden sie von Kindern in verschlissener, aber erstaunlich sauberer Kleidung umlagert. Die trollen sich erst von dannen, wenn sie einen Stift oder Süßigkeiten erbeutet haben. „Die wissen wohl genau, wo es was zu holen gibt", mutmaßt Mark. Nur Fatima lassen sie in Ruhe, starren sie sichtlich verwundert an. Denn die bewegt sich wie eine Schlafwandlerin durch die engen Gassen, berührt tastend Papp- und Plastikwände, Vorhänge und Wäsche, die vor den Fensterlöchern in der heißen Sonne trocknet.

„Es ist, als wäre ich schon einmal hier gewesen. Als wäre ich hier zuhause", wird sie später Mark und Ellen ihr ungewöhnliches Verhalten erklären, als sie sich im Tuktuk durch die überfüllten lauten Straßen von Bombay vorwärtsschieben.

Sie erreichen ein niedriges hellgekacheltes Gebäude mit der Aufschrift SBM TOILET. „Wenn jemand von euch ein gewisses Bedürfnis verspürt, dann sollte er das hier und jetzt erledigen. Das sind die mit Abstand besten Toilets in Dharavi!" In Amals Stimme klingt fast ein wenig Stolz, als er das sagt.
Mark, Nihar und Steve versuchen ihr Glück. Doch schon der Vorraum sieht sehr mitgenommen aus, das Blau-Grün der Wände ist von Schwarzschimmel überzogen und der untere Bereich sieht aus, als hätte er schon etliche Überschwemmungen überstanden.
„Nehmt es als Mutprobe!", meint Steve gelassen.
„Eines der wenigen Dinge, die hier wirklich fehlen", erklärt Amal währenddessen draußen, „sind sanitäre Anlagen. Es gibt einige, aber die reichen bei Weitem nicht aus. Deshalb bilden die Bahndämme eine Art Naturtoilette für viele Bewohner dieses Stadtteils."
„Und wie sieht es mit der medizinischen Versorgung aus?", fragt Ellen. „Du wolltest uns noch etwas zu Corona und Dharavi erzählen."
„Ach ja, danke, dass du mich daran erinnerst. Auch wir in Indien hatten schon früh einen Lockdown, doch der war falsch!"

„Warum?"

„Mit einem Lockdown sollen ja die Ansteckungsketten unterbrochen werden. Aber das funktioniert bei uns nicht, denn fast alle Inder leben in Großfamilien. Außerdem leben die meisten von der Hand in den Mund. Sämtliche Tagelöhner, die vom Land stammen und sich in der Stadt jeden Tag neu Arbeit gesucht haben, um sich und ihre Familien zu ernähren, wurden über Nacht arbeitslos. Alle versuchten gleichzeitig, zurück in ihre Dörfer zu kommen, und die Folge war ein riesiges Tohuwabohu. Das könnt ihr euch nicht vorstellen. Hunderttausende sammelten sich an den Bahnhöfen und Busbahnhöfen. Aber der Verkehr war eingestellt worden. So konnten sich die Viren bestens verbreiten. Schon Mitte 2020 waren mehr als die Hälfte aller Slumbewohner überall in Indien mit dem Coronavirus infiziert."

Mark, Nihar und Steve stoßen wieder zu den anderen und meinen, dass das mit dem Klo schon einigermaßen okay war.

Dann nimmt Amal seinen Faden wieder auf. „Allerdings hatten wir hier in Indien zwar viele Infizierte, aber weniger Todesfälle als in anderen Ländern der Welt. Ich denke da an Brasilien oder die USA. Das liegt daran, dass wir eine junge Bevölkerung haben, die ein starkes Immunsystem entwickelt. Denn gerade die Menschen, die so dicht beieinander leben, werden auch von anderen Seuchen bedroht, wie Malaria und Tuberkulose. Durch die erste Welle sind wir daher ganz gut gekommen. Das erzeugte jedoch ein falsches Gefühl von Sicherheit. Keiner wollte mehr Masken tragen. Und im Winter 20/21 sind die Zahlen der Infizierten immer weiter gesunken. Wir haben es überstanden, dachte auch die indische Regierung. Religiöse Feste, zu denen Millionen Menschen pilgern, wurden wieder zugelassen. Hunderttausende Leute sind außerdem zu Wahlkampfveranstaltungen gekommen. Die bei uns so üppigen Hochzeiten wurden mit noch mehr Gästen und noch aufwändiger

und länger gefeiert als sonst, es gab ja viel nachzuholen! Bis uns eine Doppelmutation sozusagen einen Tsunami beschert hat ..."
Sie erreichen das Recyclingquartier: Wo sie auch hinschauen, wird Plastikmüll der verschiedensten Art gelagert, sortiert und gereinigt. In einem kleinen Werkhof, vor Bergen von Plastikmüll hockt eine lange Reihe von Frauen und sortiert das Plastik nach Material und Farbe.
Mark tritt näher: „Das ist ja alles noch ganz schmutzig."
„Ja, leider", entschuldigt sich Amal. „Der Plastikmüll wird vor allem von Kindern und jungen Männern eingesammelt – aus Mülltonnen, von der Straße oder auch aus den Abwasserkanälen. Es gibt kein von der Verwaltung organisiertes Recycling, nicht einmal staatliche Unterstützung. Die Recycler in Dharavi sind alle Unternehmer, die auf eigenes Risiko arbeiten. Die Sammler und die Sortiererinnen arbeiten hier, weil sie keine andere Tätigkeit finden."
„Unfassbar!", entfährt es Fatima., „dass etwas so Fortschrittliches und Umweltschonendes auf eigenes Risiko läuft und als mindere angesehene Drecksarbeit gilt!"
Der Aufseher des Werkhofs zeigt ihnen noch stolz die Maschine, die das Hartplastik zu kleinen Chips zerschreddert. Diese werden in großen Plastiksäcken aufgefangen und können wieder eingeschmolzen werden. Eine Methode, die auch an anderen Orten der Welt in Gebrauch ist, wie er stolz erklärt.
Sie gehen weiter – bis sie merken, dass Ellen nicht mehr da ist. Besorgt schauen sie sich um. Ein kleines Mädchen hat die rechte Hand der jungen rothaarigen weißhäutigen Frau fest umklammert und lässt nicht los.
Mark geht zu ihr: „Was ist?"
„Schau dir diese Augen an! Es tut mir in der Seele weh zu wissen, dass dies Mädchen wahrscheinlich ihr ganzes Leben hier verbringen wird. Du glaubst nicht, wie stark sie ist. Meine Hand tut schon

weh von ihrem Klammergriff. Sie drückt mit allem, was sie hat, und will mich nicht mehr loslassen. Aber ich kann doch nichts für sie tun! Es zerreißt mir das Herz. Ich halte das nicht aus."
Ellen ist den Tränen nahe. So hat Mark sie noch nie gesehen. Er winkt Amal zu, der sofort herbeieilt und in Hindi auf das Mädchen einredet. Schließlich lässt sie los. Ellen zittert am ganzen Körper. Mark nimmt sie in den Arm, sie lässt es geschehen. Hand in Hand absolvieren sie gedankenverloren den Rest der Tour. Nihar und die anderen tauschen Blicke aus und nehmen das erstmal, ohne Kommentare abzugeben, zur Kenntnis. Zum Schluss holen alle ihre Handys im Telephone Shop ab.

„Die waren mit einer merkwürdigen App und einem zusätzlichen Sender präpariert", erklärt Amal. „Jetzt sind sie sauber und haben neue SIM-Cards."

„Wunderbar", freut sich Mark, „nun ist nichts mehr nachvollziehbar – solange wir nicht zuhause anrufen!"

Auf dem Weg zurück zum Hotel fahren sie in ihren Tuktuks noch eine große Schleife, weil Santosh ihnen unbedingt wenigstens ein paar der Wahrzeichen zeigen will.

07. Juli – Zugfahrt von Bombay nach Mysore

Noch im Dunkeln machen sie sich auf den Weg vom Hotel zum Bahnhof, weil es nach Santoshs Meinung trotz Reservierung einige Zeit in Anspruch nimmt, im richtigen Zug das eigene Abteil in Besitz zu nehmen: „Ihr habt Glück, dass wir in so kurzer Zeit buchen konnten. Eigentlich sind die Züge schon Wochen im Voraus ausgebucht. Aber die Reservierungsstelle muss immer einen gewissen Anteil für ausländische Touristen zurückhalten. Und da sich zurzeit nur sehr wenige Ausländer in unser Land wagen, war noch etwas frei."

Tatsächlich stecken sie zweimal in den bereits verstopften Straßen fest, bevor sie die Dadar Central Railway Station erreichen. Sie drängeln sich durch den von Menschen überfüllten Bahnhof zum richtigen Bahnsteig und suchen den endlos langen Zug ab, bis sie ihren Waggon gefunden haben. Und wieder spüren sie, dass in diesem Land andere Gesetze für den Umgang mit Zeit gelten. Insgesamt sind sechs Plätze für sie in zwei Viererabteilen gebucht, jeweils zwei lange Sitzbänke, über denen zwei weitere aufgeklappt werden können. Ohne Türen zum Gang.

„Etwas eng!", findet Nihar.

„Eng?", blafft ihn Santosh an. „Die gibt es auch als Sechserabteile ohne Klimaanlage. Du kannst auch eine Liege auf dem Gang nehmen, der ist nach allen Seiten offen!"

„Ist schon gut! Ich meinte ja nur ..."

Fast pünktlich um 9 Uhr 30 verlässt der Sharavati Express den Bahnhof, am nächsten Morgen um 9 Uhr 40 soll er Mysore erreichen.

Als sie losfahren sagt Santosh: „Schaut mal auf die linke Seite, das wird euch bekannt vorkommen." Tatsächlich! Kaum ist der Zug angefahren, biegen die Gleise leicht nach rechts ab und bilden die östliche Grenze von Dharavi. Vor Ellen tauchen noch einmal kurz die flehend dunklen Augen des kleinen Mädchens auf, und sie spürt den Klammergriff, der alle Verzweiflung und Hoffnung dieser Welt in sich vereinte. Sie blickt zu Mark, der ihr stumm zunickt.

„Schaut aber auch auf die andere Seite, damit ihr nicht den Eindruck bekommt, Bombay bestünde vor allem aus Slums."

Auf der rechten Seite sehen sie moderne Hochhaussiedlungen, dazwischen Parks und kleine Waldareale, dann tauchen große Fabriken auf.

„Indien ist kein Industrieland wie die USA oder die europäischen Nationen. Wir haben zwar auch riesige Städte mit der dazugehörigen Infrastruktur wie ihr sehen könnt, aber der Kern Indiens ist immer noch das Land, dort gibt es über eine Million Dörfer. Im Norden gibt es mehr Industrie, mehr Menschen, und viel mehr Probleme: große Wüsten, Wassermangel, Umweltverschmutzung. Wir fahren in den Süden, der ist grüner, ländlicher geprägt, und die Menschen sind freundlicher."

Draußen zieht eine exotische Welt an ihnen vorbei, von der sie nur das Fenstergitter trennt, denn da es ihnen mit Klimaanlage zu kalt geworden ist, und sie diese Energievergeudung vermeiden wollen, haben sie lieber das Fenster heruntergezogen. Nun durchweht feuchtwarme Luft das Abteil, süße, würzige und faulige Gerüche kommen und gehen. Endlos ziehen grüne und braune Felder an ihnen vorbei. Frauen waschen in den Flüssen ihre Wäsche und breiten sie zum Trocknen auf den Uferfelsen aus, Wasserbüffel strecken ihnen ihre Köpfe entgegen.

Den ersten Zwischenstopp des Zuges nutzt Steve, um vom Bahnsteig mit gutem Handyempfang Bernie in seiner Firma anzurufen.

„Alles okay bei euch?"

„Nicht wirklich! Dieser Lauckman hat uns Anwälte mit irgendwelchen Vollmachten auf den Hals gehetzt. Die behaupten, wir würden Gelder veruntreuen! Weil wir unsere vertraglichen Verpflichtungen nicht einhalten. Wenn wir ihnen irgendetwas bieten könnten, um sie zu beruhigen, wäre mir sehr geholfen – ich meine uns. Ein erstes Programm, ein Exposé, was weiß ich …"

„Haltet durch! Noch ein paar Tage. Sorry – der Schaffner winkt, ich muss los!"

Als sie aus dem Ort hinausfahren, winken ihnen wieder etliche im Bahndammgebüsch Hockende fröhlich zu.

„Sind die etwa alle gerade dabei …?"

Santosh nickt und erklärt: „Was für Dharavi gilt, gilt leider für ganz Indien – die Mehrheit der Bevölkerung dieses High-Tech-Landes verfügt noch immer über keine Toiletten. Und selbst dort, wo sanitäre Einrichtungen gebaut werden, gehen viele Männer lieber ins Gestrüpp oder an den Bahndamm. Das Benutzen von Toiletten gilt als unmännlich! Solche kulturellen Prägungen sterben leider nur langsam aus. Und jede Art von Appell ist sinnlos."

„Übrigens, weil wir grade über Verhaltensänderungen reden", klinkt sich Steve ein, „wie soll es mit eurem Programm weitergehen? Soll ich die erste Fassung von GLOBALOPOLY nun online stellen lassen oder nicht?"

„Das müssen wir erst einmal untereinander besprechen."

„Lasst euch aber nicht zu viel Zeit!"

Am Haltebahnhof sind fliegende Händlerinnen in den Zug gestiegen. Es riecht nach kleinen gefüllten Teigtaschen, frittierten Kartoffelbällchen und Chapati, dem dünnem indischen Fladenbrot. Das Wasser läuft ihnen im Mund zusammen.

„Können wir das essen?"

„Ja, das ist alles frisch zubereitet. Mit lokalen oft erntefrischen Zutaten. Ist noch warm. Doch wenn ihr ganz sicher gehen wollt, dann lasst euch die Mahlzeiten aus der Zugküche holen. Frischer geht's nicht!"

Sie gehen auf Nummer sicher und lassen sich eine Auswahl typischer indischer Gerichte aus der Zugküche munden.

Das rhythmische Geknatter des Zuges und die feuchtwarme Luft lassen sie in Halbschlaf versinken. Taa-dag--ta-dag----taa-dag--ta-dag …

08. Juli – Ort und Zeitzone unbekannt

Lauckman taucht persönlich im Kontrollraum auf.

„Ihr habt alles wieder unter Kontrolle?"

„So ziemlich", antwortet der Mitarbeiter am Kontrolldesk mit einer souveränen Geste über die zahlreichen Bildschirme vor sich. „Mit Hilfe der Zugangsdaten, die uns die Anwälte besorgt haben, konnten wir zumindest Steve wieder aufspüren …"

„UND!?", unterbricht ihn Lauckman.

„Überraschung! Sie sind in Indien! Zurzeit kommt das Signal ziemlich ruckartig und bewegt sich. Sie sind unterwegs – von Mumbai in Richtung Südost."

„Was liegt in dieser Richtung?", knurrt der Chef ungehalten.

„Vor allem Bangalore. Das ist die High-Tech-Metro…"

„Ich weiß, was Bangalore ist! Also bereiten wir ihnen dort einen schönen Empfang. Ich hab noch ganz andere Mittel und Wege. Der wird sich noch wundern. Wenn dieser Fuzzi mir so kommt. Bei mir steigt man nicht einfach aus! Ich schick dem ein paar Killer auf den Hals, wenn's sein muss!"

Der Kopf des Investors ist dunkelrot angelaufen. Keiner der Mitarbeiter im Kontrollraum traut sich, noch zu atmen.

08. Juli – Zugfahrt von Bombay nach Mysore

Letztlich ist es egal, wo oder wie sie sich hinlegen. Richtig schlafen kann in dieser Nacht keiner von ihnen. Draußen ziehen immer wieder Lichterketten vorbei. Es rattert ohne Unterlass. Ununterbrochen streifen fremde Menschen durch die Gänge, reden oder werfen neugierige Blicke auf die Fremden.

Und so flackert zwischen den vieren immer wieder eine Diskussion auf: Wie soll es weitergehen? Wie sollen ihre nächsten konkreten Schritte aussehen? Sollen sie sich einer Partei oder einer Bewegung anschließen? Dafür plädieren Mark und Ellen.

Doch die beiden anderen sind skeptisch: „Da haben wir zu wenig Einfluss auf das, was mit unseren Ideen geschieht. Ich könnte es nicht ertragen, mitansehen zu müssen, wie das, wofür wir kämpfen, verwässert und zur rhetorischen Totschlagfloskel wird", wendet Fatima ein. „Wollen wir nicht lieber selbst eine Bewegung von unten aufbauen?", fragt sie und sieht dabei zu Nihar.

„Aber davon gibt es doch schon so viele", wenden die anderen ein. „Und die Wähler denken dann nur: Das haben wir schon gemacht, das läuft sich bald tot …"

Nach einer längeren Pause beginnt Fatima: „Mir gehen diese Bilder nicht aus dem Kopf: Die Menschen in den Slums, dieser unerträgliche Dreck und Gestank. Das Unwürdige und Menschenverachtende ihrer Lebensumstände. Und dann dagegen diese reichen eingebildeten Snobs in Dubai. Was gibt ihnen das Recht, hundertmal mehr Ressourcen zu verbrauchen als die Mehrheit der Menschen?"

„Das größte Problem ist, glaube ich", sinniert Mark, „dass wir jede Art von Solidaritätsgefühl verloren haben!"

„Wer ist in diesem Fall wir?", hakt Ellen nach.

„Wir – die Menschheit, aber auch wir – unsere Generation. Selbst Fridays for Future richtet sich mehr *gegen* als für etwas: gegen die älteren Generationen, die angeblich alles verbockt haben! Aber mit Anschuldigungen treibt man das Gegenüber in eine Verteidigungshaltung und das eigentliche Anliegen, nämlich die Rettung eines bewohnbaren Planeten, tritt in den Hintergrund."

„Das liegt daran, dass wir zum Gegeneinander erzogen werden. Die kleinsten Unterschiede reichen, um uns gegeneinander aufzustacheln: Nation gegen Nation! Hautfarbe gegen Hautfarbe!"

„Berufsgruppe gegen Berufsgruppe. Kaste gegen Kaste!"

„Frauen gegen Männer!"

„Jung gegen alt!

„Nachbar gegen Nachbar! Selbst im Urlaub heißt es: Pärchen gegen Pärchen!"

„Wann werden wir endlich solidarisch?"

„Vielleicht, wenn wir eine gemeinsame Vision hätten. Etwas, woran alle glauben können! Was für alle einen Wert hat."
In den frühen Morgenstunden sind sie gerade weggedöst, als jemand mit einer großen Blechkanne durch den Zug läuft und laut „CHAI! CHAI!" ruft. Tee auf indisch: mit fetter Milch und mit viel Zucker!
Mark sieht benommen auf seine Armbanduhr: „Es ist erst fünf!" Aber da sie nun ohnehin wieder wach sind, warum nicht. Zwei Stunden später bekommen sie auch warmes Frühstück: frittierte Kartoffeltaschen, kräftig gewürzte Omeletts – und natürlich Chapati. Und dann sind es nur noch zwei Stunden bis Mysore.
Dort steigen sie in einen Bus, der sie nach Masinagudi bringt, an den Rand des Bandipur-Nationalparks, eines der großen indischen Tigerreservate.

09. Juli vormittags – Südindien, Masinagudi

Wahnsinn: Sie logieren in einem echten Baumhaus! Davon hat Ellen schon lange geträumt. Am Fenster des Badezimmers klebt ein Schild *Don't feed the Monkeys!* Abends fliegen Flughunde über die kleine Hängeterrasse ihrer Behausung, während unten am Boden die Mitarbeiter der Anlage mit hellen Fackeln und viel Lärm Elefanten aus dem Garten vertreiben!
Auch Fatima ist hin und weg. „Dass es so etwas wirklich gibt, so vollkommen heile Natur! Und gleichzeitig quälen mich die ganze Zeit diese anderen Bilder: Die Slums, das moralisch verkommene Dubai, die apokalyptischen Bilder aus Sibirien. Sie drehen sich wie ein Karussell, aus dem ich nicht aussteigen kann!"
Auch ihr lokaler Guide, Radesh, der sie am Vormittag durch den Bandipur-Nationalpark geführt hat, versorgt alle auf ihren Wunsch hin nicht nur mit Heile-Welt-Naturwissen: „Seit es Menschen gibt,

wurden unfassbare 3000 Milliarden Bäume gerodet, und nicht wieder aufgeforstet. Das ist rund die Hälfte aller noch existierenden Bäume weltweit. Allein in den letzten 100 Jahren waren es rund 1000 Milliarden. Ein alarmierendes Zeichen. Auch in Indien ist in den vergangenen Jahrhunderten viel Wald in landwirtschaftliche Flächen verwandelt worden. Doch seit rund 100 Jahren entstehen in unserem Land zum Ausgleich Naturreservate – Bandipur ist einer der ältesten Nationalparks und grenzt im Norden wie im Süden an weitere Reservate."

Die Landschaft, die sie zu Beginn mit Jeeps durchqueren, besteht aus Hügelketten, flachen Hängen und Plateaus. Wo die Vegetation Lücken lässt, leuchtet der nackte Boden kupferrot.

„Wir haben hier offene Savannenlandschaften und lichte Wälder. Schaut euch die Bäume mal genau an."

„Ich sehe hauptsächlich Laubbäume."

„Genau", stimmt Radesh zu. „Der Monsunwald muss eine Trockenperiode von vier bis fünf Monaten überstehen, in dieser Zeit wirft er sein Laub ab. Deshalb gibt es auch mehr Leben im Unterholz. Das wiederum führt dazu, dass wir in Bandipur eine Vielfalt großer Säugetiere haben. Die meisten dienen den Raubtieren zur Beute – voran dem Bengalischen Tiger."

„Ja, wir wollen einen Tiger sehen!", ruft Ellen wie elektrisiert beim Aussteigen.

„Das ist allerdings sehr schwierig. Hin und wieder gelingt es jemandem. Aber das kann man nicht planen. Tiger sind sehr scheu und unberechenbar. Ich kann euch allerdings versprechen, dass wir wilde Elefanten sehen. Die haben nämlich festgelegte Wege."

Eine dieser Routen führt am Ufer eines Stausees vorbei. Mit einem kleinen Ausflugsboot kommen sie ihnen ganz nahe. Die vier schießen begeistert mit ihren Handys ein Bild nach dem anderen, während Radesh das Schauspiel kommentiert: „So eine friedliche

Szene. Wisst ihr, was man hier draußen lernen kann? Wir denken immer zu anthropozentrisch – zu sehr auf uns Menschen bezogen. Wir halten uns für die Herrscher der Welt, dabei sind wir nur Teil eines großen Netzwerks. Unsere Sicht ist völlig falsch: Wir müssen nicht die Natur retten, sondern uns Menschen! Die Pflanzen und Tiere können und werden sämtliche Lebensräume zurückerobern, wenn wir nicht mehr da sind."

Mark zweifelt, ob das tatsächlich so stimmt, denn was ausgestorben ist, kann auch keine Lebensräume zurückerobern. Aber grundsätzlich erscheint ihm der Gedanke einleuchtend.

Etwas war bei ihrer Tour jedoch merkwürdig: Als Steve am Eingangsbereich des Parks Tickets für sie alle lösen wollte, wurde keine seiner Kreditkarten akzeptiert. Zum Glück konnte Santosh aushelfen.

Nach der Rückkehr in ihr Baumhausressort startet Steve einen erneuten Versuch: wieder nichts!

„Sie haben mir die Konten gesperrt! Alle! Ich muss Bernie anrufen!"

„Ich kann meinen Vater anrufen, den würde es ein müdes Lächeln kosten, uns weiterzuhelfen," antwortet Nihar.

Seit sie zurück im Baumhauscamp sind, kümmern sie sich darum, wie sie an Geld kommen können und verfassen Nachrichten an ihre Eltern, unter dem Motto: uns geht es gut, wir befinden uns in vollkommener Sicherheit, haben viel Spaß zusammen – und eine Menge mehr solcher Sätze, die Eltern gern hören.

Fatima braucht eine gefühlte Ewigkeit, um die Textnachricht an ihren Vater zu verfassen. Als sie zu den anderen stößt, erzählt sie niemandem, wie viel Mühe sie das gekostet hat.

Steve zappt sich derweil an der Rezeption durch die internationalen Kanäle. Wenigstens sind Al Jazeera und die anderen TV-Sender ihnen nicht auf den Fersen.

09. Juli abends – Masinagudi

Während sie auf der Bank vor ihrem Baumhaus sitzen, und den leisen Geräuschen des Dschungels lauschen, fassen sie noch einmal ihre neuesten Erkenntnisse zusammen.

„Also, was hat unser Guide, Radesh, nochmal gesagt?"

„Dass die Pflanzen und Tiere wieder alle Lebensräume erobern werden, wenn wir Menschen nicht mehr da sind."

„Im Dschungel gab es noch nie eine Pandemie. Dabei tragen Wildtiere schätzungsweise 300 000 Virenarten in sich. Doch die Tiere und die Viren leben seit Millionen von Jahren friedlich zusammen, haben sogenannte Koexistenzen aufgebaut. Es herrscht ein Gleichgewicht – nun kommt der Mensch und zerstört es!"

„Wir vernichten immer mehr natürliche Lebensräume, dringen tief in sie ein, und so finden Wildtiere und mit ihnen Krankheitserreger ihren Weg zu uns."

„Um kurzfristige Gewinne zu erzielen, beuten wir diese Ökosysteme so lange aus, bis sie nicht mehr funktionieren."

„Aber wie kann ein radikaler Kurswechsel aussehen?", fragt Mark in die Runde. „Die Leute bei mir daheim verzweifeln schon, wenn sie einmal auf die Spargelernte verzichten müssen!"

„Es braucht noch ein oder zwei globale Katastrophen!", ergreift Fatima das Wort und spricht wie in Trance. „Der Weg zum Wandel geht so: In der nächsten oder spätestens in der übernächsten Krise werden die Menschen endlich aufwachen. Das gebietet jedenfalls der gesunde Menschenverstand, auf den sich alle so viel einbilden und den sie für sich in Anspruch nehmen. Sie werden begreifen, dass es Zeit ist, mit Globalopoly aufzuhören. Denn dieses Real-Life-Game ist zu gefährlich, um es auf dem einzigen Planeten weiterzuspielen, den die Menschheit auf absehbare Zeit zur Verfügung hat. Niemand kann mehr übersehen, welche Risiken dieses globale Wüten der Ökonomie auf der Erde entstehen lässt, geschweige denn die Spätfolgen überblicken. Die Menschen wollen etwas anderes ... Die vielen Überschwemmungs- und Sturmkatastrophen sind auf einzelne Länder beschränkt geblieben, aber die Menschen in den nichtbetroffenen Gebieten haben den Opfern geholfen. Und wenn die Krisen ineinander greifen ..."

„Hey! Ich hab 'was Tolles!" Steve reißt Fatima aus ihrer Konzentration. „Ich hab Kontakt mit einem der Barfuß-Forscher aufgenommen; er ist zurzeit in Dörfern unterwegs, die wir von hier aus in wenigen Stunden erreichen könnten."

„Barfuß-Forscher?"

„Ja, Barfuß-Forscher", bestätigt Steve, und Santosh ergänzt: „Die sind in ganz Indien bekannt. Sie laufen durch unsere Dörfer und suchen nach kleinen Einsteins!"

„Jedenfalls sucht dieser Professor Gupta nach verborgenem Wissen im vergessenen Hinterland", übernimmt Steve wieder. „Das muss euch doch interessieren."

Wovon er den vieren nicht erzählt, ist das Telegramm, das ihm der Boy am Empfang gerade überreicht hat:

+++ Hallo Steve, was zur Hölle fällt dir ein mit den vieren unterzutauchen +++ Du Fuzzi willst wohl meine Investition vernichten und die Rettung des Planeten verhindern +++ Das werden wir nicht zulassen +++

10. Juli morgens – Dörfer in der Umgebung von Masinagudi

Santosh, der langes Laufen verabscheut, ist im Baumhauscamp geblieben, während die anderen den Barfuß-Forscher an einer Landstraße irgendwo nordöstlich des Bandipur-Nationalparks treffen. „Wir haben schon gewartet", begrüßt sie lächelnd ein kleiner grau-

haariger Mann in Khaki-Kleidung. „Ihr wollt uns also einen Tag lang begleiten. Gut! Damit wir nicht in die volle Mittagshitze geraten, müssen wir sofort los. Habt ihr genug Wasser dabei? Wir können unterwegs nichts kaufen."
Alle fünf halten brav ihre Wasserflaschen hoch.
„Gut!" Augenblicklich verfällt er mit seinen Begleitern in einen ordentlichen Trab. Die fünf haben Mühe mitzuhalten. Sie folgen ihm über Schotterstraßen und Feldwege.
„Schaut euch gut um! Auch wenn die Felder jetzt nach dem Monsun grün sind, ist der Boden hart und unfruchtbar. Die Reisfelder und Gemüsebeete sind so klein, dass es einem kleinen Wunder Ganeshas gleicht, dass die Bauern und ihre Familien damit über die Runden kommen."
„Ja", bestätigt Mark. „Wirklich kein Vergleich zu den Riesenfeldern bei uns in Norddeutschland, die mit Riesenmaschinen bearbeitet werden."
„Indiens Dörfer sind Problem und Lösung zugleich", erklärt der engagierte Wissenschaftler, während er in flottem Tempo weitergeht. „Viele Dörfer liegen fernab von jeder Infrastruktur, es gibt keine Straße, kein Stromnetz, kein Internet. Aber gerade deshalb entwickeln viele der Bewohner ihre eigenen Überlebenstechniken. Manche davon sind richtig gut, gerade weil sie so einfach sind."
Zum Glück für die fünf bleibt der Forscher immer wieder ganz plötzlich für einen Moment stehen und streckt den rechten Zeigefinger in die Höhe, um ihnen eine seiner Weisheiten mitzuteilen:
„Ein Deutscher hat gesagt, jeder Mensch sei ein Künstler ..."
„Ja, das war Joseph Beuys."
„Nun, ich glaube eigentlich gesagt nicht, dass jeder ein origineller Künstler ist oder werden kann, aber ich bin fest davon überzeugt, dass in jedem von uns irgendwo ein schöpferischer Kern steckt. Worin auch immer der bestehen mag. Die Menschen in den abge-

legensten Dörfern unseres großen Landes beweisen es mir täglich. Sie stoßen auf schwierige Probleme und lösen sie mit einfachen Mitteln. Zum Beispiel haben besonders findige Tüftler für die Ernte mit primitivsten Mitteln neue Technologien entwickelt, etwa eine Kippvorrichtung für einen Eselkarren. Oder eine Mühle für das Dreschen. Ohne jede technische Vorbildung hat der Reisbauer Dharnidhar Mahato aus einem rostigen Fahrradrahmen mit nur einem Pedal und zwei Trommeln aus Holz und Blechbüchsen eine funktionsfähige Dreschmaschine gebastelt, die effektiv die Reiskörner von den Pflanzen löst. Damit hat er sich das Auslegen der geschnittenen Reispflanzen auf weit entfernten Landstraßen erspart, wo die Autos, die über die Reispflanzen fahren, bislang die Drescharbeit übernommen haben."

Gupta bleibt stehen und kreist mit seinem Zeigefinger in der Luft. „Wie pollensammelnde Honigbienen sammeln wir das Wissen der Dörfer und veröffentlichen es – selbstverständlich ohne Profit. Unser Projekt heißt, na, ihr könnt es euch jetzt vermutlich schon denken, Honey Bee Network. Gleichzeitig versuchen wir Small Technology in die Dörfer zu bringen. Vor allem Solarlampen und -öfen. Das schont die Gehölze."

Nach rund eineinhalb Stunden flotten Schrittes erreichen sie ein – so Gupta – typisches Dorf. Im Zentrum stehen die Steinhäuser der besitzenden Brahmanen, umringt von den Behausungen der abhängigen Bauern und am Rande sind die Lehmhütten der niedrigen Kasten und der Muslime. Die vier sind erschrocken über die zum Himmel schreiende Armut, und Wut kocht in ihnen hoch, als sie große Plastiksäcke mit den verfluchten Pestiziden vor den Bauernhütten sehen. Da zwei Mitarbeiter des Forschers vorausgeeilt sind, um sie anzukündigen, werden sie nun von den führenden Brahmanen des Dorfes unter einem großem Banyanbaum zum Tee erwartet.

Es folgen eine ausführliche Begrüßung, lange Reden, eine endlose Verabschiedung, während derer Gupta dem Dorfoberen eine Solarlampe und einen Solarofen überreicht, die zwei seiner Mitarbeiter aus ihrem Rucksack gezogen haben.

„Hier gibt es keine Erfindungen oder sie wollten sie mir nicht zeigen", erklärt Gupta, als sie das Dorf wieder verlassen. „Ich habe auch keinen Heiler gesehen, dabei ist der eine der wichtigsten Personen auf dem Land, denn die meisten Dörfer liegen fernab von medizinischen Einrichtungen, die sich – nebenbei bemerkt – ohnehin keiner von ihnen leisten könnte. Es ist ganz erstaunlich, was diese Heiler für ein Naturheilwissen entwickelt und über Generationen weitergegeben haben. Neben Erfindungen sammeln wir auch diese Expertise. Bauern haben oft spezielle Kenntnisse für eine effektivere Aussaat oder für das Düngen mit natürlichen Rohstoffen wie beispielsweise Dung. Sie setzen einfache, aber wirksame und umweltschonende Pflanzenschutzmittel ein. Extrakte vom Neembaum zum Beispiel, der hier überall wächst. Oder sie schicken ihre Enten oder Hühner auf die Felder, die dann Schädlinge wie Schnecken oder Heuschrecken fressen."

„Merken die Bauern hier schon etwas vom Klimawandel?", fragt Ellen nach einer Weile.

„Ja, der Monsun hat sich verändert. Er kommt immer später mit kurzen, aber sehr heftigen Niederschlägen. Das Wasser kann aber nicht in den harten Boden eindringen, sondern schwemmt stattdessen die fruchtbare Oberschicht weg!"

Gupta bleibt wieder kurz stehen, zeigt in den Himmel und klopft einem seiner Mitarbeiter auf die Schulter. „Der Sommermonsun kam, solange die Menschheit denken kann, aus beiden Richtungen", beginnt dieser, „aus Westen und aus Osten. Und verteilte den Niederschlag auf dem gesamten Subkontinent. Doch der Klimawandel verändert dieses Gleichgewicht. Der vom arabischen Meer kommende Monsunarm wird immer stärker, der vom Golf von Bengalen kommende wird immer schwächer."

„Und das führt dazu", übernimmt Gupta, „dass die Westküste zum Teil mit heftigen Überschwemmungen zu kämpfen hat, wohingegen die Ostküste und der Norden Indiens kaum genügend von dem dringend benötigten Niederschlag erhalten. Unsere Meteorologen können den Zeitpunkt und die Heftigkeit des Monsuns inzwischen gut voraussagen – aber sie können das Geschehen nicht beeinflussen. Das ist die moderne Tragik! Also greifen die Menschen auf religiöse Rituale zurück und bitten die Götter darum, den Monsun zu schicken. Unsere Aufgabe ist es, die Bauern zu beraten, wie sie sich an den Klimawandel anpassen können. In einigen Dörfern sind sie selbst aber schon auf erstaunliche Ideen gekommen."

„Können Sie uns ein Beispiel nennen?"

„Ja, zum Beispiel das gezielte Anpflanzen von bestimmten Bäumen und das Wiederbeleben alter Wurzelwerke, denn Bäume speichern in ihren Wurzeln das Wasser des Monsuns, das sonst schnell in tiefen Schichten versickern würde. In der Trockenzeit schenken sie Schatten und bewahren die anderen Nutzpflanzen vor dem Austrocknen. Wir müssen das große und so schöne System der Natur erhalten. Alles ist miteinander verbunden."

Schweigend und schwitzend gehen sie weiter, bis Fatima flüstert: „Wir sind auf der richtigen Spur!"

Die anderen Drei sehen sie überrascht an.

„Ich sehe hier ganz andere Farben ..."

„Was für Farben?"

„Grün und ein warmes Rot, aus dem ein erdiges Braun entspringt."

Am späten Nachmittag erreichen sie erschöpft wieder die Landstraße und warten – im Schatten eines großen Salbaums sitzend – darauf, abgeholt zu werden.

„Nun lasst mal hören, was in euren Köpfen herumgeht", fragt der Barfuß-Forscher die vier. „Ich habe gehört, ihr wollt die Welt von dem sorglosen Umgang mit Risiken abbringen. Wisst ihr eigentlich, dass mindestens sechs der acht brisantesten Umweltkatastrophen Indien bedrohen? Bevölkerungswachstum, Wasserknappheit, Nahrungsmittelknappheit, Dürre, Wirbelstürme, Temperaturanstieg. Nur der zu erwartende Anstieg des Meeresspiegels fällt im Vergleich zum Nachbarland Bangladesch eher gering aus. Aber unsere Zentralregierung hat ja schon bei der Coronakrise gezeigt, dass sie unfähig ist, eine so große Bevölkerung vernünftig zu lenken! Also, was ist eurer Meinung nach zu tun?"

„Wir brauchen zunächst die Erkenntnis bei allen politischen und ökonomischen Führungskräften weltweit, dass es kein ewiges Wachstum geben kann!", beginnt Ellen.

„Exponentielles Wachstum kann es auf einem endlichen Planeten nicht geben."

„Nur die kapitalistische Gier ist so ein endloser Wachstumstreiber."

„So weit, so gut", urteilt Gupta und grinst, „aber wie kommen wir raus aus dieser Spirale?"

„Da gibt es nach unserer Meinung", beginnt abermals Ellen, „zwei Wege: Einsicht oder die Ochsentour durch Katastrophen! Die weniger schmerzliche Lösung wäre die Einsicht: globale Regeln verbunden mit einem weitgehend lokalen Handeln! Das heißt, dass die Weltgesellschaft sich endlich auf ein echtes Weltbürgertum in jeder Beziehung einigt …"

„… fairer Handel", übernimmt Mark und ist ganz in seinem Element. „Schluss mit den Steueroasen, keine Fluchtländer mehr für Kriegs- und andere Schwerverbrecher, keine Spekulation mit Nahrungsmitteln, mit Währungen oder anderen Krisengütern."

„Deshalb wird der globale Handel, soweit es geht, zurückgefahren", erklärt Nihar, „und alle lernen mit den bestehenden Risiken besser umzugehen."

„Ja, und jeder einzelne Mensch zählt!", fährt Fatima energisch fort. „Alle Staaten werden gleichbehandelt. Schluss mit den Privilegien und Monopolen der Industrienationen! Dann gibt es bald auch keinen Grund mehr zur Flucht."

Einen Moment herrscht Stille, bevor Gupta die Augenbrauen hebt und fragt: „Oder?"

„Oder die Menschheit macht weiter wie bisher und wählt damit zwangsläufig die Ochsentour", steigt Mark wieder ein. „Das führt zu immer mehr Kleinstaaterei, bis es im Jahr 2100 nach offiziellen Schätzungen rund 300 Nationen geben wird, denn die Reichen werden sich zunehmend von den Armen abspalten und immer neue Grenzen errichten. Unterdessen werden die vom Klimawandel besonders Betroffenen versuchen, in die weniger betroffenen Regionen zu gelangen."

„Das wird zu noch mehr Konflikten führen: Streit um Grenzen, Streit um Handelsabkommen, Streit um Ressourcen. Kleinkriege sind unausweichlich. Dieser Weg wird viele Millionen, wenn nicht sogar Milliarden Menschen das Leben kosten."

„Aber wie bewirken wir einen radikalen Kurswechsel?", bohrt Gupta noch einmal nach.

„Veränderungen entstehen meist nur durch großen, das heißt fast unerträglichen Leidensdruck", antwortet Nihar. „Wir brauchen daher wahrscheinlich noch ein oder zwei globale Katastrophen ..."

„Aber was ist die Katastrophe und was der Normalzustand", beginnt Gupta nun. „Aufstieg oder Abstieg – wer weiß das schon? Das ist auch eine Frage der Wahrnehmung. Wir haben nur Modelle der Entwicklung im Kopf. Die Entwicklung der Welt ist aber viel zu groß und viel zu verzweigt, um sie in ein Modell zu pressen. Versteht ihr? Selbst wenn das Modell noch so kompliziert ist, fehlen vielleicht ein paar wichtige Verbindungen – und schon kommen wir zu ganz anderen Resultaten."

Gupta hält abrupt inne. Er merkt, dass er die vier zu stark in die Defensive gedrängt hat. Dann hebt er wieder seinen rechten Zeigefinger und fährt fort:

„Vielleicht gibt es noch einen dritten Weg. Einen, der ganz offen ist, der vieles zulässt. Ich habe einmal gelesen, dass bevor die großen Hochkulturen die Menschheit beherrschen, es Zehntausende von kleinen Kulturen gab. Gemeinschaften, die einfache Lösungen für das Überleben in ihrer Umwelt besaßen. So wie wir das heute hier in Indiens entlegenem Hinterland anschaulich sehen konnten! Wenn ihr mich fragt, liegt die Zukunft meines Landes, ja, der ganzen Welt, nicht in großen Farmen und riesigen Monokulturen, sondern im Kleinbauerntum. Je mehr Lebensformen es gibt, je größer die Vielfalt ist, desto mehr Chancen haben die Menschen, schnell die richtige Antwort auf die neuen Umweltbedingungen zu finden. Wenn dagegen alle an den gleichen Techniken hängen und auf dieselbe Weise global miteinander vernetzt sind wie die heutige Menschheit ..."

„Dann?"

„Dann wird Kali, die große Zerstörergöttin, das Ruder des Schicksals endgültig übernehmen und ihren vernichtenden Tanz aufführen."

10./11. Juli – unterwegs in Südindien

Zurück in ihrem Baumhausressort, sitzen sie erfrischt auf der schwankenden Veranda, als sie von heftigen Rufen aufgeschreckt werden. Unten steht ihr Dschungelguide Radesh und ruft: „Ihr müsst sofort verschwinden!"

Gefolgt von Steve stürzt er die Treppe zu ihnen hoch.

„Die lokale Polizeikommandantur hat nach euch gefragt. Ich habe sie hingehalten. Nun durchstöbern sie alle Hotels und Unterkünfte in der Umgebung. Bald werden wir ihnen eine Auskunft geben müssen. Und der Lodgebesitzer wird es sich nicht mit der Polizei verderben wollen."

„Aber warum suchen sie uns?"

„Das verraten sie nicht. Sicherlich haben sie einen Vorwand. Etwa, ihr habt zuviel Bargeld oder habt einen Unfall mit Fahrerflucht begangen."

„Wir fahren doch gar nicht selbst!", empört sich Fatima.

„Wie gesagt: ein Vorwand, um euch festzusetzen und an eine andere Stelle auszuliefern. Für ein hübsches Sümmchen!" Er schnippt grinsend mit Daumen und Mittelfinger.

„Die lassen sich bestechen?"

„Unsere Behörden sind leider sehr korrupt. Und die Polizei ist am schlimmsten. Niemand geht in unserem Land freiwillig zur Polizei."

Die vier springen auf und packen eilig ihre Sachen zusammen, während Santosh sich um einen Kleinbus mit zuverlässigem Fahrer kümmert. „Wir tauchen unter in der chaotischsten Tempelstadt der Welt: Madurai", beruhigt er die anderen, als sie schwer atmend im Wagen sitzen. „Dort kann uns niemand finden! Außerdem ist das indische Tempelleben in dieser Stadt der lebendigste Beweis gegen alle Theorien, dass der Mensch ein ökonomischer Egoist sein muss!"

Umgeben von tiefschwarzer Dunkelheit fahren sie in Richtung Südosten los. Wenn ihnen grelle Scheinwerfer entgegenkommen, drosselt ihr Fahrer sofort das Tempo und fährt auf dem Seitenstreifen weiter.

„So freundlich die Inder sonst sind", erklärt Santosh den fünfen, „auf der Straße herrscht das Recht des Stärkeren. Besonders in der

Nacht nehmen sich schwere LKWs und Busse uneingeschränkt Vorfahrt. Aber auch am Tag gilt: LKWs und Busse vor PKWs vor Tuktuks vor Motorrädern vor Fahrrädern. Nur für Elefanten, Kamele und die bei uns heiligen Kühe bleiben alle stehen."

Das Gespräch verstummt und alle fünf sinken erschöpft in einen leichten Schlaf, bis Schreie, abruptes Bremsen und ein Ausscheren ihres Kleinbuses sie jäh wieder hochreißen. Als wären sie in der Achterbahn – aber das ist hier garantiert kein Vergnügungspark!

„Was ist los?", fragt Ellen mit Panik in der Stimme Santosh, der wiederum panisch mit dem Fahrer debattiert.

„Keine Ahnung! Es gibt ziemlich verrückte Fahrer auf unseren Straßen. Besonders nachts."

Mit einem Mal wird das Wageninnere in grelles Licht getaucht. Zwei Scheinwerferkegel schieben sich von hinten auf sie zu. Fernlicht und Extrascheinwerfer wie bei amerikanischen Pickup-Trucks. Mark schaut fragend zu den anderen. Auch Fatima ist alarmiert, ihr Instinkt sagt: Wir werden verfolgt. Die Scheinwerferlichter kommen immer näher. Als ob ein riesiger Tiger hinter ihnen her wäre und gleich zum Sprung ansetzt.

HOOOOOOOOOOOOOOOOO-AAAAAAAAA-MMMM!!!!

Eine Hupe ertönt so laut wie das Nebelhorn eines Containerschiffs auf der Elbe. Alles harmlos, versucht Mark sich zu beruhigen. Der Fahrer hat die Lage im Griff! Er kneift die Augen zu, vielleicht befindet er sich nur in einem Dämmerzustand, aus dem er jetzt erwachen wird. Doch als er seine Augen wieder öffnet, ist der Wagen direkt hinter ihnen – ein riesiges fahrendes Ungetüm erscheint im zentralen Rückspiegel. Mark dreht sich um und starrt direkt durch die Rückscheibe. Vielleicht kann er den Fahrer hypnotisieren und zur Umkehr bewegen. Doch die Scheinwerfer blenden ihn derartig, dass er nur eine gleißende Metallwand wahrnehmen kann. Plötzlich ist überall helles Licht und ohrenbetäubendes Gehupe.

Eine große Stadt! Ihre Rettung!

„Das ist Coimbatore, im Großraum dieser Stadt leben laut Google mindestens zwei Millionen Menschen", liest Santosh von seinem Handy ab. „Hier können wir diesen Irren abhängen. Und es sind es nur noch 200 Kilometer bis nach Madurai. In ein paar Stunden haben wir es geschafft."

Sie rasen kreuz und quer durch die Stadt und verlassen sie auf einer kleinen Nebenstraße.

„Okji!", jubelt Santosh. „Den sind wir definitiv los."

Sie entspannen sich. Der Albtraum hat ein Ende.

Doch nach einigen Kilometern taucht der Kleinlaster wie aus dem Nichts wieder hinter ihnen auf.

Betätigt immer wieder die Lichthupe!

Kommt näher!

Plötzlich werden sie von einem heftigen Schlag erschüttert, und Metall knirscht. Der Kleinlaster ist in ihre Heckstoßstange gebrettert!

„Fuck!", entfährt es Santosch. „Der hat es aber wirklich auf uns abgesehen!"

Jetzt ist der Wagen auf ihrer Höhe. Der Typ, den sie durchs Fenster auf der Beifahrerseite sehen können, trägt ein Kofptuch, auf Piratenart gebunden. Er streckt seinen tätowierten Arm aus dem Fenster und macht ein Zeichen mit gestrecktem Zeigefinger und nach oben gerichtetem Daumen.

„Das soll eine Pistole sein – der will schießen!", schreit Ellen auf.

„Nein", ruft Santosh. „Bei uns heißt diese Geste: Soll ich euch mitnehmen?"

„Was?"

„FUCK! Der will uns kidnappen!"

Dann scheppert wieder Metall.

„Ohhhhh", entfährt es Ellen. Sie drängt sich an Mark.

Der Angreiferwagen ist rechts ausgeschert und versucht, sie von der Fahrbahn abzudrängen.

„GIB GAS! GIB DOCH GAS!", brüllt Mark auf deutsch.

„Was will dieser Motherfucker?!", schreit Steve Santosh an.

Dann ist der Angreifer ebenso plötzlich verschwunden wie er aufgetaucht war.

Ihr Fahrer geht vom Gas und hält am Straßenrand.

Sie steigen aus. Dunkelheit und Stille umgibt sie.

„Haben wir gerade wirklich eine Verfolgungsjagd erlebt?", fragt Steve und schüttelt den Kopf. „Oder hatte ich nur einen ganz blöden Traum?"

Niemand antwortet.

Nihar und Ellen drehen sich weg, kurz darauf hören die anderen sie würgen.

In den frühen Morgenstunden halten sie an einer Raststätte mit Ständen wo Tee- und Kaffee ausgeschenkt wird. Es gibt auch eine kleine Garküche mit sechs wackeligen Plastikhockern.

„Hmm, schmeckt nicht schlecht. Irgendwie nach Kartoffel."

„Ist das jetzt Milchkaffee oder Milchtee?"

„Egal, aber schön süß."

Auf der anderen Straßenseite befindet sich eine kleine Baustelle mit mehreren Männern, die als Aufseher identifizierbar sind sowie LKW- und Straßenwalzenfahrern.

Die schwersten Arbeiten erledigen Frauen: Sie tragen geflochtene Körbe auf ihren Köpfen, die das zuvor mit der Hand zerkleinerte Material für den Straßenbelag enthalten und verteilen den dampfenden Asphalt auf den Ausbesserungsstellen.

„Guckt mal!" Ellen zeigt entgeistert auf eine Frau, die rückwärts laufend mit der Hand Wasser auf die ihr folgende Walze träufelt. „Das ist ja unglaublich?! Dafür würden die Kerle bei uns einen Shitstorm ernten, der sich gewaschen hat!"

„Bei uns ist das normal", meint Nihar gelassen. „Selbst bei archäologischen Ausgrabungen in Tempeln: Unberührbare Frauen schleppen die Körbe mit der schweren Erde oder mit den schweren Bauziegeln und -steinen."
„Findest du das denn auch normal?", fragt Fatima.
Nihar schüttelt heftig den Kopf.
„Nein, inzwischen nicht mehr! Früher ist mir das allerdings nicht mal aufgefallen, aber inzwischen denke ich: Warum lassen die Kerle die schwachen, ausgezehrten Frauen die schwere Arbeit machen und gucken selber zu? Das sind keine Männer, sondern selbstgefällige Machos. Eine neue Gesellschaft kann nur entstehen, wenn so ein Hallā-gullā aufhört!"
„Hey Nihar!", stößt Ellen ihn an. „Willkommen im Club."

11. Juli abends – Südindien, Madurai

Sie sind am Vormittag angekommen, wollen sich in ihrem Hotel nur ein wenig ausruhen … und wachen abends mit knurrenden Mägen wieder auf.
In einem zur Straße hin offenen Lokal bestellen sie alles, was die Küche zu bieten hat. Ein junger Mann wischt ihren Tisch mit einem wenig Vertrauen erweckenden Lappen ab und legt vor jeden von ihnen ein großes grünes Bananenblatt.
„Darauf bekommt ihr gleich euer Essen serviert", erklärt Santosh.
„Herrje, entspricht das den Hygienevorschriften?"
„Keine Angst! Ich habe mich informiert, dieser Laden ist gut. Aber ihr könnt gern in die Küche gehen und nachsehen."
Wenig später tunken sie genüsslich schweigend mit dem Chapati die auf ihren Bananenblättern angehäuften duftenden Speisen auf.
Da kann Nihar nicht länger an sich halten: „Mir ist völlig schleierhaft, warum die Polizei uns sucht! Wir haben doch nichts verbro-

chen. Sich Feinde gemacht hat höchstens Fatima. Aber warum wir alle? Das ist doch rätselhaft."
„Vielleicht", antwortet Ellen und blickt ihren Vater an. „Vielleicht auch nicht!"
„Da steckt gewiss dieser verfluchte Lauckman dahinter!", gibt Steve zu. „Bei unserem letzten Telefonat hat er mir damit gedroht, dass er noch ganz andere Mittel und Wege habe! Fuzzi hat er mich genannt…"
Die fünf sehen sich grinsend an.
„Bei mir steigt man nicht aus, hat er geschrien", spricht Steve weiter, „es sei denn, man wird mit den Füßen zuerst aus dem Haus getragen…"
Augenblicklich erstarrt ihr Grinsen zur Grimasse.
„So weit geht er sicherlich nicht", versucht Steve gleich zu beschwichtigen. „Aber er will mich mit internationalem Haftbefehl suchen lassen! Ich muss herausfinden, was dahinter steckt…"

Später am Abend wollen sie den Tempel besuchen und folgen Santosh durch die Stadt, die sich als ein labyrinthartiges Chaos entpuppt: Straßen ohne Namen quellen über von Menschen, Fahrrad- und Motorrikschas – und noch mehr Menschen. In den stinkenden Abfallbergen am Straßenrand wühlen Hunde und Kühe nach Essbarem.
Sie biegen um eine Straßenecke und stehen vor einem Tempeltor so hoch wie ein Berg. Grellbunte Götterfiguren türmen sich übereinander. „Willkommen im Sri-Minakshi-Sundareshwara-Tempel, einem der größten Indiens", erklärt Santosh. „So groß wie zehn Fußballfelder."
Nachdem sie ihre Schuhe abgegeben haben, tippeln sie vorsichtig über den noch immer heißen Steinboden und stehen plötzlich vor einem riesigen Elefanten. „Darf ich vorstellen: Minakshi!" Auf

seiner Stirn leuchtet ein weißrotes U. Geduldig segnet das Tier die Tempelbesucher, indem es seinen Rüssel kurz auf deren Kopf legt. Dafür fordert es vorher eine kleine Gabe. Geschickt schält der Elefant die Bananen. Geldmünzen, die die Gläubigen auf die Innenseite seiner Rüsselspitze legen, landen in einem Bogen im Schoß seines neben ihm sitzenden jungen Führers.

Der Rest des riesigen Tempels ist vollgestopft mit Götterfiguren und einheimischen Besuchern, die sich immer wieder dicht an die vier ‚exotischen' Gäste herandrängen. Nur Nihar und Santosh bleiben von diesen Annäherungen verschont.

Die sechs sind froh, als sie sich zwei Stunden später in einem Restaurant mit Bier und Cola abkühlen können. Mark hatte sich neben Ellen setzen wollen, doch die setzt sich nun ostentativ neben Nihar und Fatima und beachtet Mark nicht mehr. Und das, nachdem sie noch ein paar Tage zuvor noch Hand in Hand gegangen waren, denkt Mark wütend.

Dann nimmt das Unglück seinen Lauf und hinterher weiß Mark nicht einmal mehr, wie es überhaupt dazu kommen konnte. Vielleicht lag es an seinem Sinn für Recht und Ordnung. Oder an den zwei Bieren, die er zu schnell getrunken hat, weil sie sonst schon nach ein paar Minuten pisswarm sind oder an seiner Wut. Jedenfalls war eine hellbraune magere Kuh mit grün-weiß-rot bemalten Hörnern auf ihn zu gelaufen und hatte begonnen, ihn wegzuschieben. Daraufhin versuchte Mark mit seiner rechten Hand, den Kopf der Kuh beiseitezuschieben, doch so leicht ließ sich das Tier nicht abwimmeln. Mit aller Kraft stemmte sie sich dagegen und schob stattdessen Mark ein Stück beiseite. Unvorstellbar, was diese Kühe sich herausnehmen!, dachte er und rief wütend auf deutsch: „Du blöde Kuh!" und stieß sie mit einem Schlag zurück. In Windeseile zogen Nihar und Santosh ihn weg. „Bist du verrückt! In einer heiligen Stadt wie Madurai eine heilige Kuh anzugreifen?

Du hast sie wohl nicht mehr alle."

Einige Leute waren stehengeblieben und blickten teils verwundert, teils verärgert in Marks Richtung. Schnell lenkte Santosh seine kleine Gruppe um die nächste Ecke und durch eine kleine Gasse, bis er sicher war, dass sie nicht verfolgt wurden.

„Shit, shitti-bang! Was sollte das denn?!", fragt Ellen leise, als sie im Hotel angekommen waren.

„Keine Ahnung. Ich habe nicht nachgedacht – ausnahmsweise! Die Kuh hat sich einfach die Vorfahrt genommen!"

„Das dürfen die hier! Sind heilig, schon vergessen, du Dummbatz?"

„Aber nicht für mich!"

„Sag mal, kann es sein, dass du dich eigentlich über mich geärgert hast und das dann an der Kuh ausgelassen hast ..."

"Nein. Ich bin eben ein deutscher Prinzipienreiter. Ich hatte Vorfahrt ..."

„... nur mal angenommen, du bist doch wütend auf mich, dann will ich dir folgendes sagen: Wenn das hier vorbei ist, komme ich dich in Hamburg besuchen. Dann können wir sehen, ob wir eine Chance haben. Aber bis dahin müssen wir einfach alle zusammen ein gutes Team bleiben. Persönliche Geschichten und Gefühle zwischen uns beiden erschweren die Zusammenarbeit für alle. Außerdem haben wir uns ja ein nicht gerade kleines gemeinsames Ziel gesetzt!"

„Wohl wahr!", antwortet Mark zurückhaltend, ohne zu zeigen, wie froh ihn Ellens Worte machen.

12. Juli – Madurai

Um 6 Uhr morgens hämmert es an Steves Zimmertür. Benommen wankt er zur Tür und öffnet einen Spaltbreit.

Jemand reicht ihm ein Telegramm:

```
+++ Hallo Steve +++ Reicht es Euch jetzt?! Oder muss
ich noch einmal nachlegen? +++ Das Geld wird wohl
knapp, dass ihr in solch einer verwahrlosten Stadt,
in einem derartig verwahrlosten Hotel untertaucht
+++ Du weißt, wer dir dies schickt +++
```

Mit lautem Klopfen an ihren Zimmertüren hat er sofort die anderen geweckt, auch Santosh kommt dazu. Die Krisensitzung findet in Steves Zimmer statt.

„Mann, was ist denn *jetzt* schon wieder?!"

„Nicht einmal Kaffee ist da!"

„Dazu ist keine Zeit!", erklärt Steve wütend. Er wedelt mit einem Papier.

„Dieses Telegramm hat mir der Hotelportier gerade gebracht. Wir sind in Gefahr. Lauckman kennt unseren Aufenthaltsort. Wir müssen sofort weg!"

„Wieso kann der uns immer noch orten?", will Ellen wissen.

Ratloses Schulterzucken.

„Eure Smartphones", doziert Santosh, „haben alle Prepaidcards. Sie sind bar bezahlt, ich habe falsche Namen hinterlegt, also an denen kann es nicht liegen. Und an Nihars altem MiniTablet ebensowenig, das kennen sie ja nicht mal."

„Was verrät uns dann?"

„Etwas, das wir mit uns herumschleppen. Oder an uns tragen."

Nihar hat eine Vermutung.

„Wir packen jetzt alle unsere Sachen aus und suchen – bis wir das betreffende Objekt finden!"

Rasch schleppen sie ihr Gepäck in Steves Zimmer.

Jeder untersucht die Taschen oder Rucksäcke eines anderen, denn für die eigenen Dinge ist man ja bekanntlich blind.

„Nichts!"
„Niente!"
„La shay! Nothing!"
„Nahim! Nothing!"
„Okji, dann haben wir es irgendwo am Körper – ausziehen, bis auf die Unterwäsche!"
Fatima und Ellen sehen sich fragend an.
„Ziert euch nicht. Es geht um unsere Sicherheit, vielleicht sogar um unser Leben! Wenn wir nichts finden, lassen wir alles zurück!"
Fatima zögert als Einzige.
„Ich dachte, du warst schon im Badeanzug am Strand?"
„Ja, aber an einem leeren Abschnitt. Nicht unter den Augen meiner besten Freunde."
„Okji, dreht euch um. Fatima kann sich eine Bettdecke umlegen!"
Gründlich durchwühlen sie den Kleiderhaufen in ihrer Mitte.
„Da ist auch nichts!"
„Dann bleibt nur noch die Unterwäsche!"
„Nein!", schreit Fatima.
„Halt!", befiehlt Steve. „Es gibt noch eine Möglichkeit!"
„Was denn?"
„Ich hab mir vor zwei Jahren einen Chip implantieren lassen."
Fassungslos starrt Ellen ihren Vater an.
„Hier!" Er hebt den rechten Arm und zeigt kleinlaut auf eine Stelle kurz unterhalb des Ellbogens.
„Seht ihr die kleine Narbe? Da steckt er drin. Nur ein paar Codes, um mich digital zu identifizieren. Da ist kein Sender drin, nichts womit man mich verfolgen könnte", beschwichtigt er.
„Aber der Chip kann von einem Scanner eingelesen werden, wenn Sie sich ihm bis auf wenige Meter nähern", belehrt ihn Santosh.
„Sie glauben gar nicht, wie viele solcher Scanner inzwischen in In-

dien verbreitet sind. Überall, selbst an den Tempeleingängen. Die Leute weisen sich digital aus, zahlen digital …"
„Da hat niemand Zugriff drauf – außer meine Firma!"
Daraufhin sehen die anderen Steve an wie ein Kleinkind, dem sie seinen Spielzeugbagger wegnehmen wollen.
„Neeeeein!"
„Doch!"
„Das Ding muss raus! Keine Diskussion. Du gefährdest unser aller Leben, wie du gesehen hast, deins inklusive."
„Okay – aber nicht hier in Indien!"
„Wieso, Indien ist ein High-Tech-Land!", empört sich Nihar. „Außer Madurai und auf dem Land und …"
„Ach, aber sonst lasst ihr alles von uns machen: sämtliche Rechenaufgaben und Programmierungen, überhaupt alle digitalen Dienstleistungen, Callcenter. Aber wehe, es geht um das körperliche Wohl eines reichen Nordländers." Santosh und Nihar sind sich einig.
„Das Ding muss raus", schneidet Ellen die Diskussion ab. „Je eher desto besser!"
Nihar schaut aus dem Fenster „Da drüben leuchtet ein Erste-Hilfe-Kreuz. Doctor und Clinic kann ich in grüner Leuchtschrift erkennen – klingt doch ganz vielversprechend."
„Also los", Ellen hakt sich bei ihrem Vater ein und zieht ihn aus der Tür.
„Okji", sagt Santosh. „Auf ins indische Medizinsystem!"

Es fühlt sich an wie eine Zeitreise, als sie das Klinikgebäude betreten. Wie aus einem 60er- vielleicht auch 50er-Jahre-Film, der in Afrika spielt – oder eben in Indien. Von den vergilbten Wänden rinnt Wasser; auf dem wackeligen Schreibtisch am Empfang türmen sich Berge von alten Akten. Und die altersschwachen Ventilatoren an der Decke scheinen jeden Moment herabstürzen zu wollen.

„Das Fortschrittlichste an dieser Klinik ist anscheinend die Leuchtreklame."

Sie werden sofort zu einem – oder zu dem einzigen – Arzt durchgelassen. Obwohl in den Gängen an die 30 Menschen geduldig auf abgenutzten Plastikstühlen oder am Boden sitzend warten.

„Sind die alle heute früh gekommen oder noch von gestern übrig?", überlegt Mark laut, ohne eine Antwort zu erwarten.

Die Behandlungsliege und der Instrumentenwagen im Arztzimmer bestehen aus dicken weiß gestrichenen Metallrahmen, von denen die Farbe in großen Placken abblättert. Moderne Medizintechnik gleich Fehlanzeige! Immerhin sieht der Doktor jünger aus als sämtliche seiner wenigen Behandlungsinstrumente, und er verfügt über einen PC auf seinem Schreibtisch … Nach einer Stunde sind sie wieder draußen. Steve hält ein Überweisungsschreiben in der Hand. Dafür musste er 1000 Rupien hinblättern – keine 10 €, aber für einfache Inder ein Vermögen.

„Nein! Ich werde auf keinen Fall ein weiteres sogenanntes Hospital betreten."

„Warum seid ihr so misstrauisch?" Santosh wirkt leicht verärgert. „Seit über einer Woche seid ihr nun in Indien. Und? Hat einer von euch bisher auch nur Durchfall bekommen? Die Menschen hier sind sehr sauber und achten auf Hygiene."

„Wenn sie die Möglichkeit dazu haben", gibt Nihar zu bedenken.

„Wie auch immer, der Chip muss raus!"

Ellen hat das vorläufige Schlusswort gesprochen.

Im Hotelrestaurant bestellen sie Continental Breakfast: hartes Weißbrot, geronnene Butter, Honig und Marmelade in kleinen Portionsdöschen und Nescafé.

„Dieser ganze Verpackungsmüll – so ein Wahnsinn …"

Mark will weiterreden, aber die anderen winken nur müde ab.
Gegen Ende der Mahlzeit holt Steve hörbar Luft: „Ich habe eine Idee, einen Gegenvorschlag: Wir trennen uns hier, und ich lege eine falsche Spur. Ich fahre mit dem Kleinbus und unserem Fahrer weiter in den Süden und lass mich nach Sri Lanka übersetzen. Wer weiß, ob ich noch mal die Gelegenheit habe, in diesen Teil der Erde zu kommen. Ich habe mir von einem Bekannten, der jetzt in Europa lebt, mit Western Union Geld überweisen lassen."
„Und wo – bitte schön – sollen wir hin?"
„Ihr fahrt so schnell ihr könnt nach Auroville, mit einem PKW. Das ist weniger auffällig."
„Auroville?" Santosh überlegt einen Moment. „Ist das nicht diese utopische Stadt in Tamil Nadu?"
„Ach ja, ich weiß, so eine Art Hippiedorf!", ruft Mark.
„Was, du willst uns in die Kommune einer Sekte schicken?"
„Womöglich mit einem heiligen Guru? Das könnte dir so passen!"
„Mann, ihr habt überhaupt keine Ahnung! Aber das ist so typisch für unsere Zeit." Steve gefällt sich in einem kleinen Moralvortrag und genießt ihn als Rache für den Angriff auf seinen Chip.
„Alle wissen alles, zumindest glauben sie das. Sie informieren sich mal eben schnell in den Sozialen Medien. Da wissen die meisten Leute das Meiste aber nur vom Hörensagen. Es ist eigentlich wieder wie im Mittelalter."
Er weiß, dass seine Kritik am Informationsverhalten vieler junger Menschen gerade auf diese vier nicht zutrifft, aber es tut ihm gut, mal vom Leder zu ziehen.
„Gut, zu eurer Information: Auroville ist die älteste utopische Stadt, die es gibt!"
„Willst du uns jetzt einen Vortrag halten!", unterbricht Ellen ihn genervt. Steve überhört den Einwurf seiner Tochter einfach.
„Ein alter Freund von mir, ein Aussteiger, lebt dort. Er wird euch

helfen. Wir haben zusammen Informatik studiert. Er ist ein prima Kerl. Und ich werde die Verfolger ablenken! Außerdem seid ihr in Auroville wirklich sicher, denn die Gemeinde verwaltet sich selbst, und die indische Polizei taucht da nicht auf."
„Wie lange?"
„Bis ihr euer Projekt soweit habt! Außerdem wollte ich schon immer mal nach Sri Lanka!"

12. Juli abends – San Francisco, Bourbon & Branch Bar

„Bernie, ich gebe einen aus!"
Bernie dreht sich verwundert um. Wer ist dieser große überhebliche Mann auf dem Barhocker neben ihm, wie ist er so unbemerkt da hingekommen? Beobachtet der ihn schon länger?
„Äh, sorry …?"
„Na, ich denke, wir können ruhig zusammen einen trinken. Da wir doch bald zusammenarbeiten."
„Muss ich Sie kennen?", versucht Bernie ganz unschuldig zu wirken.
„Ich bin George Lauckman, euer Geldgeber."
„Ach so!"
Nachdem sie ein Bier getrunken, ein wenig übers Wetter und die Chancen der Giants in der aktuellen Baseballsaison geredet haben, schlägt Lauckman mit der flachen Hand auf den Tresen. „So! Jetzt nehmen wir zwei Straight Bourbon und reden mal ganz offen unter uns Pastorentöchtern, Bernie!"
Dem wird ganz mulmig.
„Du weißt, dass ich eure Firma demnächst komplett übernehmen werde? Da sollte man nicht aufs falsche Pferd setzen!"
Nach einem Schluck Bourbon fährt Lauckman fort: „Ich habe mich umgehört. Steve war noch nie ein Gewinner-Typ, er hatte

nur eine Zeitlang etwas Glück. Und du willst doch sicher nicht als letzter Steve-Getreuer dumm dastehen, wenn wir neu durchstarten. Ich brauche jemanden, der die Führung übernimmt – ohne Steve. Aber diese Person muss mir gegenüber selbstverständlich loyal sein …"

13. Juli nachts – Südindien

Eine abenteuerliche Flucht liegt hinter ihnen: rund 20 Stunden auf indischen Straßen. Von Madurai aus sind sie Richtung Nordosten. Als sie durch eine große Stadt gekommen sind, hat Ellen aus dem Seitenfenster geblickt und erstaunt festgestellt: „Vielleicht liegt es daran, dass ich völlig übermüdet bin, aber ich sehe überall Menschen auf den Bürgersteigen liegen. Direkt neben der Fahrbahn."
„Ja, jetzt sehe ich sie auch."
„Ich auch", ertönt es zeitgleich aus drei Mündern.
Am Straßenrand liegen Hunderte, ja, Tausende Menschen wie aufgereiht und schlafen.
„Sie gehören überwiegend zur Kaste der Unberührbaren", erklärt Santosh mit sichtlichem Unbehagen. „Sie sind – wie sagt man – fatalistisch. Es bleibt ihnen auch gar keine andere Wahl, denn nach den Regeln des Kastensystems dürfen sie nur die schlechtesten und niedrigsten Jobs wie Müllsammeln und Latrinenreinigen erledigen. Ihr Lohn ist so niedrig, dass er nicht einmal für eine primitive Unterkunft reicht."
„Aber ihre Köpfe liegen keinen Meter von der Stelle entfernt, an der die schweren Reifen der Lkws und Busse vorbeidonnern!"
„Das ist ihnen egal! Sie nehmen ganz bewusst das Risiko in Kauf zu sterben, denn sie hoffen auf eine bessere Wiedergeburt, ein besseres Karma. O Mann, frag mich Morgen danach!"
Sie sind gerade eingeschlafen, als der Fahrer heftig bremsen muss.

„No! Nicht schon wieder!", schreit Ellen voller Angst, wieder verfolgt zu werden und klammert sich an Marks Arm.
Doch der gesamte Verkehr ist zum Erliegen gekommen, viele Autofahrer sind ausgestiegen. Es hat einen schweren Unfall gegeben! Also steigen sie auch aus. Ein schwerer LKW ist in einen Kleinbus gerast. Diverse Verletzte werden gerade abtransportiert. Zwei Tote liegen am Straßenrand. Als die vier die Toten dort liegen sehen, wird ihnen ganz anders und sie wissen, das hätten auch sie sein können.
Und nun wird ein blumengeschmückter hölzerner Leichenwagen herangeschoben. „Jedes Dorf hat seinen eigenen! Tote werden bei uns möglichst schnell beerdigt. Das haben wir mit den Muslimen gemeinsam. Wahrscheinlich wegen unseres Klimas, das Verwesungsprozesse extrem beschleunigt." Santosh wiegt sachte den Kopf. Das tut er gerne, wenn er nachdenkt.
Plötzlich fragt Ellen Santosh: „Warum sollen wir eigentlich in Auroville sicher sein?"
„Weil es, wie Steve schon angedeutet hat, eine Art eigener Staat ist, ein idealer Staat, wenn ihr so wollt, eben ein Utopia. Die Menschen dort leben selbstverwaltet, der indische Staat und die UNO haben ihnen einen Sonderstatus eingeräumt. Das ist einzigartig auf der ganzen Welt. Es gibt dort keine Polizei, die Einwohner regeln alles selbst. Sie haben ganz eigene Vorstellungen vom Zusammenleben. Ihr werdet sehen!"
Mitten in der Nacht erreichen sie endlich Auroville. Nichts. Kein Eingangstor, kein großes Schild. Vollkommen unspektakulär!
„Wir sind da!"
Sie bekommen alles nur leicht verschwommen mit.
„Ihr seid ihr für 14 Tage im Green Guesthouse einquartiert – danach wird entschieden, ob ihr länger bleiben könnt."

13./14. Juli – Ort und Zeitzone unbekannt

Steve ruft Lauckman morgens an, in Kalifornien ist es noch früher Abend.

„Hallo – wie geht's uns heute!?"

„Sie haben Nerven! Wie soll's mir gehen, wenn mein hoffnungsvollstes Zugpferd einfach ausschert und untertaucht? MANN, WO SIND SIE ZUM TEUFEL?! SIE UND DIE VIER?"

„Wir sind in Tuticorin, das ist eine kleine Hafenstadt ganz im Süden von Indien. Genau gegenüber liegt Sri Lanka. Dort wollen wir hin. Wir warten auf die Fähre."

„Da herrscht doch Bürgerkrieg!" Lauckmans Stimme klingt besorgt.

„Nein, schon lange nicht mehr. Wir wollen in den Dschungel, in eines der schönsten Hotels der Welt, ins Kandalama. Schauen Sie mal im Internet. Ich muss jetzt Schluss machen. Melde mich wieder, wenn wir dort sind!"

„NEIN, Halt … hallo … hallo … VERFLUCHT … STEVE … DU … DU … AFFENARSCH!"

14. Juli – Südindien, Tamil Nadu, Auroville

Gleich nach dem späten Frühstück im Guesthouse, werden sie von einem Volunteer abgeholt, um das übliche Besucherprogramm mitzumachen: Jasmin kommt aus Irland und lebt seit neun Monaten in Auroville. Auf dem Weg zum Besucherzentrum erfahren sie die offizielle Geschichte der Stadt: „Dieser Ort war früher wenig einladend. Kaum Grün, nur unwirtliche Steppe! Als Auroville 1968 offiziell gegründet wurde, gab es hier nichts außer unbeschreiblicher Hitze und dieser typischen roten Erde. Keine Bäume, keine Häuser – und kein Wasser."

„Kein Wasser? Warum wurde die Stadt dann hier gegründet?",
fragt Fatima sichtlich irritiert.

„Nur zehn Kilometer entfernt liegt Pondicherry, das vor rund 100 Jahren noch die Hauptstadt einer französischen Kolonie war. Dorthin war Sri Aurobindo vor den Briten geflohen, denn der große Dichter und Yogi hatte zum Widerstand gegen die britische Herrschaft aufgerufen. In Pondicherry gründete er ein Ashram, und die Französin Mirra Alfassa wurde seine spirituelle Gefährtin, die alle bald nur noch die Mutter nannten. Sie hatte die Idee einer idealen Stadt und kämpfte mit allen Mitteln dafür – obwohl sie schon 90 Jahre alt war."

Jasmin holt weit mit ihren Armen aus.

„Eine Stadt für 50 000 Einwohner umgeben von einem grünen Gürtel. Ohne Geld, ohne Polizei. Ohne Gewalt und Enteignung. Ohne Geld und Gier – alles sollte wachsen. Auch die Eigenverantwortung und das soziale Miteinander."

Jasmin hielt kurz inne, bevor sie weitersprach.

„Ihr müsst euch das so vorstellen, als ob einer der mächtigen Götter Indiens, Shiva zum Beispiel, einen sehr großen Zirkel genommen und ihn etwa 15 Kilometer von der Küste entfernt in den kargen Boden gerammt und damit die Grenzen Aurovilles gezogen hätte: einen großen roten und einen noch größeren grünen Kreis. In dem grünen Kreis entstand ein schützender grüner Gürtel der Natur. Bisher sind hier über vier Millionen Bäume gepflanzt worden."

„Gut auswendig gelernt", flüstert Nihar Fatima zu.

„Der rote Kreis ist eigentlich kein Kreis, sondern eine Spirale, aus spirituellen Gründen. Daran entlang sollte Auroville wachsen, die erste und bislang einzige Stadt in Form eines Spiralnebels. Ihr könnt euch das gleich im Modell ansehen!"

Sie betreten das Besucherzentrum, das neben einer Empfangshalle, ein paar Geschäften und einem Café auch eine Dauerausstellung beherbergt. Ein Modell und etliche Zeichnungen zeigen den Spiralnebel in Form kleiner und großer Gebäude, deren Mitte die goldene Kugel bildet.

„Schönes Modell", bemerkt Ellen, während Jasmin mit einer Bekannten spricht. „Ich habe auf Googlemaps nachgeguckt – die Stadt besteht vor allem aus großen Lücken." Alle schmunzeln.

„Wie viele Menschen leben zurzeit hier?", fragt Mark, als Jasmin sich ihnen wieder zuwendet.

„Ungefähr 2500."

„So wenig? Das sind – äh, 50 000 durch 100 ... – fünf Prozent der 50 000!"

„Aber es kommt ja nicht auf die Anzahl der Bewohner an! Wer hier lebt, will anders, besser leben. Auroville ist ein Experiment für eine neue Gesellschaft, die auf realen Bedürfnissen fußt, nicht auf Geiz und Profit! Deshalb erhält jeder Einwohner ein wenn auch kleines Grundeinkommen."

Mark nickt anerkennend.

Sie gehen durch die Internationale Zone und nehmen Kurs auf das weithin sichtbare, golden leuchtende Matrimandir. „Unser Wahrzeichen. Das können wir uns von innen ansehen und danach in der Solar Kitchen zu Mittag essen."

„Ich weiß nicht", flüstert Nihar „sieht irgendwie aus wie ein leichtplattgedrückter Golfball."

„Und dann noch in dieser protzigen Goldfarbe", schließt sich Fatima seinem Einwand an. „So etwas hätten unsere alten Ägypter nie getan."

Beim Näherkommen sehen sie, dass die Kugel von vier wandartig ausgebildeten Doppelpfeilern aus Stahlbeton getragen wird und über mehrere Ebenen verläuft.

„Die unterste ist nicht allgemein zugänglich", erklärt Jasmin.

„Und warum nicht?!", fragt Nihar.
„Sie gehört dem inneren Kreis der Meditierenden, den Eingeweihten. Wir dürfen – wie alle Touristen – auf die Besucherebene."
Am Eingang müssen sie Handys, Taschen und Kameras abgeben und ihre Schuhe ausziehen.
Über eine Treppe werden sie auf eine untere Ebene geführt, von der aus geschwungene Rampen auf eine Hauptebene führen. „Dort befindet sich die Innere Kammer", erklärt Jasmin ehrfürchtig, „die zentrale Meditations- und Kontemplationshalle. Ein Raum im Raum, mit 24 Metern Durchmesser, in dem das Sonnenlicht über einen Schacht auf eine Kristallkugel gelenkt wird, die es auf die Meditierenden abstrahlt."
„Das klingt ziemlich esoterisch", spottet Mark flüsternd an Ellen gewandt.
„Egal", flüstert sie zurück – und sagt dann für alle hörbar: „Da will ich auch rein! Sonst waren wir ja praktisch umsonst hier."
„Das wird schwierig", meint Jasmin.
„Na, wir werden sehen", antwortet Mark.

14. Juli mittags – ein Telefonat innerhalb Indiens

Während sie das Matrimandir besucht haben, hat Steve versucht, Ellen auf ihrem Handy zu erreichen.
Als sie den eingegangenen Anruf sieht und startet sie sofort einen Rückruf. Sie begrüßen sich so stürmisch, als hätten sie sich jahrelang nicht mehr gesprochen. Aller Groll ist verflogen.
„ ... ja, wir sind ganz unbehelligt hier angekommen. Kein Problem. Es ist eine richtige kleine utopische Welt hier, toll", flunkert sie ihrem Vater vor.
Und der flunkert zurück: „Ich bin hier in einem ganz tollen Hotel abgestiegen mit direktem Zugang zum Strand. Die nächste Fähre

geht morgen in aller Herrgottsfrühe. Ich rufe dich wieder an, wenn ich auf der Insel bin. In ziemlich exakt 24 Stunden. Okay?"
„Okji!"

14. Juli mittags – Tamil Nadu, Auroville

Gemeinsam mit den Bewohnern von Auroville stehen sie in der Solar Kitchen – der Kantine für Bewohner und Mitarbeiter – in einer Warteschlange vor der Essensausgabe.
„Die Bezeichnung Solar Kitchen weist darauf hin", erklärt Jasmin währenddessen, „dass alle Energie zum Kochen und für die Durchlüftung der Räume von einer großen Parabolspiegelanlage stammt, welche die Sonnenenergie einfängt und nutzbar macht."
Tatsächlich erinnert vieles an eine Uni- oder Schulmensa: schmucklose Wände aus roten Ziegeln und einfache Plastikstühle. Die ausschließlich vegetarischen Gerichte werden auf ein Blechgeschirr geladen. An die 100 Menschen, schätzt Nihar, unterschiedlichsten Alters, Geschlechts und unterschiedlichster Ethnien drängen sich in den vielen Nischen des Speisesaals.
Sie löffeln genüsslich ihren Obstsalat mit frischen Cashewkernen aus der Gegend, als sich ein Mann mittleren Alters ungefragt zu ihnen an den Tisch setzt. „Hallo, ich bin Sokratis. Steve hat mich angekündigt."
„Uns hat er gesagt, sein Freund hieße Frank!?"
„Auch richtig, das war mein früherer Name. Die Menschen, die sich hier niederlassen, haben die Wahl: Sie können ihre Geburtsnamen weiterführen. Hier leben zum Beispiel Angelika und Carmen, Michel, Josè und Bill. Oder man nimmt einen neuen Namen an: Aurelios, Achilles oder in meinem Fall Sokratis!"
Er sieht älter aus als ihr Vater, denkt Ellen. Er hat graues halblanges Haar, trägt eine Nickelbrille, ein lilafarbenes Hemd und eine hell-

rote Hose. „Ich lebe jetzt seit 14 Jahren hier. Ich habe gemeinsam mit Steve Informatik studiert, er ging zu Google und ich zu Apple. Die Aussicht auf eine Karriere dort war verlockend. Aber es hat mich nicht glücklich gemacht. Ich habe nach etwas anderem gesucht, bin einige Jahre um die Welt gereist und hier gelandet." Er lächelt in sich hinein.

„Und, war das richtig so?", fragt Nihar skeptisch.

„Ja, ich bin glücklich hier. Wunschlos glücklich, denn ich bin endlich bei mir selbst angekommen. Ich habe meine Entscheidung noch keinen Moment bereut. Alle im Silicon Valley laufen dem Geld hinterher. Es ist das Einzige, was zählt. Es wird erzählt, es ginge uns um eine neue Welt der Kommunikation. Aber was machen Facebook und Google wirklich? Sie bieten eine kostenlose Leistung an, und machen mit den Daten ihrer Nutzer die fette Kohle. Durch individualisierte Werbung verlocken sie ihre Nutzer zum Konsum. Das soll eine neue Gesellschaft sein? Das ist Sklaverei, unterschwelliges Abhängigmachen willenlos Ausgelieferter, wenn ihr mich fragt! Wohingegen wir hier in Auroville versuchen, eine neue Gesellschaft zu gründen. Und wir fangen an der wichtigsten Stelle an."

„Und zwar?" Fatima ist gespannt, was nun kommt.

„Bei uns selbst. Jeder von uns hat das Zeug zu einer individuellen Transformation, auf die eine kollektive folgen muss."

„Aber warum wohnen nach 50 Jahren lediglich 2500 Leute hier? Wenn dieser Weg der einzig Wahre ist, müsstet ihr euch doch vor neuen Bewohnern nicht retten können. Wo ist der Haken?", will Nihar wissen.

„Es ist eben ein großer Unterschied, ob du für eine gute Idee Likes oder Follower suchst, davon sammel ich dir in einem Tag einige Hunderttausend ein. Aber hierherzukommen und hier zu leben, ist ganz etwas Anderes. Du musst aus freiem Willen dem Rest der

Welt Good Bye sagen. Wir stehen jeden Morgen früh auf und machen unser Ding. Und zwar aus freien Stücken. Denn jeder von uns ist sein eigener Herr. Niemand zwingt dich, es gibt keine zu erfüllenden Vorgaben, außer deinem Gewissen und dem unbedingten Wunsch, eine bessere Welt zu schaffen."
Dann bittet Sokratis einen Kollegen ein Foto von ihnen zu machen, wie sie gemeinsam am Tisch sitzen und debattieren. „Für unser Gästetagebuch."

Nach dem Essen lassen sich Jasmin, die vier und Santosh im Schatten eines dicken Neembaums nieder und halten Siesta: „Wenn es nicht mehr so heiß ist, können wir uns noch das futuristische Rathausgebäude ansehen und eine Fabrik für ausgefallene indische Musikinstrumente. Das wird euch gefallen. Außerdem zeige ich euch eine Schule in einem Pyramidengebäude. Und das Sri Aurobindo Center."
Die vier schauen sich vielsagend an. „Wir sollten nicht zu lange herumlaufen, sonst sind wir zu müde", antwortet Mark diplomatisch. „Wir müssen heute noch ein Brainstorming zu unserem Thema machen."
„Aber die Orte und Begegnungen werden euch sicherlich inspirieren und in euren Entscheidungen beeinflussen", findet Jasmin.
Sie beschränken sich dann doch nur auf die ersten beiden Sehenswürdigkeiten. Nach einer halben Stunde Fußmarsch erreichen sie ein dreistöckiges Gebäude mit großen konkaven Fenstern, das sich nach unten hin verbreitert.
„Das futuristische Rathaus", wiederholt Jasmin. „Wir können uns drinnen noch eine Ausstellung ansehen, wenn ihr wollt." Einvernehmliches Kopfschütteln.
„Sieht aus wie ein von allen Seiten eingedrückter Schuhkarton", urteilt Nihar laut hörbar beim Hineingehen.

„Komisch, überall diese nachgebauten Schuhkartons ...", amüsiert sich Ellen.
Von den Instrumenten der Musikmanufaktur sind die vier hingegen fasziniert und probieren sie begeistert aus. Neben vielen Varianten von Klangspielen und Klangschalen gibt es Wing Chimes, die Ellen sanft in Schwung setzt, sodass ein sphärischer Klang erklingt. Fatima hat sich in die Ocean Drum verguckt. Die sieht aus wie ein geschlossenes Tamburin und wenn sie rhythmisch bewegt wird, erklingt ein beruhigendes Meeresrauschen. Und Mark will seinen Kopf gar nicht mehr aus einem riesigen Klangstein nehmen, der seinen ganzen Körper in wohltuende Schwingungen versetzt.
Nihar beschränkt sich auf das Beobachten.
„Das war wirklich klasse", bescheinigen sie Jasmin hinterher.
Dann stehen sie vor dem Sri Aurobindo Center For Studies of India and the World.
Es ist von einer übermannshohen grauweißen Mauer umgeben.
„Das Zentrum wird von uns nur Ashram genannt", erklärt Jasmin. „Hier wird nach den Methoden Sri Aurobindos und der Mutter meditiert."
„Die meditieren hinter dieser dicken Mauer?", fragt Fatima ungläubig.
„So sind sie am besten vor den neugierigen Touristenblicken und anderen Gästen geschützt."
„Aber in so einem eingezäunten Areal zu meditieren ist doch wie im Knast! Nicht gerade inspirierend!"
„Da stellt sich die Frage: Wer ist drinnen und wer draußen? Oder: Wer genießt die größere Freiheit."
„Diese Frage stellt sich doch ein Leben lang – oder nicht?"
Jasmin schweigt und zieht einen Schmollmund. Endlich hat sie kapiert, dass die vier keine Lust mehr auf diese Touritour haben.

Vielleicht redet sie ja morgen mit ihnen wie mit normalen Bewohnern dieser Stadt.

14. Juli – Ort und Zeitzone unbekannt

Steve will den Investor weiter bei Laune halten, deshalb versucht er, gut Wetter zu machen.

„Hallo, Herr Lauckman. Bei Ihnen ist das Wetter hoffentlich auch so schön wie hier. Wir haben einen Ausflug gemacht. Zu einem der größten Hindutempel in Südindien. Viele Menschen und noch mehr Affen. Die vier haben einen Affen gefunden, der ihnen das Essen direkt aus den Händen …"

„SCHLUSS MIT DEM SHIT! SMALL-TALK! Steve, Sie sind doch sonst auch keine Plaudertasche. VERSUCHEN SIE VIELLEICHT MICH ABZULENKEN ODER ANZULÜGEN?"

„Ich? Nein, warum sollte ich das tun? Sie finden am Ende ja doch alles heraus."

„Doch – Sie versuchen eindeutig mich zu verschaukeln, dafür habe ich ein Näschen entwickelt. Aber warum? Weil Sie die vier Scheißerchen schützen wollen. Wo sind die Jugendlichen? ICH WILL SOFORT MIT EINEM VON IHNEN SPRECHEN!"

„Das geht nicht. Sie sind nicht da! Sie sind am Strand."

„Dann holen Sie einen von ihnen!"

„Das geht schlecht …"

„Die vier sind gar nicht bei Ihnen! Richtig? Aber ich werde herausbekommen, wo sie stecken. Ich habe nämlich inzwischen einen guten Draht zu deiner Firma."

„Was, wie …?"

„Ja, Steve. Du bist vermutlich der Letzte in Silicon Valley, der noch hehre Prinzipien hat! Die Leute in deiner Firma jedoch wollen pünktlich ihr Gehalt auf dem Konto sehen. Und gegen einen Bonus haben sie auch nichts einzuwenden! So ist das überall auf der Welt. Money makes the world go round." Er lacht heiser. „Ja, so ist das." Wieder ein heiseres Lachen. „Alle geil aufs Geld."

„Okay! Okay! Ich hab verstanden. Was wollen Sie konkret von uns?"

„Ich will wissen, was die vier gerade tun. Ich will, dass sie wieder über die Smartphoneapps kontrolliert werden. Sobald wir aus den Daten einen Algorithmus oder ein Spiel oder weiß der Teufel was entwickelt haben, will ich darauf mein Copyright setzen. Denk an deine Firma, Steve!"

„Das liegt aber nicht in meiner Hand."

„Steve – das ist jetzt deine letzte Chance: Willst du mit mir kooperieren oder soll ich den Knüppel endgültig aus dem Sack lassen?"

„Die vier wollen definitiv nicht mehr mit uns zusammenarbeiten! War das deutlich genug?"

„Okay, DU HAST GERADE DEIN TODESURTEIL UNTERSCHRIEBEN, DU FUZZI!"

Lauckman drückt wutentbrannt den Anruf weg.

Shit! Shit! Shit!

14. Juli früher Abend – Tamil Nadu, Auroville

Bei einem kühlen frischgepressten Orangensaft sitzen die fünf auf der Terrasse des Guesthouses.

„Okji", sagt Santosh. „Ihr wisst ja, ich bin etwas schwer von Begriff. Könnt ihr mir noch einmal sagen, warum ihr das alles veranstaltet und so viele Unannehmlichkeiten dafür auf euch nehmt? Wo soll die Menschheit hin?"

„Uns wird mehr und mehr klar, also mir jedenfalls", beginnt Mark, „worin die eigentliche Stärke der Menschheit besteht: Wir sind nicht auf einen Lebensraum festgelegt. Deshalb konnten wir uns auf dem gesamten Globus ausbreiten. Weil wir verschiedenste Überlebenskulturen und -techniken entwickelt haben."

„Ja", springt Fatima ein. „Und genau die werden gerade durch den globalen Kapitalismus zerstört. Überall entstehen große Fabriken, Straßennetze und Einfamilienhäuser – all diese Bauten fressen immer mehr Landschaft und Energie. Deshalb werden die menschengemachten Katastrophen zunehmen. Wenn sich nicht bald etwas ändert. Und es nicht längst zu spät ist."

„Die Coronaepidemie war noch gar nicht ganz vorbei, da wurde Nordamerika von einer nie dagewesenen Hitzewelle mit Waldbränden und Mitteleuropa von einer Unwetter- und Flutkatastrophe heimgesucht. Noch kommen die Zentralregierungen mit ihrem Krisenmanagement hinterher. Aber nicht mehr lange."

„Was wollt ihr also erreichen?" hakt Santosh nach.

Mark schreibt in Großbuchstaben auf seinen Block, der jetzt wieder als Flipchart dient:

EINE FAIRE MENSCHHEIT, DIE MIT DEN GLOBALEN RISIKEN WIE DEM KLIMAWANDEL BESONNEN UMGEHEN KANN!!!

„Wir müssen mit zunehmenden Risiken leben", ergänzt Ellen, „und müssen deshalb Resilienz aufbauen."

„Die Menschen müssen Verantwortung für ihr gemeinsames Schicksal übernehmen", fällt Mark wieder ein, „das können sie aber nur, wenn sie in überschaubaren Zusammenhängen agieren."

„Ja, wir brauchen neue und alte dezentrale Lebensformen, aber auch globale Fairness, eine Mischung aus globaler und lokaler Wirtschaft, mit viel regionaler Selbstbestimmung, zum Beispiel mit regionalem Geld neben dem offiziellen, mit Lohnarbeit, aber auch mit Genossenschaften und mit alternativer Technik", begeistert sich Nihar.

„Kulturelle Vielfalt kann dabei aber nicht bedeuten, dass Menschen unterschiedliche Rechte haben, zum Beispiel Männer und Frauen", präzisiert Fatima.

„Und an wem können wir uns ein Beispiel nehmen?", fragt Santosh. „Wer lebt bereits anders?"

„Die Menschen in den Slums."

„Die kreativen Dorfbewohner in den abgelegenen Gebieten."

„Künstler!"

„Wanderarbeiter!"

„Seenomaden!"

„Leute, die in Genossenschaften arbeiten!"

„Menschen, die notfalls auch ohne Google, Facebook und Amazon auskommen!", fasst Mark zusammen.

„Und was ist mit den Bewohnern von Auroville?", will Santosh wissen.

„Ich weiß nicht, die leben doch viel weniger alternativ und unabhängig, als sie behaupten. Ohne die Einnahmen aus dem Tourismus wären sie gar nicht lebensfähig."

„Außerdem beuten sie die Inder aus ihrer Umgebung aus."

15. Juli frühmorgens – Südindien, Tuticorin

Steve ist gerade im Begriff, das Hotel zu verlassen, um sich zur Fähre fahren zu lassen, da treten in der Lobby drei uniformierte Inder an ihn heran. Deren Anführer tippt kurz an seine Mütze und fragt in gebrochenem Englisch, ob er der US-Amerikaner Steve Sutherland sei.

„Ja, das bin ich. Worum geht es denn?"

„Nur eine Kleinigkeit, Sir ... vermutlich ein Missverständnis. Aber um das zu klären, Sir, müssen Sie uns bedauerlicherweise auf das Polizeipräsidium begleiten."

„Kann ich vorher meinen Anwalt anrufen?"

„Ach, das wird nicht nötig sein, Sir. Lassen Sie uns erst einmal losfahren." Sie drängen ihn in Richtung Ausgang, wo ein amerikanisch aussehender Mann die ganze Szene intensiv beobachtet – und Steve zunickt, als würden sie sich kennen. Er wird auf die Rückbank eines Geländewagens gedrückt, und sie fahren los.
So fängt es vermutlich immer an, denkt Steve. Und dann verrecken die Inhaftierten in irgendwelchen modrigen Löchern. Wenn sie nicht vorher von ihren Mitgefangenen erwürgt werden. Vorher jedoch noch ...
Aber er hat keine Wahl. Immerhin hat er vorgesorgt: Sein Anwalt weiß genau, wo er sich befindet. Und wann er eingreifen soll.
Nur Ellen kann er nun nicht zurückrufen. Sie wird sich Sorgen machen oder sich einfach nur über ihn ärgern. Oder beides ...
Was hat es wohl mit diesem merkwürdigen Typen auf sich, der ihm erst zugenickt hat und ihnen nun nachschaut?

15. Juli vormittags – Tamil Nadu, Auroville

Genervt von Jasmins offizieller Führung wollen sie sich am nächsten Tag allein auf den Weg machen.
„Wir sind doch keine kleinen Kinder!"
„Oder Touris, die man mit Infos aus Hochglanzbroschüren abspeisen kann."
„Wir sollten versuchen, uns auf eigene Faust eine Meinung zu bilden, statt uns hier noch einmal am Nasenring durch die Gegend führen zu lassen."
Die vier sind sich einig, nur Santosh ist anderer Meinung.
„Okay, dann sorge ich dafür, dass Jasmin nicht das Gefühl bekommt, sie hätte etwas falsch gemacht. Ich erkläre ihr, dass ihr an eurem Projekt weitermachen müsst oder so. Und ich lasse mich ganz exklusiv herumführen."

„Hey Santosh, hat's dich erwischt?"

„Quatsch!", wehrt er errötend ab, „ihr schätzt sie nur falsch ein, finde ich."

Sie leihen sich Fahrräder, mit denen sie die entlegeneren Orte und den grünen Gürtel Aurovilles erkunden. Auf eigene Faust. Bei ihren Zwischenstopps hören sie überall die gleichen Sprüche: „Nation, Geschlecht, Religion, Geld – all das spielt hier überhaupt keine Rolle!"

„Auroville will der Menschheit gehören. Wir entwickeln ein Utopia."

„Ohne Polizei und Staat, ohne Geldgier."

„Es geht darum, sich selbst und das Gemeinwesen zu entwickeln – außen und innen."

„Wenn sich alle Bewohner von Auroville innerlich ganz individuell entwickeln, wie sie behaupten", sinniert Fatima während einer Pause, „warum reden sie dann alle dasselbe? Es ist doch äußerst merkwürdig, dass alle hier, sogar bis auf einzelne Worte und Formulierungen gleichgeschaltet sind! Für mich klingt das nach Gehirnwäsche. Eine geheime uneingestandene Indoktrination!"

Und überall gibt es etwas zu kaufen, Souvenirs von Auroville, kleine Heftchen mit Meditationshilfen, Massagen, Yoga-Utensilien sogar eine Yoga-Ausbildung oder zumindest einen Yogatee mit veganem Kuchen.

„Ohne Geld läuft hier wohl gar nichts!", sagt Ellen zu einer Bedienung.

„Wir bekommen hier ein kleines Grundeinkommen", antwortet diese ganz freimütig, „aber das ist so niedrig, dass alle irgendetwas dazuverdienen müssen."

„Das war so ziemlich die erste ehrliche Antwort heute", urteilt Fatima. Der Grauschleier, der die Frau für sie umgibt, zeigt einen kleinen rosa Rand.

Auf dem Rückweg zur Solar Kitchen, wo sie mit Santosh zum Mittagessen verabredet sind, stoßen sie auf eine seltsame Wohnsiedlung. Nicht einsehbare von Mauern und Zäunen umgebene Häuser.
„Von wegen alles ist frei und gemeinsam! Ich finde, es gibt hier ganz schön viele Sperrbezirke."
Santosh erwartet sie ungeduldig in der Solar Kitchen und erzählt ihnen stolz, dass er sich nicht in Jasmin getäuscht habe: „Sie hat mir erklärt, dass es durchaus einige Leute gibt, die kritisch über das denken, was hier so abgeht."
„Und wie äußert sich das?"
„Hinter der offiziellen Fassade wird mächtig konspiriert. Es gibt einen Dauerstreit zwischen Fundis und Realos."
„Wie bei unseren Grünen in Deutschland! Und wer sind die Fundis?"
„Vor allem Bewohner, die schon länger hier leben."
„Und worum geht es ihnen?"
„Sie halten unerbittlich an den Idealen der Gründerin, Mutter Alfassa, fest. Eins zu eins, ohne Zugeständnisse oder Kompromisse. Das alte Ideal: Es komme vor allem auf das innere Wachstum an. Und das äußere Ziel: eine Stadt für 50 000 Menschen in Form einer Spiralgalaxie. Obwohl das nicht realisierbar ist."
„Warum nicht?
„Weil die Topografie ihre Tücken hat: Es gibt kleine Bergrücken, der Untergrund ist an einigen Stellen zu hart, an anderen zu sandig. Außerdem wird die gesamte Infrastruktur nahezu unbezahlbar, also Straßen, Wasser- und Stromleitungen."
„Und was wollen die Realos stattdessen?"
„Das sind vor allem die Jüngeren. Sie wollen sehen, dass sich etwas verändert, entwickelt, auch äußerlich. Ein Großteil der Stadt soll möglichst schnell in ein unabhängiges Ökodorf verwandelt

werden, denn im Moment wird die ganze Stadt immer abhängiger vom Rest der Welt."

Als Sokratis alias Frank an ihren Tisch kommt, konfrontieren sie ihn sogleich mit ihrem neuen Wissen.

„Das habt ihr also schon herausgefunden", gibt er erstaunt zu.

„Ihr habt doch so eine Art Rat oder Parlament. Was sagen die denn zur Situation von Auroville?"

„Die üben sich in Schönfärberei: Wir wären auf dem Weg, würden langsam zusammenfinden im Dialog. Es müsse kein Entweder-Oder geben, sondern verschiedene Ansichten des gleichen Traums … blabla, das übliche Diplomatengeschwätz mit dem man es allen recht zu machen versucht."

„Und wie siehst du die Lage?"

„Wie viele Dinge kann man auch Auroville auf zwei höchst gegensätzliche Weisen betrachten: halb voll oder halb leer? Wie beim Betrachten einer halbgefüllten Flasche. Auf Auroville bezogen bedeutet dies: 50 Jahre Auroville und so wenig erreicht? Noch immer weit von 50 000 Einwohnern entfernt. Oder man sagt: Seit 50 Jahren, einem halben Jahrhundert, existiert diese Stadt! Ohne Kontrollgremien wie Polizei und Staat, ohne Geld. Ohne dass die Bewohner einen Krieg gegen andere oder untereinander angezettelt hätten. Ohne das eine Gruppe die Macht übernommen hat und die anderen unterdrückt. Ohne Konkurs zu gehen."

Er hält einen Augenblick inne und reibt sich die Augen.

„Ich war vor kurzem wieder einmal in den USA. Jeder macht dort inzwischen, was er will. Die Allmende, also der Besitz des Gemeinwesens, verkommt, die Leute fahren in den Stadtwald und sägen die Bäume ab, als privates Kaminholz! Wie sollen aus solchen Menschen Mitglieder eines neuen Gemeinwesens werden? Wir hier in Auroville sind diesbezüglich schon einen Schritt weiter – jedenfalls glaube ich fest daran, denn wir streben auch nach innerer Reife … und wir haben immerhin gelernt, sehr friedlich und tolerant miteinander zu leben. Obwohl hier verschiedene Religionen und politische Ideale aufeinandertreffen."

„So, ihr seid also äußerst friedfertig?", fragt Fatima noch einmal nach.

„Ja, wie Sri Aurobindo und die Mutter es uns gelehrt haben."

„Ach ja?! Und was soll dann das hier?"

Fatima knallt ein Flugblatt auf den Tisch.

Als sie auf ihr Zimmer ging, um sich für das Mittagessen frisch zu machen, hatte jemand dieses Blatt Papier unter ihrer Tür durchgeschoben.

Darauf sind Bilder mit den Porträts von ihrer Lehrerin, … und ihr.

Auf Hindi und auf Englisch steht dort:

तत्काल चाहता था

MOST WANTED!

„Und was nun?", schreit Fatima.

Santosh eilt herbei, hebt das Blatt ins Licht und liest:

TATKAAL CHAAHATA THA!

MOST WANTED!

DRINGEND GESUCHT!

„Dieser Aufruf richtet sich an alle indischen Muslime. Sie sollen helfen, die verräterischen Frauen zu finden, die Glaubensbrüder um ihre Ehre im Angesicht des Propheten gebracht haben …Wie kommt solch ein Blatt hierher?!!!"

Automatisch sehen sich all in der Kantine um, als ob die Täter irgendwo lauerten und sie beobachteten.

Dann hebt Sokratis demonstrativ die offenen Hände: „Also eines kann ich euch bei meinem Leben versichern: Wer immer das getan hat, der gehört nicht zu unseren Bewohnern. Bei uns entwickelt niemand solch einen Hass, ohne dass die anderen es mitbekommen. Das muss jemand von außerhalb getan haben."

„Aber wir sind hier doch in Sicherheit, oder?", hakt Ellen nach.
„Naja? Muslimische Fanatiker gibt es auch in Indien. 180 Millionen Muslime leben in unserem Land, einige davon leben hier und arbeiten für uns. Aber sie sind keine Islamisten. Vorsichtig sein solltet ihr trotzdem. Ich werde die Sache in unserer Ratsversammlung ansprechen, wir werden alle wachsam sein."
Bevor Sokratis aufsteht, um zu seiner Arbeit zurückzukehren, wendet er sich noch einmal an die fünf: „Übrigens habe ich einfach mal nach euch gegoogelt und einen Fotosuchlauf gestartet. Wir leben hier nicht auf dem Mond. Dabei habe ich auch den Aufruf der Islamisten entdeckt, die Fatima und ihre Mitstreiterin suchen. Ein Tipp: Wenn ihr die Welt retten wollt, müsst ihr schon ein wenig auf die religiösen Gefühle der Menschen achten."
„Tun wir doch!", entgegnet Mark.
„So?", fragt Sokratis nach. „Und wie kommt dann dieses Bild ins Internet?"
Er hält sein Handy für alle in die Höhe. Es zeigt, wie ein Typ, der unschwer als Mark identifiziert werden kann, eine heilige Kuh schlägt.
„Einige Hindus sind darüber sehr erzürnt, unsere Mitarbeiter in Auroville haben das Bild zum Glück noch nicht entdeckt. Wie gesagt, seid vorsichtig."
Den Nachtisch essen sie schweigend, bis Mark seine Stimme wiederfindet „Die entscheidende Frage ist doch: Wer will uns hier Druck machen?"
„Und solange wir das nicht wissen", meint Ellen, „ist es wohl am besten, wenn wir einfach weitermachen."
„Ich weiß auch schon womit", ergänzt Santosh, „Jasmin hat mir von Leuten erzählt, die sich Steampunker nennen, und einen davon hat sie mir vorgestellt, einen verrückten Kerl. Er ist ein alter Freund von ihr aus Irland. Mit seinen crazy Lederklamotten wirkt

er wie aus der Zeit gefallen. Vielleicht wäre es interessant für euch, ihn zu treffen."

„Steampunker?"

„Ich weiß, was Steampunker sind", ruft Nihar. „Das sind Leute, die Dampfmaschinen nachbauen!"

„So ungefähr", korrigiert Ellen. „Die Steampunker gehen ihren eigenen Weg. Sie bauen alles selbst und zwar so, dass der Mechanismus dahinter erkennbar ist."

„Und solche Typen haben sich in Auroville niedergelassen?", wundert sich Mark.

„Nein, die leben nicht hier, sondern ein ganzes Stück entfernt. Sehr abgeschottet, nur wenige wissen von ihnen."

„Die müssen wir finden."

„Er hat beim Abschied gesagt: Besucht uns doch 'mal! Jasmin weiß, wie ihr uns finden könnt."

15. Juli mittags – Tamil Nadu, Auroville

Die Mittagszeit verbringen die fünf wieder im Schatten des großen Neembaums, bis die größte Hitze vorbei ist. Da der Handyempfang dort gut ist, will Ellen dableiben, bis Steve ihr gemeldet hat, dass er gut in Sri Lanka angekommen ist.

Doch als Steve sich gegen 14 Uhr 30 immer noch nicht gemeldet hat, drängen die anderen zum Aufbruch.

„Steve wird sich schon melden", trösten sie Ellen. „Komm doch einfach mit!"

Aber Ellen will nicht, sie hatte nämlich in der Nacht Albträume und nun beschleicht sie ein ungutes Gefühl.

Also steigen die anderen vier auf ihre Räder, Jasmin hat ihnen flüsternd erklärt, wie sie dorthin kommen. Ihr Hof liegt in südwestlicher Richtung liegen. Nach zweieinhalb Stunden kommen sie erschöpft im Hof der Steampunker an. Begeistert stehen sie dann mit offenen Mündern da und können es kaum fassen: Schmucklose Häuser stehen inmitten eines riesigen Schrottplatzes: Lauter ausrangierte Autos, Tuktuks, Fahrräder, Maschinen und Bottiche liegen über- und untereinander auf dem kahlen Sandboden. In einer Ecke des Hofes stehen fünf Männer und vier Frauen mit Gesichtsschutz und schweißen hingebungsvoll an zwei riesigen Skulpturen. Das eine ist ein Gerippe aus Metallstangen, das andere sieht aus wie ein Elefant.

„Der Stahlelefant – Jules Verne lässt grüßen! Außerdem sollen wir Grüße von Jasmin bestellen. Sie wollte uns bei euch anmelden.", ruft Mark, als würde er die Rätselfrage in einer Quiz-Show lösen.

„100 Punkte! Welcome! Ja, wir wissen, wer ihr seid.", werden sie lachend von einem Mann in lederner Arbeitsschürze begrüßt, dessen überdimensionale Schlägermütze seine Augen verschattet.

„Der eigentliche Titel auf Französisch lautete: Der mechanische Elefant! Jules Verne war der erste, der in seinen berühmten Romanen mithilfe der Technik seiner Zeit Utopien entworfen hat: *In 80 Tagen um die Welt, 20 000 Meilen unter dem Meer, Die künstliche Insel* oder eben *Der mechanische Elefant*. Daran wollen wir erinnern. Und ihr könnt euch nicht vorstellen wie viel Freude das macht! Allerdings ist unser Stahlelefant einer des 21. Jahrhunderts. Er besteht nur aus ausrangiertem Schrott, hat Elekromotoren, die von Solarpaneelen angetrieben werden."

„Hat er auch eine Funktion?"

„Selbstverständlich! Er soll durch das Land ziehen und unsere Idee der transparenten Technik verbreiten! Aber kommt doch auf einen Tee herein. Übrigens: mein Name ist Sam, ehrenwertes Mitglied der hiesigen Steampunker-Vereinigung." Wieder lacht er ein tiefgurgelndes Lachen.

„Wir haben schon auf euch gewartet ..."

Die Menschen, denen sie hier begegnen, fesseln ihre Aufmerksamkeit. Zunächst irritiert ihre Kleidung: Schlabberhosen und Hemden unter Westen für die Männer, weite Röcke, die die Frauen tragen; dazu haben viele, wie ein Markenzeichen, eine überdimensionierte Kopfbedeckung auf. Und sie reden bedächtig. Niemand füttert sie mit auswendig gelernten Phrasen oder Statements. Vor allem jedoch fertigen sie aufsehenerregende Dinge: Laptops aus alten Schreibmaschinen, Autos aus den 50er Jahren werden zu Solarfahrzeugen mit überdimensionierten Kotflügeln umgerüstet, selbst einfache Stehlampen sind mit allerlei Chrom verziert.

„Überall dekorative Schnörkel", diagnostiziert Fatima.

„Die sind nicht nur dekorativ", erklärt Sam. „Wir sind Gegner der Smartphonekultur, bei der die Nutzer nur mit der Oberfläche in Kontakt kommen und rein gar nichts selbst programmieren können. Und wie langweilig und hässlich diese Teile sind!" Er verzieht angeekelt seine Mundwinkel. „Bei uns hingegen gilt: Sichtbare Funktionalität wird mit Kunst und Liebe zum Dekorativen gepaart. Die Ergebnisse können sich sehen lassen. Findet ihr nicht?"

15. Juli nachmittags – Tamil Nadu, Auroville

Nachdem Ellen zwei Stunden vergeblich unter dem Neembaum gewartet hat, ist sie zum Guesthouse zurückgelaufen und treibt sich in der Nähe des Check-in herum. Vielleicht kommt dort eine Nachricht oder ein Anruf an. Steve ist manchmal unberechenbar. Sie schaut unruhig auf die Wanduhr – schon 4 Stunden über der Zeit.

Nervös daddelt sie im Internet, aber sie kann nichts aufnehmen. Irgend etwas stimmt nicht.

Immer wieder sieht sie auf die Uhr: Nun sind es schon 5 Stunden über der verabredeten Zeit. Sie blättert in ein paar englischspra-

chigen Zeitschriften, die im Loftbereich ausliegen: eine *Newsweek*, drei Monate alt. Wer liest denn sowas?
5 Stunden und 23 Minuten. Ruhig – er hat nur keinen Empfang dort, wo er sich befindet, versucht sie sich zu beruhigen. Eine Ausgabe von National Geographic aus dem Jahr 2019. Mit Geschichten von Vorvorgestern. Als die Menschen noch lasen, dass alles gut ausgehen würde. Als Leute noch am Klimawandel zweifeln durften.

Nach der lockeren Führung über den Steampunkerhof sitzen Mark, Nahir, Fatima und Santosh in einem angenehm kühlen Zimmer, das direkt aus einem Jules-Verne-Roman stammen könnte, und trinken Matetee, während sie ihr Projekt erklären.
„Ja", bestätigt Samatha, eine Frau in rotem Rüschenkleid mit einem Zylinder auf dem Kopf. „Die Vereinheitlichung aller Produktionsformen und Lebensweisen führt zu immer neuen Katastrophen, Krisen und Epidemien. Wann werden wir das endlich lernen? Und wie können wir aus der globalisierten Welt ausbrechen, ohne neue Krisen auszulösen?"
„Die Welt, in der wir leben, ist so schizophren", macht Mark weiter. „Die Möglichkeiten sind vorhanden, um alle Menschen weltweit zu versorgen, um produktiver zu sein und weniger zu arbeiten. Das revolutionäre Potential der neuen Technologien und der neuen digitalen Kommunikationskanäle ist gewaltig. Doch es gibt keine politische Vision, all das sinnvoll zu nutzen!"
„Die gibt es schon", entgegnet Sam, „aber leider nur in gesellschaftlichen Nischen. Stellt euch einmal vor, der Großteil der digitalen Welt bricht wegen Hackerangriffen oder einem gewaltigen Systemfehler bei Microsoft oder wegen eines Sonnensturms zusammen … Zum Glück gibt es alternative Betriebssysteme, die unabhängig davon weiter funktionieren. Wir Steampunker entwickeln bei-

spielsweise eine Lebensform, die weitgehend ohne die herrschende Technik auskommt. So wie wir schulen weltweit immer mehr Menschen ihre Überlebensfähigkeiten: handwerkliche Fertigkeiten, einfache Elektrotechnik, alternatives Heilwissen, Urteilskraft und soziale Kompetenz. Daraus ließe sich eine dezentrale Welt bauen. Die einzige zentrale Technik, die wir unbedingt brauchen ist eine Art Internet, ein Kommunikationsnetz, das das Wissen aller Menschen miteinander verbindet …"

„… gute Medizin wäre auch nicht schlecht", ergänzt Fatima.

„… und eine Menge guter 3-D-Drucker", übernimmt wieder Sam. „Damit kannst du alle Teile, die du für die Nutzung alter Technik brauchst, einfach nachdrucken. Gibt es etwa keine passende Gelenkschraube wird schnell eine gedruckt. Das wäre der Anfang einer neuen Ära!"

Zur gleichen Zeit sieht Ellen zum 2000sten Mal auf die Wanduhr des Guesthouse: gleich sind es sechs Stunden – was soll sie jetzt tun? Die Polizei anrufen? Dumme Idee! Zuhause anrufen und alle verrückt machen? Noch dümmere Idee. In Steves Firma anrufen? Naja, das ist vielleicht … Ja, Bernie! Bernie ist Steves rechte Hand und steht auf Ellen. Also mailt sie ihm, dass sie mit ihm skypen will. In Kalifornien ist es gerade …18 Uhr minus 12,5 Stunden, also 5 Uhr 30. Mist! Zu früh! Aber Bernie ist Frühaufsteher. Vielleicht liest er die Mail in der nächsten Stunde.

Es dauert zwei Stunden – Fatima, Mark, Nihar und Santosh sind noch immer nicht zurück von ihrem Ausflug – bis Bernie sich meldet.

Sie skypen:

„Mein Vater hat sich seit 30 Stunden nicht gemeldet."

„Vielleicht ist er verhindert oder hat keinen Handyempfang. Oder es wurde ihm gestohlen. Das soll in der Fremde häufiger vorkommen."

„Dann würde er sich über einen Telefonshop melden. Wir haben abgemacht, dass er sich alle 12 Stunden meldet. Höchste Priorität."
„Ach, Ellen, das ist ja alles so furchtbar ... Seid ihr in Sicherheit? Soll ich euch Hilfe schicken?"
Einen Moment lang will sie nachgeben, wäre beinahe darauf hereingefallen, doch dann antwortet sie: „Nein, keine Hilfe. Und ich sage dir nicht, wo wir sind – solange ich nicht weiß, was hier gespielt wird. Und auf welcher Seite du stehst!"
„Aber Ellen, ich bin doch so etwas wie ein Familienmitglied! ..."
„HALT! Bernie, du konntest mir noch nie etwas vormachen. Also, was ist los!?"
„Was los ist? Na, ich würde sagen: Wir haben die Kontrolle verloren. Ich kann nichts entscheiden. Und Steve auch nicht mehr. Wichtige Leute gehen hier jetzt ein und aus. Aber ich verspreche dir: Ich kümmere mich darum. Lass mir eine Telefonnummer da. Damit ich dich erreichen kann."
Ellen überlegt kurz. Shit! Warum sind die anderen jetzt nicht da, wo ich sie brauche. Kann ich es riskieren, meine neue Handynummer anzugeben? Es ist eine Prepaidcard, auf einen falschen Namen angemeldet ...
Dann sagt sie: „Gut Bernie, ich muss wissen, was mit Dad ist. Melde dich so schnell du kannst. Ich gebe dir die Nummer nur mündlich durch. Gib sie auf keinen Fall weiter!"
„Ellen, ich würde nichts tun, was dich in Gefahr bringt! Ich melde mich!"

15. Juli früher Abend – Tamil Nadu, Auroville

Als die anderen eine knappe Stunde später zurückkommen, ist es bereits Nacht; es war ein echtes Unterfangen den Weg zurück zu finden. Nun sind sie total erschöpft, aber sehr zufrieden.

„Shit! Wo wart ihr nur so lange!?", schleudert Ellen ihnen entgegen.
„Was ist mit Steve?"
„Ach, interessiert euch das wirklich?", fragt sie beleidigt und wendet sich von ihnen ab.
Mark geht zu ihr und legt sanft seine Hand auf ihre Schulter. „Natürlich interessiert uns das. Meinst du, das hätten wir vergessen? Wir wollten nur, dass die Dinge weiterlaufen. Also, was ist?"
Auch Fatima ist zu ihr getreten und berührt sie am rechten Arm.
„Steve hat sich immer noch nicht gemeldet. Er hat mir fest versprochen, mich nie wieder zu enttäuschen und sich an unsere Abmachungen zu halten. Ihm muss etwas zugestoßen sein. Deshalb habe ich in seiner Firma angerufen, bei Bernie. Ich weiß nicht, ob das richtig war. Aber ihr wart ja nicht da!"
Bis Ellen sich wieder gefangen hat, sagt keiner ein Wort. Nachdem sie sich wieder im Griff hat, fragt sie: „Und wie war es bei euch?"
„Es war toll. Diese Steampunker sind wirklich weiter als der Rest der Menschheit. Sie leben weitgehend autonom, aber ohne gänzlich auf Technik zu verzichten."
„Und sie können alles selbst bauen: Fahrzeuge, Solarmodule, sogar Laptops …"
„Schön … ach, Mann! Shit!" Sie wendet den Blick ab, damit niemand sieht, wie ihre Augen sich mit Tränen füllen.
„Wir können einfach nichts tun."
„Doch etwas gibt es", sagt Mark. „Ich werde meine Hackerfreundin MartinA bitten, uns zu helfen."
Schnell flitzt er ins Internetcafé gegenüber.

15. Juli – zwischen zwei Zeitzonen

Mark hat mit einer lange nicht mehr genutzten Mailadresse MartinA eine Mail auf eine ihrer Pseudonym-Mailadressen geschickt und erhält kurz darauf den Link für ein Zoommeeting.
„Hey, altes Haus!"
„Namaste, MartinA!" Mark setzt sie in Kurzfassung, aber mit der nötigen Dramatik in Kenntnis über das Wichtigste der letzten zwei Wochen. Dann kommt er zum Eigentlichen: „Dieser Investor, Lauckman, sitzt uns ständig im Nacken. Nur weil er in Steves Projekt investiert hat, glaubt er, wir wären sein Privateigentum."
„Du weißt ja, dass ich Steves Firma schon einmal ‚besucht' habe. Daran werde ich sie erinnern! Gleichzeitig werde ich mich ein wenig um diesen Lauckman kümmern. Mal sehen, was der so alles treibt! Jeder hat irgendwo einen Schwachpunkt!"
„Ist das nicht illegal?"
„Na und! Was die internationalen Konzerne machen ist doch mindestens so illegal! Sagt ihr doch immer – oder habe ich euch falsch verstanden? Kriminelle Machenschaften ausschließlich mit legalen Mitteln zu bekämpfen klappt nur in Filmen. Also keine falsche Scheu! Was ist denn aus eurem Game geworden?"
„GLOBALOPOLY reicht uns nicht. Wir basteln an etwas Neuem. Das kann schon in den nächsten Tagen so weit sein."
„Gut! Dann bereite ich alles vor. Wenn ihr so weit seid, werde ich euer neues Game in der Welt bekannt machen. Wir können uns einfach bei Facebook, Insta, WhatsApp, Telegram, einfach überall einklinken und darüber einen Link verbreiten …"
„Das will ich gar nicht so genau wissen!"

16. Juli sehr früher Morgen – Tamil Nadu, Auroville

Um 5 Uhr 30 klingelt endlich Ellens Handy, sie war gerade eingenickt. Es ist Bernie.

„Was ist mit meinem Dad?"

„Dem geht es gut."

„Warum meldet er sich dann nicht?"

„Weil man ihn festgesetzt hat."

„Was?"

„Da ist dieser Typ aufgetaucht, anscheinend mit internationalem Haftbefehl. Und einer Menge Bakschisch in der Tasche, wenn du mich fragst. Sandford heißt der, in den Kneipen hier redet man über ihn nur hinter vorgehaltener Hand. Er ist so etwas wie ein Eintreiber und Kopfgeldjäger."

„Shit! Shit! Shitti-bang hoch drei!" Ellen atmet drei Mal tief durch.

„Was wollen die von uns?"

„Sie wollen das Programm."

„Es gibt kein Programm."

„Tja, Ellen – das weißt du, das weiß ich! Aber der Investor nicht. Der meint, alle wären so wie er: geldgierig und ohne Moral. Kapitalisten, die glauben wollen, der gnadenlose globale Wettbewerb führe zur besten aller möglichen Welten. Er kann sich einfach nicht vorstellen, dass andere Menschen an etwas arbeiten, ohne ein verkaufbares Produkt oder eine Dienstleistung dabei zu erzeugen."

„Aber wo nichts ist, kann auch der ausgebuffteste Investor nichts holen!"

„Naja ..."

„Naja? Was meinst du damit, Bernie?"

„Wie soll ich es nur sagen, liebe Ellen. Ohne dass du mich für immer hasst?"

„Spuck's aus, Bernie. Wir haben nicht viel Zeit!"

„Ehrlich gesagt glaube ich, dass ihr *etwas* habt. Ein funktionierendes Onlinespiel, eine beängstigende Prognose, eine Erzählung über den künftigen Verlauf der Menschheitsgeschichte – was weiß ich! Irgendetwas müsst ihr doch ausgearbeitet haben, ihr vier Superhirne! Oder warum seid ihr sonst geflohen und versteckt euch? Ellen, so dumm bin ich nicht. Es ist bequem für mich, dass die anderen mich für dumm halten. Aber du nicht. Das weiß ich."
„Bernie, hör mir jetzt genau zu. Ich schwöre dir bei meiner geliebten Mutter, wir haben nichts, was den Investor interessieren könnte. Wir haben GLOBALOPOLY so weit, dass man es spielen kann. Aber es ist langweilig."
„GLOBALOPOLY war ja auch nur ein Test."
„Ach so, ihr habt uns getestet wie Versuchskaninchen?"
„Ellen bitte, was ist da noch?"
„Wir arbeiten an einer Art Manifest – gegen den globalen Kapitalismus. Das wird den Investor ja erst recht nicht interessieren. Mehr ist da nicht, ich schwöre es dir."
„Gut, ich werde noch einmal mit ihm reden. Das wird nicht einfach! Ich melde mich bald wieder. Passt auf euch auf!"
Ebenfalls um 5 Uhr 30 weckt Jasmin die anderen.
„Wenn ihr es versuchen wollt, dann jetzt", erklärt sie. „Ich bringe euch bis zum Eingang, aber nicht weiter."
Leicht benommen schleichen sie sich über die gewundene Rampe in die unterste Ebene, die innere Kammer. Ins Heiligtum. Nur die Auserwählten versammeln sich hier zur morgendlichen Meditationssitzung. Im Halbdunkel ist jeder mit gesenkten Blicken auf sich selbst konzentriert, eine Gesichtskontrolle findet nicht statt. Die vier setzen sich auf den Marmorboden. Den Meditationssitz haben sie in den letzten Tagen eifrig geübt. Mit unterschiedlichem Erfolg. Den vollständigen Lotussitz, bei dem beide Beine ineinander verkreuzt werden, schafft nur Nihar.

„Ich bin eben Inder", tröstet er die anderen, „Wir haben Gummiknochen."

Obwohl Ellen sich nicht richtig konzentrieren kann, gelingt ihr ebenso wie Fatima der halbe Lotussitz. Nur Mark muss sich mit dem Schneidersitz begnügen – deshalb lässt er sich in der letzten Reihe nieder. Bloß nicht auffallen jetzt! Dafür hat er von hier aus einen guten Überblick.

Die kugelförmige Halle ist höher als ein Zehnmeterturm und hat keinerlei Fenster. Die Wände sowie zwölf Stelen, die in der Mitte einen Kreis bilden, sind aus weißem Marmor, ebenso der Fußboden. Die vier sind gespannt, was passiert.

Und ... es passiert ... gar nichts!

Jedenfalls nicht mit den hier Meditierenden – aber nach einiger Zeit mit dem Raum.

Im Innern des Kreises entsteht eine strahlende Mitte.

Mark kneift die Augen zusammen, um besser sehen zu können. Er erkennt eine große Kristallglaskugel, fast einen Meter im Durchmesser, schätzt er. Sie wird vom Sonnenlicht beschienen, das sich in der Kugel bricht und im gesamten Raum verteilt. Die aufgehende Sonne taucht die Halle in ein sattes Rotorange, das allmählich heller wird. Krass, denkt Mark, es ist tatsächlich das erste Mal in Indien, dass es still ist: kein Menschengeschrei, kein Autohupen, keine lärmenden Zikaden ... aber die Ruhe lässt ihn nicht entspannen, im Gegenteil, die Stille und all die betont bedächtigen Leute machen ihn ganz kribbelig.

Gleichzeitig denkt Fatima, dass es so angenehm kühl in dem Raum ist.

Ellen wiederum denkt nur an ihren Vater und wird immer nervöser.

Nur Nihar scheint irgendwie verändert. Er wirkt versunken.

Kaum sind sie wieder am Eingang und haben ihre Handys ange-

stellt, klingelt Ellens schon. „Ich habe schon mehrmals versucht, dich zu erreichen."
„Wir waren in der Meditationshalle!"
„Ihr meditiert, während Steve in Gefahr ist?"
„Manchmal hilft das!"
„Aber nicht bei Lauckman! Ich hab noch einmal mit ihm gesprochen. Er lässt nicht locker, er will das Programm, den Algorithmus."
„Bernie, ich hab es doch erklärt – es gibt kein Programm – oder habt ihr etwas entwickelt?"
„Naja, wir sind ganz nah dran. Aber dadurch, dass ihr unsere App in euren Smartphones zerstört habt, können wir euch in der entscheidenden Phase nicht beobachten."
„In der entscheidenden Phase?"
„Ja, wenn ihr unter totalem Stress steht. Wie reagiert ihr dann – also bei wirklichen Risiken, nicht nur bei simulierten? Das wäre jetzt die für uns entscheidende Beobachtung. Gedanken – Gefühle – Kommunikation."
„Ihr habt all das bei uns beobachtet?"
„Nur ein paar Parameter. Nichts Weltbewegendes und nichts, was irgendeinem von euch peinlich sein könnte. Darüber können wir noch einmal in Ruhe sprechen. Aber jetzt ist dazu keine Zeit. Ihr müsst nur die App wieder installieren. Niemand nimmt euch damit etwas weg. Das ist wirklich harmlos."
Das war jetzt das zweite oder dritte Mal, das jemand zu ihr sagte: Es nimmt euch doch niemand etwas weg.
„Gut, wir werden darüber reden! Ich melde mich."
„Leg ein gutes Wort für uns ein, Ellen. Es geht um deinen Vater und seine Firma!
Und ..."
„Ja?"

„Ich will dich ja nicht beunruhigen, Ellen. Aber von diesen Knästen dort in Indien hört man schlimme Dinge. Laut Amnesty International …"

„Okji, okji! Schon kapiert. Aber deshalb will ich, bevor wir etwas zusagen, mit meinem Vater sprechen. Hören, ob es ihm gut geht!"

„Gut, ich werde das weiterleiten! Alles liegt jetzt bei dir, Ellen! Ist dir das klar?"

„Was glaubst du wohl, Bernie?!"

Auf dem Weg zum Frühstück im Guesthouse fasst Ellen das Gespräch für die anderen zusammen und resümiert: „Es nimmt euch doch niemand etwas weg! Das ist ihr Hauptargument!"

„Das ist sowas von falsch – auf mehreren Ebenen!"

„Ja, sie wollen unser künftiges Verhalten in ihre Programme einbauen. Sie wollen uns die Zukunft gleich doppelt nehmen: Indem sie den einzigen Planeten, den wir haben, ruinieren. Und indem sie unsere Ideen, unser Verhalten, unseren Widerstand dagegen gleich im Vorhinein erfassen und für ihre Strategien ausbeuten. Es bleibt doch dabei", fragt Ellen besorgt, „dass wir nicht kooperieren?"

Die anderen zögern einen Moment. Bis es aus Mark herausbricht: „Dadurch würden wir Steve auch nicht helfen! Das müssen die Botschaft und seine Anwälte tun. Er hat ja definitiv nichts verbrochen!"

Nach dem schweigend eingenommenen Frühstück versucht Jasmin, alle abzulenken:

„Und? Wie war die Meditation für euch?"

„Bei mir war nichts!"

„Bei mir schon", sagt Mark.

„Und was?"

„Naja, mir sind die Beine eingeschlafen."

„Das liegt an deinem Schneidersitz", meint Fatima. „Im Lotussitz

wäre dir das nicht passiert. Deshalb hat er sich wahrscheinlich entwickelt – alte Erfahrungen. Bei uns in Ägypten hocken die Menschen noch immer gern auf dem Boden."
„Jetzt mal abgesehen davon?", bohrt Ellen nach. „Hat es mit irgendeinem von euch irgendwas gemacht?"
Sie schweigen.
„Mhhh", räuspert sich dann Nihar.
Alle sehen ihn an.
„Ich habe nicht alles erzählt über unsere Morgenmeditation", gesteht er mit seltsam veränderter Stimme. „Es klingt durchgeknallt, aber ich glaube, ich hatte sowas wie eine Erleuchtung …"
Er zögert einen Moment, während die anderen ihn interessiert betrachten, ohne zu drängen.
Er sucht nach Worten: „Mir wurde schlagartig alles klar, ich habe es vor mir gesehen. Allerdings leicht verschwommen."
„Hatte es mit unserem Ziel, unserer Vision zu tun, möglichst viele, auch viele neue Lebensweisen zu fördern?"
„Nicht direkt. Die Menschen verändern sich nicht gern. Ihr Tagesablauf, ihr ganzes Leben läuft meistens nach ein und demselben Ritual …"
„Schon klar!" Die anderen schauen sich ratlos an.
„Also", fährt Nihar zögerlich fort. „Die Menschen haben sich wie graue Zombies schwerfällig durch die Gegend geschleppt. Sie wurden erst lebendig, als man sie zu einer neuen Partie aufforderte …"
„Du meinst also, wir sollten noch ein Spiel entwickeln?"
„Nein! Es war etwas Anderes. So ähnlich wie bei Greta. Nur eben kein Schulstreik."
„Fridays for Future! war ja auch gestern. Der Klimawandel lässt sich nicht mehr aufhalten. Und er ist nur ein Teil der Katastrophen, die auf uns zukommen! Wir müssen lernen, mit den Risiken zu leben!!!"

„Okji", übernimmt wieder Nihar. „Was wir hier aushecken muss in eine Art Handlungsanweisung einfließen. Eine große Verkündigung!"

„Ein politisches Manifest vielleicht?"

„Ja, ich habe es genau vor mir gesehen."

„Und was stand drauf? Komm schon!"

„Das konnte ich leider nicht richtig lesen. Es war wie in einem Traum. Du erlebst etwas ganz Vertrautes, obwohl alles anders aussieht und die Gesichter eigentlich fremd sind. Aber du weißt, dass du es kennst."

„So etwas passiert mir nicht."

„Doch, ich weiß was du meinst. Das geschieht in Hirnarealen, die nicht mit dem Sprachzentrum verbunden sind. Was man dort erlebt, lässt sich nicht in Worte fassen."

„Okji!", antwortet Mark. „Dann versuche ich mal, Nihars Vision in unsere Sprachwelt hinüberzubeamen. Also: Wir brauchen eine neue Utopie, die in Form eines Manifestes verbreitet wird. Dieses Manifest ..."

„Stop! Wir brauchen kein neues Utopia! Das wurde in der Geschichte der Menschheit zur Genüge erfunden: zum Beispiel durch die großen monotheistischen Weltreligionen."

„Wir brauchen auch kein neues ökonomisches Utopia, keine neue Zwangsbeglückung der Menschheit."

„Wir brauchen kein Utopia, also auch nicht ein Utopia, wie hier in Auroville. Dagegen ist zwar nichts einzuwenden, aber allein ..."

"Wir brauchen Multitopia!", sagt Fatima lächelnd.

„Gut den Namen haben wir schon."

„Multitopia: Je mehr Lebensformen sich entwickeln und nebeneinander existieren, miteinander kooperieren, desto besser, desto sicherer, resilienter, wie das Modewort heißt. Multitopia soll ein Angebot an die gesamte Menschheit sein."

16. Juli – Ort und Zeitzone unbekannt

„Wir hatten heute Nacht wieder einen Hackerangriff! Von Dr. Hack! Er hat eine angeblich letzte Warnung hinterlassen."
„Und wovor warnt er uns?"
„Wenn wir diese vier Genies nicht in Ruhe lassen, dann würde er unseren ganzen Laden zum Erliegen bringen. Und den des Investors Lauckman gleich mit."
Nach einer kurzen Pause.
„Sind die vier dieses Risiko wirklich wert? Ich meine, sind sie tatsächlich so wichtig?"
„Keine Ahnung, hängt wohl davon ab, ob man glaubt, dass diese Jugendlichen die absoluten Know-How-Trendsetter sind. Wie oder warum sind eigentlich gerade diese vier ausgewählt worden?"
„Weil sie so gute Prognosen abgeliefert haben bei diesem Internationalen Schulprojekt *Together*. Das Motto war: Werdet die Prognose-Experten von Morgen! Unter den mehr als 120 000 Einsendungen wurden ihre als die überzeugendsten, da wahrscheinlichsten, ausgewählt. Sie haben auch begründet, wie sie zu ihren Antworten beziehungsweise zu ihrem jeweiligen Urteil gekommen sind. Die vier stammen aus vier Kontinenten, aus unterschiedlichen sozialen Schichten und jeder von ihnen habt sich in irgendeiner Form sozial engagiert. Kurz und gut: Sie sollten Superforecaster sein."
„Davon ist bis jetzt leider so ziemlich gar nichts zu merken!"
„Vielleicht führen sie uns ja die ganze Zeit an der Nase herum …"
„Du meinst …"
„Könnte doch sein, oder?"
„Irgendwie schon seltsam …" Jemand lacht unsicher.
„Was?"
„Naja, dass wir, die Beobachter, beobachtet werden!"
„Aber von wem?

Doch nicht etwa von den vieren?!"
„Nein, auf gar keinen Fall! Superforecaster hin oder her, dazu hat keiner von ihnen genug Informatikwissen!"
„Aber vielleicht kennen sie jemanden, der das kann."
„Also, glaubst du tatsächlich, dass die uns die ganze Zeit verscheißern!"
„Quatsch, Mensch, das sind Jugendliche! Außerdem wollen sie die Welt retten. Wir wären nur ein lästiger Nebenschauplatz, der sie Kraft und Zeit kostet ..."

16. Juli mittags – Tamil Nadu, Auroville

Zusammen mit Santosh und Jasmin, die inzwischen unzertrennlich sind, laufen sie zur Solar Kitchen und stellen sich in die Warteschlange. Sie sind fast dran, als Sokratis auf sie zugelaufen kommt. Schon von weitem ruft er aufgeregt: „HEY, Leute! Ich muss sehr dringend mit euch reden!"
Sie suchen sich eine ungestörte Nische.
„Es ist etwas Unfassbares passiert! Ich war gerade bei einer nervigen Selbstverwaltungssitzung im Rathaus, da platzte unser Sekretär mit einer dringenden Mail in die Runde. Wir haben von der Polizeidirektion in Chennai eine Anfrage bekommen! Gegen Ellen liegt ein Auslieferungsantrag des FBI vor."
„WAAAAS!?" Nicht nur die vier, sondern auch Santosh und Jasmin werden fahl wie Bettlaken.
Sokratis fährt unbeeindruckt fort: „Solange ich hier lebe, ist so etwas noch nicht vorgekommen. Seit 50 Jahren kommen wir ohne Polizei aus. Ihr bringt uns ganz schön in die Bredouille: Wir lehnen autoritäre Staatlichkeit ab, wie ihr wisst ... Aber die Sache ist ernst."
Er schaut Ellen besorgt an. „Du wirst beschuldigt, in Steves Auf-

trag wichtige Software, die dem Unternehmen Lauckman Corporation Inc gehört, gestohlen und außer Landes gebracht zu haben."
„Greatest Nonsense! Das stimmt sowas von überhaupt nicht! Es ist genau umgekehrt: Dieser Lauckman will unser geistiges Eigentum stehlen!"
„Habt ihr denn ein Programm entwickelt?"
„Nein, er will unseren Gehirnen beim Teamwork zuschauen! Dafür hat er uns digital überwachen lassen."
„Na, das hört sich aber merkwürdig an." Sokratis ist verwirrt. „Digitale Überwachung, Diebstahl von Software, Auslieferungsantrag ... das ist alles Neuland für uns. Mit so etwas haben wir es noch nie zu tun gehabt. Wie ihr wisst, regieren wir uns selbst. Aber wir haben keine Regeln für Härtefälle, weil wir davon ausgehen, dass es hier in Auroville keine großen Konflikte gibt. Deshalb werden wir jetzt darüber diskutieren, wie wir uns verhalten. Solange müssen wir euch bitten, ins Guesthouse zurückzukehren und dort zu bleiben. Da ihr nur Gäste von außerhalb seid ..."
„Sollen wir etwa einen Asylantrag stellen? Schließlich werden wir in gewisser Weise politisch verfolgt", fragt Nihar empört.
„Politisch verfolgt? Ihr habt doch gerade gesagt ...", entfährt es Sokratis.
„Es ist so", setzt Mark an, „Wir haben an einem Programm gearbeitet, das die Welt vor den Krisen wie dem Klimawandel schützen soll. Mit Hilfe von Steves Firma. Doch die hat uns daraufhin in jeder Minute bespitzelt, bei allem was wir getan, geredet, gedacht haben. Deshalb sind wir untergetaucht. Da Steves Firma das Geld ausgegangen ist, hat er den Investor mit ins Boot geholt. Der setzt nun alles daran, unsere Ideen zu klauen, um daraus einen Algorithmus zu entwickeln, während Steve inzwischen auf unserer Seite steht."
„Steve? Wo ist mein alter Freund denn jetzt überhaupt?"

„Er ist in Ägypten zu uns gestoßen und mit uns nach Indien gereist", erklärt Ellen mit leicht gerötetem Gesicht. „Aber weil er sich einen elektronischen Chip hat implantieren lassen, durch den er überall geortet werden kann, hat er uns die Verfolger auf den Hals gehetzt. Deshalb hat er sich Richtung Sri Lanka abgesetzt, um den Investor auf eine falsche Fährte zu locken, aber nun wurde er verhaftet …"

„Ja … gut." Sokratis schwirrt der Kopf. „Geht ins Guesthouse und bleibt dort. Ich muss zurück ins Rathaus, die anderen warten auf mich."

Sowie Sokratis das Restaurant verlassen hat, sagt Ellen: „Wenn wir doch bloß einmal mit Steve reden könnten!"

16. Juli nachmittags – Südindien

Eigentlich haben sie jetzt wieder einmal Zeit, um ihr Projekt weiter zuführen, viel Zeit, zu viel Zeit. Ihre Köpfe sind wie leergefegt. Stattdessen lauschen sie auf das bedrohliche Ticken der Wanduhr. Wir-krie-gen-euch-wir-krie-gen-euch …, dröhnt es in Fatimas Ohren. Stunden, die sich wie Jahre anfühlen, plötzlich ertönt ein Plong. Auf Marks Handy erscheint eine SMS – von MartinA:
- Sofort Al Jazeera einschalten!!! -
Ohne Rücksicht auf Sokratis' Bitte, laufen sie in die Lobby und schalten Al Jazeera an. Eine Journalistin des Senders interviewt gerade Fatimas Lehrerin.

„… haben viele Anfeindungen erlebt. Ich musste meinen Arbeitsplatz aufgeben und bin aus meiner Stadt geflohen. Das war bitter und tut mir vor allem für meine Schülerinnen leid.

Unser Video zeigt ungeschönt mit welch heuchlerischer Doppelmoral ein Großteil der muslimischen Männer lebt. Und weil das nun offensichtlich geworden ist, versuchen sie mich zu eliminieren oder mir zumindest das Leben schwer zu machen. Doch so schnell lasse ich mich nicht einschüchtern! Nicht von Männern, die daheim und öffentlich fordern, dass die Gesetze des Koran streng eingehalten werden, wobei vieles, was sie fordern, gar nicht auf den Propheten selbst zurückgeht, zum Beispiel das Kopftuch oder die Verschleierung. Während sie selbst das Beste aus zwei Welten genießen wollen: die Vorzüge, die das islamische Recht den Männern einräumt und die Freiheiten und Genüsse der Ungläubigen. Damit muss Schluss sein! Die Zeit ist reif für Veränderungen. Das wissen wir, denn wir haben überwältigend viel Zustimmung und Unterstützung erhalten, vor allem von Frauen, aber auch von aufgeklärten Männern. Sie alle haben uns ermutigt weiterzumachen. Dank großzügiger Spenden und der Unterstützung Tunesiens, das die Gleichberechtigung von Frau und Mann in seine Verfassung aufgenommen hat, können wir nun hier in Tunesien ein Zentrum für Frauenrechte in der islamischen Welt gründen. Und ich bitte meine Schülerinnen, die mir bei der Aufdeckung dieser Doppelmoral ...

„Sie spielen noch einmal auf das Glascontainervideo an?"

„Ja, auch, aber wir haben noch viele andere Aktionen durchgeführt. Für Gleichberechtigung, für fairen Handel und für den Kampf gegen den Klimawandel. Denn all das gehört zusammen! Diese tapferen jungen Frauen mussten ebenfalls untertauchen. Und ich bitte sie nun, zu mir nach Tunis zu kommen und mir beim Aufbau des Zentrums für Frauenrechte zu helfen."

„Also", wendet sich die Moderatorin an die Zuschauer, „wenn ihr gerade zuschaut, ihr mutigen jungen Frauen aus Hurghada, dann meldet euch bei eurer Lehrerin oder ruft hier im Sender an. Wir vermitteln euch gern weiter ..."

„Na, dann ist ja für dich schon gesorgt, Fatima", sagt Ellen erleichtert. „Ob ich einfach wieder in die USA einreisen kann, ist dagegen fraglich. Sehr bald bin ich achtzehn, aber dann können mich die findigen Anwälte von Lauckman zur Rechenschaft ..."

„Was meinst du mit sehr bald?", fragt Mark elektrisiert.

„Um genau zu sein: In einem Tag, 11 Stunden und 12 Minuten nach hiesiger Ortszeit." Sie lächelt verlegen. „In Kalifornien schon zwölfeinhalb Stunden früher."

„Also werden wir nicht nur die Geburt von Multitopia feiern, sondern auch die eines laut Gesetz endlich selbstverantwortlichen Weltenbürgers!" Mark überlegt kurz, wo sie hier wohl eine Geburtstagstorte herbekommen ...

Dann sagt er: „Ich sehe keine Schwierigkeiten darin, nach Hamburg zurückzukehren, sobald wir unsere Aufgabe hier erledigt haben. So viel ich auch sonst über die Politik und die Verwaltung schimpfe, in Deutschland bekommt man einen einigermaßen fairen Prozeß. Bis dahin werde ich von etlichen Seiten unterstützt. MartinA steht sozusagen in den Startlöchern hat sie mir gestern mitgeteilt. Sie hat versprochen, unser Manifest so schnell wie möglich im Netz zu verbreiten. Sodass alle davon profitieren können. Außerdem will sie nicht nur für breite Solidarität sorgen, sondern auch Steves Firma und den Investor blockieren, sollte das nötig sein!"

„Vielleicht sollte ich", hakt Ellen ein, „mir den erneuten langen Anfahrtsweg über den Atlantik sparen und gleich mit nach Hamburg kommen." Sie lächelt verschwörerisch. „Dort gibt es einen englischsprachigen Studiengang in Global Governance, der mich interessiert."

Mark weiß gar nicht, wo er hinschauen soll vor Glück.

Plötzlich klingelt Ellens Handy. Zitternd geht sie dran und ruft kurz darauf: „ES IST DAD!"

„Hör jetzt gut zu. Ich darf nur zwei Anrufe von jeweils zehn Minuten führen. Den einen habe ich mit meinem Anwalt geführt. Er

weiß Bescheid und kümmert sich um mich. Ihr braucht euch also um mich keine Sorgen zu machen. Okji?"
„Okji! Und bist du einigermaßen dort untergebracht? Kriegst du regelmäßig zu trinken und essen?"
„Ach, Ellen, wie es hier zugeht, das willst du gar nicht wissen. Das ist auch jetzt nicht so wichtig. Ich lebe und niemand schlägt mich! Okji?"
„Okji! Was wirft dieser verrückte Investor dir denn vor?"
„Ich hätte Geschäftsgeheimnisse verraten und Firmensoftware entwendet."
„Wieso Software entwendet? Es gibt doch noch kein Programm! Und wenn es das gäbe, wäre es das Programm deiner Firma!"
„Lauckmans Anwälte haben meine Firma total unter Druck gesetzt. Sie wollten alle laufenden Projekte beschlagnahmen lassen. Und weil sie nichts Konkretes gefunden haben, behaupten sie, wir hätten den Superalgorithmus entwendet und alle Spuren in der Firma gelöscht."
„Und woher wissen die, wo wir sind?"
„Bernie hat sich von Lauckman überrumpeln lassen. Er hat mir alles gestanden, kurz bevor ich verhaftet wurde. Hat geflennt wie ein Schuljunge."
„Shit! Wie soll es denn nun weitergehen?"
„Macht euch keine Sorgen, arbeitet weiter an eurem Projekt. Versucht, irgendwo unterzuschlüpfen, bis ich alles geklärt habe. Ich bin mit einem guten Freund in Kontakt, der in einer großen Anwaltskanzlei arbeitet. Ich nehme erst einmal alles auf meine Kappe. Und wenn es dann eine Anklage gibt, sehen wir weiter. Wenn es dazu überhaupt kommt. Hast du gehört. MACHT JETZT WEITER! OKJI"
„OKJI! Pass auf dich auf. Ich hab dich lieb!"
Mit einer Mischung aus Erleichterung und Sorge beendet sie das

Gespräch, sieht die anderen an und sagt: „Steve will dass wir unbedingt weitermachen."

Tipping Point 2.0

Wege entstehen dadurch, dass man sie geht.
Franz Kafka

16. Juli abends – Tamil Nadu, Auroville

Als sie sich wieder in Marks und Nihars Zimmer versammeln, scheint die innere Bremse gelöst. Mark nimmt seinen Edding und referiert, wo sie stehengeblieben sind:
„Wir brauchen eine Synthese aus: Globalen Regeln und Wissen einerseits, Lokalen Lösungen und Vielfalt andererseits. Denn Multitopia heißt, wir brauchen alles: Neue Gesetze, die möglichst international gelten, sodass die Armen auch Nutznießer einer umweltfreundlichen Ökonomie werden können. Mit erneuerbarer Energieerzeugung wird die Umwelt geschützt, der Klimawandel aufgehalten. Dafür ist es hilfreich, die Ideen der Steampunker weiterzuentwickeln, Multitopia mit Small Technology. Jedes Dorf kann eigenständig Strom erzeugen mit Solar- und Windkraft. Ein jeweils eigenes Empfangsnetz für Telefon und Internet wird aufgebaut und mit dem der Nachbardörfer vernetzt. So können alle Menschen die Honey-Bee-Datenbank nutzen. Lampen aus Einkochgläsern. Wasser mit Hilfe von Plastikflaschen desinfizieren. Auf Dächern wird das natürliche Licht für Strom und warmes Wasser genutzt. Nur Kleinbauern können die Menschheit auf Dauer ernähren, dazu benötigen wir lizenzfreies Saatgut. Großtechnologien werden nur noch für die Bereiche genutzt, die sich nicht anders verwirklichen lassen: Krankenhäuser, Mobilität, Internet und Kommunikation."

Es ist schon nach Mitternacht, als sie meinen, den Durchbruch geschafft zu haben. Auf ihrem Block steht:

GO MULTITOPIA!
Seid vielfältig,
verurteilt niemanden, der anders ist oder lebt
(es sei denn, er tut dies auf Kosten anderer).
Werdet unberechenbar!

MULTITOPIA
Alle Menschen, die auf dieser Erde geboren werden, haben das gleiche Recht zu leben und glücklich zu sein, beziehungsweise zu werden. Unabhängig davon, in welchem Teil der Welt und mit welcher Hautfarbe oder welchem Geschlecht sie geboren werden.
Niemand hat sich ausgesucht wo und wie er Mensch wird.
Fakt ist, dass Menschen in den reichen Ländern viel mehr Chancen haben. Aber die haben sie sich ebensowenig verdient wie die Armen ihr Elend. Daher müssen die Kinder aus den armen Regionen unserer Welt mehr gefördert werden.
Der globale Kapitalismus muss zurückgefahren werden.
Anderen, alten und neuen, Lebensformen muss ab sofort Raum gegeben werden. Die uralte Lebensweise der Seenomaden beispielsweise, ihre Fähigkeit dauerhaft auf und vom Wasser zu leben, könnte irgendwann das Überleben der Menschheit sichern.
Oder die Lebensweise der Wüstennomaden.
Um den extremen Umweltveränderungen der nahen Zukunft gewachsen zu sein, muss die Menschheit ihre vielfältigen Lebensweisen kultivieren.
Aber auch diese vielfältige Welt, die wir nun Multitopia nen-

nen, braucht bestimmte Regeln, die überall gelten, damit sie nicht wieder in Chaos, in miteinander konkurrierende Nationalstaaten und „failed states" miteinander bekämpfenden Warlords verfällt.

Fairer Handel, keine Steueroasen mehr, keine Fluchtländer mehr für Kriegs- und andere Schwerverbrecher, keine Spekulationen mit Nahrungsmitteln, Währungen und anderen kritischen Gütern.

Go MULTITOPIA!

Gefördert werden ab sofort nur noch neue Lebens- und Wirtschaftsformen, kulturelle Aktivitäten und die Ankurbelung lokaler Wirtschaften.
Wer die Vielfalt fördert wird belohnt – und umgekehrt:
Bespiel: Wer das 101. Restaurant in seiner Stadt eröffnet, muss eine entsprechend hohe Gebühr bezahlen.
Wer jedoch die 1. Arztpraxis in einer dünnbesiedelten Gegend eröffnet, wird belohnt.
Wer der Umwelt oder der fairen Wirtschaft schadet, weil ihn die Profitgier treibt, wird bestraft.
Außerdem: Wer einen schlechten Start ins Leben hat, bekommt bei seiner Geburt einen Mikrokredit zum Ausgleich. Den können seine Eltern nutzen für ein kleines Geschäft.
So haben sie genug Einkommen, um ihm eine gute Bildung zu ermöglichen. Dadurch soll verhindert werden, dass der neue Erdenbewohner zur Kinderarbeit gezwungen wird. Darüber hinaus kommt es darauf an, wie man sein Geld für andere und für die Umwelt einsetzt. Wer in Unternehmen investiert, die gut abgesicherte Arbeitsplätze für die Menschen vor Ort schaffen, wird belohnt.

Wer faire Preise für Waren aus Asien und Afrika zahlt, wird belohnt ...

„Wunderbar!" Mark ist begeistert. „Wir brauchen kein GLOBALO-POLY, kein Superforcecasting. Sondern eine weltweite Initiative, die Risiken vermindert. Und Antworten auf unvermeidbare Risiken liefert."
„Multitopia verunmöglicht Prognoseprogramme", freut sich Ellen. „Es wird jeden Algorithmus widerlegen. Good bye, Lauckman Investment and Co!"
„Multitopia macht alle Prognoseprogramme überflüssig, weil sich die Menschheit in immer neue Richtungen entwickeln kann ..."
Sie hören erst auf, als ihnen der Stift vor Müdigkeit aus den Händen gleitet.

16./17. Juli nachts – Tamil Nadu, Auroville

Nach 4 Stunden Schlaf werden sie durch lautes Klopfen an den Zimmertüren unsanft geweckt.
Sokratis erwartet sie unten in der Lobby mit einer Gruppe aus sechs ergrauten Herren, die sehr wichtig klingende Namen haben und ernsthaft ihre Stirn runzeln.
„Wir haben es uns wirklich nicht leicht gemacht", beginnt Sokratis. „Wir haben die halbe Nacht durchdiskutiert."
„Und – seid ihr zu einem Urteil gekommen?", will Nihar wissen.
„Ja, aber wir mussten zum Schluss abstimmen. Das ist bisher erst einmal vorgekommen; in den allermeisten Fällen haben wir immer einen vernünftigen und tragfähigen Kompromiss gefunden."
„Aber in eurem Fall kann es nur ein Ja oder Nein geben", übernimmt einer der Grauhaarigen. „Wir sind für die Freiheit jedes Einzelnen. Ob ihr euch eines schweren Vergehens schuldig ge-

macht habt, können wir in der Schnelle nicht überprüfen, deshalb waren viele von uns der Meinung, wir sollten euch Asyl gewähren, bis die Sache geklärt ist. Aber eine knappe Mehrheit ist der Meinung, dass ihr vier auf keinen Fall unser Gemeinwesen in Gefahr bringen dürft. Schließlich seid ihr keine anerkannten Bewohner von Auroville, sondern nur Gäste. Ihr müsst zur Polizei und das klären."

„Ihr gebt also verfolgten Fremden kein Asyl?", fragt Ellen gereizt.

„Selbst wenn ihr Auftrag ist, die Welt zu retten?", schiebt Fatima nach.

„Ja, ihr wollt die Welt retten und tragt stattdessen Streit in unser friedliches Miteinander. Unsere muslimischen Mitarbeiter und Nachbarn sind empört über die Aktion von Fatima und ihrer Lehrerin. Unsere hinduistischen Mitarbeiter und Nachbarn sind empört über Marks Verhalten, er hat eine ihrer wichtigsten Regeln willentlich verletzt! Und unsere eigenen Fundis sind empört: Euer Projekt, wie ihr es nennt, wird offensichtlich von einem Großinvestor finanziert, der die Welt rücksichtslos ausbeuten lässt, mit Geldern aus den Ölstaaten, in denen nirgendwo Demokratie herrscht."

„Was sagt ihr dazu?"

„Das waren nicht wir, sondern die Firma meines Vaters. Und der sitzt jetzt in irgendeinem dreckigen Gefängnis in Tuticorin. Wollt ihr, dass mit uns das Gleiche passiert?"

„Nein, das wird nicht passieren. Wir haben guten Kontakt zu den Behörden und werden aufpassen, dass die Gesetze eingehalten werden!"

„Das glauben wir nicht."

„Ja! Ihr wollt uns nur loswerden!"

„Ihr müsst das klären", beharrt Sokratis. „Bei solchen Dingen kann es schnell um zig Millionen Dollar Streitwert gehen. Versteht doch:

Wenn wir euch verstecken, können wir eventuell mithaftbar gemacht werden. Unsere Gemeinschaft existiert bereits seit 50 Jahren. Und hier geht es um das vielleicht Wichtigste, jedenfalls um das längste utopische Experiment der Menschheit. Das wollen wir nicht gefährden. Auch wenn das für euch vielleicht hart klingt. Versucht doch, uns zu verstehen: Wir versuchen nur, uns korrekt zu verhalten. Wenn alles geklärt ist, seid ihr hier wieder willkommen."

„Und wie genau stellt ihr euch das vor?"

„Am einfachsten wäre es, wenn Jasmin oder ich euch gleich um neun Uhr zur Polizei begleiten."

„Ja, für euch am einfachsten!", faucht Nihar.

„Schon gut, Nihar!", versucht Mark ihn zu beruhigen, „wir werden uns unserer Verantwortung stellen."

Kaum ist die Delegation verschwunden, beginnen sie ihre Sachen zu packen.

„Du meintest mit uns unserer Verantwortung stellen aber nicht …", hakt Ellen nach.

„Natürlich nicht, dass wir uns am Nasenring zur Polizei führen lassen …"

„Vor allem nicht zur indischen Polizei!", bekräftigt Nihar.

„Nein. Unsere Verantwortung ist die Vollendung unseres Manifests. Dazu müssen wir ganz untertauchen, bevor uns Sokratis und seine Genossen abschieben."

„Das hat doch schon einmal geklappt!"

„Und dort sollten wir warten, bis sich Go MULTITOPIA so weit im Internet verbreitet hat, dass die Sache von niemandem mehr zu stoppen ist!"

„Ich weiß auch schon wo …"

„Bei Leuten, die nicht auf die Verlockungen dieser Welt hereinfallen?"

„Wo wir alles an Material und Werkzeug finden, was wir brauchen? Dazu noch super Handwerker?"
Fast zeitgleich nehmen sie ihre Smartphones heraus.
„Hat einer von uns noch so ein Kackphone mit festverklebtem Akku?"
„Nein!", antwortet Nihar. „Wir haben doch alle Fairphones!"
„Aha! Dann wird's Zeit, auch die wieder abzuschalten!"
„Go MULTITOPIA!", ruft Mark, öffnet sein Handy und entnimmt den Akku.
Die anderen machen es ihm nach:
„Go MULTITOPIA!"
„Go MULTITOPIA!"
„Go MULTITOPIA!"

Während die vier packen, will Santosh draußen noch eine Zigarette rauchen, das macht er nur, wenn er sehr nervös ist. Als er durch die Eingangstür des Guesthouses schreitet, treten zwei uniformierte Wachleute auf ihn zu.
„Acchi sham ", spricht Santosh sie auf Hindi an. „Schönen Abend! Ich bin keiner von den vieren. Nur ihr Fremdenführer. Außerdem will ich nur eine rauchen, die sind nämlich ganz schön anstrengend."
Die Wachleute wackeln verständnisvoll mit den Köpfen, treten zurück, lassen ihn aber nicht aus den Augen.
Nach einer halbgerauchten Zigarette eilt er zu den vieren, um sie zu warnen: „Da stehen Wachleute am Eingang. Ihr kommt hier nicht raus! Jedenfalls nicht auf dem normalen Weg."
Zehn Minuten später haben sie sich im Zimmer von Nihar und Mark versammelt. Das liegt zwar auch im ersten Stock, dessen Fenster weist aber zur dunklen Hinterseite des Gebäudes direkt über einem Gebüsch.

Ellen schaut hinunter: „Das sind 4,5 Meter. Wir basteln jetzt doch nicht etwa …"

Genau das aber tun Mark und Santosh: Aus Bettlaken knoten sie ein Seil, das sie am Fensterrahmen befestigen.

„Wie im Film", freut sich Nihar.

Doch Santosh zischt: „Seid leise! Noch haben wir es nicht geschafft!"

16./17. Juli nachts – Telefonat zwischen zwei Orten in Kalifornien

„Tut mir leid, George, aber ich glaube, sie sind wieder verschwunden!"

„Du redest doch hoffentlich nicht von *den* vieren von denen dieser verfluchte Algorithmus abhängt, Bernie?"

„Ich kann Ellen nicht mehr erreichen. Ihr Handyanschluss ist tot. Und in Auroville sagen sie, die vier wären ohne Abmeldung abgereist. Ziel: Unbekannt! Dabei hatte ich mit Ellen einen Deal. Einen klaren Deal."

„Armer, armer Bernie – lässt sich von einem Mädchen über den Tisch ziehen. Ich weiß wirklich nicht, ob für solche Leute Platz in meiner Firma ist. Aber eins weiß ich sicher: Wenn wir diese verfluchten Daten für den Superalgorithmus nicht kriegen, zieh ich mein Kapital definitiv ab. Ganz einfach! Ich bin es nicht, der hier auf die Schnauze fällt!"

„Ich weiß!"

„Ich weiß, ich weiß! MEHR FÄLLT DIR HORNOCHSE NICHT EIN!?"

18. Juli kurz vor Morgengrauen – Tamil Nadu, Auroville

Ganz so leise läuft die Kletteraktion dann doch nicht ab, denn die fünf haben die angrenzende Wiese noch nicht überquert, als sie von hinten Rufe hören: „Ruken! Stop! Halt!"
„Shit! Irgendwer muss die Wachleute verständigt haben!", ruft Santosh.
„Lauft um euer Leben. Ich werde sie aufhalten!"
Die vier setzen zu einem Spurt an. Als sie um eine Hausecke verschwunden sind, sieht Santosh zu den Wachleuten hinüber und tut so, als gebe er den vieren Anweisungen: „Schnell den schmalen Weg hier runter!"
Dabei zeigt er in die entgegengesetzte Richtung. Und beginnt dort hinzulaufen. Schön langsam, damit die beiden etwas dicklichen und untrainierten Wachleute ihn nicht aus den Augen verlieren. Sie scheinen ihm zu folgen.
„Okji", flüstert Santosh sich selbst zu. Vor Jasmin wird er als Held dastehen.

18. Juli kurz vor Morgengrauen – Telefonat zwischen zwei Orten in Kalifornien

„Sag mir lieber, Bernie, wo ich jetzt investieren soll. Was ist mit diesem abgefahrenen Hippiedorf da, diesem Auroville? Ich hab mich informiert, dabei wäre das eigentlich deine Aufgabe. Die haben es fast 50 Jahre ohne viel Geld versucht. Und sind nicht weit gekommen. Niemand kann ohne Geld leben. Auch die Alternativos nicht. Dreiviertel der Gebäude existieren lediglich als Modell. Einige Leute da suchen dringend einen Investor."
„George ..."
„Ich sage mir: Warum nicht auch ein oder zwei Gegenentwürfe

zum Kapitalismus finanzieren. Hauptsache, ich bin dabei! Man muss überall seine Finger im Spiel haben! Einer der wichtigen Grundsätze des Kapitalismus lautet: Inhalte sind sekundär."
„GEORGE …"
„Alles kann dem Verwertungsprozess unterworfen werden. Amazon beispielsweise verkauft Bücher, die Amazon kritisieren oder sogar die Zerschlagung von Amazon fordern. Egal, ist doch nur Inhalt. Es zählt aber nur das verkaufte Produkt. Umsatz ist der alleinige Maßstab. Wachstum und Profit das alleinige Ziel! Es kann auch grünes Wachstum und grüner Profit sein, meinetwegen!"
„GEORGE, ES IST ZU SPÄT!"
„Zu spät? Nichts ist zu spät! Moment 'mal … Hey, was ist denn mit meinem Rechner los? FUCK! Unser System stürzt ab …!"

18. Juli kurz vor Morgengrauen – irgendwo in Tamil Nadu

„Wo wollen wir eigentlich hin?", fragt Ellen, nachdem sie gefühlt eine Stunde durch das Halbdunkel der locker bebauten Internationalen Zone zum grünen Gürtel geirrt sind.
„Na, zu den Steampunkern", flüstert Mark.
„Das ist doch viel zu weit ohne Fahrräder. Außerdem glaube ich nicht, dass wir den Ort zu Fuß im Dunkeln finden werden."
„Wir müssen nur an der Straße Richtung Matrimandir bleiben."
„Wieso?"
„Weil wir von den Steampunkern abgeholt werden!"
Aus der Ferne nähern sich blinkende Blau- und Rotlichter. Sie springen ohne Vorwarnung ins Gebüsch. Zwei Polizeiwagen rasen an ihnen vorbei.
„So viel zum Thema freiwillig stellen!", sagt Mark und klopft sich etwas Staub von der Hose."
Ein paar Minuten später sehen sie etwas am Straßenrand leuchten:

Ein Solarmobil, das aus der umgebauten Karrosserie eines alten Cadillac mit angeschweißten Flügeln aus Solarzellen besteht.
An den Wagen gelehnt steht Sam – eine Kraftfahrerbrille in die Stirn geschoben und eine überdimensionierte Schlägermütze auf dem Kopf: „Wir dachten schon, ihr habt im letzten Moment kalte Füße bekommen."
„Die Wachleute sind hinter uns her!"
„Na, dann müsst ihr wohl in den Kofferraum!"
Ellen und Fatima schauen entsetzt.
„Kleiner Scherz, drückt euch so tief ihr könnt in die Rückbank! Schnell und leise."
Wenig später setzt sich der Wagen geräuschlos in Bewegung.
„Auf das Licht werden wir noch ein paar Kilometer verzichten", erklärt Sam. „Das schont die Batterie."
„Hey, sind wir hier zufällig in eine Fortsetzung von *Mad Max* geraten oder was?" fragt jemand von hinten.
„Nein Freunde,, die Zukunft hat begonnen! Der Großteil der Menschheit hat es nur noch nicht mitbekommen."

Nachwort des Autors

Meine Prognose ist, dass an jedem einzelnen Tag irgendwo auf dem Planeten ein Wetterrekord gebrochen wird. Sei es durch Hitze, Regen, Hochwasser oder durch einen Wirbelsturm. An jedem einzelnen Tag ... Das ist jetzt die Zukunft. Wir befinden uns in einer Notlage. Das müssen wir akzeptieren, damit wir uns vorbereiten und etwas dagegen tun können.
Saalemul Huq, Klimaforscher aus Bangladesh im August 2021

Geschrieben wurde dieser Roman im Wesentlichen während des 2. und 3. Lockdowns der Coronakrise 2020/21. Als ich mit dem Schreiben anfing, gab es noch politische Führer wie Donald Trump, die den Klimawandel und die Coronaepidemie einfach leugneten. Im Sommer 2021 mussten wir dann alle mit ansehen, wie in einem Teil der Welt fast täglich neue Hitzerekorde erreicht wurden, die verheerende Waldbrände auslösten, während der andere Teil der Welt der Regenmassen nicht mehr Herr wurde. Und dann kamen noch die „üblichen" Krisenherde in Syrien, im Libanon, in Israel, im Kongo und in Äthiopien dazu. Und während wir eifrig die Korrekturfahnen dieses Buches lasen, fiel Afghanistan zurück in die Hände der Taliban.
Wie lange noch wird die Menschheit leugnen, dass sie dabei ist, sich in eine Notlage hineinzumanövrieren?
Eine Umfrage meiner Heimatzeitung hat das dieser Tage noch einmal bestätigt: Die Mehrheit weiß um die globalen Krisen wie etwa den Klimawandel, will aber keine persönlichen Einschränkungen hinnehmen.

Das ist der Ausgangspunkt meines Romans, gepaart mit der festen Überzeugung: Nur die Jugend kann uns zum Umlenken bringen! Allerdings nur, wenn sie sich nicht selbst von der verlockenden, globalen Waren- und Datenwelt einlullen lässt!

Während des Schreibens im allgemeinen Lockdown geriet ich noch in eine zusätzliche persönliche Notlage: Unsere Wohnung wurde Tag und Nacht von Lärm und heftigsten Vibrationen erschüttert, die unter anderem von einem ratternden Notstromaggregat stammten, das die verwaiste Schule nebenan versorgte! Doch wegen der geltenden Notverordnungen wollte uns kein Hotel beherbergen. Umso mehr danke ich Walburg, Gise und Jürgen, die uns illegal Unterschlupf gewährten.

Und ich danke meinen Lektor:innen Mirjam, Nicola Stuart und Edmund Jacoby, die der Geschichte den nötigen Schliff verliehen haben, denn mehrmals bestand die Gefahr, dass ich mich in den Weiten der menschlichen Ignoranz verliere.

Hannover, im August 2021

Wolfgang Korn, geb. 1958, ist gelernter Journalist und erfolgreicher und vielfach prämierter Jugendsachbuchautor. Bekannt wurde er mit seinem Buch *Die Weltreise einer Fleeceweste – Eine kleine Geschichte über die große Globalisierung*. Für *Das Rätsel der Varusschlacht* bekam er 2009 den Deutschen Jugendliteraturpreis in der Kategorie Sachbuch. Sein Buch *Globalopoly* ist sein erster Jugendroman.

Ein verlagsneues Buch kostet in ganz Deutschland und Österreich jeweils dasselbe. Das liegt an der gesetzlichen Buchpreisbindung, die dafür sorgt, dass die kulturelle Vielfalt erhalten und für die Leser:innen bezahlbar bleibt. Also: Egal ob im Internet, in der Großbuchhandlung, beim lokalen Buchhändler, im Dorf oder in der Stadt – überall bekommen Sie Ihre verlagsneuen Bücher zum selben Preis.

© 2021 Verlagshaus Jacoby & Stuart, Berlin
Covergestaltung und „Fahndungsplakat":
Florian Toperngpong (toperngpong.de) unter Verwendung von Bildmaterial von nakaridore, AJP, Wayhome Studio, krakenimages.com, RimDream, Antonov Maxim, Michal Sanca / alle Shutterstock.
Alle Rechte vorbehalten

Druck und Bindung: Livonia Print
Printed in Latvia
ISBN 978-3-96428-116-6
www.jacobystuart.de

Dieses Buch ist auf Papier gedruckt, für das nur Holz aus nachhaltiger Forstwirtschaft verwendet wurde.